JN198298

律から密へ

晩年の慈雲尊者

Akiyama Manabu
秋山学

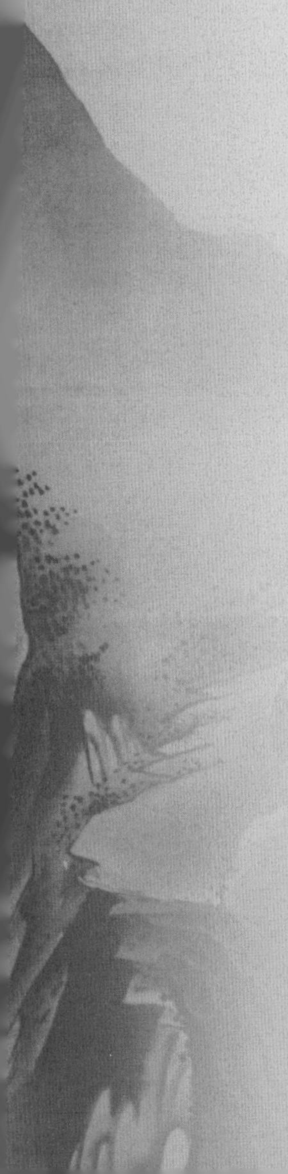

春風社

律から密へ

—晩年の慈雲尊者—

秋山　学

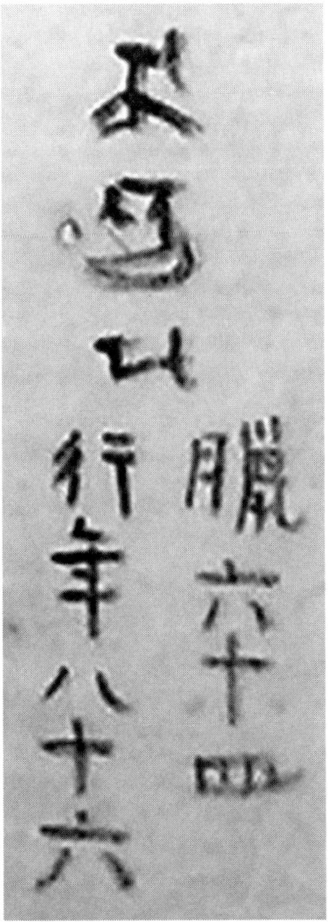

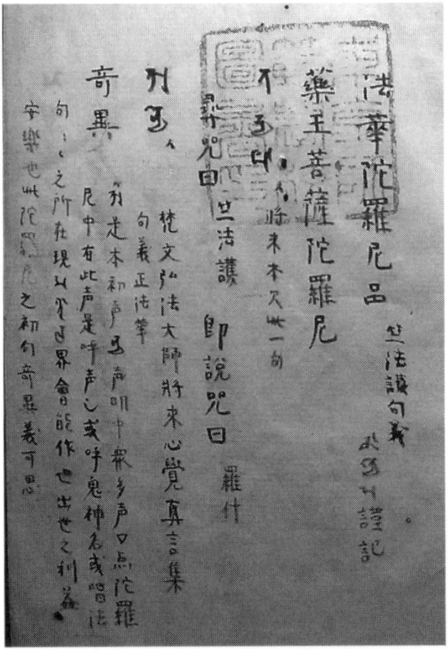

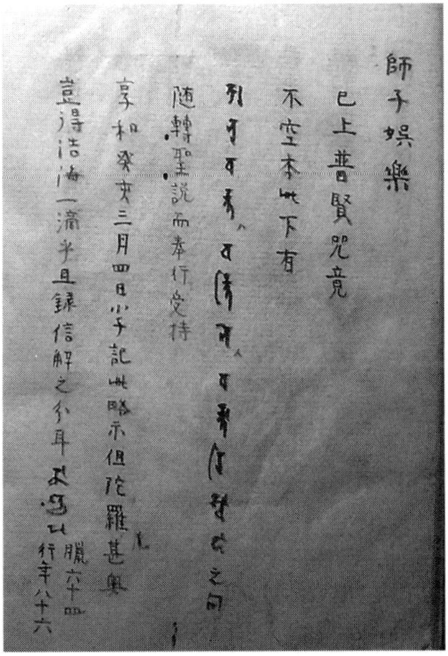

慈雲最晩年の直筆本『法華陀羅尼略解』（1803 年 3 月 4 日記）

（筑波大学附属中央図書館所蔵・和装古書ハ 320 － 59； 右：1 丁オ；左：17 丁ウ）

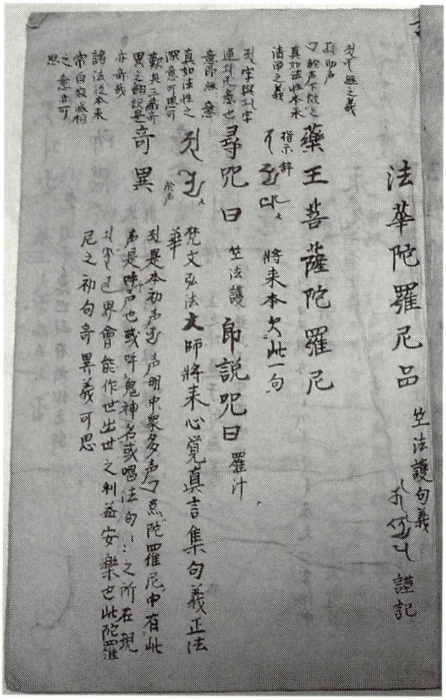

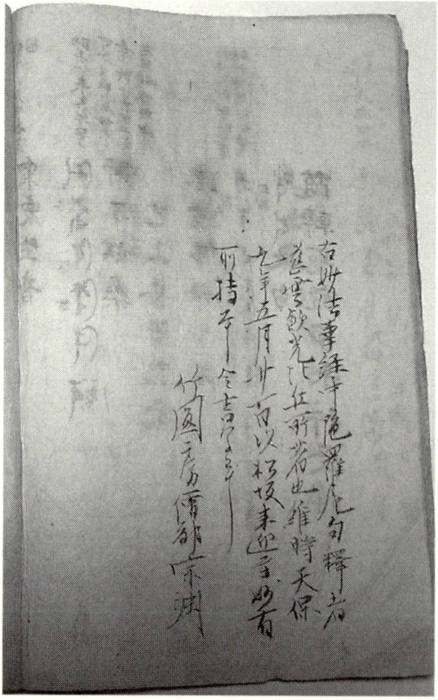

三重県津市・天台真盛宗西来寺竹円房所蔵『法花陀羅尼句解』

（右：1丁オ；左：12丁ウ）

律から密へ

――晩年の慈雲尊者――

目次

『法華陀羅尼略解』『法花陀羅尼句解』写真版　3-4

はじめに　9

序章　『法華陀羅尼略解』——解題と翻刻　15

第 1 部　正法律と天台　39

第 1 章　慈雲の法統——「正法律」の位置づけをめぐって　41

第 2 章　慈雲尊者と戒律の系譜
——筑波大学所蔵・慈雲自筆本『法華陀羅尼略解』を基に　71

第 3 章　慈雲と天台僧たち
——『法華陀羅尼略解』の位置づけをめぐって　99

第 2 部　禅・儒教と神道・有部律・唯識学　165

第 4 章　菩薩戒と『摩訶止観』——慈雲と天台思想の関係をめぐって　167

第 5 章　慈雲尊者による儒教理解
——『神儒偶談』『法華陀羅尼略解』『雙龍大和上垂示』
を手がかりに　199

第 6 章　義浄と慈雲尊者——有部律から四分律へ、そして正法律へ　225

第 7 章　慈雲尊者の無表論——『表無表章随文釈』を中心に　251

第 3 部　密教思想　277

第 8 章　慈雲尊者最晩年期の密教思想
——『理趣経講義』から『法華陀羅尼略解』へ　279

第 9 章　「五悔」から「五秘密」へ
——慈雲著『金剛薩埵修行儀軌私記』（1802 年）の位置づけをめぐって　295

第 10 章　『大日経疏』から一切義成就菩薩へ
——晩年の慈雲による「法華陀羅尼」注疏の経緯　353

結章　『法華陀羅尼略解』の特質と意義　375

おわりに　377

参考文献　379

慈雲と『法華陀羅尼略解』関係地図　391

内容詳細目次　393

はじめに

本書は、江戸時代の高僧・慈雲尊者飲光（おんこう）（1718 － 1804）をめぐり、筆者がこの10年ばかりの間に公表した論考を一書にまとめたものである。江戸時代中・後期の高僧慈雲は、わが国における梵字・悉曇学のアーカイヴとも言える「梵学津梁」を編纂するとともに、「正法律」による戒律復興運動、雲伝神道の創設など幅広い活動を展開して学徳兼備の名僧と謳われ、また純朴精粋なその書風をもって知られる書家でもある（秋山2010b）。筆者は学生時代の1980年代に西洋古典学を専攻し、それ以前にはカトリック系の中学・高校で学んだこともあって、大学院以降はギリシア教父学をはじめとするキリスト教文献を原典から邦訳・研究する機会に恵まれた。もっとも1991年に東京大学教養学部の助手に奉職するころからは、精神的に余裕ができたため、サンスクリット文法や佛教学などにも関心を拡げられるようになった。すると、密教、特に弘法大師空海（774 － 835）の世界観のうちに、自分が実にしっくりと入って行けることに気づいた。その頃の思索は、1997年10月に現勤務校である筑波大学に異動して以降、佛教と教父神学との対比研究という形で、公表した拙稿（秋山2002、2003、2006）のうちにしたためた(1)。

その過程で出会ったのが渡辺照宏著『日本の佛教』（岩波新書、1958年）であり、同書27～28頁に載る慈雲飲光に関しての記事であった。渡辺師は、慈雲が江戸時代という鎖国期にあって、梵語（サンスクリット）原典に遡って佛道の核心に迫ろうとしたその姿勢を高く評価する。その一節を引用すると「飲光が梵語研究に最も力を注いだのは1759 － 71年頃と推定されるが、当時ヨーロッパでは僅かに少数の人々が梵語に興味を持ち始めたにすぎず、英国のウィルキンズが『バガヴァド・ギーター』の英訳を出版した年（1785年）よりも早いから、飲光の研究の方が先鞭をつけたということができる」とある。それに先立つ一節には「彼の梵語研究は『梵学津梁』1千巻として写本のまま高貴寺に保存され、わずかにその一部が出版されているにすぎないが、その成果は驚嘆に値する」とも記されていて、筆者の関心は、大阪府河南町にある高貴寺に向けられることになった。

そこで、確か2002年の初頭であったかと記憶しているが、高貴寺に宛てて書状を記し、「梵学津梁」の現状を尋ねてみた。するとちょうど2004年に200回遠忌を迎える慈雲のために、「慈雲尊者の会」を組織しておられた故・上山春平先生（京都大学；1912 − 2012）から同会へのお誘いがあり、筆者も大阪田辺の法樂寺に拠点を置く「尊者の会」に入会することにした。相前後して故･頼富本宏先生（種智院大学および国際日本文化研究センター；1945 − 2015）からお手紙をいただき、同じく「尊者の会」により、高貴寺所蔵分の「梵学津梁」に関して、高貴寺住職の前田弘隆和上を中心にデジタル撮影が進行中であることも教えていただいた(2)。この「慈雲尊者の会」は、筆者が初めて佛教関係の集いに関わることになった場でもあり、ここで多くの様々な事柄を学びはじめることができたのは大変幸いであった。

その一方で筆者は、2005年から翌年にかけてハンガリーでの在外研究を済ませ、その成果を拙著『ハンガリーのギリシア・カトリック教会――伝承と展望――』（創文社、2010）にまとめた。この拙著の中には、上掲のような佛教とキリスト教の比較、ないし東西比較思想の成果も盛り込まれている。したがって今回の本書には、重複を避ける意味で、これら佛教関係一般の拙論は収められていない。また慈雲関係の拙論についても、2008年に発表した拙稿「慈雲『南海寄帰内法伝解纜鈔』の現代的意義――「動詞語根からの古典古代学」に向けて」（秋山2008）、および翌年、筑波大学古典古代学研究室の機関誌『古典古代学』の創刊号に載せた「慈雲と華厳思想――「古典古代学基礎論」のために」（秋山 2009）に関しては、やはり同拙著（『ハンガリー...』）に収めたため、本書には収録しなかった。

ところで筆者は、上述の拙著（『ハンガリー...』）の準備と並行して、筑波大学附属図書館の 2010 年度秋季特別展を担当する機会を得た。そこで、同図書館に所蔵される梵字・悉曇学関連の蔵書を一括して展示する企画を立案した。その過程ででき上がったのが、同展覧会図録『慈雲尊者と悉曇学――自筆本『法華陀羅尼略解』と「梵学津梁」の世界』（秋山 2010d）(3) である。この特別展は、筆者に特別の経験をもたらすことになった。準備の途上、慈雲最晩年の直筆本『法華陀羅尼略解』が、筑波大学附属中央図書館の和装古書コーナーに所蔵されていることが判明したのである。

その経緯と詳細については、本書序章の前半部に譲ることにするが、さらに翌 2011 年 7 月には、加えて新たな事実が判明することになった。相前後して継続していた筆者による調査を通じ、三重県津市の天台真盛宗・西来寺竹円房経蔵中に所蔵される『法花陀羅尼句解』が、筑波大学所蔵の慈雲著『法華陀羅尼略解』の写本であることが判明したのである。この間の経緯についても本書序章に説明を施したが、これら筑波大所蔵本・および西来寺所蔵本については、本書冒頭に一部写真版を収録した。眞阿上人宗淵（1786 − 1859；西来寺第 31 世）による西来寺本の奥書（本書 4 頁目左）に関わる書誌学的事項についても序章を参照されたい。

『法華陀羅尼略解』は、慈雲による跋文より明らかなとおり、享和 3 年（1803 年）3 月 4 日の成稿になる。これは、この『法華陀羅尼略解』の発見まで、慈雲最晩年の著作として広く知られてきた『理趣経講義』が 1803 年 2 月 24 日の成稿になるのに対し、その約 10 日後の成立ということになる。したがって『法華陀羅尼略解』の発見により、日付の遺る最晩年の慈雲による著作が『理趣経講義』から『法華陀羅尼略解』へと移るとともに、最晩年期における慈雲の活動の意味づけ等をめぐって、新たな再定位が必要になるとの予想が得られることになったのである。

『理趣経講義』に至る慈雲の足跡については、これまで主として真言宗系の研究者により、比較的よく跡づけられてきた。その方向性は、主として二つに分けられる。まず一つめは、慈雲が最晩年に、『理趣経』という、真言宗の常用経典の注疏活動に戻ったとし、この点を強調するものである。そしてもう一つは、慈雲がこの『理趣経講義』において展開した「還梵」、すなわち漢訳を基に梵語原典を推定・校訂しようとする試みの意義を強調するものである。とくにこの第二点目に関しては、「還梵」という営為が、昨今ではチベット語をはじめとする資料を広く活用しうる状況ゆえに珍しくなくなったものの、鎖国下の江戸期にあっては極めて先駆的なものであったとの評価を得て、慈雲の事績が実に画期的なものとされる大きな一因となってきた。

しかしながら、このように最晩年期の慈雲の活動を『理趣経講義』だけに集約させようとする傾向は、『法華陀羅尼略解』の発見により再検討を要することとなった。もっとも慈雲が、『理趣経講義』成稿の10日後に、なぜ天台系経典である『妙法蓮華経』陀羅尼部分の注疏に向かうことになったのか、その理由については未踏とも言える領域である。それゆえ筆者には、これまでこの問題に対して確たる解答を見出すことは不可能であったし、今後もなおこの探究は続けてゆかねばならないと思っている。本書は現段階(2018年)において、この問題に対し筆者が試みた限りでの解答のつもりである。つまり本書は、慈雲最晩年の他の著作、ないし最晩年期の諸活動から『法華陀羅尼略解』を照射することによって、『法華陀羅尼略解』に現れた慈雲の思想的位置を、様々に推測してみた筆者なりの成果である。

さて筆者は、上述のように、慈雲の200回遠忌の頃すなわち2004年前後から、本格的に慈雲研究に取り組んできたのであるが、2010年における『法華陀羅尼略解』の直筆本発見をはさみ、その前・後の時期において、自らの描く慈雲像が大きく異なることになった。ただ慈雲の研究書として、本書全体の冒頭に、ある程度慈雲その人の生涯や基本的な思想・戒律観などを提示することが必要不可欠であると思われる。2010年以前に公にした筆者の慈雲に関する論考については、上述したように旧著『ハンガリーのギリシア・カトリック教会』のうちに含めたものがある。したがって本書には、これまで出版した拙著には未収録であった拙稿を収録することとし（第1章がこれに該当する)、以下ほぼ執筆順に、既発表の拙稿が並ぶことになった。

以下、まず「序章」には、新たに発見された『法華陀羅尼略解』をめぐり、その解題とテキスト翻刻、および主要と思われる論点を掲げることにした。これによって、『略解』に込められた慈雲の思想的境位がひとまず明らかとなるであろう。あわせてこの序章は、本論部分への導入の意味をも有するものである。本書に収めた各拙論についての概要は、序章の後に記すことにしたい。

注

(1) これらの拙稿は、後述するように拙著（秋山 2010c）のうちに収録されている。
(2) 本書ではこの資料集を、以下「高貴寺 DVD」と呼ぶことにする。
(3) 電子版は大学図書館のサイト https://www.tulips.tsukuba.ac.jp/exhibition/jiun/zuroku.pdf を参照されたい。

序章　『法華陀羅尼略解』
——解題と翻刻

1. 筑波大学附属中央図書館所蔵『法華陀羅尼略解』（ハ 320 − 59）

この『略解』（以下、必要に応じてこのように略示する）は、本書「はじめに」にも一部記したような発見の経緯を有する。本書 3 頁には、筑波大学附属図書館に所属される原本の初頁と終頁の写真版を載録した。

まずこの『略解』の字体に関しては、「慈雲流」と呼ばれる晩年の慈雲に特徴的な運筆が顕著であり、慈雲の直筆本であることが明瞭である。筆者は、この『略解』を初めて手にしたとき、その時点で直ちに、これが慈雲の直筆になるものであることを察知できた。それは関西各地に点在する寺院等に遺る慈雲の筆跡や、しばしば開催される慈雲の墨跡展示会などにおいて、幸いにも筆者が「慈雲流」の筆勢に親しんでいたことによる。

また本書 3 頁に掲げた写真版には、梵字サイン「Kāśyapa 謹記」（1 丁オ〔表〕）および「Kāśyapa」（17 丁ウ〔裏〕）が認められるが、これは「飲光」を意味する名である。慈雲は佛教関係の著作には Kāśyapa を、一方雲伝神道その他の著作には Maitramegha（「慈雲」）の梵字サインを用いることが多い。さらに 17 丁ウの「享和癸亥三月四日」との日付は 1803 年 3 月 4 日を示し、「臘（得度後）64　行年 86」との記載は、1738 年 11 月野中寺において具足戒を受けた 1718 年生まれの慈雲にとっては、1803 年 3 月の時点で確かに受戒後

64年目・行年86ということになり、慈雲本人に合致する。

以上のように、1）筆勢、2）梵字サイン、3）奥書の日付と「臘・行年」の関係　の3点をもって、『法華陀羅尼略解』は慈雲の直筆による著作である、と判断された。こうして『法華陀羅尼略解』は、慈雲の直筆本としてわれわれの前に出現することになった。

この著作はそれまで、一般には知られることのない作品であった。筑波大学の電子検索システムその他にあって、この著作の著者・筆記者の類は「不明」となっていた。この『略解』には、明治6年～19年の時期に相当する「東京師範学校」の蔵書印が捺印されているが、そもそもその時期から『略解』に関しての書誌データは「著者・筆者不明」の状態であったと思われる。後ほど判明することであるが、この『略解』には三重県津市の西来寺に写本が一本存在する。しかし、その写本からの情報も広く流布することはなかったため、この『法華陀羅尼略解』が慈雲による著作であるということは、ほとんど世に知られないままの状態で2010年に至ったということになる。これはもとより、慈雲の梵字サインとその意味するものについて、それまで解読・理解が不可能であったということに起因する。

さらに、1803年3月4日成稿であるこの著作は、それまで慈雲最晩年の著作として知られていた『理趣経講義』（1803年2月24日校了）よりも10日ほど遅い成立となり、日付の残る慈雲の著作としては、この時点で、筑波大学附属図書館所蔵の直筆本『法華陀羅尼略解』が最晩年の成立ということになった。

ところで、それまで慈雲最晩年の著作として知られていた『理趣経講義』は、真言宗の常用経典である『理趣経』に対する注疏である。この著作の中では、慈雲がいわゆる「還梵」と呼ばれる営為を展開しており、『理趣経』梵本の本文を推定しようとするその姿勢に注目が集まっていた。確かに、梵語文法全般に関してまだほとんど解明されていなかった江戸期にあって、慈雲がおこなったこの英断的試みは前人未到の領域である。ただ『法華陀羅尼略解』が『理趣経講義』よりもさらに後日の著作であることが判明した現在、最晩年の慈雲の精神的境位については、改めて問われるべき課題となったと言える。

この『法華陀羅尼略解』は、上述のように、明治期の比較的初年度に東京師範学校の蔵書となったと考えられる(1)。その背景として考えられるのは次のような状況であろう。すなわち、慈雲が最晩年に、京の阿弥陀寺に晋住してこの『法華陀羅尼略解』を成稿し、その後明治初年度に激烈を極めた廃佛毀釈の折に阿弥陀寺が廃寺となり、書籍が売却された、という経緯である。

京の阿弥陀寺に関しては、明和8（1771）年より安永5（1776）年まで慈雲が住持、のち慈雲が高貴寺に移ったため阿弥陀寺には輪番を置くことになった旨の記録が遺されている。輪番には正法律一派中上座分の者が当たるとされ、護明、法護、諦濡、一雲などの名が残るが、一雲は1802年秋に輪番を辞しており、それ以降三十余年住持は不明、1839年ごろより暁岳幻堂、それを千淳一如が継ぎ、明治7～8年ごろに阿弥陀寺が廃寺となったという旨の記録がある。これによれば、慈雲の晩年から示寂後にかけて、阿弥陀寺に住持した僧は定かではない。これは、晩年に慈雲がほとんど阿弥陀寺に起居していたという伝承と符合する。また「東京師範学校」の蔵書印が捺印された時期は、ちょうど阿弥陀寺廃寺後の時期と合致する。

2. 三重県津市・天台真盛宗西来寺竹円房蔵『法花陀羅尼句解』発見の経緯

ところで、筆者が筑波大学附属図書館の2010年度秋季特別展を開催した後、東京谷中にある天王寺・天台宗東京教区教化研修所よりお招きがあり、同寺院併設の天台宗教学研究所・研修会第2講座において、2011年5月19

日に講演を行うことになった。その原稿は改稿して本書第2章に収めてある。

その準備の過程で出会ったのが、天台真盛宗の高僧・総本山西教寺第41世貫首・眞慶上人色井秀譲師（1905 － 1990）の手になる名著『戒灌頂の入門的研究』(東方出版、1989年)である。同書は寺井良宣師の手になる新著『天台円頓戒思想の成立と展開』（法蔵館、2016年）が出版されるまで、天台真盛宗の伝える貴重な伝承「戒灌頂」に関するほとんど唯一の文献であった。『戒灌頂の入門的研究』には色井師の編著書に関する奥書もあったため、その中で入手可能であった眞阿宗淵上人鑽仰会編のこれまた好著『天台学僧宗淵の研究』（百華苑刊、1958年）を、古書店を通じて入手することにした。

この『宗淵の研究』を手にすると、巻末には宗淵関連の詳細な年表が付されていた。そして同書295頁「天保九年」の項には、「五月二十一日、松坂来迎寺妙有所持法華陀羅尼句解一巻を写さしむ（同奥）」と記載があった。また同書の付録「竹円房蔵書写本現存目録」12頁には『法花陀羅尼句解』との名が挙げられていた。もとより西来寺の竹円房には、『妙法蓮華経』の注疏関連の書籍が多数所蔵されている。似た題目の蔵書も散見されたため、それらが筑波大所蔵本の写本であるのかどうかを確認する目的で、筆者は特別展の翌年、夏休みを利用して西来寺を訪ねた。

西来寺には、ちょうど上に引用した寺井良宣師が内司課として着座されたばかりであり、寺井師のご厚意により、この『法花陀羅尼句解』を拝見できた。表紙をめくるなり直ちに、これが慈雲直筆の筑波大所蔵本の写本であることが判明した(2011年7月28日)。こうして筑波大所蔵本は「孤本」ではなくなった。

このとき同書の跋頁（12丁ウ）に、上に触れた眞阿上人宗淵（1786 － 1859；西来寺第31世）の直筆になる「右妙法華経中陀羅尼句釈者　慈雲飲光比丘所著也。維時天保九年五月廿一日　以松阪来迎寺妙有所持本　令書写畢　竹円房僧都宗淵」[(2)] との記載を発見した（本書4頁）。この宗淵の奥書により、筑波大所蔵の『法華陀羅尼略解』が慈雲の著作であるということが確定した。上記のように、2010年に筑波大学所蔵本が慈雲の直筆であることを公にした際には、その筆勢、梵字サイン、および奥書の日付と「臘六十四・行年八十六」という記載の関係から慈雲直筆と割り出したのであるが、宗淵によるこの奥書によって、『法華陀羅尼略解』が慈雲の著作であることが実証されたのである。

西来寺本の本文の筆跡は、宗淵の奥書とは別の手になるものであり、また松本俊彰師による『慈雲流　悉曇梵字入門（応用篇）』に収録される来迎寺妙有上人（1781 － 1854）の筆跡とも異なる（松本 2009：46）。現段階で、この「松阪来迎寺の妙有所持本」を筆写し西来寺本本文を記したのが誰であるのかについてはなお不明である。もっともこの問題は、すでに慈雲自身の最晩年のあり方を検討するという本書の主旨とは異なるため、本書の射程外にある。

この「西来寺本」は大量の冠注をも含んでいるが、（奥書を除く）西来寺本全体にわたり、その筆跡は（宗淵、妙有とは異なる）同一筆記者（おそらく宗淵の一弟子か ）の手になるものと推定される（梵字部分に関しては、宗淵筆の可能性が残る）。現在の予測としては、西来寺本が大量の欄外冠注を含めて一様に同一の手になると思われることから、おそらくは、①まず妙有が現筑波大本を書き写し、それに自ら詳細な欄外注を書き加えた。②それを宗淵が借り受け、全体を一人の弟子に筆写させ、これが現在西来寺経蔵に残る、ということになるであろう。

ところでこの西来寺本には、先の筑波大本に見られた慈雲による奥書が脱落している。筑波大本の最終頁には、

「師子娯楽　已上普賢咒竟　不空本此下有　anuvartta varttine varttāri svāhā 之句　隨転聖説而奉行受持」（梵字部はローマ字化した）

とあり、この後に

「享和癸亥三月四日小子記此略示　但陀羅（尼）甚奥　豈得浩海一滴乎　且録信解之公耳 Kāśyapa 臘六十四　行年八十六」

との奥書が続き、全体が1頁のうちに収められている。ところが西来寺本の最終頁には、

「衆（ママ；暁の誤写か）衆生音　siṅha-vikritrite」

という記載が、筑波大本最終頁記載部冒頭（「師子娯楽」）の前に見られる（すなわち「師子娯楽」は siṅha-vikritrite の『正法華経』における漢訳である）ものの、末尾は「随転聖説而奉行受持」で終えられており、ここでちょうど余白が尽きることもあったのであろう、次頁に移行し、現存状態では、そこには先の宗淵による「右妙法華経中陀羅尼句釈者」以下の奥書が記されているのみである（なお上での「不空本」とは、不空の訳出ないし実際には不空の撰になる『観智儀軌』、すなわち空海の請来した『成就妙法蓮華経瑜伽観智儀軌』を指す。本書第3章を参照）。

さて、先に引いた『天台学僧宗淵の研究』は、色井秀譲師を初めとする天台真盛宗関係の碩学たちが挙って編んだ名編であり、1958年、津・西来寺に住持した宗淵上人の100回忌を記念して刊行されたものである。このとき、長谷宝秀和上（1869 − 1948）の編纂になる『慈雲尊者全集』は1926年に完結し、その補遺も1955年に刊行された後であった。かくして『全集』「補遺」のいずれにも、筑波大に所蔵される『法華陀羅尼略解』は、西来寺本からの情報も含め、まったくそのデータが届くことなく、収録されずに時が経ったということになる。

もっとも、筑波大本だけに見られる「享和癸亥三月四日小子記此略示」から「Kāśyapa 臘六十四　行年八十六」までの記載こそ、この著作が慈雲のものであることを不動にする部分である。おそらく、妙有がこの部分を写し漏らすことはなかったと思われる。そこで、宗淵の写させた筆記者がもしこの部分をも書き取っていたならば、『慈雲尊者全集』編纂の際にも、写本であ

る西来寺本から『法花陀羅尼句解』が全集に収録された可能性があるだろう。つまり、宗淵による西来寺本の「右妙法華経中陀羅尼句釈者　慈雲飲光比丘所著也」との記載だけでは、これが慈雲の著作として広く認定されて知られるには到らなかったと言える[3]。

3.『法華陀羅尼略解』翻刻

では以下に、筑波大学所蔵『法華陀羅尼略解』の翻刻全文を掲げることにしよう。筆者は、晩年の慈雲を考える際、最晩年の直筆であることが明らかとなった『法華陀羅尼略解』をある程度定点として据え、そこから逆照射する視座が文献学的にも有意義だと考えている。下記の翻刻文中、アルファベット化された部分は実際には悉曇文字で記され、次いで竺法護（239 － 316）訳『正法華経』に載る陀羅尼の意訳漢語が付された後、適宜慈雲自身の注記が記されるという体裁になっている[4]。以下、梵本本文の梵字はゴシック体とし、また『正法華』に付されたその訳語には下線を付すことにした。

（第 1 丁オ ～第 17 丁ウ = 1 頁～ 34 頁）

法華陀羅尼品　竺法護句義　Kāśyapa 謹記

①薬王菩薩陀羅尼（1 頁～ 16 頁）

tad-yathā　将来本欠此一句

尋咒曰　竺法護　即説咒曰　羅什

anye　梵文弘法大師将来心覚真言集　句義正法華

奇異

a 是本初声 nya 声明中衆多声 e 点陀羅尼中有此声是呼声也或呼鬼神名或唱法句　. . .　之所在現 maṇḍala 界会能作世出世之利益安楽也此陀羅尼之初句奇異義可思

manye　様上 anye 而云 manye [5]

所思

　mana 意也 ya 是有所作之辞

manye

意念　　大凡陀羅尼重畳之語下重於上或別有所命也

mamanye

無意　　上之 ma 通于 a 無義

　四句並以 nya 字而唱出

cire

永久　cire 日貝貝 [6] 亦 cireṇa bhavanta 永久之字体中有行義可知

carite

所行奉修　cara 行也 ite 之助声成奉修事深趣

　二句以 cara 行声而唱出 e 声為流便大凡密咒之為儀不当字義句義含蔵彰徳難量音之流便亦四種相応而成其事業也　故一阿点一曳声所容易也

　上文所思意念等正念正思惟之行永久不退是正精進義耳

śame

寂然

　奢 唐他止也

śamitā vi　tava 之字体勝上義如実義 i,e 音之本末相通

澹泊

śānte

志黙

　右三句 śa 字本性寂義為要正定之義

mukte

解脱

muktame

済度　me 自説上士之言成済度

二句 mukta 唱出是正戒義

sama

平等

aviṣame

無邪

a 無 viṣa 毒三毒之毒

saumi

安和

sami　sama

普平

四句除第二句並 sama 唱出蓋正命之趣　但第二句 ṣame 之言亦音近 sama

kṣaye

滅盡

akṣaye

無盡

akṣiṇe

莫勝

三句 kṣa 字唱出是正見之趣

śānte

玄黙

śami

澹然

上寂然澹泊此玄黙澹然其義不遠蓋此中正見中之玄黙乎

dhāraṇi

総持

āloka-bhaṣai paśavekṣaṇi　【光見倶盡期】[7]

観察

　義訳乎 āloka 所暗 bhaṣai 光 paśa 見 ve 倶也皆也 kṣaṇi 盡期明与無明悉皈于玄默故云観察

　此三句並 vekṣaṇi 与上三句是一條

nevite

光曜

abhyantala-neviṣṭe

有所依倚恃怙於内

atenta-pāriśuddhai

究竟清浄

　句義欠 atenta

utkule

無有坑坎

mutkule

亦無高下

arale

無有回旋

parale

所周旋処

śukāṅkṣi

其目清浄　akṣī 目也 śukā 清浄

　正見之義

āsamasame

等無所等

buddha-vikriḍite

覚已越度

已字梵文不見義加乎

dharma-parīkṣite

而察於法

而字梵文不見

saṃgha-nirghoṣāṇi

令衆無音

正語伏他之功

bhāṣabhāṣaśoddai

所説鮮明

mantre

mantrâkṣayate

而懐止足

'ruta

盡除節限

ruta 音

'ruta-kauśalya

宣暢音響 (8)

akṣayatāya

而了文字

avaro

無有窮盡

amadyanatāya

永無勢力無所思念

已上薬王菩薩咒八正道之功力護持法華於末世歟

②勇施菩薩陀羅尼（17 頁～ 20 頁）

tad-yathā

jvale

晃曜

　智慧

mahā-jvale

大明　炎光

mukke

演暉

　光照十方

ane

順来

　内外上下

alavate

当章

　到処除闇

nṛte

悦喜

nṛtivati　vati 具也

欣然

iṭṭini

住止

viṭṭini

立制

ciṭṭini

永住

nṛṭṭini

無合

nṛṭṭivate

無集

勇施菩薩陀羅尼初五句光暉演暢後六句法喜永伝

六句中初二句 nṛ 字唱出後四句 ṭṭi 字公布

③毘沙門天王咒（21 頁～ 23 頁）

ali

富有

nali

調戯

notali

無戯

anālo

無量

nāmi

無不富

kunāmi　ku 字疑之辞何義

何不富

富有法尓於世起調戯　此調戯本来無戯　此無戯受用無量一切時処無不富何不富

右多聞天之護法

④持国天咒（23 頁～ 26 頁）

agaṇe

無数

gaṇe

有数

gauri　正法華欠句義　白　又　厳悪

　胎軌但 gauri gori 二本

白身

gandhāri　的翻也但外道亦有 gandhāri 咒

持香

caṇḍāli

曜黒

　又暴悪義

mātoṅgi

凶祝

　外道咒

saṃśuli

大体

　毒虫主有常求利咒

vrūsaṇi

千器順述

　将来本欠此二字

ati

暴言至有

　右持国天咒

⑤十羅刹女咒（26 頁～ 27 頁）

itime itime itime itime itime

於是　於斯　於尓　於氏　極甚

　指示声五徧至第五徧義成沈重

nemi nemi nemi nemi nemi

無我　無吾　無身　無所　倶同

rūhe rūhe rūhe rūhe rūhe

已興　已生　已成　而住　而立

stahe stahe stahe stahe stahe svāhā

亦住　嗟歎　亦非　消頭　大疾無得加害

　右十羅刹

⑥普賢菩薩陀羅尼（28 頁～ 34 頁）

adaṇḍai

無我

　人法二空

daṇḍapatai

除我

　断習気

daṇḍavarte

回向方便

　普皆回向

daṇḍakuśale

賓仁和除

　恒順衆生

daṇḍasudhāre

甚柔軟

sudhāre

甚柔弱

sudhāra-pate

句見

buddha-paśyanye

諸佛回

　見諸佛

sarva-dhāraṇi āvartane

諸総持

　欠転義

sarva-bhāṣyāvartane

行衆説

　請転法輪

suāvartane

蓋回転

saṅghaparikṣiṇe

盡集会

　随喜功徳

saṅgha-nirghoṣani

除衆趣

asaṅghi

無央数

saṅghapagatai

計諸句

triadhva-saṅghatulya-arate-parate

三世数

　句義奘訳相応

sarvasaṅgha-samātikrantai

越有為

sarvadharma-suparikṣite

学諸法

sarvasatva-ruta-kāuśalyānugatai

暁衆生音

siṅha-vikritrite

師子娯楽

已上普賢咒竟

不空本此下有

anuvartta varttine varttāri svāhā 之句

随転聖説而奉行受持

享和癸亥三月四日小子記此略示　但陀羅尼甚奥

豈得浩海一滴乎　且録信解之公耳 Kāśyapa 臘六十四　行年八十六

4. 慈雲による注疏の特徴（概要）

上に翻刻したものが、筑波大学附属図書館和装古書コーナーに所蔵される慈雲最晩年の直筆本『法華陀羅尼略解』（1803 年 3 月 4 日校了）の全文である。以下本書での記述を通して、この著作に至るまでの晩年における慈雲のあゆみを捉えなおしてみたい。それに先立ち、この翻刻から得られる『略解』の特徴を記してみたい。ただ、この著作自体、他の著作に比して最後に記されたものであるから、『略解』の特質を詳細に論じることは、本書の記述を順に踏まえた上で、その最後に行われるべき作業である。本序章では、あくまでも『略解』の文面から捉えられる限りでの特徴について、その概要を指摘し、以下本論部における論述への導入としたい。

この『略解』は、『妙法蓮華経』のうち巻26及び巻28に収められた計6個の陀羅尼について慈雲が注疏を施したものである。これら6個の陀羅尼は「法華（経）六番神咒」という呼称によっても広く知られている。上の翻刻文においてアルファベットで記した部分は、実際には悉曇文字で記されている。『妙法蓮華経』のうち、巻26陀羅尼品に収められた陀羅尼が計5個、巻28普賢菩薩勧発品に収められたものが1個である。巻26のものは、順に、①薬王菩薩陀羅尼（『略解』の1～16頁）、②勇施菩薩陀羅尼（17～20頁）、③毘沙門天王咒（21～23頁）、④持国天咒（23～26頁）、⑤十羅刹女咒（26～27頁）であり、続いて巻28のものが、⑥普賢菩薩陀羅尼（28～34頁）である。これらの陀羅尼に関して、順に悉曇文字で各句が記された後、竺法護（239－316）訳の『正法華経』に載る陀羅尼の意訳漢語が付され、さらに慈雲が適宜注記を記す、という体裁が採られている。全体として、上掲のようにそれほど分量の多い著作ではないが、慈雲による片言隻句とも言える注記のうちに、彼最晩年の思想を探ることがある程度可能である。

上で番号を付した①②③④⑤⑥の6つの陀羅尼のうち、②③④⑤については、実質的にはほとんど梵字陀羅尼文に『正法華』の訳語が付されているのみか、あるいは悉曇学上の語学的な注解が施されているに過ぎないというのが実情である。本書は、これまで慈雲の最晩年に記されたと考えられてきた『理趣経講義』から、その10日後にこの『法華陀羅尼略解』が記されていたことが判明した現在、それによって慈雲理解にいかなる光が投じられるかを検証しようとする試みであり、主として慈雲の思想的な境位に注目する作業が中心となる。したがって、これら②③④⑤については考察を深めることはせず、①および⑥に焦点を絞ることにしたい。

まず①には、その末尾に「已上薬王菩薩咒。八正道の功力は、末世における法華の護持か」とあり、八正道と持戒の意味をそこに読み取ろうとする慈雲の姿勢が顕著である。それは①の 8 行目（「正念」「正思」「正精進」）、13 行目（「正戒」）、16 行目（「正命」）、19 行目（「正見」）、21 行目（「正見」）、31 行目（「正見」）、35 行目（正語）などにそれぞれ、八正道に関わる語釈が見えることによっても証明されよう。「八正道」とは、正見・正思・正語・正業・正命・正精進・正念・正定を指す。最初の「正見」は、四諦（苦集滅道）を観ずることを意味するため、これは見道と呼ばれ（高崎 1983：153）、大乗佛教では菩薩地五十二位（十信・十住・十行・十廻向・十地・等覚・妙覚）の中、十地（歓喜地・離垢地・発光地・焔慧地・極難勝地・現前地・遠行地・不動地・善慧地・法雲地）の第一・歓喜地の「入心」と等置される（横山 1986：394 － 395）。一方最後の「正定」とは正しい禅定を意味し、四段階の瞑想、すなわち四禅（初禅〔離生喜楽〕·第二禅〔定生喜楽〕·第三禅〔離喜妙楽〕・第四禅〔非苦非楽〕；中村ほか 2002：432）をその内容とする。この四禅は即ち色界の四静慮であり、八正道が色界に収まることを表す。

これに対し、⑥に関しては、冒頭より「人法二空」「断習気」「普皆回向」「恒順衆生」「見諸佛」「請転法輪」「随喜功徳」、あるいは末尾には「随転聖説而奉行受持」と句釈が付されていて、おそらくそこには、慈雲による唯識的解釈の傾向を読み取ることができると思われる。いま改めてこの⑥普賢菩薩陀羅尼について、正法華に載る竺法護の訳語とは異なった形で慈雲が自らの訳語を記す部分を選び出すと、次のようになる。

1 行目　adaṇḍai　人法二空　cf. 無我（正法華）

2 行目　daṇḍapatai　断習気　cf. 除我（正法華）

3 行目　daṇḍavarte　普皆回向　cf.【回我】方便（正法華）

4 行目　daṇḍakuśale　恒順衆生　cf. 賓仁和除（正法華）

8 行目　buddha-paśyanye　見諸佛　cf. 諸佛回（正法華）

9 行目　sarva-dhāraṇi āvartane　欠転義　cf. 諸総持（正法華）

10 行目　sarva-bhāṣyāvartane　請転法輪　cf. 行衆説（正法華）

12 行目　saṅghaparikṣiṇe　随喜功徳　cf. 盡集会（正法華）

16 行目　triadhva-saṅghatulya-arate-parate　句義奘訳相応　cf. 三世数(正法華)

21 行目　anuvartta varttine varttāri svāhā 之句〔※不空本にのみ見える〕cf. 随転聖説而奉行受持

以上のように、特に 1 行目、2 行目において「正法華」では「我」の文字を用いて漢訳が行われているのに対し、慈雲は敢えてそれに従わず、各々「人法二空」「断習気」という訳を試みている。つまりここでは初句から「人法二空」「断習気」と注記されており、その唯識学的方向性が注目されよう。「人法二空」とは、「説一切有」を説いた上座部の説一切有部に対し、まず瑜伽行派が大乗の立場から有部の説く「法の有性」を否定し、中観派がそれを「空」と断じたという佛教教理史の経緯を込めた表現である。「法の空性」を力説し、一切を縁起によって説明するのが佛教であるが、「われ」の立つ場を明確化するため 、個人における「識」の存在を強調して「唯識」を主唱したのが瑜伽行派であり、現在では「人法二空」は唯識法相宗の目指すべき目標として掲げられる（瀧川 2001：48）。一方「習気」とは、「業」の潜在的余力を指し、こちらも唯識法相思想に見られる典型的な語彙である（中村ほか 2002：442）。

かくして「人法二空」とは、大乗を奉ずる瑜伽唯識学派が特に主張した点だと言える（本書第 7、8 章を参照）。また 2 行目に見える「習気」という訳語は、典型的な唯識学的用語の一つだと言える。そのほか「普皆回向」「恒順衆生」は大乗の香りを漂わせるが、ここからは、唯識が小乗・有部との対決を通して大乗色を鮮明にしたことが想起されよう。慈雲は唯識法相宗に属す僧ではなかったが、彼の佛教学上の思考的基盤が、おそらく唯識学の用語によって基礎づけられていたのを想起することは困難ではない。

以上のように、①薬王菩薩陀羅尼では「八正道」が、一方⑥普賢菩薩陀羅尼では「大乗唯識学的傾向」が表明されているとして、これら二者はどのように関連づけられるのであろうか。また慈雲の主たる活動の一つとして、「正法律」の復興を目指し「十善戒」を主唱したことが想起されるが、最晩年の『法華陀羅尼略解』に認められる上掲のような方向性は、「十善戒」の唱道とどのような形で結びつきうるのであろうか。

『法華陀羅尼略解』には、以上のような問題点を見出しえよう。これに伴い、本書での以下の本論部分において、そのキー・ワードとして措定すべき語彙を絞り込むなら、次の二項目が挙げられるだろう。それは「八正道と持戒」および「唯識学と普賢菩薩」の二項である。

これらに加えて意識しておかねばならないのは、晩年に至って慈雲が密教とその法統・事相の伝授に余念がなかったという点である。『妙法蓮華経』は密教の経典ではないが、上掲したような慈雲の注記も、密教的視座を背景になされている。その意味では、慈雲が『略解』末尾で「不空本」という表現により言及していた『観智儀軌』こそ、この『妙法蓮華経』の密教的受容による儀軌として、台密·東密にともども大きな影響を及ぼした儀軌である。慈雲におけるこの『観智儀軌』への意識を、ここでまず確認しておきたい。

したがって以下の本論部分では、第 1 部に慈雲の戒律観をめぐる考察を、そして第 3 部に慈雲晩年の密教思想を扱う論考を配する一方、第 2 部には、慈雲が晩年に至るまでに研鑽を積んだ佛学の諸方面から光を当てるべく、禅学、儒教と神道、有部律、それに唯識学に関する拙稿を集めてみた。

5. 本書の構成について

以下に、本論部分を構成する各章の概要を提示しておく。

第 1 部「正法律と天台」は、『法華陀羅尼略解』が天台系の依経である『妙法蓮華経』の注疏であることに鑑み、最晩年の慈雲にあって想定される天台宗諸僧との交流をめぐってしたためたものである。

まず第1章「慈雲の法統——「正法律」の位置づけをめぐって」は、上掲のように本書の中では『法華陀羅尼略解』発見以前に記された唯一の論文であり、本書全体の導入部を兼ねるとともに、慈雲の主唱になる「正法律」の位置をめぐって、慈雲の生涯を紹介する意味で冒頭に置いたものである。

続いて第2章「慈雲尊者と戒律の系譜——筑波大学所蔵・慈雲自筆本『法華陀羅尼略解』を基に」は、『略解』の発見を受けて天台宗教化研修所・天王寺からのお招きがあった折、同所において公にした講演が基になっている。上述した三重県西来寺での『略解』写本発見よりも遡るものであるが、天台宗と慈雲との考えられる限りでの交流の諸相を提示してみた。

そして第3章「慈雲と天台僧たち——『法華陀羅尼略解』の位置づけをめぐって」は、西来寺での『略解』写本発見を受け、天台宗諸僧との交流を、具体的なかたちで検討すると同時に、事相レベルにおける東密・台密の交わりの可能性を考えたものである。

第2部「禅・儒教と神道・有部律・唯識学」には、慈雲に関連する佛道思想の諸側面を取り上げ、最晩年期における慈雲の境位に光を当てるべく記した論文を配した。

まず第4章「菩薩戒と『摩訶止観』——慈雲と天台思想の関係をめぐって」は、慈雲が禅にも造詣の深かったことに鑑み、彼の禅道が、従来推測されてきたように臨済禅を汲むものであるよりも、むしろ律との関連で鑑真に遡る精神性を持つとの見解を明らかにしたものである。

次に第5章「慈雲尊者による儒教理解——『神儒偶談』『法華陀羅尼略解』『雙龍大和上垂示』を手がかりに」は、若かりし頃、儒学者伊藤仁斎の子・東涯の許に参学した慈雲が、晩年に雲伝神道を提唱する際、儒教を自らの体系にどう位置づけたかを考察するものである。

続いて第6章「義浄と慈雲尊者――有部律から四分律へ、そして正法律へ」は、慈雲が1758年に完成させた『南海寄帰内法伝解纜鈔』にあっては、義浄による唐への請来・空海による本邦への請来に負う「有部律」への傾注が顕著であるのに対し、結局慈雲はこの律に従うことなく「正法律」を主唱したことの意味を、慈雲が受戒した西大寺派の「四分律」、および慈雲が晩年に傾注していたとされる『金剛般若経』を介在させて問うものである。

そして第7章「慈雲尊者の無表論――『表無表章随文釈』を中心に」は、『法華陀羅尼略解』のうちに唯識学関連の語彙を用いての注記が見られたことを根拠に、唯識学書『大乗法苑義林章』の一章である「表無表章」への注釈として遺された慈雲の『表無表章随文釈』を読解し、慈雲の唯識思想に迫ろうとしたものである。

第3部「密教思想」には、何よりも『法華陀羅尼略解』が『妙法蓮華経』の陀羅尼部への注疏であることに鑑み、最晩年の慈雲の密教思想に焦点を当てて記した論文を配した。

まず第8章「慈雲尊者最晩年期の密教思想――『理趣経講義』から『法華陀羅尼略解』へ」は、『法華陀羅尼略解』が発見されるまでの間、長らく慈雲最晩年の著作とされてきた『理趣経講義』をひもとくことにより、この作品のうちに、その10日後の成立であることが明らかとなった『略解』につながる慈雲の精神性を読み取ろうとする試みである。

次に第9章「「五悔」から「五秘密」へ――『金剛薩埵修行儀軌私記』(1802年)の位置づけをめぐって」は、やはり慈雲の晩年に当たる1802年の作であることが明らかな著作『金剛薩埵修行儀軌私記』を読み解くことを通じて、この『私記』のうちに、翌年の作である『法華陀羅尼略解』につながる慈雲の精神性を探ろうと試みた論考である。

そして最終章である第10章「「『大日経疏』から一切義成就菩薩へ――晩年の慈雲による「法華陀羅尼」注疏の経緯」は、1795年における慈雲の著作『両部曼荼羅随聞記』のうちに見られる「一切義成就菩薩」への言及のうちに、『妙法蓮華経』つまり顕教の佛典における釈尊理解から、『観智儀軌』つまり「法華陀羅尼」を含む『妙法蓮華経』由来の金胎合揉密教儀軌への転換・接触点を見出せるのではないか、との仮説を提示するものである。

注

（1）この経緯について、詳しくは秋山（2010d）を参照。なお、後述する西来寺本の発見はこの展覧会カタログの執筆よりも後であるため、カタログ中では筑波大学所蔵本を「孤本」と認識しており、本書ではその認識を改めてある。

（2）読み下しに際しては、現西来寺内司課・寺井良宣師よりご教示をいただいた。ここに深謝したい。

（3）妙有や宗淵をめぐっての、さらなる文献学的な考証については本書第 3 章を参照されたい。

（4）正確なアルファベット表記は、たとえば坂内 1981：159 － 166。

（5）manye は西来寺本より補う。筑波大本で慈雲は... と省略している。

（6）＝『普賢讃』（『普賢行願讃』）の略示。同第 50 頌末参照。

（7）本写本では、この箇所にのみ、梵文の左側に慈雲以外の筆記者による筆跡で、朱字にて bhaṣai 光 paśa 見 ve 倶 kṣa 盡 ṇi 期と語釈が付してある。これは bha 字が慈雲自身のテキストには脱落していたためで、この筆記者がその bha 字を補っている。この注記者は、筆跡その他から、高貴寺僧坊寺務第 9 世を務め、後に『慈雲尊者全集』の編纂を企図した伎人戒心師（1839 － 1920）かと想定される。

（8）この後に、『正法華』で「暁了衆声」の訳語にあたるアサラの字があるはずであるが、筑波大本では梵文・訳語とも脱落している。

第1部

正法律と天台

第1章　慈雲の法統
――「正法律」の位置づけをめぐって

序.

江戸時代中・後期、正法律運動を興して佛教界の刷新に専心した慈雲尊者飲光（1718 － 1804）は、『梵学津梁』全1千巻の編纂をもってわが国の佛教史上に燦然と輝くが、若くして「釈迦在世中のあり方に倣う」正法律運動の創唱者となった。彼の生涯にわたる著作と活動、すなわち悉曇学、『方服図儀』や『南海寄帰内法伝解纜鈔』の執筆、そして雲伝神道に至るまで、これらはそのどれをとってみても、古の伝承を現在によみがえらせ、旧風をもって汚濁の現世を改革するという精神性に倣ったものである。

慈雲が「正法律」を掲げ、その内実として、出家者・在家者双方に通じる「十善戒」を説いたことは周知の事実である。ただ、慈雲が河内葛城の高貴寺を正法律一派の総本山とし、その認可が下りたのは1786年であり、この運動の端緒はそれを遡ること40年ばかり、1745年に高井田の長栄寺を結界し、翌1746年に愛弟子の愚黙（1727 － 1751）に具足戒を授け、1749年に「根本僧制」5条を定めた時期に置かれる。こうして、慈雲が自ら弟子たちに授戒を行ったのは、「四分律」に基づく鑑真（688 － 763）以来の古式を復興させてのことであったとされる。もっとも慈雲自身が野中寺で具足戒を受けた1738年当時からの経緯を探ると、いくつか不明な点が浮かび上がる。慈雲自身にとっての野中寺での受戒はどのような形式に拠るものであったのか、また慈雲による授戒の系統はいかなるものであったのか、そして慈雲自らは法統をどのように理解していたのか、などといった点についてである。

以上のような諸点をめぐり、本章では慈雲の「正法律」がいかなる戒律伝承の下に置かれるのか、そして精神史上、戒律復興運動の末期に位置し、それまでの復興運動を総括する立場にある慈雲の意義が、どのような点において立証されるのか、といった問題を明らかにすることを目指す（cf. 沈 2003 をも参照）。

いま試みに『佛教大辞典』の記述を参照してみると、「正法律」の項目には「真言宗の戒律にして延享年間河内高貴寺の慈雲が主唱せし所なり。大小乗の戒法に密教を加味したるものにして袈裟裁製の法等に至るまで厳重に定むる所あり」とあり、末尾に〔「真言律宗」参照〕とある（小野 1964）。一方「真言律宗」の項目を参照すると「真言の宗義に依りて大小乗の戒律を修学する宗旨。興正菩薩叡尊の創唱せし所にして西大寺を総本山とす」とあり、「又後に至りて正法律とも称す」と付記されている。そして同項目の「教義」の部分を参照すると「此宗は已に鑑真の旧律を復興して真言秘教に従属せしむる所なれば、四分・梵網・瑜伽・有部の戒本より、道宣の三大部をもって戒律の依憑とす」とある。

慈雲の提唱した「正法律」は、すでに過去の存在と化していて、現在彼の法灯を継ぐ教団は存在しないと言ってよい。したがってこれを評価する際に「真言律宗」の中に組み入れる方法もあれば、律宗の一派と捉える考え方もあろう。上掲の『佛教大辞典』は、その前者の方向性に倣ったものである。

1. 慈雲の活動　略年表

まず慈雲の年譜について、著作関係を中心に確認しておこう（砂田 2017）。

1718（1 歳） 7 月 28 日、大坂中之島の高松藩蔵屋敷、外祖父の川北又助宅に生。

1730（13 歳） 1 月、法樂寺の忍綱貞紀（1671 － 1750）に従い出家。

1731（14 歳） 忍綱貞紀のもとで加行を始め、悉曇を学ぶ。

1733（16 歳） 伊藤東涯（1670 － 1736）の古義堂に入門、約 3 年間、儒学と漢籍を学ぶ。

1736（19 歳） 9月に菩薩戒、11月に沙弥戒を、野中寺にて秀岩に従って受く。

1737（20 歳） 3 月、野中寺にて秀岩に従い秘密灌頂を受ける。

1738（21 歳） 貞紀に従って西大寺流の深奥を受け、四律五論および南山の疏鈔（「律三大部」; 1750 年の注記を参照）を研究する。11 月野中寺にて自誓受による具足戒を果たす。

1739（22 歳） 年初、忍綱の後を襲い、法樂寺住職となる（中興第 3 世）。3 月、忍綱より西大寺流伝法灌頂、両部神道を伝授される。

1741（24 歳） 3 月、法弟の松林が具足戒を受ける。8 月、松林に法樂寺を譲り、9 月より信州正安寺の曹洞宗大梅禅師の許で参禅。

1743（26 歳） 4 月、信州を発ち、5 月、法樂寺に帰還。

1744（27 歳） 4 月、忍綱より長栄寺を託される。法弟の愚黙親證、即成覚法、萬愚覚賢が慈雲に従う。

1745（28 歳） 4 月、寂門に沙弥戒、愚黙に菩薩戒を授ける。10 月長栄寺を結界、同寺を正法律最初の僧坊とし、沙弥の即成をあわせて 4 比丘が揃う。

1746（29 歳） 7 月、愚黙に具足戒を授ける（長栄寺初の戒壇受戒）。

1747 即成は野中寺で、

1748 寂門は長栄寺で具足戒を受ける。

1749（32 歳） 7 月、愚黙の進言により『根本僧制』5 条を草す。

1750（33 歳） 3 月、有馬桂林寺に兼住。4 月、『四分律行事鈔』（道宣〈596 －

667〉の著書;他に同著者による『四分律戒本疏』(「戒疏」)、『四分律羯磨疏』(「業疏」)と併せ「律三大部」とされる)を講ず。

1751(34 歳) 愚黙、即成あいついで示寂。

1752(35 歳) 2 月『方服図儀』刊行。

1753(36 歳) 3 月『枝末規縄』を定める。

1754(37 歳) 4 月『表無表章』を、7 月『四分律』を講ず。

1755(38 歳) 覚賢示寂。

1756(39 歳) 4 月、法隆寺で聖徳太子の袈裟を検証。この頃、高野山の真源より「普賢行願讃」の梵本を贈られる。

1758(41 歳) 2 月『有部衣相略要』成る。春、生駒山中腹・長尾の滝に草庵を結び雙龍庵とする。5 ~ 7 月、『南海寄帰内法伝解纜鈔』7 巻を額田不動寺にて執筆。この頃「梵学津梁」編纂に着手。

1759(42 歳) 4 月「授戒法則」を改訂。

1761(44 歳) 雙龍庵時代法語 1 ~ 9。

1762(45 歳) 雙龍庵時代法語 10 ~ 39。4 月『方服図儀講解』12 巻成る。

1763(46 歳) 雙龍庵時代法語 40 ~ 50。秋、雙龍派の『綱要』を作成。

1764(47 歳) 『根本僧制』の第 4 条について草す。「出家功徳」。

1765(48 歳) 春、雙龍庵において照堂護明・愚峰法護・明堂諦濡らに「普賢行願讃梵本聞書」を講授。

1766(49 歳) 雙龍庵時代法語 53 において「今後は法を説くまい、付法は護明比丘に付属す」と宣言。

1767(50 歳) 「普賢行願讃梵本聞書」10巻成る。7月「普賢行願讃梵本並校異」成る。

1768(51 歳) 弟子たちにより『七九略抄』5 巻、『七九又略』1 巻筆受さる。

1770(53 歳) 「梵学津梁」全 1 千巻ほぼ完成。

1771(54 歳) 雙龍庵時代の終わり;京の阿弥陀寺へ。同寺にて十善を説く。

1772（55歳）　善淳律師より、『倶舎論世間品』を載せる梵夾貝多羅葉を受贈。
1773（56歳）　11月より阿弥陀寺にて「十善戒法語」を開講。
1774（57歳）　3月「十善之系統」。4月「十善戒法語」満講。
1775（58歳）　秋『十善法語』12巻完成。
1776（59歳）　2月河内葛城山高貴寺に入る。
1779（62歳）　『教誥』7箇条。
1781（64歳）　『人となる道』（初篇）1巻成る。
1783（66歳）　3月『表無表章随文釈』5巻成る。
1784（67歳）　3月、京の尼寺・長福寺成る。9月、4人の尼が式叉摩那戒を受戒。
1785（68歳）　畳峰法護、高貴寺僧房設立の願書を携えて江戸へ。
1786（69歳）　3月法護、明堂江戸へ;5月、幕府より高貴寺僧房願認可され。高貴寺が正法律総本山となる（江戸時代に新宗派として認可された唯一の例）。秋『高貴寺規定』13条成る。
1788（71歳）　夏、『日本書紀』神代巻を閲読し、神道を明らかにするために『無題抄』を著わし、神道研究へと進む。
1792（75歳）　『人となる道　神道』（第3篇）および『伝戒記』1巻を著わす。高貴寺結界。
1793（76歳）　『雙龍大和上垂示』2巻、これより7年間にわたり準境居士が筆受。
1795（78歳）　5月より諦濡ら13人のために『両部曼荼羅随聞記』を講伝（菩提華祥蘂筆受）、6月に略本2巻が完成。同月『曼荼羅伝授付録』1巻成る。9月「戒本大要」成る。
1796（79歳）　4月、阿弥陀寺にて両部曼荼羅を講伝、『両部曼荼羅随聞記』広本6巻成る（菩提華祥蘂筆受）。8／9月、弟子たちのために「神道灌頂教授式」（弟子筆受）を伝授。

1797（80歳） 4月『人となる道　略語・注記』（俗弟子・西江義浩筆受）成る。
1798（81歳） 1月『神代要頌』成る。
1799（82歳） 智幢法樹、高貴寺にて具足戒を受ける。10月『神道三麻耶式』1巻成る。
1800（83歳） 春『比登農古乃世』1巻、5月「金剛般若経」を講ず。
1801（84歳） 大和郡山藩主・柳沢保光公の招請により、永慶寺にてキリシタン末裔に説法。
1801／2ごろ 『神儒偶談』完成。
1802（85歳）『金剛薩埵修行儀軌私記』成る。
1803（86歳） 2月24日『理趣経講義』3巻を著す。
3月4日『法華陀羅尼略解』を著す。
1804（87歳） 9月『金剛般若経』を講ず。12月22日、京の阿弥陀寺において遷化。弟子らの手で移葬され、高貴寺奥の院の傍らに葬られる。

さて、上の年表に見るように、慈雲は弟子の具黙には菩薩戒（1745年）から具足戒（1746年）へという階梯を辿らせている。おそらくこれらのうち、前者菩薩戒は、後に述べる〈通受〉、後者具足戒は〈別受〉の式に拠ったものと思われる。これが慈雲の行った「三師七証形式」での受戒形式への復古であろう。

なお上掲1738年の記事に「四律」とあるのは、『四分律』60巻〔法蔵部（曇無徳部）の律；大正No. 1428、以下同様〕、『五分律』30巻〔弥沙塞部（化地部）、No. 1421〕、『十誦律』61巻〔薩婆多部（説一切有部）、No. 1435〕、『摩訶僧祇律』40巻〔摩訶僧祇部（大衆部）、No. 1425〕を指し、別に『根本説一切有部律』18部194巻〔根本説一切有部、No. 1442〕が「新律」として挙げられる。また「五論」とは、『薩婆多毘尼毘婆沙』（9巻、大正No. 1440）、『薩婆多部

毘尼摩得勒伽』(10 巻、No. 1441)、『律二十二明了論』(1 巻、No. 1461)、『善見律毘婆沙』(18 巻、No. 1462)、『毘尼母経』(8 巻、No. 1463)の 5 部を指す。

2. 具黙への授具をめぐって

1746 年 7 月、慈雲による愚黙への具足戒授戒の際、愚黙は 20 歳であった。したがってこれは、おそらく彼が成人するのを待っての儀式であったと思われる。それは鑑真招来による古式に則った「三師七証による別受」であったと想定されるが、ここに問題が浮かび上がる。まず一つ目であるが、慈雲は 1738 年、野中寺にて自誓による具足戒を受けたとされる。すると、愚黙に具足戒を授ける 1746 年までに、十回の夏を経ていないことになる。この点については後ほど戒律の規定を顧みるが、結論を先取りして言えば、おそらく慈雲は、先師たちの前例を根拠に、この 1746 年に、愚黙に対して具足戒を授ける戒和上を務めたのではないかと推測できる。二つ目は、もしこの愚黙への授具が「三師七証による別受」であったとすれば、三師すなわち戒和上、羯磨師、教授師を必要とするが、当然これだけの数の僧侶が慈雲の許に当事集うことは無理であり、授戒式は略式によるものとならざるを得なかったという点である。結論を先取りして言えば、おそらくこの点が、大乗菩薩戒専受を標榜する天台僧たちとの間に、何らかの共通認識を生んだのではないか、と予想される。

さて、この関連の問題を考えるために、後に慈雲が注解の筆を執ることになる『南海寄帰内法伝解纜鈔』の記事を参照することにしよう。この記事は『解纜鈔』の注解巻第五に収められている。『寄帰伝』原文中では巻第三第 19 章の箇所に該当する。慈雲は 1758 年にこの『解纜鈔』を完成させているが、その原著者義浄(635 – 713)は説根本一切有部所伝の律(新律)を紹介したことで意義づけられる。慈雲は有部律の研究にも余念がなかったが、これには空海（774 － 835）が『三学録』において有部律の学習を奨励したことが関係するであろう（浅井 2003；徳田・唐招提寺 1998：156）。慈雲は、根本説一切有部律を「新律」、鑑真が伝えた南山律宗による四分律系のものを「旧律」とし、『寄帰伝』中、羯磨に関する箇所に関して旧律と新律の慣例の相違を挙げ、注を加えている。

まず『寄帰伝』の本文である。「凡そ親教師と為る者は、須らく住位にし十夏を満足するを要すべし。兼羯磨師及び屏教の者、ならびに余の証人は、ならびに定年なし。幾ばくかは事、解律清浄にし中辺数満たすべし」。これに対して慈雲は次のように註解する。

「兼羯乃至定年とは、此れ亦旧律に異なり、四分等の行事は、羯磨屏教の二師は必ず五夏満を須（もち）ふ。明了論の中には､羯磨師は七夏満を須（もち）ひ、屏教は五夏也。此等は是部別也。兼羯磨師とは、正しく戒体を授け、白四羯磨を兼ねる者也。屏教とは、旧には教授と云ひ又は威儀師と云ふ。此の人受法の進退を教ふ。故に威儀師と名づく。此の人屏処在りて十三難事等を問ひ、又壇上に教へて乞戒せしむ。故に屏教師と云ふ也」(1)。

上の一節において、親教師は戒和上、屏教師は教授師と同義である。『寄帰伝』本文には戒和上についての記述があるのに対し、慈雲はそれには注記を加えず、羯磨師および教授師について新旧律の相違を注記する。つまり旧律も新律も、『寄帰伝』本文にあるとおり、戒和上となるために十夏を要すという点に関しては相違がない。

上述のように、慈雲は 1738 年、野中寺にて自誓による具足戒を受けたとされる。具黙の具足戒は、これが三師による別受として〈古代以来久しく断絶していた制の再興〉であり、「当山授戒のはじめなり」とされる。数の上で 10 名の僧侶が集うことは不可能であったために、それは略式によるものであったことは間違いがないが、三師七証形式を復興しようという精神性そのものを指して発せられたのが、「当山授戒のはじめなり」という重い想起であったものと推測される。当時の寺風に関して慈雲は、後に「佛在世の軌則を違えぬ様に、具黙、即成、寂門など志を合わせて勤められた」(法語集53、1766年)と思い起こしている。残念なことに、ここに名の挙がる若き比丘たちのうち多くは早世し、1751年に具黙、即成が相次いで示寂する。

3. 具足戒と菩薩戒

ところで慈雲はこの1746年、略伝によれば「別受羯磨規則」を創制したと伝えられる。これに該当するものは、全集の中には明記された形では見当たらない。ただ全集第6巻の99頁以下には『授戒法則上下』が収められ、その中の「大戒規則」が「別受」でもあることから、おそらくこれに相当するものと考えられる。一方翌々年5月には「自伝」に「受戒篇を講ず」とあり、7月には同奥書により「受戒篇2巻を編す」とされている。したがって、「授戒法則上下」の中の「授大戒義」が、具黙に授けた具足戒の実際を表しているものと考えてよいだろう。慈雲が復古を目指し改めた後の次第に関して、今ここにその中核部を引用してみよう。

慈雲の「授大戒儀」は、『授戒法則上下』のうち152頁より179頁に及んでいる。1759年の成立とされるこの式次第は、慈雲の提唱になる正法律一派の授戒作法を伝える体系的な記録であり、上巻には三帰、五戒、八斎戒、同自誓受、十善戒、菩薩戒の6授戒法則を収め、下巻には出家作法、同結縁剃刀式、形同沙弥受戒作法、法同沙弥受戒式、授大戒の5則を収める。このうち、上巻に収録された十善戒と菩薩戒、および下巻に収められた大戒の授受式次第を主たる典拠に、慈雲の法統を探ることが可能である。

まず具足戒とは、比丘・比丘尼、すなわち正式に出家した男女が、僧伽という集団内で守るべき戒律の学処を総称したものを意味する。東アジアの漢訳文化圏では『四分律』に従い、比丘戒・比丘尼戒は、それぞれ250条・

348条とされた。その受戒に関しては、出家して僧伽に所属するために、一定の手続きを踏んだ上でこの具足戒を受けるものとされる。この具足戒は、〈白四羯磨〉形式で授受され、羯磨と呼ばれる部分で「具足戒を授ける」との文言を述べるのが中心であるが、後に教団追放に処せられる〈波羅夷法〉と、僧伽の基本的生活規定である〈四依法〉を受者に誓わせる儀式が付随するようになった。

一方菩薩戒とは、菩薩を特色づける戒のことであり「大乗戒」と同義とされる。菩薩戒は在家にも出家にもありうるものであり、僧伽の構成員を形成する七衆（優婆塞、優婆夷、沙弥、沙弥尼、式叉摩那、比丘、比丘尼）を特色づける戒が、それぞれの身分において異なりつつも〈七衆戒〉と総称されるのに対し、菩薩の特色となる戒が〈菩薩戒〉と総称される。

佛教史の流れの上では、まず出家者すなわち声聞を中心とする宗教として上座部佛教（いわゆる小乗佛教）が現れる。これに対し紀元前後のころより、「菩薩」というあり方を唱え、在家運動的な相貌を伴って現れた大乗佛教は、出家者集団の規則である〈律〉の領域にも刷新をもたらさざるを得なかった。その結果現れたのが『瑜伽師地論』であり、さらにこれが中国に伝播して成ったのが『梵網経』である。『瑜伽師地論』第40巻に説かれる〈三聚浄戒〉、すなわち摂律儀戒〔すべての悪を断ず〕、摂善法戒〔すべての善を実行す〕、饒益有情戒（摂衆生戒）〔すべての衆生を救済す〕が菩薩戒の典型であり、同様に『梵網経』にも菩薩戒が盛り込まれた。この〈三聚浄戒〉は『華厳経』に初出し、各々が止悪・修善・利他の行として特徴づけられる。『華厳経』系の経典と位置づけられる『梵網経』に〈三聚浄戒〉が見られるのはごく自然な流れと言える。大乗佛教では、摂律儀戒のうちに小乗戒を含まないのが特徴であるが、『瑜伽論』と『梵網経』における戒の細目は若干異なり、『梵網経』では〈十重四十八軽戒〉、一方『瑜伽師地論』では（不適当とされるものの）〈四重四十二軽戒〉として取り出される。梵網戒の十重禁戒とは、不殺生・不偸盗・不邪淫・不妄語／不酤酒・不説罪過／不自讃毀他・不慳貪・不瞋恚・不謗三宝の十種を指す。このうち前四重は律蔵の四波羅夷法に一致し、後四重は『瑜伽師地論』の四他勝処法（＝四重；貪求利敬讃毀戒、性慳財法不施戒、長養忿纏不捨戒、愛楽像似正法戒）に一致する(2)。

わが国では、8世紀に鑑真が戒律の伝承を意図して東大寺に戒壇院を開いたとき（755年)、その儀礼は、小乗の曇無徳部が奉ずる『四分律』を基に、道宣が大乗の観点から他律をも援用して提唱した南山律宗のものであった。これに対し、比叡山に天台宗を開いた最澄（767 − 822）が、それはやはり小乗の律に依るものだとして反発し、大乗戒壇の設置を上申して、その没後822年に認可されたことはよく知られている。この際最澄が拠りどころとしたのが『梵網経』であった。この大乗戒に対して、南都の側からは繰り返し戒律復興の動きが起こり、13世紀には叡尊（1201 − 1290）と覚盛（1194 − 1249）が、16／17世紀には明忍（1576 − 1610）が本来の戒を持す必要性を強調した。江戸時代中後期の慈雲も、この戒律復興の流れにつながる律師である。

なお上記の「授戒法則」に見られる八斎戒とは、不殺生・不偸盗・不邪淫・不妄語・不飲酒の「五戒」に、不塗飾香鬘・不歌舞観聴戒〔装身具をつけず歌舞を見ないこと〕、不座広高牀戒〔高く広い寝台に寝ないこと〕、それに非時食戒〔昼を過ぎて食事をしないこと〕の3（4）戒を加えたもので、在家門徒が守る五戒に対し、六斎日（ないし布薩の日8、14、15、23、29、30日；cf. 前田1996：303）に寺に出かけて一昼夜守るべき在家の戒とされ、出家に近い内容となっている。

4. 授具足戒の儀

以下、見出し形式により、慈雲による「大戒」つまり「具足戒」全体の次第を概観しよう。数字は『慈雲尊者全集』における掲載頁である。また〔　〕内には筆者による注記、あるいは特記すべき句などを挿入する。

まず冒頭に「曇無徳部別受具足。南山の疏鈔等に依りて出す」とあり、これが法蔵部による『四分律』系に基づくもので、南山律宗を継受する鑑真による授受戒の儀式であることが明らかにされている。「別受」という語彙の意味については次節に検討する。

1. 時鐘三（152）
2. 鐘四十（152）
3. 請師法（152）〔戒和上、羯磨師、教授師、証明師に関するもの〕
4. 鐘百二十（155）
5. 誦佛遺教経〔佛垂般涅槃略説教誡経〕（156）
6. 羯磨師験十縁（156）〔称量前事、法起託処、集僧方法、集僧約界、応法和合、簡衆是非、説欲清浄、正陳本意、問事端緒、答所成法〕
7. 索欲問和（159）〔「僧集せりや否や。僧已に集せり。和合せりや否や。和合せり。未だ具戒を受けざるものは出でたるや。此の中未だ具戒を受けざるもの無し。不来の諸比丘は欲及び清浄を説きたるや。此の中欲及び清浄を説くもの無し。僧、今に和合せるは何為になすところなるや。受具足戒羯磨なり」〕
8. 差教授師法（160）〔単白羯磨による。単白羯磨とは、白（決議文）一回、すなわち周知せしめるだけで白にいう行事が成立するもの〕
9. 出衆問法（161）〔13 難 10 遮〕
10. 単白入衆法（165）

11. 乞戒法（166）
12. 戒師和問法（168）〔単白羯磨による〕
13. 正問法（168）〔13 難 10 遮；これは教授師が堂の外で行うとされる。cf. 東野 2009：102〕
14. 正授戒体法（170）〔白四羯磨による。白四羯磨とは、白（決議文）について 3 回繰り返して賛否を問うもの。「善男子、汝遮難並びに無し。衆僧同じく共に随喜す。当に汝に戒を与ふべし。但し深戒の上善は広く法界に周し。当に上品の心を発し上品の戒を得すべし。何等か是れ上品の心、謂ゆる泥洹果に趣き三解脱門に向かい三聚浄戒を成就し正法久住せんがためにする。此を上品の心と名づく。それ塵沙の戒法汝が身中に注ぐ。終に報得の身心をもって容受を得べきにあらず。応に発心の虚空器量の身となし、まさに法界の善法を得べし。故に論にいはく、若し此の戒法形色有らば、当に汝が身に入るに天崩地裂の声をなすべし。是れ色法にあらざる故に今汝をして覚智せざらしむ。汝当に驚悚の意を発し上品慇重の心を発すべし。今汝がために羯磨の聖法をなさん。此れは是れ如来の所制なり。塵沙法界の善法を発得し汝が身心に注ぐ。汝これを知るべし」。「大徳僧は聴きたまえ。此の某甲は和尚某甲に従いて受具足戒を求む。此の某甲は今、衆僧に従いて受具足戒を乞う。和上は某甲なり。某甲は自ら清浄にして諸難事なしと説けり。年は二十に満ち三衣と鉢は具せり。若し僧に時到らば、僧忍して聴け、僧は今某甲に具足戒を授く、某甲は和上なり。白は是の如し」(171)。「白の法成れりや否や。白の法成就せり」。先の「白は是の如し」の代わりに「誰か諸長老にして、〈僧は某甲に、具足戒を授く。和尚は某甲なり〉を忍するものは黙然せよ、誰か忍せざるものは説くべし」を繰り返した後、「羯磨の法成れりや否や。羯磨の法成就せり。此れは是第一（二、三）の羯磨なり」(第一羯磨の後では「今十方法界の善法並びに皆動転す。

当に欣心を起こすべし。怠意を生ずるなかれ」。第二羯磨の後では「今十方法界の善法並びに挙げて空中に集へる、雲の如し蓋の如し。余り一羯磨在り。第三羯磨竟に至りて当に法界の功徳汝が身心に入るべし。汝当に虚空界を総る心を発し、三有の衆生を救済せんと縁し、並びに三世の佛法を護持せんとすべし」)。「僧は已に忍し、某甲に授具足戒を与え竟われり。和尚は某甲なり。僧は忍して黙然せる故に、是の事を是の如くに持す」(173)〕

15. 説随相法(174)〔＝四波羅夷法(175)。「汝一切淫を犯し不浄行をなすを得ず.... 汝是の中盡形壽なすを得ず。能く持つや」「能く持つ」、続いて「一切盗するを得ず」「一切故意に衆生の命を断つを得ず」「一切妄語を得ず」と続き、これらに対しても「能く持つや」「能く持つ」と締めくくられる。「四分律」によるこのような形式での受戒は「盡形壽」、すなわち受者の生涯に限っての持戒であり、この点は、後出の菩薩戒とは異なる〕
16. 授四依法(176)〔糞雑衣住、乞食住、樹下住、陳棄薬住という 4 つの生活様式の護持を誓約する部分〕
17. 誦佛遺教経〔佛垂般涅槃略説教誡経〕(178)

上掲式次第のうち、「白四羯磨」による 14. 正授戒体法が、三師七証形式に依る授具のなかでもっとも重要な部分である。

5. 通受と別受

さて、前節に掲げた「授具足儀」の冒頭に「別受」という語彙が見られた。これは、上掲した三聚浄戒のうち、摂律儀戒のみを別けて(七衆により内実が異なるわけでもある)授け・受けることを意味する。これに対し、三聚浄戒を一括して受けるあり方が〈通受〉とされた。この〈通受〉という方法は、叡尊（1201 － 90）や覚盛（1194 － 1249）が戒律復興を目指した時期にクローズアップされたものであり、それにともなって、鑑真から伝えられた従来の三師七証形式による受戒の方法が改めて〈別受〉と名づけられた。この件をめぐっては、中世における戒律復興を辿っておかなければならない。

中世の南都では、戒律伝承の実質性が失われつつあったが、その中で興福寺出身の中川実範（？ － 1144）や解脱房貞慶（1155 － 1213）、俊芿（1166 － 1227）、それに戒如（生没年不詳）へと、後の戒律復興に向けた潮流が整いつつあった。叡尊と覚盛はこの戒如の弟子である。二人は 1236 年 9 月、円晴（1180 － 1241）、有厳（1184 － 1275）とともに、『瑜伽師地論』の記述を論拠として、東大寺法華堂に参篭し、自誓受戒により具足戒を発得するに至った。彼らは、当時東大寺戒壇院で行われていた授戒は、如法ならざるものであり、それでは戒が伝持されないとして、自ら佛から直接戒を授かる「自誓受」の式に拠った（これにともない、自誓でない従来の形式は〈従他〉と呼ばれた）。叡尊が遺した『自誓受戒記』によれば、彼らは「弥勒菩薩の自誓の羯磨を誦し」とあり、ここから『瑜伽師地論』に出る三聚浄戒の自誓を行い比丘戒を発得したものと推定される（蓑輪 2004：52）。後に 1738 年、慈雲も野中寺において自誓受具を果たしたとされるが、これは以下に見るように、当時慈雲の属していた野中寺が西大寺派であったことから、西大寺派に属した明忍、さらに遡っては、西大寺を復興させた叡尊に発する自誓受の形式を継承したものと考えられる。

ところで、叡尊が独自に用いた受戒の用語として「円満戒」というものがある。これは叡尊著『感身学正記』寛元 3（1245）年の記録に見られるもので、「9 月中旬、和泉国の家原寺において法のごとく別受苾蒭戒を始行する。自分はその 13 日午後 8 時に円満戒を受けた」と述べられる。叡尊と覚盛は、1236 年に上述の自誓受戒を果たした後、9 年目の 1245 年にこの円満戒を発得したとされる。ここで「別受苾蒭戒」とは、大乗の比丘が受けるべき三聚浄戒のうち、摂律儀戒のみを受けることを意味し、「円満戒」とは、通・別の授戒を成就し、人に戒を授ける資格をそなえることを意味するが、当時の叡尊らは「戒本の規定により、比丘は通受戒を受けてのち10年目の安居（十夏）にしてはじめて別受戒を受け、これにより通・別の受戒を成就し、はじめて人に別受戒を授ける資格が備えられる」と理解していた（長谷川1990：151）。それにもかかわらず叡尊と覚盛が9年目、すなわち十夏よりも期間を1年間繰り上げて円満戒式を実施した理由については、その前年覚盛が「自分は明年まで生きていないかも知れず、十夏以前が得罪なのであれば、授戒ののち懺悔しよう」（長谷川1990：51－52）と主張し、これに叡尊も同意したことによる。

上に引いた一節は、〈通受〉の時点で受ける三聚浄戒中の摂律儀戒をもってすでに受具であるが、10年を経てもう一度〈別受〉のかたちで受具する必要がある、と叡尊らが理解していたことを前提としている。この際、当然〈別受〉で授けられるのは、従来の『四分律』に基づく250戒である。ところがもう一方で、先に〈通受〉として措定されている受具の式は、実際には『梵網経』に依る比叡山の大乗戒（＝菩薩戒）受戒の場合とほとんど変わらなかったものと推定される（蓑輪2004：54）。すると菩薩戒独自の式次第が失われてしまう格好になるので、後に叡尊は、通受における受具に際して、『梵網経』の〈十重四十八軽戒〉ではなく『瑜伽師地論』の〈四他勝処法；自讃毀他戒・慳生毀辱戒・瞋不受謝戒・毀謗三宝戒〉および律蔵の七衆戒を出すことを試みた（蓑輪2004：58）。それと同時に、具足戒の効力が「盡形壽」〔受者の一生涯の間〕であるのに対して、菩薩戒の効力が「尽未来際」〔未来永劫〕である（これは前者が小乗由来の戒、後者が大乗由来の戒であることに起因する）ことを根拠に、相互の通効を可能にできる、すなわち声聞戒である『四分律』の戒を大乗菩薩戒とすると同時に、別受の効力を尽未来際にしうる、と考えたようである（松尾 1996:89）。ちなみにこの際、叡尊らは「先通後別」の順序に従っているわけであるが、たとえば俊芿の場合のように、それまでの戒律復興にあっては「先別後通」の順序が一般的であったとされる（沈 1998：191）。「後別」をもって「円満戒」とすることに関しては、菩薩行を基盤とするはずの大乗戒としてはいささか疑問が残るが、その理由は上述のように、相互通効ということが念頭に置かれていたためと思われる。

6. 授菩薩戒の儀

慈雲の著作『授戒法則』上には「授菩薩法則」も含まれているので、以下に参照することにしよう。これは「法則」の 119 頁－ 130 頁に収められている。以下に主要部分のみ引用する。

①（121 頁）「善男子諦かに聴け。波羅提木叉とは、是れ遺法の大師なり。佛滅後に当に波羅提木叉に依るべしと教ふ。此の戒に依りて諸の禅定及び滅苦の智慧を生むを得。下人天有漏の報に従い、上三身の妙果に至るまで悉く此の戒に由りて生ぜずといふこと無し。然るに此の戒に二種有り。五八十具は声聞の戒なり。十重四十八軽は菩薩の戒なり」。

・瑜伽論に云はく「菩薩所受の浄戒は余の一切所受の浄戒に於て最尊無上なり。無量無辺の大功徳蔵之随逐するところ、第一最上善心意楽の発起するところなり。普く能く一切有情に於て一切種々の悪行を除滅すべし。一切の別解脱律儀は此の菩薩律儀戒に於て百分の一に及ばず千分の一に及ばず。数分計分算分喩分、乃至鄔波尼殺曇分、また其の一にも及ばず。一切の大功徳を摂受するが故にと」（大正 No. 1579『瑜伽師地論』第 40、515 頁上）。

・梵網に云はく「大衆心して諦信せよ。汝は是れ当成の佛なり。我れは是れ已成の佛なり。常に是の如きの信をなさば、戒品已に具足しぬ。一切有心の者は、皆まさに佛戒に摂すべし。衆生佛戒を受くれば即ち諸佛の位に入る。位大覚に同うし已れば真に是れ諸佛の子なりと」(『梵網経』盧遮那佛説菩薩心地法門品第十(偈))。

「然るに現身に七逆罪をなす者は受くを得ず。今当に汝に問うべし。汝当に実の如く我れに答ふべし」。

②七逆(122頁)〔佛身出血、父殺し、母殺し、和上殺し、阿闍梨殺し、羯磨転法輪僧破壊、聖人殺し　のないことの確認〕

③(123頁)「汝某甲善男子聴け。汝今、我が所に於て諸々の菩薩の一切学処を受け、諸々の菩薩の一切浄戒を受けんと欲す。謂ゆる律儀戒。摂善法戒。饒益有情戒なり。是の如くの学処、是の如くの浄戒は、過去の一切の菩薩は已に具し、未来の一切の菩薩は当に具すべし。普く十方に於て現在の一切の菩薩は今具す。是の学処に於て是の浄戒に於て過去の一切の菩薩は已に学し、未来の一切の菩薩は当に学すべし。普く十方に於て現在の一切の菩薩は今学す。汝能く受くるや不や。受者答えて言はく、能く受く」。「此れは是れ第一の羯磨なり。今十方法界の善法普く皆動転す。当に欣心を起こし怠意を生ずる勿るべし」。

・「汝某甲善男子聴け。云々」

(124頁)「此れは是れ第二の羯磨なり。今十方法界の善法並びに挙げて空中に集まる、雲の如く蓋の如し。第三羯磨の竟に至る時。法界の功徳汝が身心に入る。余に一羯磨在り。汝当に虚空界を總ふする心を発し三有の衆生を救済し、并びに三世の佛法を護持せんと縁ずべし」。

・「汝某甲善男子聴け。云々」

・「次に受者於座を離れず、戒師於座より起ちて佛像の前に対し、十方現在の諸佛及び諸菩薩に於て恭敬供養し雙足を頂礼し是の白を作して言はく」

・「仰ぎて十方無辺無際の諸世界の中の諸佛菩薩に啓す。今此の中に於て現に某甲菩薩有り。我れ某甲菩薩の所に於て乃至三説の菩薩戒を受く。我れ為に証を作す。唯願は十方無辺無際の諸世界の中の諸佛諸菩薩。第一真聖、現不現一切時処の一切有情に於て皆現に覚知したまえるは此の某甲受戒菩薩に於て爾も為に証を作したまえ」。（三説）

·「戒師一礼し本座に復り、麈尾を執りて告を曰く」

·「是の如く受戒羯磨竟しぬ。此れに従ひて無間に普く十方無辺無際の諸々の世界の中に於て、現在の諸佛已に大地の諸々の菩薩の前に入り、法爾の相現す。此の表示に由りて是の如く菩薩已に菩薩所受の浄戒を受く。爾の時に十方の諸佛菩薩. . .」

④戒相（125 頁）〔～ここには『梵網経』の十重禁戒が充てられる。授者が「能く持つや不や」と問い、受者は「能く持つ」と答える。これが終了すると、次のような句が続けられる。

·「善男子、是れ菩薩の十波羅提木叉なり。応じて当に学すべし。中に於て一一に微塵の許の如きも犯するべからず。何のゆえに況や具足の十戒を犯さんや。若し犯有る者は現身に菩提心を発するを得ず。また国王の位転輪王の位を失し、また比丘比丘尼の位を失しまた十発趣十長要十金剛十地佛性常住妙果を失す。一切皆失して三悪道の中に堕し、二劫三劫に父母三宝の名字をも聞かず。是れを以て一一に犯すべからず。汝今身より佛身に至るまで毀犯を得ず。能く持つや否や」。「能く持つ」。「余の四十八軽戒及び菩薩の素怛纜蔵（経）、毘奈耶蔵（律）、摩咀理迦蔵（蔵）、まさに次第に学すべし。又まさに座禅し誦経し営事し福をなし、一切衆生のために未来劫海を盡し一切法門の海を修習し一切功徳の海を獲得し一切衆生とともに薩婆若海に安住すべし」。

⑤回向発願〔「願以此功徳　普及於一切　我等与衆生　皆共成佛道」。最後の部分に「未来劫海を盡し」とあり、これは「盡形壽」であった具足戒とは異なる〕

この菩薩戒法則の末尾には「唐招提寺能満印寂然拝誌」とあり、唐招提寺伝承の律宗の式次第と相違するものではなかったことがうかがわれる。また慈雲は、上記の三聚浄戒について、『法語集』45「戒体」（1763年4月）で、『梵網経』の十重禁戒を摂律儀に、四十八軽戒の前30戒を摂善法に、残りの18戒を饒益有情に当てて「三聚浄戒」を満たすという考えを示している。

以上のように、慈雲における菩薩戒の「戒相」としては『梵網経』の十重戒が当てられている。もとより慈雲は具足戒として、四分律に基づく授具への改革を行ったのであり、上掲の菩薩戒式次第は、その改革後のものである。覚盛、叡尊による自誓受戒に発した戒律復興運動により、上述のようにそれまでの大乗菩薩戒授戒の式が具足戒となる動きが見られたが、慈雲による戒律復興運動によって、授具の次第は鑑真当時のものに復する一方、菩薩戒は再び菩薩戒として措定されることになった。もっとも上掲の③にあっては、第一、第二、第三と羯磨を経てゆく際の唱句は、「余に一羯磨在り」の部分が前後しているのみで、先に具足戒に関して見た際のものとほぼ同一である。したがって慈雲による復古改革の結果、正法律による菩薩戒は、その戒相に関して本来の「梵網経」系に復しつつも、受戒自体の意味づけとしては「羯磨」の方式を不可欠な要因として取り込んだものと思われる。これにより、西大寺系に発する長栄寺の慈雲下における法統は、鑑真に遡る本来の律宗・唐招提寺のものに、より一層一致することになったと考えられよう。

7. 自誓戒・受大尼戒の次第

さて『慈雲尊者全集』第6巻には、慈雲による戒律関係の書目が集中的に収められているが、そこには「受大尼戒法則」と題するものが含まれている。この規則書は、まず「本法自誓」（268頁）の次第、次いで「至僧従他受法」（280頁）を載せており、2種類の授具法が示された後、「通受大戒従他羯磨文」（287

頁）と題されたものが続く。その末尾の部分は「正授戒体」「啓白請証」「説相教勅」「発願回向」となっているが、この「従他羯磨文」に関して、「神光院所蔵の本は受大尼戒法則通受の末尾に之を附す。是れ通受大尼戒の所用なるが故なり」（292 頁）と記されているため、これら 3 編は一連の規則書であると解される。これは尼僧の受戒のための次第であるが、比丘向けの戒と比丘尼向けの戒とは戒の目数が異なるだけで、基本的には両者に共通の次第を想定しうるだろう。慈雲自身が受けた具足戒は通受による自誓戒であったと考えられるが、その次第をここから明らかにすることは可能であろうか。いま、同 272 頁以下に即して考えてみよう。〈自誓受〉とされるこの式に関して、興味深いのは次の箇所である。

「弟子某甲奉請本師釈迦牟尼如来。応正等覚。為受菩薩戒和上。我依和上故。得受菩薩戒慈愍故」（三説）

「弟子某甲奉請曼殊師利菩薩摩訶薩。為受菩薩戒阿闍梨。我依阿闍梨故。得受菩薩戒慈愍故」（三説）

「弟子某甲奉請弥勒菩薩摩訶薩。為受菩薩戒教授師。我依教授師故。得受菩薩戒慈愍故」（三説）

「弟子某甲奉請十方一切如来応正等覚。為受菩薩戒証戒師。我依証戒師故。得受菩薩戒慈愍故」（三説）

「弟子某甲奉請十方一切諸菩薩摩訶薩。為受菩薩戒同法侶。我依同法侶故。得受菩薩戒慈愍故」（三説、焼香、三礼）

このように釈迦・文殊・弥勒の一如来二菩薩を引証として受戒する方式は、最澄が大乗菩薩戒を主張するときに挙げた方式として知られるが[3]、その淵源は、三師七証の三師にそれぞれ釈迦・文殊・弥勒を当て、一切如来を七証、一切菩薩を法侶とするというところにあったと言える。するとこの次第は、慈雲が復興したところの、いわば「略式三師七証授戒式」と形式的には一致する。そしてその場合、釈迦の位置にあるのは慈雲その人ということになる。こうして、天台宗諸派と慈雲一派の授戒式形式は同趣の形式と言いうるものとなる。

現在、西大寺の本堂内には釈迦如来立像（1249 年；清涼寺式）を中心に、左に文殊菩薩騎獅像（1302 年）、右に弥勒菩薩坐像（1322 年）がある。文殊・弥勒の両像は、いずれも叡尊没後のものであり、西大寺流の確立と相伴って供養されたものであろうから、叡尊の自誓受戒の意義を伝える格構となっているわけである（長谷川 1965）。またこのことは、覚盛・叡尊の改革期における〈通受〉が、比叡山の大乗戒授戒と実質的にほとんど変わらない（蓑輪 2004：54）とされることと合致する。

ただ、この自誓受戒の次第はその説相において比叡山系とは異なる。いまこの「受大尼戒法則　通受」を詳らかに参照すると「未来際をつくして更に敢えてなさず」（276 頁）とあり、「一切の悪を断じ、一切の善を修し、一切衆生を度し、三聚浄戒を成就し」（同）と続き、「又文の中摂律儀戒と云ふに、三百四十八戒、梵網の十重禁、瑜伽の後四重を億念すべし。摂善法戒と云ふに、梵網の三十戒、瑜伽の三十戒を億念すべし。饒益有情戒と云ふに、梵網の後十八戒、瑜伽の後十二戒を億念すべし」と記されている。したがってこの様式は、三聚浄戒を持する〈通受〉の中で、その摂律儀戒に四分律の戒目をも容れたものと考えられ、内実としては授具足戒の式として適用されうるものである。三聚浄戒という外的形式を持ちながら、実質的には四分律を具するという次第は、おそらく慈雲自身が受けた具足戒を反映したものであろう。別の面から考えると、慈雲は、長栄寺・高貴寺系の僧伽には唐招提寺系の復興と刷新を行ったものの、尼僧院に対しては、このような「通受具足戒式」に従って授戒するのを慣例としていたものかと思われる。実際、智興、慧上など尼僧に対し、「菩薩戒」「具足戒」という段階を踏んだ授戒は記録に残されていない（cf. 年譜については三浦 1980）。後の操山尼はまず菩薩戒を受けているが、これはおそらく、当時彼女はまだ出家を考えていなかったためであろう。尼僧を目指す者に対しては、直ちに「具足戒」授戒であったと思われるが(4)、一気に「具足戒」授戒であるとすると、その次第は当然通受ということになり、その摂律儀戒の部分に四分律の三百四十八戒を収めるというのが実質的であったと考えられよう。

8. 慈雲によるその他の著述

ここまで、主として唐招提寺系・西大寺系の二つに関して、慈雲がいかに自らの法統を整理しつつ理解してきたかを見てきた。以上に引用したもののほか、慈雲による戒学関係に類する著述としては、以下のものが挙げられよう。

まず、全集第5巻に収められた『表無表章随文釈』がある。「表無表章」とは、唐の慈恩基による『大乗法苑義林章』7巻の巻第3「表無表色章」〔大正 No. 299〕を指す。慈雲は『随文釈』の跋に「表無表色章は、文義深遠にして初学者は解しがたし、今文に随って釈を施す。この功徳をもって法界の衆生とともに破戒の業種を滅して無表を倍増し、未来際をつくして退転することなからん」と記している。「表無表戒」とは、表業の戒と無表業の戒という意味であり、他の者に表示して知らしめることのできる戒と、表には現れず他の者に知らしめることのできない戒を言う。どちらも受戒によって受者の身中に生じ、防非止悪の功能および成佛の殊勝の功能があるとされるが、特に「三師七証の前において、慇懃に至誠に敬礼し、戒を乞うの下、防非止悪の功能を発得するを表戒といい、羯磨の下、非色非心の成佛の殊勝の功能を発得するを無表戒という」とされ、「表無表色章」で言及されるものが「表無表」を説明する簡潔な概論とされる。この「表無表色章」をめぐっては、叡尊が1282年に開講し、また彼によって「表無表色章血脈次第」が述作されたことが知られ（蓑輪 1993：10）、また覚盛にも『表無表章文集』7巻があったとされる（非現存；蓑輪 1993：16)。これは、慈雲における「二大士」の法脈への意識からの述釈であろう（本書第2章5節および第7章を参照）。

また、全集第6巻には『瑜伽戒本口訣』『戒学要語』『根本僧制並びに高貴寺規定』が収められている。まず「瑜伽戒本」とは「菩薩戒本」ともいい、『瑜伽師地論』の大乗菩薩戒の律儀を抄録し、巻40の終部と巻41の大部分を取り出したものである。それに慈雲による口述の註解が施される。内容は、先にも出た四他勝処法（不自讃毀他・不慳貪・不瞋恚・不謗三宝＝自讃毀他・慳貪不施・忿結不解・謗菩薩蔵）と、浄戒律儀に住する者の行為42条（慈雲はこれを44戒と数える）に対する有違犯、無違犯、染、不染等を判定する部分を中心とし、その前には、三聚浄戒を受けた者は、専ら自己の応作不応作を思惟して行動すべきことが説かれ、その後には、違犯した差異の懺悔法、持戒の勧修が主張される。

『戒学要語』は、慈雲が主唱した正法律の綱要を、戒法・戒体・戒行・戒相の4項に分けて述べたものである。戒法には十善を基本とすることが述べられる。戒体としては、菩薩戒は法性に順じて起こす菩薩心により発得するもので浄法界を体とするとされ、十善倍増の徳は七衆に通じ、初受戒より佛果の頂に至るまで浄法界の働きとして一貫すると説かれる。戒行に関しては、菩提心を三聚浄戒とする。そのうち摂律儀戒は七衆の律儀、梵網十重、瑜伽の四重であり、摂善法戒は梵網のはじめの三十、瑜伽のはじめの三十であり、饒益有情戒は梵網の後の十八、瑜伽の後の十二等であるが、実は各々に三聚具足して菩薩の大行を成就すると説かれる。戒相にはやはり十善が説かれるが、それは十条の規定を遵守することではなく、一戒光明が生命ある者に対して不殺生戒善となる云々、とされる。簡約であるが、慈雲の正法律がよく小律の規定と大乗戒とを融和させ、十善において統一されていることを表した著述であると評される（小野 1964：「戒学要語」）。

やはり同巻に収録された『根本僧制ならびに高貴寺規定』は、「根本僧制」「四来住僧坊規則」「枝末規縄」「高貴寺規定」「枝末規縄」の5編を含む。「根本僧制」は愚黙親証の懇請により1749年7月15日に制定されたもので、この日付は高井田長栄寺僧坊設立後4年目にあたる。慈雲は、あるとき弟子に対して末世正法の衰微を嘆き、信州の山中に隠棲すると語った。これに具黙は大いに驚き、「それでは正法の護持は済世利民に悖る」としてこれを諌止し、「自ら正法律を実行するため、法を制定されよ」と慈雲に迫った。これを機にこの僧制が定められたという。5条の制文よりなり、正法律の根本的僧制が示されている。この「根本僧制」については次節で考察する。「四来住僧坊規則」は三条、「枝末規縄」は十条の制文よりなり、根本僧制に対して日常注意して守るべき枝末の規則が記されている。そして「高貴寺規定」は、高貴寺僧坊認可の年1786年秋の制定である。この規定には「本宗の事相、野・沢ともに修学し、大師の根本を究むべし、教相は強て古義・新義に泥まず、唯密教の本意を求むべし」とある。最後の「枝末規縄」は九条の制文よりなり、尼僧のための規定である。

一方、全集第8巻には『教王経釈』また『三昧耶戒和釈』が収められている。『教土経』すなわち『金剛頂一切如来真実摂大乗現証大教王経』（大正No. 865、不空訳）は空海が請来したものであり、おそらく慈雲は、西大寺から空海に遡る意識に基づきこれを釈したものと思われる。『三昧耶戒和釈』は、密戒である三麻耶戒を和釈したものであるが、慈雲は別に『神道三昧耶戒』をも設けている（全集第10巻所収）。こうして、雲伝神道が密教の法脈から派生することが明らかとなる。ただその『神道三昧耶戒』の戒目としては十善戒が挙がる。このように、慈雲が十善戒を諸宗に共通する淵源として意識していた点については、次節に考察する。

上記のほか第1･2巻に収められた「方服図儀」関係の著述、第3巻の『佛門衣服正儀編評釈』、『根本説一切有部衣相略要』、第4・5巻収録の『南海寄帰内法伝解纜鈔』は、いずれも有部（新律）関係の実践研究書に分類される。『根本説一切有部衣相略要』は、有部律派・高野山真別処円通寺の妙瑞

（1696 − 1764）による序文、同じく高野山成蓮院の真源（1689 − 1758）による跋文を擁し、有部律運動の記念碑的色彩を帯びる（岡村 2004：16)。この著作で慈雲は、有部律に「十勝」すなわち十個の優れた点〔聖教殷富、律本評悉、翻伝精備、西天所崇、依論適従、古徳所依、部分無濫、学業易成、余業可修、法式一定〕が認められると記す（浅井 2003：251）[5]。

このように慈雲は、実にさまざまな流派の戒の重要書目について読破し注記を加えている。したがって彼は、法統的には南山四分律・唐招提寺系に属するが、有部律をも深く考究し、密門梵学神道に関しては西大寺系を継承すると言える。そこには、ほぼ一切の経律を重視する立場が看取される。本章冒頭に引用した「正法律」の項目に見られる「真言宗の戒律にして河内高貴寺の慈雲が主唱せし所なり。大小乗の戒法に密教を加味したるものにして袈裟裁製の法等に至るまで厳重に定むる所あり」との記述は、その内実として如上のような内包を有していたのである。

9. 菩薩行としての十善戒

さて、上述の 1749 年編述『根本僧制』は五条より成るが、その前半三条からは「正法律」の立場をめぐる慈雲自身の見解を読み取ることができる。以下に条文の中から、本文・注記にわたり、重要な箇所を引いてみることにしよう。

1.「一切の事須らく律に依って行ずべし。人情を顧み及び已臆に任すことを得ず」。「此正法律の中は、内秘菩薩行、外現声聞儀を規模とす」。
2.「若し律に依って行事せんと欲するに律文或いは欠け或いは不了ならば、須らく経及び論蔵の所説に依るべし」。「律文不了とは三浄肉を開する等なり。或いは欠けとは三聚通受羯磨、自誓受の式なき等なり。末世の伝持この式もなかるべからざるなり」。「十善の如きは、佛世よりして今日に至る、その系統を失せず、五衆の戒は、我国両度伝承を欠く。瑜伽通受の式によりて、我等今日の篇衆を全うする、此第二条の式なり」。
3.「若し三蔵の所説、事に於て行ずべからざるものは、或いは聖言未だ具せざるは、則ち須らく支那扶桑諸大徳の詁すところ、及び現前僧伽の和合に依るべし」。「其れ正法律十善の法は、万国におし通じ、古今に推し通じて差異なけれども、行事は或いは通塞あり」。

ちなみに第4条は「自他派の別を存せず」を旨とし、また第5条は「諸宗の浅深を論ずべからず」と説くものである。

まず第1条に「此正法律の中は、内秘菩薩行、外現声聞儀を規模とす」とあることは、「正法律」の柔軟にしてよく練りぬかれた僧伽観を示すものである。衆生の救済を悲願とする大乗の教えに、小乗由来の比丘組織をいかに融和させるかという問題は、鎌倉諸宗派の展開を参照するまでもなく、きわめて深刻な問題となりうる。これに対して慈雲は、外圏からは受具をもって僧伽共同体を結界する一方、界内を菩薩行によって満たすことで、僧伽の意識を衆生に向かわせるという双方向的な方式を採る。この精神性は、慈雲が長栄寺時代の刷新以降、菩薩戒を授した後に具足戒を授ける方針を採ったのと連動させて捉えることができるだろう。すなわち、慈雲の考えでは、菩薩の集団が比丘僧伽なのである。そこには、同胞の悟りを優先させる菩薩集団が、受具により結ばれる僧伽共同体のうちに実現されることを通じて、社会には僧伽発の菩薩行が及ぶ、との信念が認められる。それは受菩薩戒式の最後に読誦される「我等与衆生　皆共成佛道」で祈念される究極のあり方であろう。

この句は「回向文」に含まれるものであるが、受菩薩戒のみならず、正法律における「受十善戒」の式にも認められる(6)。上掲の『根本僧制』は慈雲32歳での編述であるが、その第2条および第3条には「十善戒」をもってその根幹とする主張が謳われている。そもそも十善戒は『華厳経』などに説かれるものであるが、大小乗に通ずる戒であり、慈雲は、在家出家双方にとってこの十善が基本戒となるという構想を早くから抱いていた。これが、後に主著となる『十善法語』などに結実することは言うまでもない。

「授戒法則」に収められた「十善戒作法」をひもとくと、「善男子聴け。波羅提木叉とは、是れ遺法の大師なり。佛滅後にまさに波羅提木叉に依るべしと教ふ。此の戒に依りて諸の禅定及び滅苦の智慧を生むを得。下人天有漏の報に従い、上三身の妙果に至るまで悉く此の戒に由りて生ぜずといふこと無し」までは菩薩戒と同一の句が読み上げられる。だが続けて「然るに十善戒は是れ旧戒なり。佛出世にも佛不出世にも、常に斯の戒在りて世間を饒益す。此の戒若し上品に護持する者は転輪王の位を、中品に護持する者は粟散諸王の位を、下品に護持する者は人中豪貴の報を得るなり。然るに此れは是、浄法なり。若し見浄器にあらざれば此の法を受くを得ず」とあり、十善戒が〈佛出世にも佛不出世にも、常に斯の戒在りて世間を饒益す〉る普遍的な戒であることが高らかに謳われる。上の『根本僧制』第 2、第 3 条にもあった「十善の如きは、佛世よりして今日に至る、その系統を失せず」あるいは「其れ正法律十善の法は、万国におし通じ、古今に推し通じて差異なし」との信念は、慈雲の生涯を通じて何ら変わることがなかった。雲伝神道を建立するに際しても、慈雲はその骨格を十善戒に求めている。そしてこの「十善戒作法」でも、その末尾に唱えられるのが「願以此功徳　普及於一切　我等与衆生　皆共成佛道」という回向文であり、十善戒が菩薩行であることを明確に示している。

慈雲は、自らは自誓受戒による一方、法弟たちには菩薩戒・具足戒を受けさせて古式を復興し、律の道場を創生した。その比丘僧伽共同体は、菩薩行の理想形として置かれるべきものであるが、在家の側にも、その理想を理想として抱きうる視座を培う必要があった。慈雲はその視座を育むために、在家・比丘双方に共通する戒を改めて提示し、その涵養に励んだのであろう。出家・在家という境界を越えて菩薩行を謳う〈十善戒〉の発想、そして「正法律」の運動は、このような経緯のもとに編み出された活動であった。

結.

慈雲は1738年当時、自らが具足戒を受ける際には、野中寺所伝、すなわち叡尊と覚盛に遡る通受による自誓受戒を以て具足戒としたが、その前後より研鑽に励んでいた南山系統の鈔疏にのっとり、1746年愚黙への具足戒授具の際には三師七証形式による別受・従他受戒式に改めた。この改革は結果として、彼が住持する長栄寺を、戒学の上では南山四分律・唐招提寺系に復古させることになるが、慈雲自らが受けた受戒形式は通受菩薩戒として本来の位置に位置づけられた。一方尼僧に対する具足戒としては、この通受式を用いながらも、その〈摂律儀戒〉の戒目に関しては「四分律」に拠って三百四十八戒とした。いずれにせよ、七衆を通じて重視される「十善戒」を、出家・在家を問わず適用されるべき戒として提起することで、菩薩行への参究を促した。

その一方、梵学密教の法脈としては、西大寺叡尊を経由し宗祖空海への遡源を絶えず意識していたものと考えられる。それは慈雲が、新律である有部律の研究に主力を注いだことからも推察される。結局慈雲は、唐招提寺系・西大寺系という二つの寺統を超えたところに〈十善戒〉を置いていたと言いうる。（鑑真に発し、叡尊・覚盛に連なる）「二大士の正統、終に本師（慈雲）に帰す」と『戒学要語』序に諦濡が記すのは、西大寺系の悉曇・密教そして神道と、唐招提寺系の戒律の儀を、慈雲がともに体現したことの表現に他ならない。もっとも、それら二つの法脈を統合する際にその根幹に置かれたのは「万国におし通じ、古今に推し通じて」差異なき正法律十善戒であった。

そこには、慈雲が打ち建てた「釈迦在世中の軌則に基づく」との大原則を如実に見ることができるだろう。

注

(1) 『慈雲尊者全集』第4巻、340頁。

(2) ちなみに『梵網経』の四十八軽戒とは、不敬師長戒・飲酒戒・食肉戒・食五辛戒・不挙教懺戒・住不正法戒・不能遊学戒・肯正向邪戒・不瞻病苦戒・畜殺生具戒・通国使命戒・悩他販売戒・無根謗毀戒・放火損生戒・法化違宗戒・貪財惜法戒・依勢悪求戒・虚偽作師戒・闘諍両頭戒・不救存亡戒・不忍違犯戒・慢人軽法戒・軽蔑新学戒・怖勝順劣戒・為主失儀戒・領賓違式戒・受他別請戒・自別請僧戒・邪命養身戒・詐親害生戒　／　不救尊厄戒・横取他財戒・虚作無義戒・退菩提心戒・不発願戒・不生自要戒・故入難処戒・坐無次第戒・不行利楽戒・摂化漏失戒・悪求弟子戒・非処説戒・故違聖禁戒・不重経律戒・不化有情戒・説法乖儀戒・非法立制戒・自破内法戒　である。なお慈雲は、／の前後に関して、前者を摂善法戒（三十戒)、後者を饒益有情戒（十八戒）に割り当てる。
一方『瑜伽師地論』の四十二軽戒に関して、慈雲はこれを計四四戒と数えるが、それは不供礼讃三宝戒、利養恭敬生著戒、不敬耆長有徳戒、憍慢不受請施戒、嫌恨不受重宝戒、嫌恨不施其法戒、棄捨犯戒有情戒、遮罪共諸声聞戒、遮罪不共声聞戒、性罪一向不共戒、求利昧邪命法戒、掉動心不寂静戒、不欣涅槃厭惑戒、悪称誉不護雪戒、応行辛楚不行戒、罵瞋打報罵等戒、侵犯若疑不謝戒、他侵来謝不受戒、懐忿堅持不捨戒、貪供事御徒衆戒、懈怠耽眠臥倚戒、談説世事度時戒、憍慢心不求禅法戒、忍受五蓋不捨戒、貪味静慮為徳戒、不許学小乗教戒、棄菩薩蔵学小戒、佛教未精学異戒、越正法翫外論戒、甚深真実義不信戒、愛恚自讃毀他戒　／　説正法不住聴戒、於説法師毀笑戒、所応作不為伴戒、病苦不住供事戒、行非理不為説戒、不知恩不酬報戒、失財等愁不開解戒、求飲食等不給戒、摂徒衆不教供戒、於他不随心転戒、他有徳不顕揚戒、可呵責等不作戒、応恐怖等不作戒
である。慈雲は／の前の戒を摂善法戒、後者を饒益有情戒と解していると思われる（後述)。なお『梵網経』に関しては石田瑞麿『梵網経』（佛典講座14、大蔵出版社、1971年）を、また「四分律」については佐藤密雄『律蔵』（佛典講座4、大蔵出版社、1972年）を参照。

(3) 『山家学生式』（大正新修大蔵経No. 2377、第74巻、625頁上段)。

(4) 全集第6巻に収められた「尼衆具足戒前行之事」（266 － 267頁）は、通受菩薩戒→別受具足戒という階梯を踏まないことを緩和する目的を持つと思われる。

(5) 慈雲尊者全集第3巻、311 － 312頁。

(6) 全集第6巻所収『授戒法則』118頁。

第2章　慈雲尊者と戒律の系譜
——筑波大学所蔵・慈雲自筆本『法華陀羅尼略解』を基に

1.『法華陀羅尼略解』における慈雲による句釈の特質

『法華陀羅尼略解』の翻刻に関しては、これを本書序章に掲げた。慈雲は、第1すなわち薬王菩薩咒の末尾に「八正道の功力は末世における法華の護持か」と自らの理解を提示している。八正道とは、正見、正思、正語、正業、正命、正精進、正念、正定を指す。慈雲の句釈の中で具体的に言及が行われているのは、正念、正思惟、正精進、正定、正戒、正命、正見、正語であるが、陀羅尼の真意を「八正道」であると喝破する慈雲の解釈は、十善戒を説いた彼一流のものと言えるだろう。そして特に注目したいのは、八正道のうち、正業に代わる徳目として「正戒」が盛られている点である。すなわち、解脱（mukte）および済度（muktame）の2つの語彙に関して、慈雲は「二句 mukta 唱出是正戒義」としている。ここで mukta は「解放」をあらわすが、この「解放」を示す箇所に「正戒」という解釈を盛り込んでいる点は、戒律をもって解放の意とする、律師慈雲独特の理解と言えよう。

続いて、第2すなわち勇施菩薩の咒以降は、慈雲による句釈は影を潜め、梵文テキストと『正法華』の句義の対置のみで進められてゆく部分が大半となる。それでも第二咒の末尾には「勇施菩薩陀羅尼　初五句光暉演暢　後六句法喜永伝」と記され、慈雲はここに「法に喜び長らく伝える」という主旨を読み取っている。

一方、第6・普賢菩薩陀羅尼では再び慈雲の句釈が頻出する。

無我　人法二空　　除我　断習気　　回向方便　普皆回向　　賓仁和除　恒順衆生
甚柔軟　甚柔弱　句見　諸佛回　見諸佛　　諸総持　欠転義　　行衆説　諸転法輪
蓋回転　盡集会　随喜功徳　　除衆趣　無央数　計諸句　三世数　句義奘訳相応
越有為　学諸法　暁衆生音　師子娯楽　已上普賢咒竟
　不空本此下有　隨転聖説而奉行受持

六番神咒の末尾「普賢菩薩咒」の解釈に関しては、「あまねく皆に回向し、恒に衆生にしたがい」「諸佛を見」「諸々の法輪を転じ」「随いて功徳を喜び」「随いて聖説を転じて奉行受持すべし」と理解され、この咒のうちに普賢行ないし菩薩行の主旨が読み取られている。これは『法華経』全体の構造解釈の一つ、すなわちこの経典が「真理・生命・実践」を説くものであるとの理解に照らした場合、『法華経』の末尾に置かれた「普賢菩薩勧発品」において、特に菩薩行の実践が勧められているとする解釈と合致するであろう（田村 1969）。

2. 慈雲の「戒」と正法律

以上、『法華陀羅尼略解』から読み取れる慈雲の句釈の特質としてまず注目されたのは、冒頭「薬王菩薩咒」のうちに八正道を読み取り、かつそのうちに「正戒」の義を組み入れて、mukta の字義を正確に起こす彼の理解であった。以下、諸経典における戒律の内実を参観し、慈雲における「戒」の理解をこれに照らし合わせる作業に入りたい。まずmuktaとは「波羅提木叉」のうちにも見出される語要素であり、muc「解放する」の分詞形である。「波羅提木叉」の原語はprātimokṣaであり、原義としては、逆説的に〈解放〉を意味するが、それは戒律が、束縛ではなくむしろ、そこに照らして罪意識から解き放たれるべき規範を表すからであろう。慈雲は「波羅提木叉」の語義について「七衆の戒・菩薩戒等のことじや」（『法語集』16）とする。この語彙「波羅提木叉」は、歴史的には「別解脱律儀」（「各々にとっての解脱のための律」の意）などと訳され、また「戒本」とも呼ばれる。本来比丘・比丘尼の持する戒条を列記したものであるが、後に在家五戒に始まる種々の禁戒をも七衆の別解脱律儀、すなわち波羅提木叉と称するようになり、更に『梵網経』の十重禁戒なども波羅提木叉と呼ばれるとされる（中村ほか2002）[(1)]。慈雲の理解はこの点を踏まえている。

まず、この「波羅提木叉」という語彙は「東大寺授戒儀式次第」あるいは「唐招提寺授戒式次第」など、四分律系の次第を記したものの中には見えない。ただこれらの授戒式次第において、戒本として意識されているものは『四分律』における比丘250戒[(2)]である。一方、『梵網経』に拠った最澄の撰とされる天台系の「授菩薩戒儀」（大正No. 2378）では、いわゆる「十二門」（1開導　2三帰　3請師　4懺悔　5発心　6問遮　7正受戒　8証明　9現相　10説相　11広願　12勧持）が最初に掲げられ、その次第に沿って授戒式が進められてゆくが、そのなかに「波羅提木叉」という語彙は見当たらない。

慈雲の関連では、『慈雲尊者全集』第6巻に「授戒法則　上下」が載り、上巻に「授三帰法則　授五戒法則　授八斎戒法則　同自誓法則　授十善戒法則　授菩薩戒正儀」が含まれ、下巻には「授大戒儀」が収められており、前者は在家のための、後者は出家のための授戒式次第であるとされる（土橋1980：290）。これら上下巻の末尾には「唐招提寺能満院寂然拝誌」の字が見えるため、唐招提寺系の式次第に沿ったものであることが推察される。実際、下巻に載る「授大戒儀」は、上で言及した「唐招提寺授戒式次第」とほぼ同一内容であり、冒頭にも「曇無徳部別受具足。依南山疏鈔等出」とある。一方、上巻に載る在家用の諸法則も唐招提寺の次第に沿ったものであるが、そのうち「授八斎戒自誓法則」を除くすべての次第に「波羅提木叉」の文字が見える。すなわち三・五・八・十戒、そして菩薩戒のすべてに関して「波羅提木叉」つまり戒本の墨守をめぐり、授戒式の冒頭でこれを宣誓する部分が見られる。つまり、その中に挙がる在家のための梵網十重戒も「十波羅提木叉」と呼ばれている（徳田・唐招提寺 1998：139）(3)。この式次第「授菩薩戒正儀」は、内容的に、本章第 2 節に上掲した天台系「授菩薩戒儀」と同様の次第を辿るものである。もっともこの「正儀」のほうには「十二門」の明確な指示はなく、その一方で「波羅提木叉」の文字が、受戒の前後（121、128 頁）に現れる。つまり叡山系の「授菩薩戒儀」は、梵網戒を内容とした菩薩戒授受をもって大乗僧の創成を図ったものであり、いきおい「小乗戒の墨守」を連想させる「波羅提木叉」の表現を削ることになったものかと推察される。

一方『慈雲尊者全集』にはそのほかに「受大尼戒法則」という法則が載り、これには「通受」「本法自誓」と附記されている。前章で述べたように、おそらくこれは、尼戒という点を除けば、慈雲自身が通受により具足戒を授かった際の次第を留めたものと考えられる。この次第は、内容的に三聚浄戒の摂律儀戒の部分に戒の条項を盛り込んだ通受式次第であるが、そこに「波羅提木叉」の文字は見当たらない。上掲の「授八斎戒自誓法則」に「波羅提木叉」の字がなかったことと共通して、おそらく慈雲系の次第では、自誓受の際に「波羅提木叉」の理念は適用されなかったものと思われるが、これは「波羅提木叉」が事実上「戒本」を意味し、布薩の場での共同唱和を目的に整えられたものであることと軌を一にするものであろう。もちろん漢訳における「戒」とは、ふつう śīla の訳語として当てられるものであり、この意味での「戒」とは、修行規則を守ろうとする自律的な決心を意味する。その場合には「律」(vinaya) のほうが僧伽共同体の規則を意味することになるが、慈雲は「解放する」という梵語の原語 muc を見ながら「正戒」と釈しているわけで、その内実としては、自誓・従他の別なく規律を墨守しようとする意志を正しく護持することを、まず意味するものだと考えてよいだろう。一方慈雲は、先に『法語』の中で、「波羅提木叉」のうちに「七衆の戒」「菩薩戒」を併せて理解していたことから、彼の理解する「戒」そして「正戒」とは、菩薩戒あるいは具足戒を限定的に指したものではないと言える。慈雲は結局「正法律」運動の帰結として、出家在家に共通した戒目としての「十善戒」の理念に至る。先の『法華陀羅尼略解』は慈雲最晩年、86 歳での作であり、その慈雲の理解する「戒」とは、おそらく「十善戒」に代表されるような、「万国におし通じ、古今に推し通じて」差異なき「正法」の戒であったと考えられるだろう。

3. 慈雲の生涯と戒律復興の実際

では、前章と部分的に重複するが、慈雲の生涯を顧みつつ、彼がいかなるかたちで実際に正法律による戒律復興を手がけたのかを確認しておきたい。慈雲はまず、1736 年 19 歳のとき、野中寺にて秀岩に従い沙弥戒を受ける。その後 1738 年 11 月、21 歳のとき、野中寺にて自誓受による具足戒を授かり、比丘となる。その後 1739 年 22 歳にして、忍綱より西大寺流の伝法灌頂および両部神道を伝授される。この後 1741 年より 3 年間ほど、信州佐久・中込内山正安寺の曹洞宗大梅禅師の下に参禅し、1744 年に忍綱より長栄寺を託され晋住、正法律運動を開始する。1745 年には法弟の愚黙に菩薩戒を授け、翌 1746 年 7 月、この愚黙に具足戒を授けている。一般にはこの具黙への具足戒授与が「三師七証・別受」による古式授戒式の復興とされている。ただその際、この次第に必要な10人の人数を満たすことができなかったことから、これは簡略化した次第によったものと推測される(4)。

注目したいのは、慈雲自身は沙弥戒を受けたのち、2年後に自誓受戒により具足戒を受けて比丘となっているという事実である。現野中寺住職野口眞戒和上のご教示によれば、当時の野中寺では、まず沙弥として入聚する際、梵網菩薩戒を和上から通受従他により授かり、その後具足戒を通受自誓により受けて比丘となるが、その際、三聚浄戒を通受するうちの摂律儀戒には、先述の『四分律』の比丘250戒を配当したとされる(5)。慈雲の足跡はこの次第に沿っており、彼自身の具足戒発得は自誓通受であったことがわかる。しかしながら彼が正法律再興の象徴的行事とした具黙への授戒に際しては、まず菩薩戒を授け、その翌年に別受による具足戒を授けている。別受とは、摂律儀戒だけを別に、すなわち結局、僧の身分によって異なるため「個々に」授けるとの意であるが、鑑真以来の伝統では、比丘にはその戒相として『四分律』の比丘250戒を盛った。したがって慈雲による「戒律復興」とは、具足戒の授戒において、鑑真以来の「三師七証・別受」の次第に復古させようとするものであり、略式となったのは、それを現実面に対応させた処置に過ぎなかったということになるだろう。

4. 戒律復興史（その1：前史）

こうして、慈雲が復古を目指した具足戒授戒の次第とは、鑑真（688 − 763）が大陸よりもたらした『四分律』による、白四羯磨・三師七証形式での250戒・従他別受の式であった。鑑真がこの授戒式を挙行したのは754年のことであるが、それ以前に活躍した僧侶たちは、そのような正式受戒の手続きを踏んではいなかった。たとえば行基（668 − 749）は、白四羯磨作法による受戒を経ることなく、『占察経』『持地経』『善戒経』『瑜伽師地論』(6)

『摂論』『十地経』『成唯識』等の経論を学習し、定学・慧学に通暁することに努めた。受戒の際、彼ら鑑真以前の僧侶たちは、『瑜伽師地論』第40巻に説かれる上掲の菩薩戒すなわち三聚浄戒において従他受し、あるいは好相を得て自誓受を行ずるなどの方法で比丘性を獲得できると自任してきた。一方形式面では、『持地経』『善戒経』『瑜伽師地論』に依れば、摂律儀戒は声聞律儀を別受せねばならないが、『占察経』（偽経）は、三師七証の十師が満足せずとも、自誓して菩薩の律儀である三聚浄戒を受ければ、波羅提木叉（別解脱律儀）を獲て比丘性を得ると説く。

これに対して鑑真は、南山律宗の僧として、自らは705年、道岸律師について菩薩戒を受戒している。これはやはり菩薩の三聚浄戒である。その後鑑真は708年、弘景律師（634 － 712）を戒和上として具足戒を受けており、これが三師七証による比丘250戒の別受形式であった。このように、具足戒の前後に菩薩戒をも受けるのが当時大陸での習慣であったとされ、鑑真の場合は具足戒に先立って菩薩戒を受けていることに注意したい（遠藤1980：290）(7)。一方鑑真は『法華経』の奉持にも余念がなく、弘景から天台を師承したとされるほか、来日に際して天台大師による「法華三大部」をもたらしている。鑑真による授戒式の弘布は旧来の僧侶勢力たちの反発にあったが、結局754年、賢璟、忍基、霊福、志忠ら、すでに自誓受戒によって比丘性を発得していると自任していた学僧ら八十余名も、相次いで鑑真より具足戒を受けた。この授戒方式が正式な次第とされ、翌755年における東大寺戒壇院の建立に続き、下野薬師寺および筑紫観世音寺が「天下の三戒壇」とされることになる。

伝教大師最澄（767 － 822）も、やはりこの三師七証授戒の式により785年、東大寺戒壇院において具足戒を受けている。もっとも最澄は804年に入唐を果たし、唐での滞在11ヶ月の間に、天台山に登り修善寺の行満から天台教学を受け、密教に関しては特に越州の龍興寺順暁から胎蔵法と金剛界法を授かったほか、台州の龍興寺において道邃より804年に菩薩戒を受けている。彼は、帰朝後『山家学生式』『顕戒論』などの執筆を通して大乗戒壇の設立に挺身し、『梵網経』に基づく円頓菩薩戒による大乗僧侶の育成に尽力することになるが、その菩薩戒を最澄自身が受けたのは、このように唐においてであった。そして結果からいえば、最澄自身はまず具足戒を受け、そののち菩薩戒を受けている点に注目したい。のちに最澄は『四分律』を小乗戒として破棄し、大乗戒としてもっぱら『梵網経』の十重四十八軽戒を戒相として抱くほか、形式面では『観普賢経』に依拠し、「冥の五師」による自誓受戒の方式を認めるようになる（『四条式』大正 No. 2377；625上)。ただそのような自誓方式は、三師七証の三師（戒和上・羯磨師・教授師）それぞれに釈迦如来・文殊菩薩・弥勒菩薩を当て、一切如来を七証、一切菩薩を法侶とするものであり、別受具足戒様式からの連続線上にある。なお慈雲が「三師七証形式」を復興したと称される場合、実際には数的な僧侶の不足から、単に自誓による受戒を廃し、「三師」を揃えるだけの略式をもって「復古」を標榜したものと思われるが、これは釈迦如来・文殊菩薩・弥勒菩薩を三師とし、一切の如来を七証とするという解釈に重なる面があり、『法華陀羅尼略解』執筆時における、慈雲と天台僧との通理解性を保持しえたのではないか、と筆者は考えている（前章参照)。

一方空海（774 − 835）は、戒律論をめぐっては柔軟な姿勢で臨んだ。空海自身は、まず804年、入唐の直前に具足戒を受けて出家比丘となったと思われ、その後805年に（大陸で）発菩提心戒（三昧耶戒）を受けている。もっとも後の真言宗僧侶に対しては、具足戒の上に好むならば大乗の菩薩戒を受持するもよく、密教徒は更に三昧耶戒を受けねばならないとする（三昧耶戒に関しては後述する)。また空海は823年、『三学録』を記して密教徒が研究すべき経論を挙げているが、そのうち律部では『蘇悉地経』『蘇婆呼経』『金剛頂受三昧耶佛戒儀』を除き、すべて根本説一切有部の律を挙げている。

これは、有部の律が最も充実しており、密教の広まった地域・時代と近似しているためとされるが、空海が有部の律を多く引くというこの事実は、のちに高野山において真言宗真別処派が「有部律」一派を称する一因となる。

5. 戒律復興史（その2：中世・近世）

さて、慈雲による法統の理解では、鑑真和上以下如宝（739 － 815）－豊安（ － 840）－道静－春日大明神（400年間）－実範－覚盛－証玄－凝然－雪心－志玉－春日大明神（450年間）－明忍－真空了阿－慈忍慧猛（1613 － 1675）－洪善普摂（ － 1724）－忍綱貞紀（1671 － 1750）と連ねられ、慈雲は忍綱貞紀の資である[(8)]。このように、法統の系図において春日大明神が二度現れるが、その各々の後に所謂「戒律復興」の動きが起こることになる。すなわち戒律復興は、13世紀における覚盛（1194 － 1249)、叡尊（1201 － 1290）らによる第1期と、17世紀初頭における明忍（1576 － 1610）らによる第2期とに大別することができる。第1期については、すでに前章5節「通受と別受」の項で述べたため、以下では近世における戒律復興の次第について見ることにしよう。

慈雲による戒律復興は、先の法統の図にあっては二度目に「春日大明神」が出る後の時代、すなわち近世初頭の明忍による復興運動に連なるものである。明忍は1583年高雄山神護寺の晋海僧正に従い真言宗徒となり、西大寺相伝の戒学を研究し、1602年栂尾高山寺にて友尊（西大寺)、慧雲（中山寺）とともに自誓通受受戒し、菩薩比丘となる。その際西大寺系の徒として、1236年に自誓受戒した叡尊らの通受による受戒方式に従ったものと考えられる。明忍は槙尾山西明寺に僧坊を開いたが、さらに別受を求め、大陸渡航を試みた。それを果たすことは叶わず、志半ばにして対馬に没する（後述)。だが、対馬において明忍の遺志を継いだ良永（1585 － 1647）が慧雲より受戒し、1619年、高野山に真別処円通寺を創立して高野山における律の本拠とした。良永の弟子快円恵空は、和泉鳳神鳳寺を興して大鳥派と呼ばれ、また明忍から真空了阿を経てその資である慈忍恵猛（1614 – 1675）は、宇治田原厳松院などに修業した後、1670年に河内野中寺を律寺として結界する（後述）。西明寺を含めたこれら3ヶ寺は「律の三僧坊」と呼ばれるに至った。慈雲自身は、この野中寺の法統に連なる。なお宇治田原厳松院は、慈雲が1772年、当寺に住持する善淳律師より、世親（320 – 400）の『倶舎論世間品』を載せる梵夾を贈られ、以降「慈雲流」と呼ばれる独自の書風を打ち樹てることになったことでも想起される。また大鳥派からは、慈雲に先駆けて悉曇の大家とされた浄厳（1639 – 1702）が、後に霊雲寺派を開くことになる。さらに、天台宗安楽律派の大学者として知られる霊空（1652 – 1739）は、野中寺で受戒し江州安養寺第2世を経て野中寺第6世となった湛堂（– 1720）を証明として受戒しているため、やはり野中寺からの流れに属していると言える。このほか慈空性憲（1646 – 1719）や霊潭（1676 – 1732）の浄土律、あるいは日蓮宗草山律の元政（1623 – 1668）らも、この野中寺からの法統の上に位置づけられる（木南 2010）。

一方、高野山真別処はその後妙瑞（1696 – 1764）に至り、空海の『三学録』に忠実であることを目指して有部律専修を唱え、同じく高野山成蓮院には真源（1689 – 1758）が現れた。妙瑞の資に密門（1719 – 1788）、安芸福王寺学如（1716 – 1773）、密門の門下に丹後松尾寺等空（1735 – 1816）があり、彼らは「有部の3大律師」と呼ばれる。こうして真別処は1762年、有部の根本道場と定められ、真別処、福王寺、松尾寺の3ヶ寺が「有部の3僧坊」と称されるようになる。慈雲自身は、四分律を基礎としつつ有部律をも必要に応じて採り入れている。1758年慈雲41歳のときに成稿した『南海寄帰内法伝解纜鈔』7巻は、義浄が有部律を学ぶべく印度に渡った際の記録『南海寄帰内法伝』への注解書であり、真源の勧めによって成ったものである。また、有部の袈裟をめぐる同年成立の論考『根本説一切有部衣相略要』には、妙瑞の序と真源の跋とが寄せられている（浅井 2003：345 － 365）。

明忍は、上述のように通受菩薩比丘となった後、生命を賭して大陸に別受の法を求めた。中世以来、東大寺戒壇院、唐招提寺、泉涌寺、西大寺の四寺院は〈律門四派〉と呼ばれることになり、このうち泉涌寺は北京律、それ以外の三派は南京律と称されるなか、西大寺は律密兼学を旨とし、「真言律宗」の総本山となったが、これら律門四派と呼ばれる律系諸寺のうち、西大寺系だけが他系の三寺との交流を失っていった。明忍による決断の背景には、覚盛により復興されて唐招提寺では存続していた別受の戒壇が[9]、西大寺派には開かれていないという経緯があった（上田 1976：30）。

一方、上に引いた野中寺中興の祖慈忍について詳しく見ると、彼は 1639 年に槙尾の真空了阿について出家、泉涌寺の正専如周（1594 － 1647；真空了阿を証明として受具。上田 1976：25）に経疏を学び、1641 年槙尾山に自誓受戒し、1657 年には西大寺の高喜長老（1663 没）より密教の秘奥を受け、1670 年に野中寺に入り、青竜山一派と称している。野中寺派は上述のように明忍からの律を継承するが、「鑑真・俊芿・覚盛・明忍」の 4 祖師を立てるという伝承をもち（岡村 1958：65）、前三師は唐招提寺律宗系である。おそらく慈忍は、特に明忍からの法統を根拠に、高喜に西大寺派の伝授を請い、受け容れられて、西大寺流の密教を伝授されたと思われる。だが西大寺の側からすれば、これは門外不出の秘法の漏洩と映ったようで、高喜はそれがもとで西大寺から排斥される。ただこのときに西大寺の法統が野中寺に伝わり、これによって後に慈雲は梵学・密教に関する法統をも継受することになり、それが究極的には『梵学津梁』のかたちに結実するのである。実際、慈雲における悉曇の伝承は[10]、末尾が高喜－慈忍－洪善－忍綱となっており、慈忍のところで伝戒と悉曇伝承の二系統が合流している。つまり慈雲にとって、悉曇学の系譜は西大寺系のものであった。

ちなみに「十善之系統」にあっても、その法統は鑑真から実範、覚盛、明忍そして真空、慈忍、洪善、忍綱へと辿られている。これは、〈十善戒〉の系譜が、密教系にではなく、もとより戒学に属することを表している。慈雲にとって西大寺派の法脈とは、あくまで密教梵学の側面に限定されるべきものであり、戒学に関して、彼はその淵源を悉く唐招提寺系に一致させたと思われる。後に慈雲の高弟諦濡が、慈雲による『戒学要語』に寄せた序文に「けだし本師、戒学の承くるところ遠くしてはこれ鑑真和上、近くしてはこれ興正、大悲二大士なり、二大士の正統ついに本師に帰す」[11]として、興正菩薩叡尊と大悲菩薩覚盛の法脈が慈雲において合流したことを証言しているが、その継受の内実は以上のように「戒学は唐招提寺、梵学密教は西大寺」という明確なものであったと考えられる。

以上をまとめると、野中寺派は唐招提寺派に遡ると自認するものの、実際には明忍のときに復興された自誓受戒通受の法に従っており、西大寺派であった明忍の縁を基に西大寺高喜と交わった。明忍が自誓受戒であったため、野中寺は忍綱の代に至るまで、別受従他を奉ずる鑑真の法統を復興させるには至らず、むしろ進んで自誓による通受授戒を継承していたものと思われる。したがって慈雲自身が受具したのも、自誓受戒通受の式であり、ただ、唐招提寺中興の祖覚盛自身が「本論の三聚浄戒は、必ず兼ねて五篇七聚を護持す」としていたのを承けて、摂律儀戒の戒相として比丘250戒を出すという方法を採っていたのであろう。以上のような推測は、「比丘具足戒の受戒方式として通受自誓により、その際、三聚浄戒を通受するうちの摂律儀戒に比丘の250戒を配当する」という伝承と合致する。これを鑑真以来の本流に復し、三師七証による白四羯磨・別受の式に改めたのが慈雲であった。

6. 慈雲と天台諸師との関係

ところで、先に近世における野中寺の法統を述べる際に触れたように、17 世紀後半以降、「安楽論争」と呼ばれる天台宗内部での受戒をめぐる論争が起こった（小寺 1977）。その安楽律院の律師たちもまた、野中寺の法統から発した人々であった。妙立慈山（1637 − 1690）、霊空光謙（1652 − 1739）、さらに玄門（1666 − 1752）らがこれに数えられる。彼らは比叡山飯室谷の安楽院に拠り、最澄制定の一紀十二年住山制度を復興し、『梵網経』に説かれた大乗菩薩戒に加えて、『四分律』による比丘 250 戒を必ず兼学すべきであると唱えた。確かに最澄は『四条式』において、菩薩戒受戒以降 12 年を経れば、小乗門徒に対する利他のために、仮受（方便）を目的として小乗戒を受けることを認めている（大正 No. 2377；624 下）。ただ、最澄が小乗戒を兼持すべきであると主張しているわけではもちろんないため、彼らの主張は祖師最澄の趣旨に反するという猛反発を買い、歴代の比叡山管領宮を巻き込んで「安楽論争」に発展する。彼ら安楽派が指南としたのは、四明知礼（960 − 1028）、藕益智旭（ぐうやくちぎょく）（1599 − 1655）らいわゆる「趙宋天台」の流れを承ける諸師であった。大陸における天台の法統は、第 11 祖高論清竦より趙宋天台と称し、清竦（しょうしょう）－義寂（919 − 987）－義通（927 − 988）－知礼と連なり、義寂は「山家（さんげ）派」と称して、同門から出た志因に発する山外（さんがい）派と対立したが、安楽派はこの山家派に拠ったのである。

慈雲は野中寺系の律師として、彼ら安楽律一派の諸師と相通ずる面を持つほか、『法華陀羅尼略解』の関連で言えば、慈雲と同時代の梵網律師・近江園城寺の敬光（1740 − 95）と交遊があった。敬光は慈雲から悉曇学を学んでおり、それは敬光が相国寺に寓していた頃、1770 年のことだとされる（本書第 3 章参照）。慈雲が正式に雙龍庵より京の阿弥陀寺に移ったのは 1771 年であるが、それ以前にもすでに慈雲は、雙龍庵時代の末期、たびたび京に足を運んでおり、教化の成果という面で「京を凌ぐ地はない」と漏らしていたようである。その頃に敬光と慈雲との交流が行われたものと推測され、結局敬光の示寂が慈雲よりも約10年早かったこともあり、慈雲の『梵学津梁』雑詮の中には、敬光による『妙法蓮華経梵釈』1巻が収められている。これは最新の高貴寺DVDに収められており（0438「妙法蓮華経梵釈」、画面フォルダは0437所収の0191が該当する）、1776年刊行の版本によるものである。そのほか敬光には『法華梵釈講翼』1巻もあった。慈雲が最晩年に『法華陀羅尼略解』を成稿する背景に考えられるのは、ひとまずこの敬光による『法華経』関連の梵学関係著作であろう。

一方、敬光門下の敬長（1779 − 1836）と交遊を持ったという伊勢西来寺・真盛派の宗淵（1786 − 1859）は、『阿叉羅帖』ほかを著していることで知られる悉曇学者であり、『梵漢字法華陀羅尼』などを著している（眞阿宗淵上人鑽仰会1958）。宗淵は、慈雲による『法華陀羅尼略解』完成（1803年）以降に位置する人物である。慈雲の『法華陀羅尼略解』は、おそらく阿弥陀寺が明治初年に廃寺とされた際に流出し、東京師範学校が入手したものだと思われるが、2010年にこれが発見されるまで、慈雲がそのような作品をものしたということすら文献上で確認されることのなかった著作である。したがって実際、この写本に接することのできた人物は非常に限られていたと思われる。そのような状況下にあって、宗淵の所蔵書庫に遡る「竹円房」に『法花陀羅尼句解』が発見されたことにより、宗淵が慈雲著『法華陀羅尼略解』の存在を知っていたことが立証されるに至った（本書序章第2節参照）。

さて上述の敬光は、他宗派の教義から儒学まで修学した律僧として知られ、『円戒指掌』『山家正統学則』『権実諸教戒体抄』『梵網律宗僧戒説』など律学関係でも多数の著作を遺している（板澤1974；藤谷2008a、2008b）。敬光は、小乗戒重受を唱える上掲の安楽律一派に対して厳しい批判を展開し、伝教大師による日本古義天台への復古を唱えた。当然、彼が主唱する律学は梵網律に拠るものであり、敬光を襲って法明院を継いだのが、その資敬長である。敬長も、天台教学の再興に努めることで法華円頓戒に通じていたとされ、著作には『慈恵大師斎忌礼讃文』『顕道和上行業記』などがある。そしてこの敬長と交遊があったと伝えられるのが、先に挙げた宗淵である。敬光、敬長は寺門派であるのに対し、宗淵は真盛派である。真盛派は戒浄双修のほか「重授戒灌頂」で知られるが、寺門派のなかでも上述のように敬光、敬長は律学に通じていた。もとより慈雲の『法華陀羅尼略解』は、このような天台系の律師たちとの交流の中で生まれ、そのサークルのうちに遺されたと考えることができるだろう。『法華陀羅尼略解』と慈雲における戒律理解を知るために、いましばらく『法華経』と戒律の関係を探ってみることにしよう。

7. 重受戒灌頂

先に挙げた天台諸師のうち、宗淵は慈雲より後の人物であるが、「戒灌頂」あるいは「重授戒灌頂」で著名な真盛派の僧侶である。この「戒灌頂」という儀礼は、比叡山上の戒壇院における円頓授戒に重ねて授ける円頓菩薩戒を意味し、天台宗僧侶であれば、入山 12 年を経た後に受けることができるとされるものの、現在ではほぼ真盛派に固有の儀礼と化している模様である。受戒に際しては、四度加行および入壇伝法灌頂を先に受けておかねばならないとされる。実際には、その起源は真盛（1443 − 1495）よりもはるかに遡り、中世における叡山戒律復興の時期、すなわち「戒家」の活躍した時期に置かれ、法勝寺恵鎮（えちん）（慈威和尚円観；1281 − 1356）が創始者であるとも、比叡山黒谷ですでに始められていたともいう。この「戒家」の一群には、遡って恵鎮の師興円（1263 − 1317）、興円の師恵顗（えがい）（〜 1288 〜）ら、さらには恵顗の師にして湛空（1133 − 1212）の弟子である恵尋（えじん）（？ − 1289；『一心妙戒鈔』3 巻〔1266 年〕の写真版は天王寺所蔵）らが想起され、あるいは下って、

『渓嵐拾葉集』で名高い光宗（1276 − 1350）や、『菩薩円頓授戒灌頂記』の著者惟賢（1284 − 1378）といった律師たちが思い浮かぶ(12)。彼らは、戒律に対して並々ならぬ熱意を抱く天台僧たちであり、菩薩戒の重受を義務づけそれを儀礼化する一連の流れのうちに置かれよう。惟賢をめぐっては次節で再考する。もっとも恵鎮の師であり「十二年籠山行」を復興し､「事相事持」を掲げた興円が､すでに重受戒の必要性を痛感していたことは間違いがない。また興円は、台密黒谷流の相承を恵鎮および光宗に伝えており、天台律復興と台密黒谷流とをあいまって宣揚したと考えられる。

「重授戒灌頂」の次第は、密教灌頂に特有の「五瓶灌頂」を中心に編まれた「外道場伝授壇」､および「合掌授与」と「宝塔涌現の儀式」を頂点とする「内道場正覚壇」との二部よりなり、現行のかたちとしてはほぼ次のように概括される（下線部筆者）(13)。

外道場：入道場　正面往立　礼佛　戒師登高座・礼師　塗香　着座讃　乞戒偈　散華　唄　三礼·如来唄　神分·霊分·祈願·表白　<u>十二門戒儀</u>（1 − 6）開塔　<u>第七正受戒</u>　大壇立瓶　表白　五薬中瓶　五宝中瓶　五穀中瓶　発願　白払　嚢祖大師願文　正灌頂　神供　印文　四重合掌　閉塔　<u>第八段証明乃至第十二段勧持</u>・回向　後唄　補欠分　血脈加持・下座三礼　中憩

内道場：入道場　吉慶梵語の讃　遶壇行道　登壇　三十二相　合掌秘訣　初重・理即の合掌　第二重・名字即の合掌　第三重・観行、相似、分証（真）即の合掌　第四重・究竟即の合掌　合掌戒体　師資坐禅　袈裟掛替　如来心水文　嘱累摩頂　三衣授与　五条授与　七条授与　九条授与　鉢授与　坐具授与　明鏡　法螺　法瓶　説三衣等功徳　袈裟掛戻　覚超僧都の鉢頂戴　吉慶漢語の讃　血脈朱印　南岳大師の袈裟頂戴　師資坐禅　伽陀　下壇行道　出道場

このうち、実際に菩薩戒が重授されるのは外道場における「十二門戒儀」以下の部分であり、十二門の内実は先に「授菩薩戒儀」（大正 No. 2378）の内容に関して記したものと同一である。したがって「戒灌頂」の儀礼は、「菩薩戒」の授戒儀礼を、密教的な装いのうちに包み込んだものとなっているわけであり、単なる「菩薩戒」の繰り返しではなく、四度加行および伝法灌頂というプロセスに続く儀礼に相応しい密教的な色彩を帯びたものに仕上げられていると言える。ただ「重受戒」の意図するところが、最澄の説いた「籠山十二年行」を仕上げるための業であれば、専ら繰り返しとしての単調さを回避するために密教性の装いが取り込まれたものと思われ、そこに出される戒相としては、純粋な菩薩戒の重受となっている。

8. 法華円戒論

以上のような「重受戒灌頂」の式が目指すものは、天台宗における授戒の式として、あくまでも円頓戒の文脈に合致した、『法華経』と戒律の一致、すなわち円戒一致の義であるといえるだろう。したがってこの重授戒灌頂をめぐる論考は、『法華経』のなかに戒律を読み込むプロセスを展開したものとなる。

先に挙げた惟賢の著作として『大正大蔵経』にも収録される『菩薩円頓授戒灌頂記』（No. 2383）は、この重授戒灌頂に関する第一級の論考とされる。この著作は、京都白河法勝寺の住持にして鎌倉円頓宝戒寺の開祖である惟賢が、1349 年叡山黒谷青流寺にて恵鎮上人より灌頂受戒の儀式を相伝され、その後 11 年を経て 1359 年に至り、伝授された戒灌頂儀則の深秘を法勝寺において記録したものである。この戒灌頂儀則の深義は、多宝塔中の釈迦如来より相承して黒谷の恵尋上人に至り、円頓大戒として興立に至ったとされる。内容は、1 序文。1 名字事。1 道場荘厳事【伝授壇】。1 正覚壇事・1 師弟入壇事【正覚壇】。1伝戒詞句事。1三重血脈事　より成る。その主旨は、上述のような「法華円戒論」にあると言って差し支えない。

惟賢はここで、「重授戒灌頂」における前半部「外道場・伝授壇」の儀を、『法華経』における前半部すなわち迹門に当てはめ、その授戒和尚を釈迦如来とする一方、後半部「内道場・正覚壇」の儀を、同じく『法華経』の後半部すなわち本門に当てはめ、そこでは法身多宝・報身釈迦の2佛が師資として現前するとする（色井 1989：229）。もとより多宝・釈迦の二如来が登場するのは、『妙法蓮華経』にあっては「見宝塔品第十一」であるが、この「見宝塔品」は迹門に位置する。この矛盾に対して惟賢は、宝塔は見宝塔品に至って突如出現したのではなく、序品の初めから出現していたのであるが、会座の衆はそれを見ることができず、「法師品第十」が終わった際にようやく見ることができ、宝塔品の開設となったと解する。そして釈迦如来がこの塔中に入ることによって「始本不二」を表した、としている（色井 1989：243）。

もとより『法華経』は「二処三会」を舞台とし、会に関して霊山会⇒虚空会⇒霊山会となるが、この「見宝塔品」において舞台は霊鷲山上から虚空へと移動し、さらに「嘱累品第二十二」以降、再び霊鷲山上に移る。この「見宝塔品」において、多宝如来から釈迦如来に向け、正覚により重授戒が完遂されるとすれば、それは虚空においてでもあり、受者はより普遍的に釈迦如来との一体化を遂げうる。『法華経』のうちに即身成佛の義を読む場合、こうして戒の内在化、すなわち戒体の発得が釈迦如来との一体化を通して行われることになる。なお律宗の側でも『法華経』を正所依の経を見なしている（徳田・唐招提寺 1998：129）。『戒壇図経』（大正 No. 1892）においては、多宝珠塔の前で受戒することが定められており、現在の唐招提寺戒壇院の壇上にも多宝珠塔が存在する（本書第6章を参照）。

このような「見宝塔品」をめぐる象徴的解釈を基礎に、惟賢は『法華経』全体の解釈として、まず迹門における受戒は「相伝戒」および「発得戒」に二別され、前者を表すのが「方便品第二」、後者を示すのがこの「宝塔品第十一」であるとする。発得される戒の戒相としては三聚浄戒が了解されており、それは「法師品第十」(衣座室)、「安楽品第十四」(四安楽行)、「普賢菩薩勧発品第二十八」(四要:為諸佛護念　殖諸徳本　入正定聚　発救一切衆生; 色井 1989：242)に含まれ、一方本門における受戒は「性徳戒」であり、これは「如来寿量品第十六」でもって表されるとしている。

このほか惟賢は、まさしく「重授戒灌頂」の次第に則って法華円戒論を十全かつ多様に展開しており、彼の解釈は、戒の内在化すなわち戒体の発得をめぐるプロセスを、『法華経』のテキストそのものから導き出そうとした試みとして特筆される。

9. 密教系法華経諸法との関係

このように『法華経』は、戒体の発得という観点から読み解きうる側面を豊かに秘めるが、同時に密教的な解釈をも十全に容れる。その代表的な密教経典としては、『妙法蓮華経観智儀軌』(『観智儀軌』)および『妙法蓮華三昧経』を挙げることができる。空海の『御請来目録』の中に『梵本妙法蓮華経儀軌』が含まれ、慈雲はこの梵本および『観智儀軌』から梵字陀羅尼テキストを起こしている。また慈雲は、『法華陀羅尼略解』のほか、「梵学津梁」に収められる『法華陀羅尼諸訳互証』を編纂しているが、そこには『観智儀軌』の名が挙がっている(秋山 2010d:22)。これら『観智儀軌』あるいは『蓮華三昧経』は、「法華経法」と呼ばれる密法を形成し、中国・日本における密教観法として広く普及した模様であるが(学研編集部 1998：193)、『法華経』の六陀羅尼は、その観法の基盤をなす咒として位置づけられている。そしてこれらの観法にあっては、さきに「戒灌頂」の項で見たような、『法華経』の「見宝塔品」における多宝如来と釈迦如来の並坐(びょうざ)箇所をクローズ・アップする解釈が総じて顕著である。そうすると、多少の出入りはあるものの、この「見宝塔品」を境に、前半を胎蔵、後半を金剛界とし、あるいは前半を文殊菩薩、後半を普賢菩薩の説く経典であると解釈する方法が成立することになる。

ではまず『成就妙法蓮華経王瑜伽観智儀軌経』に関して見てみよう。全体の構造を『密教大辞典』を参照して概括すると以下のようになる。なお詳細なテキスト表示は第3章を参照されたい。

法華経28品への帰敬序、この経法成就の四縁・灌頂・択地・壇法、地天・如来慈護・無能勝・驚天地神・塗壇法・三重曼荼羅、普礼・普賢行願・無量寿決定・如来三昧耶・法界生・金剛薩埵転法輪・金剛甲冑・如来大慈・方隅界・不動結界・宝山・道場観・大鉤召・閼伽・華座等の印明、薬王・勇施・毘沙門・持国・十羅刹女の五真言、報恩念・五供養・入定／五相成身・普賢真言・普賢三昧耶・五佛灌頂・宝鬘・甲冑・普賢定・文殊定・月輪観・普賢陀羅尼の字輪観・誦経観想・法身真如観など。

『密教大辞典』によれば、上掲した内容のうち、「五相成身」以前は胎蔵界法に近く、それ以後は金剛界法に近いとされる。また同様に『佛書解説大辞典』によれば、この儀軌は、「法華経そのものを単なる会三帰一の法門と見ずに、これを法華三昧の行者の心蓮の一大宝塔と見なし、行者はその心蓮華台中に現れる遍照如来から、十方三世一切の諸法に通徹する阿字本不生の実義を聴取し、行者自身は普賢菩薩であるとして」、「妙法蓮華経王を行者自身の心また身として体験すること」を表明したものである、とされる（小野1964）。もちろん密教的に、主尊は遍照如来、受者は金剛薩埵とされるのであるが、金剛薩埵は普賢菩薩と等一視され、天台では『法華経』は普賢菩薩の三昧の境地とされるため、東密台密を問わず、この観法が広く受け入れられる素地をうかがうことができる。そして「阿字観」が「如来三昧耶部」および「普賢陀羅尼の字輪観」部に現れ、その前後、すなわち「普賢行願」部および「誦経観想」部にはそれぞれ霊鷲山の字が見えること、さらに全体の中心をなす「宝山」部には「即此宝山、於其壇中転成霊鷲山」とあることから、この『観智儀軌』とは、阿字観を基に、釈迦牟尼如来が『妙法蓮華経』を宣説する場面を観想すべきことを説く儀軌であると捉えることができる。

次に『妙法蓮華三昧秘密三昧耶経』(『卍続蔵経』3、817 – 826) は、天台宗で日常読誦される「本覚讃」を収めることで知られるが(比叡山延暦寺 1987：31)(14)、「見宝塔品第十一」に見られる多宝如来と釈迦如来の並坐に関して、「妙法蓮華久遠実成如来は、本来多宝塔中に湛然と常住す。その名は無量寿命決定王如来なり。手には法界定印を結び、首には二佛の宝冠有り。宝冠の左には釈迦如来有り。これ胎蔵界毘盧遮那如来なり。右には多宝如来有り。これ金剛界毘盧遮那如来なり」(822 下) という理解がなされている。ここから、多宝如来と釈迦如来の並坐が両部における毘盧遮那如来の一致として捉えられ、やはり「見宝塔品」でのヴィジョンが中心に据えられていることがわかる。

いま、慈雲の採り上げた陀羅尼を『観智儀軌』の文脈に置きなおしてみることにしよう。すると、前半の五陀羅尼は胎蔵法を辿る部分に、後半の普賢陀羅尼は金剛界法を辿る部分に配され、その中間には霊鷲山上の虚空に現出する多宝・釈迦両如来がある。一方『蓮華三昧経』では、その両如来は、多宝塔内で妙法蓮華久遠実成如来の首に懸かる宝冠の左右に位置し、両部の大日如来毘盧遮那佛に他ならないとのヴィジョンが示されている。上記『観智儀軌』の「如来三昧耶部」にあるように、毘盧遮那如来の心真言とは種字阿字に他ならず、阿字とは一切法本不生を意味するものである(大正 No. 1000；596 下)。したがって『法華陀羅尼略解』における慈雲の解釈を参照するならば、「法華六番神咒」とは、その前半に「正戒」を軸とする八正道を、後半に普賢菩薩＝金剛薩埵を通じての菩薩行が勧められる内容を収めることから、この前後半を胎金両部、宝山中の多宝釈迦両如来として現前させ、両者の中央に毘盧遮那佛の心真言、本不生なる阿字を現出させる咒である、と理解することができるだろう。

10. 三昧耶戒との関係

前節で検討した『観智儀軌』ないし『蓮華三昧経』は、すでに密教的なヴィジョンを内包し、阿字観を込めて展開される観法であった。慈雲は、『三昧耶決』のなかで、「阿字は不生不滅のゆえに、三昧耶戒の戒体をなす」としている(15)。もとより密教では、先に空海の項にも触れておいたように、菩薩戒・具足戒以外に三昧耶戒が存在する。「三昧耶戒」とは、灌頂(結縁、受明、伝法)に際し、入壇に先立って必ず授かるべき戒であり、元来『華厳経』に記されている「三平等」の思想、すなわち我心・佛心・衆生心の三心を平等と見る考え方を密教的に継承したものである。空海によれば(『平城上皇灌頂文』)、三昧耶とは本誓(衆生救済)・平等(三心平等)・摂持(我佛一体)であるとされ、戒体は信心・大悲心・勝義心・大菩提心であり、戒相は四重禁戒である。この「四重禁戒」とは、『大日経』「具縁品」に三昧耶戒の具体的内容として記されたものであり、「不応捨正法」(正しい法を捨てない)、「不捨離菩提心」(菩提心を離さない)、「不慳悋一切法(ふけんりん)」(あらゆる真理を相手の能力に応じて惜しみなく与える)、「莫不利衆生行(まくふりしゅじょう)」(衆生を利益し、救済する活動に身を捧げる)の四戒を指す(松長 1991:213 − 214)。さらにこれを開くと十重禁戒となるが、それは『無畏(三蔵)禅要』(大正 No. 917)に載る(16)。

『無畏禅要』は空海・円仁・宗叡の請来になるものであるが、1「受戒懺悔文」、および 2「密教禅門要法」の二部に分かれる。前半部に説かれる十一門は、順に 1「発心」2「供養」3「懺悔」4「帰依」5「発菩提心」6「問遮難」7「請師」8「羯磨」9「結界」10「修四摂」11「十重戒」となるが、「十重戒」は、内容的に上の四戒と異ならない。この『無畏禅要』は、「受菩提心戒儀」（大正 No. 915）などとともに「密教系の菩薩戒儀」であり、三昧耶戒の本軌をなす。すなわち『密教大辞典』によれば、「東密のうち、安祥寺流は「受菩提心戒儀」をもって三昧耶戒の本拠とし、醍醐諸流は『無畏禅要』を旨とし、廣澤諸流は両本を典拠とす」とされる。台密に関しては、小川承相編『阿娑嚩抄』第七「三昧耶戒儀」の大略が「1 帰依　2 運心供養　3 懺悔諸罪　4 帰依三宝　5 発菩提心　6 略問遮難　7 羯磨受戒　8 求聖加護　9 修四摂行等　10 説四波羅夷及十善戒」と記されており、上の『無畏禅要』と同一の次第を辿ることがわかる。つまり三昧耶戒受戒に関して『無畏禅要』に拠る場合、東密と台密では、ほぼ同様の次第を辿ると言える。一方「受菩提心戒儀」に関しては、不空訳、空海・円仁・恵運・円珍・宗叡の請来になるものであり、先に出した「重授戒灌頂」の基本となるもので、これに密教系の脚色を加えたものがこれ以降多く現れてくるとされる（土橋 1980：287）。ちなみに慈雲による伝法灌頂等密教の灌頂儀軌の次第は知ることができないが、雲伝神道による「神道三昧耶戒」が遺されており、それによると、第八羯磨の際に四重および十無盡戒が挙げられる。その表現は、上掲した『阿娑嚩抄』のものと一致する。

上に触れたように、慈雲は「三昧耶戒とは阿字を以て戒体とす」と規定している（「曼荼羅伝授附録」514 － 515 頁）。すると、先に『観智儀軌』において、宝山の出現する場面において「阿」字を観想する部分では、三昧耶戒を念ずることも適わしいということになるだろう。すると、前半を具足戒、中心に三昧耶戒、そして末尾が菩薩戒、という構造をこの慈雲著『法華陀羅尼略解』から読み取ることも不可能ではないだろう。ちなみに『無畏禅要』の後半すなわち「禅門要法」の部にあっては、「受観智密要禅定」「発弘誓願」「学調気」「修三摩地」が説かれ、密教禅の要法が記されている。慈雲が日ごろから、若き頃に参業した禅に深く親しんでいたことは夙に知られるところである。

結. 慈雲著『法華陀羅尼略解』の意義

以上、筑波大学所蔵・慈雲直筆本『法華陀羅尼略解』をめぐり、いかなる解釈が可能であるかを検証してきた。慈雲は薬王菩薩咒について、「正戒」を盛り込んだ「八正道」が法華経を護持するとの義を読み取り、末尾の普賢菩薩咒を菩薩行の勧告と解している。後者に関しては、『妙法蓮華経』本文の理解ともすでに合致するものであるが、『法華経』テキストをめぐっての、「重授戒灌頂」そして法華円戒論、あるいは密教解釈を介在させた『観智儀軌』などの理解を介在させるならば、前者における慈雲の「正戒」理解が光芒を放つものとなる。その「戒」としては、もとより慈雲が主唱する在家出家共通の十善戒を当てはめるのも適切であろうし、ここに菩薩戒を込め、前・五陀羅尼と後・普賢陀羅尼の間に三昧耶戒を介在させた上で、普賢菩薩陀羅尼に重ねて菩薩戒を配するならば、全体を法華円戒論的に円頓戒の重受と理解する可能性も拓かれてこよう。さらには、菩薩戒の重受と取らずに具足戒⇒三昧耶戒⇒菩薩戒と解することは当然可能であり、その場合、具足戒から菩薩戒へという順序を辿る点から言えば、奇しくも最澄自身の戒歴、あるいは俊芿の戒律論に近いものとなるだろう。いずれにせよ、慈雲の『法華陀羅尼略解』は、その陀羅尼部分に簡潔な句釈を施したのみの小著ではあるが、慈雲が辿った戒律の系譜をその句釈部に読み込むとき、「経王」としての『法華経』を改めて成立させる著作だと言えるのではないだろうか。

注

(1) なお『梵網経』の十重禁戒とは、不殺生・不偸盗・不邪淫・不妄語／不酤酒・不説罪過／不自讃毀他・不慳貪・不瞋恚・不謗三宝の十種を指す。『梵網経』に関しては石田 1971。

(2) その内容は、4 波羅夷法　婬戒・盗戒・殺戒・妄語戒
13 僧残法　故出精戒・摩触女人戒・与女人麁語戒・歎身索供養戒・媒嫁戒・無

主作房戒・有主作房戒・無根波羅夷法謗他戒・仮根波羅夷謗他戒・破僧違諫戒・助破僧違諫戒・汚家悪行擯謗違諫戒・悪性拒諫戒

2不定法　屛処可婬処坐戒・露現処不可婬処坐戒

30尼薩嗜好耆波逸提法（捨堕）　長衣戒・離衣宿戒・月望衣戒・取非親尼衣戒・浣故衣戒・乞衣戒・過分取衣戒・勧増衣価戒・勧二家増一衣価戒・忽索衣戒・蚕綿臥具戒・黒毛臥具戒・雑黒毛臥具戒・減六年臥具戒・不貼坐具戒・持羊毛戒・使非親尼浣染羊毛戒・受蓄金銀銭戒・貿宝戒・販売戒・長鉢戒・乞新鉢戒・自乞縷糸非親織戒・勧織師戒・瞋恚奪衣戒・長薬戒・雨浴衣戒・急施衣戒・有難阿蘭若離衣戒・廻僧物戒

90波逸提法（単堕）　故妄語戒・毀訾語戒・両舌語戒・与女人同宿戒・与未具者同宿戒・与未具人同誦戒・説麁罪戒・実得道戒・与女人説法戒・掘地戒・壊生種戒・異語悩他戒・嫌罵知事戒・露敷僧物戒・覆処敷僧物戒・強敷坐戒・牽出房戒・閣上脱脚床坐戒・用虫水戒・覆屋過限戒・教尼戒・説法至暮戒・譏教尼人戒・与非親尼衣戒・与非親尼作衣戒・与尼独屛処坐戒・与比丘尼期行戒・与比丘尼期同船戒・食尼讃歎食戒・与女期行戒・施一食処戒・展転食戒・別衆食戒・食過戒・不作余食戒・勧足食戒・非時食戒・残宿食戒・不受食戒・索美食戒・外道与食戒・食前食後至余家戒・食家強坐戒・食家屛処坐戒・与女露坐戒・瞋恚駆出聚落戒・請食過受戒・観軍陣戒・軍中過三宿戒・観軍戦戒・飲酒戒・水中戯戒・撃攊他戒・不受諫戒・恐怖他戒・半月浴戒・露地燃火戒・蔵他衣鉢戒・不問輒著衣戒・不染壊著新衣戒・奪畜生命戒・飲虫水戒・悩他比丘戒・覆他麁罪戒・未満二十受具戒・発諍戒・与賊期行戒・悪見違諫戒・随挙比丘戒・随濱沙弥戒・拒勧学戒・軽呵戒・不尊重布薩戒・謗廻衆利物戒・黙然起去戒・与欲後悔戒・屛処黙聴戒・瞋打比丘戒・搏比丘戒・無根僧残謗他戒・突入王宮戒・捉宝戒・非時入聚落戒・過量床脚戒・兜羅貯褥戒・骨牙角針筒戒・過量尼師檀戒・過量覆瘡衣戒・過量雨浴衣戒・過量作衣戒・比丘尼住処戒・廻与僧物戒〕

4波羅提々舎尼法　受比丘尼食戒・比丘尼偏心授食戒・学家受食戒・阿練若安坐受食戒

100衆学法（突吉羅〔悪作〕）　斉整著涅槃僧戒・斉整著三衣戒・反抄入白衣舎戒・反抄白衣舎坐戒・衣纏頸入白衣舎戒・衣纏頸白衣舎坐戒・覆頭白衣舎戒・覆頭白衣舎坐戒・跳行白衣舎戒・跳行白衣舎坐戒・蹲坐白衣舎戒・扠腰白衣舎戒・扠腰白衣舎坐戒・揺身白衣舎戒・揺身白衣舎坐戒・掉臂行白衣舎戒・掉臂行白衣舎坐戒・覆身白衣舎戒・覆身白衣舎坐戒・顧視白衣舎戒・顧視白衣舎坐戒・高声白衣舎戒・高声白衣舎坐戒・戯笑白衣舎戒・戯笑白衣舎坐戒・不用意受食戒・溢鉢受食戒・溢鉢受羹戒・不等受食戒・不次第受食戒・挑鉢中食戒・為己索食戒・飯覆羹戒・嫌視比坐戒・不繋鉢食戒・大揣食戒・大張口待食戒・含飯語戒・揣飯擲口中戒・遺落食戒・頬食戒・嚼食作声戒・噏食戒・舐食戒・振手食戒・手把散食戒・膩手捉飲器戒・棄洗鉢水白衣家戒・大小便生草上戒・水中大小便涕唾戒・立大小

便戒・与不恭敬人説法戒・衣纒頸人説法戒・覆頭人説法戒・裹頭人説法戒・扠腰人説法戒・著革屣人説法戒・著木屐人説法戒・騎乗人説法戒・佛塔中宿戒・蔵財物佛塔中戒・著革屣入佛塔中戒・捉革屣入佛塔中戒・著革屣佛塔戒・著富羅入佛塔戒・捉富羅入佛塔戒・塔下食汚地戒・担屍佛塔下戒・塔下死屍戒・塔下焼屍戒・向塔焼屍戒・塔四辺焼屍戒・持死人衣塔下過戒・塔下大小便戒・向塔大小便戒・塔四辺大小便戒・持佛至大小便処戒・塔下嚼楊枝戒・向塔嚼楊枝戒・遶塔嚼楊枝戒・塔下涕唾戒・向塔涕唾戒・涕唾佛塔戒・向塔舒脚戒・安佛下房戒・人坐已立説法戒・人臥已坐説法戒・人在座已非座説法戒・人在高座已下座説法戒・人在前已在後説法戒・人在高経行処已在下説法戒・人在道已非道説法戒・携手道行戒・上樹過人戒・担杖絡囊戒・為執杖不恭敬者説法戒・持剣人説法戒・持鉾人説法戒・持刀人説法戒・持蓋人説法戒

7滅諍　現前毘尼・憶念毘尼・不癡毘尼・自言治・覓罪相・多覓罪相・如草布地である。なお比丘250戒に関しては佐藤1972。

(3)　現在の唐招提寺系でもこの語法が用いられている。

(4)　「三師七証」形式にあっては、受戒希望者の日常の指導に当たる「戒和上」、授戒の儀式において具体的な表白を行う「羯磨師」、十難十三遮がないかどうかを確認する「教授師」、および正式の比丘7人の立会いにより、白四羯磨形式に依る。本書第1章をも参照。

(5)　三聚浄戒とは、『瑜伽師地論』第40巻に出る表現で、摂律儀戒〔すべての悪を断ず〕、摂善法戒〔すべての善を実行す〕、饒益有情戒（摂衆生戒）〔すべての衆生を救済す〕をその内実とする。これは菩薩行の要請を止悪・作善・回向衆生に概約し、それを戒のかたちに定式化したものだと言える。

(6)　なお、『瑜伽師知論』の四十二軽戒に関して、慈雲はこれを計四四戒と数えるが、それは不供礼讃三宝戒、利養恭敬生著戒、不敬耆長有徳戒、憍慢不受請施戒、嫌恨不受重宝戒、嫌恨不施其法戒、棄捨犯戒有情戒、遮罪共諸声聞戒、遮罪不共声聞戒、性罪一向不共戒、求利昧邪命法戒、掉動心不寂静戒、不欣涅槃厭惑戒、悪称誉不護雪戒、応行辛楚不行戒、罵瞋打報罵等戒、侵犯若疑不謝戒、他侵来謝不受戒、懐忿堅持不捨戒、貪供事御徒衆戒、懈怠耽眠臥倚戒、談説世事度時戒、憍慢心不求禅法戒、忍受五蓋不捨戒、貪味静慮為徳戒、不許学小乗教戒、棄菩薩蔵学小戒、佛教未精学異戒、越正法翫外論戒、甚深真実義不信戒、愛恚自讃毀他戒　／　説正法不往聴戒、於説法師毀笑戒、所応作不為伴戒、病苦不往供事戒、行非理不為説戒、不知恩不酬報戒、失財等愁不開解戒、求飲食等不給戒、摂徒衆不教供戒、於他不随心転戒、他有徳不顕揚戒、可呵責等不作戒、応恐怖等不作戒である。慈雲は／の前の戒を摂善法戒、後者を饒益有情戒と解していると思われる。

(7)　ちなみに『梵網経』の四十八軽戒とは、不敬師長戒・飲酒戒・食肉戒・食五辛戒・不挙教懺戒・住不正法戒・不能遊学戒・背正向邪戒・不瞻病苦戒・畜殺生具戒・

通国使命戒・悩他販売戒・無根謗毀戒・放火損生戒・法化違宗戒・貪財惜法戒・依勢悪求戒・虚偽作師戒・闘諍両頭戒・不救存亡戒・不忍違犯戒・慢人軽法戒・軽蔑新学戒・怖勝順劣戒・為主失儀戒・領賓違式戒・受他別請戒・自別請僧戒・邪命養身戒・詐親害生戒　／　不救尊厄戒・横取他財戒・虚作無義戒・退菩提心戒・不発願戒・不生自要戒・故入難処戒・坐無次第戒・不行利楽戒・摂化漏失戒・悪求弟子戒・非処説戒・故違聖禁戒・不重経律戒・不化有情戒・説法乖儀戒・非法立制戒・自破内法戒　である。なお慈雲は、／の前後に関して、前者を摂善法戒（三十戒)、後者を饒益有情戒（十八戒）に割り当てる。

(8)「十善之系統」(『慈雲尊者全集』全集第6巻、212および221頁)。

(9) 1284、1334、1425、1487、1579、1606、1623、1698年に施行の記録がある。

(10)『慈雲尊者全集』第9巻（上）所収『悉曇考試表白』末尾を参照。

(11)「戒学要語序」(全集第6巻、36頁)。

(12) このうち恵尋・恵顗と興円・恵鎮以降で戒家の時期区分が可能であるが、その分岐点をなすのは、最澄の制定した「12年籠山行」の再興とその完遂をめぐる意識だとされる（舩田2009：注8)。

(13) 以下、重授戒灌頂に関しては色井1989の記述に全面的に負う。

(14)「帰命本覚心法身　常住妙法心蓮台　本来具足三身徳　三十七尊住心城　普門塵数諸三昧　遠離因果法然具　無辺徳海本円満　還我頂礼心諸仏」。

(15)『慈雲尊者全集』第8巻所収「曼荼羅伝授附録」514－515頁。

(16) この「十重禁戒」とは、「不応退菩提心」「不応捨三宝帰依外道」「不応毀謗三宝及三乗教典」「於甚深大乗經典不通解処、不応生疑惑」「若有衆生已発菩提心者、不応説如是法令退菩提心趣向二乗」「未発菩提心者、亦不応説如是法令彼発於二乗之心」「対小乗人及邪見人前、不応応輒説深妙大乗」「不応発起諸邪見等法」「於外道前、不応自説我具無上菩提妙戒、令彼以瞋恨心求如是物。不能弁得令退菩提心」「但於一切衆生、有所損害及無利益、皆不応作及教人作見作随喜」を指す。

第3章　慈雲と天台僧たち
――『法華陀羅尼略解』の位置づけをめぐって

1.『法華陀羅尼略解』と天台僧たち

『法華陀羅尼略解』の伝承の経緯については、本書の序章以下にも記したように、慈雲直筆による筑波大所蔵本の写本が、三重県津市の天台真盛宗別格本山西来寺の経蔵である宗淵（1786 － 1859）ゆかりの竹円房に所蔵されている。宗淵の奥書によれば、妙有（1781 － 1854）が持していたこの『略解』（の写本）を宗淵が（別の人物に）写させた、ということであるが、彼らすなわち妙有や宗淵は天台真盛宗の僧侶である。この伝承そのものが物語っているとおり、正法律の開祖・慈雲の最晩年の著作を、天台真盛宗の僧侶たちが筆写していた。以下本章では、慈雲と天台僧侶たちとの交流関係について問うてみたい。

妙有が慈雲門下に入ったのは1803年、妙有23歳、慈雲85歳のときのことであり、同年10月に妙有は慈雲より（おそらくは悉曇の）許可灌頂を受けている。『法華陀羅尼略解』の成稿は同年3月のことであるから、おそらく慈雲は、自らの門を叩いた若き天台律僧の妙有に、成稿後まもない『法華陀羅尼略解』を見せて写させ、妙有はこれを生涯肌身離さず持して参観し、頻繁に書き込みを行ったものと考えられる。

また妙有に先立ち、慈雲の許にはやはり天台僧（寺門派）の敬光律師（1740 － 1795）が弟子入りして悉曇を修めており、それは敬光が相国寺に寓していた頃、1770 年のことだとされる。この経緯については、前章第 6 節に述べておいた。

妙有から『法華陀羅尼略解』を借り受けていたことが判明した宗淵は、また別のルートで慈雲とつながっていた。それは敬光の弟子・敬長（1779 − 1836）と宗淵が交遊を持っていたことによる（田久保・金山 1981：139）。敬長にも『悉曇源鑑』1 巻がある。もっとも宗淵は、何よりも最澄（767 − 822）が伝えた『法華経』の正しい読みを伝承しようと志し、前述のように「山家版法華経」を 1837 年に開版している。上掲の『法花陀羅尼句解』を写させ終えたのはその翌年、1838 年 5 月 21 日のことである。

慈雲の『法華陀羅尼略解』の原本・筑波大所蔵本は、おそらく阿弥陀寺が 1874 − 75 年ごろに廃寺とされた際に流出し、東京師範学校（1873 − 1886）が入手したものだと思われるが、2010 年にこれが発見されるまで、西来寺本の奥書に注目されることがなかったために、慈雲がそのような注疏をものしたということすら確認されることのなかった著作である。本章では、このような天台諸僧と慈雲との関係を探り、『法華陀羅尼略解』成立をめぐる諸経緯に光を当てるべく、まず天台および真言、そして慈雲の属した正法律一派の基礎的勤行の次第とその意味を問おうとする試みである。

2. 四人の天台僧

上に記したように、慈雲には少なくとも、敬光（1740 − 1795）・敬長（1779 − 1836）・妙有（1781 − 1854）・宗淵（1786 − 1859）という 4 人の天台僧侶たちとの直接・間接的な交遊が認められることになる。佛教学は、事実上所属寺院とその宗派の許での「宗学」に左右される面が大きいところから、特に真言宗と天台宗との交流を伴う比較儀礼学はこれまで発達する余地がなかった。そもそも、大乗戒を旨とする天台宗と、四分律ないし有部律を捧持する真言宗諸派とでは、交遊の意味がなかったとも言える。本章はこの間隙を埋めるための基礎作業でもある。まず、上記4人の天台僧たちについて、もう一度簡単に振り返っておく。

1）敬光（1740 − 1795；cf. 板倉 1974）

近江園城寺法明院の学匠。字は顕道、山城北岩倉の人、宇多天皇の後裔であるという。1750年、11歳にして園城寺敬雅僧正に師事し、1752年得度、1770年京に出て相国寺に寓し、慈雲について悉曇を学び、兼ねて密教灌頂を受ける。1771年6月、播磨西岸寺の請に応じて『観経妙宗鈔』を講じ、冬には洛東源宗院に『摩訶止観』を講ずる。1776年冬、定玉に従って五部伝法をうけ、1778年春梵網具足戒を受け、同年冬、戒光山に登って戒灌頂の法をうける。1785年には和泉鳩原弥勒堂に、1786年冬には出雲鰐渕寺に転ずる。1788年春、松府晋門院に掛錫し、1791年春蓮光寺に遊化し、出雲大社に詣で、円戒の冥助を祈り、1793年春京都に入る。1794年園城寺法明院に住し、1795年病に罹り、同年8月寂す。当時比叡山は、『梵網経』に説かれた大乗菩薩戒に加えて、『四分律』による比丘250戒を必ず兼学すべきであると唱える「安楽律一派」（妙立慈山（1637 − 1690）、霊空光謙（1652 − 1739）、玄門（1666 − 1752）らに始まる）が比叡山飯室谷の安楽院に拠って勢力を張っていた。これに対して敬光は、彼らの主張が祖師最澄の趣旨に反すると厳しく批判し、梵網戒による最澄由来の古式の復興に尽力した。著書としては『円戒指掌』『山家正統学則』のほか、『梵語千字文訳註』『悉曇正音義』『普賢行願讃梵本』『妙法蓮華経梵釈』『悉曇蔵序講翼』『法華梵釈講翼』各1巻が知られている（田久保・金山 1981：139）。

2）妙有（1781 − 1854）

松坂来迎寺第27世、慈雲最晩年の弟子であり、また慈雲の主著『十善法語』

を1810年に初めて開版している。妙有の自筆年譜が残っているため、かなり詳細に生前の活動が判明する。それによると、享和3年（1803年）10月に慈雲の許に弟子入りしたという。1836年、全国的な飢饉のため、施粥行に奔走し、これが妙有の名声を高からしめることになる。慈雲門下の法友、智幢法樹（1775－1854）より、慈雲の『方服図儀』広本の元本を拝借し筆写している。法樹と同じく1854年、来迎寺方丈に示寂（74歳）。妙有の来迎寺での在住は38年間に及んだ（青木1973）。ちなみに宗淵、妙有とならんで「伊勢の三哲」と謳われる人物として、戒称双修の宗学を再興した天台真盛宗木造引接寺の法道（1787－1839）がある（色井1961：126－127；寺井・寺崎2012）。

3）宗淵（1786－1859）

京都北野天満宮の社僧、光乗坊能桂の子息として1786年10月25日に生誕。1800年天曜寺昌宗を証明として出家し、1813年27歳で大原普賢院に住し、1818年32歳のとき同院を辞し、坂本の求法寺走井堂に籠ること10年、1827年42歳にして、天台真盛宗総本山・比叡東麓の西教寺26世貫首真雄僧都の要請により、津の別格寺院西来寺に入りその第31世を継ぎ、真阿と称した。これは真阿弥陀佛の略であると同時に、本不生・阿字にも通ずる名である。顕密の天台学はいうまでもなく、声明・書誌学・音韻学等に造詣の深い学僧であった。法華経の正しい本文と読み方を探索し、異本収集の旅は、東は常陸の千妙寺（cf. 秋山2011a）、西は播磨加古川の鶴林寺にまで及んでいる。1849年64歳にして、西来寺を弟子の真叶観海に託し、以降もっぱら著作と開版に従事した。著作は百余部三百余巻、開版は六十三部百一巻にのぼる。開版された著作には、『山家本法華経』（1835年）、『梵漢両字法華経品題』（1837年）、『阿叉羅帖』（全5巻、1837年）、『異訳法華経品題』（1838年）、『梵漢両字法華陀羅尼』（1839年）、『山家本法華経　裏書』（1840年）、『法華経考異』（1840年）、『陀羅尼考異』（1840年？）、『異訳法華陀羅尼』（1840年？）、『宝印集』（全3巻、1841年）などがあり、このほかにも菅原道真関係の考証に名を遺す。竹円房と称したため、その蔵書は竹円房蔵書とされ、大戦時・津の大空襲を辛くも免れて、いまなお西来寺の経蔵に現存する。1859年8月27日、74歳にして西来寺に示寂している（色井1958：214 − 215）。

『梵漢両字法華経品題』は妙法華の題目と品名とを梵漢両字で対照し、正法華・添品法華および『観智儀軌』に現れる各品題を列記したものである。また『阿叉羅帖』は、『山家本法華経』とともに真阿僧都が最も心血を注いで開版した労作で、古今の梵字を収集した一大コレクションである（色井1981：12 − 13）。一方『梵漢字法華陀羅尼』は、羅什訳妙法華の陀羅尼を梵漢両字で対照し、これに竺法護訳正法華の訳文、添品法華の漢音訳をつらね、さらに玄洋の伝えた陀羅尼梵文と漢音訳、不空訳の『法華経王瑜伽観智儀軌』の梵文と漢音訳を対照したものである。また『宝印集』は全国著名寺院の梵字や卍字に関係のある宝印を集めたもので、資料探索の旅の副産物である。筑波大学にも版本が所蔵される（ハ360 − 163、和装古書・三宅文庫）。

このように宗淵は、『法華経』をはじめ、終始一貫して本文の校訂作業に携わる、言わば「テキスト・クリティカー」タイプの学者であったため、慈雲の『法華陀羅尼略解』を妙有より借り受けて筆写させはしているものの、慈雲の句解に関してさらに何かを論ずるといった営為は行っていない。

なお、本書4頁に収録した「西来寺本」跋頁に見られる宗淵の奥書にある「天保九年」とは1838年のことであり、宗淵はその前年の1837年に、偉業の誉れ高い「山家版法華経」を開版している。したがって宗淵は、この慈雲著『法花陀羅尼句解』より得た知見を、自らの「山家版法華経」校訂に反映させることはなかったものの、その実直な性格から、「山家版」の開版後も法華経本文に関わる先学の著作を収集する方針に変化はなく、親友の妙有より借り受けてこれを筆写させたものであろう。

4）敬長（1779 － 1836）

出雲の出身で、字は智遠、号は越渓。近代天台宗寺門派の代表的学僧である。上掲の園城寺法明院の敬光に師事し、また宗淵とも親交があったとされる。『日本大蔵経』の「修験道章疏」には、1834 年秋、敬長の撰になる『本山修験勤行要集』二巻が収められている[(1)]。奥書には「聖護王命予撰輯修験常課之式、校古規恭録法要、後賢冀訂正焉」（聖護王がわたくしに、修験道での常課の式を撰輯するよう命じた。したがって古規を校し、恭しく法要を録した。後の賢者には訂正されたい）と記されている。聖護院は現在の京都市左京区にあり、真言宗系で醍醐寺三宝院に拠る当山派修験道と修験道勢力を二分する、天台宗系本山派修験道の総本山であった。なお修験道は、明治初期の廃佛毀釈時に、戒律宗とともに、もっとも激しく廃佛の対象となった勢力である。敬長の著書には『慈恵大師斎忌礼讃文』『顕道和上行業記』ほかがあり、また悉曇関係の著述としては『悉曇源鑑』1 巻が残る。『本山修験勤行要集』に関しては後ほど検討を加える。

3.『成就妙法蓮華経王瑜伽観智儀軌』

さて、慈雲が『法華陀羅尼略解』執筆にあたり、「法華六番神咒」関連の梵字テキストを参照する際には、弘法大師請来による『成就妙法蓮華経王瑜伽観智儀軌経』、すなわち通称『観智儀軌』の中で、それらの陀羅尼が引かれる部分を参観している（秋山 2010d：22）。このことは『略解』の末尾に近い部分において、慈雲が「不空本」に言及していることから明らかである。この『観智儀軌』は不空撰（三崎 1975）とされるが、この儀軌は、「法華経」を密教の立場から受容する際の根拠として古来珍重され、特に台密の諸家が広く依拠するテキストとなった。

そこでまず、この『成就妙法蓮華経王瑜伽観智儀軌』のテキストを通覧し、その中で上掲した六個の陀羅尼がどのように位置づけられているかを考察することにしよう。以下、『大正大蔵経』所収の no. 1000「成就観智儀軌」のテキストに、三崎良周師の優れた論考（三崎 1975）における全体の分割番号【1）－53)】と見出しを付す一方、真言部分については、宮坂宥勝師のやはり優れた論考（宮坂 1979）で用いられている番号（1. － 40.）を冠することにする。筆者による注記は「～　」の後に挿入する。また三崎分割からは漏れているが適当と思われる段落については○を付す。書き下し文は、国訳秘密儀軌編纂局編 1973（復刻版）『國譯秘密儀軌』第 21 巻による。

『成就妙法蓮華経王瑜伽観智儀軌』

A.　前々行

1)「法華経」二十八品大意に関する偈頌（四句一偈）

～大教王は『金剛頂経』であり、成道法は『大日経』に拠るとするこの儀軌が、金胎両部合行の法華法であることを明らかにする部分である（浅井 1975：460 以下)。

釋迦牟尼佛に帰命したてまつる。方廣大乘典を宣説して、諸の菩薩の為に、甚深最勝の眞實教を開示したまえり。我れ大教王、遍照如來の成道法に依らん。若し能く此の勝義に依って修すれば、現世に無上覺を成ずることを得べし。

縁起初序品に歸命したてまつる。光の中に能く因果の事を顯はし、福徳智慧究竟に至るの一乘實相の勝義門なり。善巧方便品に歸命したてまつる。甚深難測の如來智は、言語道斷にして心境を離る。是の故に方便して三乘を説きたまへり。火宅譬喩品に歸命したてまつる。舍利に先づ菩提の記を授けたまへり。有情は三界の苦を覺らず、佛三車を以て誘ひ出で令めたまへり。厭悔信解品に歸命したてまつる。自の劣なる乘に於て而も愧恥し、深く渇仰を生じて遭遇し難しとす。我れ等咸く無上寶を獲ん。療疾藥草品に歸命したてまつる。生盲の丈夫に慧眼を開かしめ、而も智光の日輪の如くなるを獲しめ、無上の乘に於て善巧を得せしむ。最初の授記品に歸命したてまつる。四大聲聞同じく記別せられ、各の隨って諸の世尊に奉事し、當來に咸く菩提果を證すべし。化城巧喩品に歸命したてまつる。佛慇懃に昔の因緣を説き、權りに止息せしめんが為に化城を示し、大涅槃に至るを究竟と為したまへり。五百弟子品に歸命したてまつる。大聲聞僧に咸く決を授けたまふに、則ち身中の如來藏を悟って、無價の寶珠今覺知せりといふ。授學無學品に歸命したてまつる。佛・阿難と羅睺羅とを記して、則ち法王の無偏黨を表はし、漸く定性及び不定を攝したまへり。傳經法師品に歸命したてまつる。若し未來に諸の有情有りて、此の法華の一句の偈を持すれば、佛皆彼が與めに授記したまふといふ。多寶佛塔品に歸命したてまつる。淨土を示現して諸佛を集めたまへり。提婆達多には佛記を授け、龍女は無上覺を成ずることを得たりといふ。勸持經典品に歸命したてまつる。姨母と耶輸とは記別を蒙り、諸大菩薩と及び聲聞とは、咸く末法において此れを勸持せんことを願へり。修行安樂品に歸命したてまつる。經を説かば先ず安樂行に住し、現世には殊勝の報を獲得し、佛菩提に於て退轉せずといふ。從地涌出品に歸命したてまつる。八恒菩薩經を持せんことを願ふに、如來密意をもって許したまはず。涌出の菩薩を顯さんが為めの故に。如來壽量品に歸命したてまつる。佛已に成道したまひしより無邊劫なり。狂子を治せんが為めに涅槃を現じたまふも、常に靈山に住して不滅なり。分別功德品に歸命したてまつる。無數微塵の菩薩衆、佛の壽無量を宣説したまへるを聞き、各の地位を超へて菩提を證せり。隨喜功德品に歸命したてまつる。世出世間の福を校量するに、若し此の經の一句偈を聞かば、彼に超へて速かに無上道を證すと。法師功德品に歸命したてまつる。若し能く此の經典を受持せば、現に父母所生の身に於て、神通を獲得して六根を淨むと。不輕菩薩品に歸命したてまつる。往昔の難行苦行の業あるも、此の經を聞くことを得て壽命を增し、無量無邊の衆を度脱せりと。如來神力品に歸命したてまつる。佛廣長の舌相を現し、猶豫して不信のものをして淨信せ令め、是の瑞相を見て佛道を獲せしめたまへり。最後の嘱累品に帰命したてまつる、如来諸の菩薩に付嘱して、當さに未来末法の時に於て、流通し宣説して悋惜すること無かるべし。藥王本事品に歸命したてまつる。法を求めんが爲めの故に三昧をも并せ、身を燒いて淨明佛を供養し、難遇の經王に殷重を表せり。妙音菩薩品に歸命したてまつる。彼の佛刹從り此の土に來って、妙法蓮華經を聽く、既に法を聞き已って本國に還りぬ。觀音普門品に歸命したてまつる。是の菩薩の悲解脱を說いて、悉く皆諸の災難を除遣し、常住なる如幻定を顯現したまへり。陀羅尼妙品に歸命したてまつる。二菩薩及び二天王、并びに羅刹女眞言を説けるは、經の法師を護持せんが爲の故なりと。妙莊嚴王品に歸命したてまつる。藥王・藥上の本因縁あり、斯の二士善知識に由って、菩提道を退失せずと。普賢勸發品に歸命したてまつる。若し此の蓮華經に於て、三七日に於て專ら持習すること有れば、普賢爲に淨法身を現じたまふと。

2）四縁具足

～①親近真善知識（灌頂阿闍梨）②聽聞正法（妙法蓮華経王）③如理作意（瑜伽観智）④法随法行（止観）　の四縁を明らかにする部分である。

方廣大乘經に説くが如く、一切衆生の身中に。皆佛性有りて如來藏を具せり。一切衆生の無上菩提の法器に非ざるもの無し。若し此の如きの法を成就せんと欲すれば、應さに須く是の如くの四縁を具す當し。一には眞善知識に親近すべし。眞善知識とは、即ち是れ灌頂の阿闍梨なり。二には正法を聽聞すべし。正法を聽聞するとは、即ち妙法蓮華經王なり。三には如理に作意すべし。如理に作意すとは、即ち爲れ瑜伽觀智なり。四には法隨法行なり。法隨法行とは、謂く、奢摩他毘鉢舍那を修すれば、則ち無上菩提を證するに堪任せり。若しは妙法蓮華經を修持すべし。

3）結界および法華曼荼羅建立

～法華曼荼羅は大悲胎蔵曼荼羅であるが、次の「前行」に見るように第二重院は金剛界三七尊であり、この経法が金胎合糅であることを表す。

若しは男、若しは女、則ち修眞言行に依って、菩薩の道を密行す須し。應さに先ず大悲胎藏大曼荼羅に入り、并に護摩道場を見るべし。身中の業障を滅除し、阿闍梨其が與めに灌頂するを得、即ち師從り念誦儀軌を受け、三昧耶し、護身し、結界し、迎請して供養し、乃至已身を観じて普賢大菩薩の身に等同ならしむ。若し是の如くの增上縁を具せざれば、有らゆる此の如くの經王を讀誦し脩習するも、速疾に三昧を證成するに由無し。一一の印契儀軌眞言は、應さに灌頂阿闍梨の處に於て、躬ら親しく禀受す當し。若し師に從て禀受し決擇せずして專擅に作すをば､是れを則ち名づけて越三昧耶と為し、受けるもの及び授くる者、倶に重罪を獲。

B. 前行

1）簡択念誦修行処所

既に具さに法を得て､即ち念誦修行の處所を簡擇すべし。或は伽藍に於き、或は山林樹下江河洲渚、或は自己の舍宅の法與相應せる福德の地において、

2）掘深二肘

掘ること深さ二肘、廣さ四肘量、或は六肘八肘乃至十二肘量にし、其の處所に稱って曼茶羅を作せ。其の地中を穿って、若し瓦礫・灰骨・蟲炭及び諸の穢物有らば、即ち用ふるに堪へず。更に勝處を擇び、穿ち訖って却って土を填てよ。若し餘り有らば是れ吉祥の相なり。如し其の欠陷あらば、河の兩岸の土を取りて之を填てよ。若し其れ本より淨なるを最も殊勝と爲す。或は樓閣、或は盤石の上、船の上、佛殿の中に在らば、則ち簡擇す應からず。但し四肘の曼茶羅、乃至十二肘量なるを建つること前の所説の如し。若し廣さ十二肘ならば高卑十二指量可りにせよ。東北の隅に於て稍墊下せしめよ。是れ大吉祥なり。速疾に成就すべし。

3）地天真言

壇既に成じ已らば、其の中央に於て、一小坑を穿って。五種宝・五薬・五香・五穀を安置せよ。是の如くの五宝香薬等、各の少し許りを取って、小瓶子を以て盛り、或は小瓷合をもって之を一處に盛り、地天眞言を以て加持すること一百八遍せよ。眞言に曰く、

1. 地天真言　namaḥ samantabuddhānāṃ pṛthivye svāhā.

4）如来慈護真言

又佛慈護の眞言を以て加持すること一百八遍せよ。眞言に曰く、

2. 如来慈護真言 oṃ buddhamāitrī-vajrarakṣa haṃ.

5）無能勝明王真言

又無能勝明王の眞言を以て、加持すること一百八遍せよ。眞言に曰く、

3. 無能勝明王真言 namaḥ samantabuddhānām oṃ hulu hulu caṇḍālimātaṅgi svāhā.

6）告地天偈

既に加持し已らば、壇中の坑内に安置し、填め築いて平なら令め、隨時の香華飲食并に二の閼伽を以て、以用って供養せよ。其の修行者は面を東方に向へて長跪し、右の手を以て香藥を置く處を按じ、地天に告ぐるの偈を三遍或は七遍誦ぜよ。偈に曰く、

汝天親護者　諸佛の導師に於て　殊勝の行を修行して　地波羅蜜を浄め魔軍の衆を

破すること　釋師子救世の如し、我れもまた魔を降伏し、我れ曼荼羅を畫くべし。

7）塗地真言

然して後に、淨土及び犢子の瞿摩夷の未だ地に堕ちざる者を取り、細沙與相ひ和して泥と爲し、以て其の壇に塗れ。乾き已るを待ちたる後、又瞿摩夷を取りて香水に和し、更に遍く塗拭し、即ち蓮子草を擣いて其の壇上を揩磨せよ。正しく塗拭揩磨する時は､塗地の眞言を誦ぜよ。遍數を限ること無く、

塗り了らば即ち止めよ。眞言に曰く、

4. 塗地真言 namaḥ samantabuddhānām apratisame gaganasame santānugate prakṛtiviśuddhe dharmmadhāto viśodhane svāhā.

○既塗壇已

既に壇に塗り已らば、彼の壇の量の如く、其の聖位を分かち、各の點じて、記を爲し、

8）用五色線

然して後に五色線を用って縒合せて繩と為し、磨する白壇香泥の汁の中に於て浸漬すること一宿し、然して後壇に拼せよ。

9）其壇三重

其の壇は三重なり。當中の内院は八葉の蓮華を畫き、華胎の上に於て窣覩波塔を置け。其の塔中に於て、釋迦牟尼如來と多寶如來と同座にして坐せるを畫け。

10）塔門西開

塔の門は西に開けたり。蓮華の八葉の上に於て、東北の隅從り首と為し、右に旋って布列して八大菩薩を安置せよ。初には彌勒菩薩、次には文殊師利菩薩、藥王菩薩、妙音菩薩、常精進菩薩、無盡意菩薩、觀世音菩薩、普賢菩薩なり。此の院の四隅の角内に於て、初めの東北の隅に摩訶迦葉を置き、次の東南には須菩提、西南には舍利弗、西北には大目揵連なり。

11）第二重院

次に第二重の院に於て、其の東門に於て金剛鎖菩薩を置き、南門に金剛鈴菩薩を置き、塔の前の門に當って金剛鉤菩薩、北門に金剛索菩薩なり。

12）於東門北置

東門の北に於て得大勢菩薩を置き、門の南に寶手菩薩を置け。次に南門の東に於て寶幢菩薩を置き、門の西に星宿王菩薩を置け。次に西門の南に於て寶月菩薩を置き、門の北に滿月菩薩を置け。次に北門の西に於て勇施菩薩を

置き、門の東に**一切義成就菩薩**を置け。

～ここに「一切義成就菩薩」が登場することに注目したい。この菩薩は本書最終章において考察の対象となる。

13）又東北隅

又東北の隅角の内に於て、供養華菩薩、東南の隅に供養燈菩薩を置き、西南の隅に供養塗香菩薩、西北の隅に供養焼香菩薩を置け。

14）第三重院

次に第三重院の東門に於て持國天王を置き、南門に毘樓勒叉天王を置き、西門に毘樓博叉天王を置き、北門に毘沙門天王を置け。

15）於東方門北

東方の門の北に於て、大梵天王を置き、門の南に天帝釋を置け。次に南方の門の東に於て大自在天を置き、門の西に難陀龍王を置け。次に西方の門の南に於て妙法緊那羅王を置き、門の北に樂音乾闥婆王を置け。次に北方の門の西に於て羅睺阿脩羅王を置き、門の東に如意迦樓羅王を置け。

16）於東北方置

東北方に於て聖烏芻沙摩金剛を置き、東南方に聖軍吒利金剛を置き、西南方に聖不動尊金剛を置き、西北方に聖降三世金剛を置け。

17）於壇四面

壇の四面に於て飲食界道を畫け。又四門を畫け。其の壇の上に於て天蓋を張り設け、四面に旛二十四口を懸けよ。又四角に於て各の幢旛を竪て、四の賢瓶の底黒からざる者を安いて香水を滿て盛り、瓶の口の内に於て種種なる時花の枝條を雜へ挿せ。壇の四門の兩邊に於て各の二の閼伽器を置き、香水を滿たし盛り、中に欝金を著れ、諸の時華を泛べて極めて香潔なら令めよ。又四門に於て四の香鑪を置き、五味香を燒いて以用って供養せよ。又四隅に於て各の銅燈臺を置き、酥油をもって明と為せ。四角の外に於て各の佉陀羅木の橛を釘て。如し此の木無くんば、銅を鑄って橛に作して之れに代ふることもまた得。

18）聖不動尊真言

若し修行者、六根清淨を求め、六千の功徳を満足して**法華三昧**を成就し、現世に初地に入り、決定して無上菩提を證せんことを求むるが為めには、一七日･三七日乃至七七日或は三箇月す應し。儀軌に依って其の力分に隨ひ、壇の四面に於て皆色香ある美味の種種なる食飮・乳粥・酪飯・甜脆の果子及び諸の漿等・塗香粖香時華燒香燈燭を置く應し。所供養の物は、新淨の金銀の器・銅器及び好き瓷器にして、破れ缺漏すること無く、未だ曾て用ひざる者を以てすべし。以て食飮を盛るにも復た燒香を用って其の食器を熏ぜよ。即ち聖不動尊の眞言を用って加持三遍或は七遍せよ。眞言に曰く、

5. 聖不動尊真言 namaḥ samantavajrāṇāṃ caṇḍamahārocaṇasphoṭaya hūṃ traṭ hāṃ māṃ.

～下線を付したように、ここに「法華三昧」の語が見える。この法華三昧と「法華懺法」の関係については後ほど考察する。

○既加持已

既に加持し已りて、然して後に供養せよ。壇の西面に於て卑脚の床子を置くべし。地を去ること半寸已來可にせよ。淨き茅薦を以て用ひて其の上に敷け。

19）澡浴真言

是の修行者は毎日四時に澡浴し、四時に衣を換へよ。如し其れ時別に澡浴するに及ばざれば、即ち清淨の眞言を誦じて衣服を加持せよ。此れを即ち名づけて勝義の澡浴と為す。誦ずること三遍或は七遍せよ。眞言に曰く、

6. 澡浴真言 oṃ svabhāvaśuddhā sarvadharmmā svabhāvaśuddhā haṃ.

C. 本行・胎蔵部

20）入道場

加持し已訖らば、即ち道場に入り、尊容を瞻仰すること眞佛に對ふが如く、

虔恭し稽首し、至心に運想せよ。盡虚空遍法界一切の諸の佛及び諸の菩薩を想ひ禮したてまつると。

21）**誦普賢行願**

既に禮拜し已りなば右の膝を地に著け、合掌して心に當て、目を閉じ意を専らにして**普賢行願**一遍を**誦じ、**一心をもって遍く諸佛菩薩を縁じ、心を定めて普賢行願の一一の句義を思惟し、大歡喜難遭の想を發すべし。

～この部分に「普賢行願」の語が見える。胎蔵部であるが、普賢行願を唱えることは金胎合揉を表すものと思われる。この「普賢行願」の内実については、次々節で考察する。

22）即跏趺坐

即ち跏趺坐して定印を結び、如來壽量品を誦ぜよ。或は但し品の中の妙義を思惟せよ。深く如來常住にして世に在すと信じ、無量の菩薩縁覺聲聞と與に以て眷屬と為し、靈鷲山に處して常に妙法を説きたまふと深く信じて疑はざれ。

23）無量寿命決定如来真言

次に當さに即ち無量壽命決定如來の眞言七遍を誦じて是の念言を作すべし。願はくは一切の有情をして皆如來の無量の壽命を獲せしめんと。是の願を發し已って即ち眞言を誦ぜよ。曰く、

7. 無量寿命決定如来真言　namo aprarimitā yujñānaviniścayarā jendrāya tathāgatāya oṃ sarvasaṃskārapariśuddhadharmmate mahānayaparivāre svāhā.

24）若修行者

若し修行者毎日六時、時別に此の眞言を誦ずること七遍せば、能く壽命を延べ、能く夭壽決定の惡業を滅し、身心輕安なることを獲得し、諸の昏沈及び以て懈怠を離れ、此の妙法蓮華經を受持して速かに成就することを得。即ち塗香を用って二手乃至臂肘に遍く塗れ。

25）一切如来三昧耶印

然して後に一切如來の三昧耶印を結ぶべし。二手合掌し、二大指並べて偃く竪てよ。即ち成ず。大指の頭を以て心の上に拄へ、勝義諦實相の觀門に入れ。謂はゆる毘盧遮那如來の心眞言種子の阿字、己身の心蓮華の中に在りと想へ。其の色潔白にして猶し珂雪の如し。瑩徹して光明あり。漸漸に引き舒べて一肘量に遍じ、即ち此の字の眞實の義門を思へ。阿字とは謂く、一切法本不生の故に、一切の佛法の自性本源なり。清淨法界より流出する所の一切の言教は、皆此の字を以て根本と為り。決定し專注して散動を離れよ。是の觀に住し已って即ち其の印を移して額に觸れ、眞言を誦ずること一遍せよ。次に右の肩左の肩心及び喉に觸れて皆一遍を誦ぜよ。手印を運動し眞言を誦ずる時、一緣に專注して前の如く觀想せよ。加持し已訖り、印を頂戴して然して後に解散せよ。眞言に曰く、

8. 一切如来三昧耶真言　namaḥ samantabuddhānām asame trisame samaye svāhā.

此の印を結び、及び眞言を誦ずるに由って、則ち一切如來の地を見、三界道を超へて地波羅蜜を圓滿す。

○結法界生印

次に法界生の印を結ぶべし。二手各の金剛拳に作し、二頭指を舒べ、側め相ひ拄へよ。即ち成ず。印を頂に安じ、其の印の中に於て法界の種子なる覽字を想へ。其の色皓白にして遍く光明を流し、普く一切の有情界を照らして、能く一切の有情の虛妄煩惱を破す。當さに觀ずべし、自身及び諸の有情は同一法界にして無二無別なりと。是の觀を作し已って、即ち眞言三遍或は七遍を誦ぜよ。眞言に曰く、

9. 法界生真言　namaḥ samantabuddhānāṃ dharmadhātusvabhāvako ’haṃ.

此の印を結び及び眞言を誦ずるに由って、則ち無邊の清淨法界を證得す。

○金剛薩埵転法輪印

次に金剛薩埵轉法輪の印を結べ。二手相ひ背けて右をもって左を押し、左右の八指互相に鉤し、左のおお指を苾らして右の掌に入れ、右の大指を屈し

て頭を以て相ひ拄へよ。印を以て心の上に安じて又想へ、自の心月輪の中に吽字有り、白色清潔なり。即ち此の字を轉じて轉法輪大菩薩の身と為ると。觀智成し已って即ち眞言を誦ぜよ。曰く、

10. 金剛薩埵転法輪真言 namaḥ samantavajrāṇām vajrātmako 'haṃ.

此の印を結び、及び眞言を誦ずる觀行力に由るが故に、即ち能く一切有情界に於て大法輪を轉ず。

○金剛甲冑

次に金剛甲冑の印を結べ。二手虚心合掌し、二頭指各の屈して中指の背上節に拄へ、二大拇指並べ竪てて中指の中節の文を押せ。即ち印を以て額に觸れて眞言一遍を誦じ、次に右の肩左の肩、心及び喉の上、各の加持すること一遍せよ。眞言に曰く、

11. 金剛甲冑真言 namaḥ samantavajrānāṃ vajrakavaca hūṃ.

此の印を結び及び眞言を誦ずるに由って、即ち是れ大誓莊嚴金剛の甲冑を披る。光明赫奕として、一切の天魔及び諸の作障者敢て凌逼すること能はず。正しく印を結ぶの時、是の思惟を作すべし。一切有情の生死の苦海に沈淪せるを。我れ皆拔濟して、一一の有情をして我れ與異なること無から令めんと。

○一切如來大慈印

次に一切如來大慈の印を結べ。二手外に相ひ叉へ、二大指二小指各の頭を以て相ひ拄へて心の上を覆へ。印を結び成じ已って即ち一相平等法無我觀に入り、大慈心を起して遍く一切有情界を縁ぜよ。願はくは一一の有情に皆悉く慈心三昧を獲得せしめんと。是の觀を作し已って眞言を誦ぜよ。曰く、

12. 一切如来大慈真言 namaḥ sarvatathāgatebhyo ye tiṣṭhaṃti daśadiśi oṃ maṇivajre hṛdayavajre mālasainyavidrāpane hana hana vajragarbhe trāsaya trāsaya sarvamalabhavanāni hūṃ hūṃ satvara satvara buddhamaitri sarvatathāgatavajrakalpādhiṣṭhite svāhā.

此の印を結び、及び眞言を誦じて無縁の慈觀に入るに由って、能く三千大千世界をして下風輪際に至るまで、猶し金剛の如くなら令め、、無量の天魔

も傾動することを得ず、悉く皆退散す。其の修行者若し此の法を作せば、其の道場の地は即ち是れ金剛堅固の城にして、一切の障者も敢て觸惱せず、心に求願する所速かに圓滿することを得。

26）方隅界印

次に方隅界の印を結べ。二手合掌し、二頭指二無名指を屈し、甲を以て相ひ背け、二大指を並べ竪てて二頭指を押し、二小指を坼開け。即ち成ず。印を以て右に旋らすこと三匝せよ。即ち結界を成ず。眞言に曰く、

13. 方隅界真言 namaḥ samantabuddhānāṃ lelupuri vikuli vikule svāhā.

27）聖不動尊印

次に聖不動尊の印眞言を以て一切諸の悪魔障を辟除せよ。右の手直く竪てて頭指中指相ひ並べ、無名小指を屈して掌中に入れ、大指を以て無名小指の甲の上を捻せよ。左の手もまた然なり。左の手を以て心に當てて鞘と為し、右の手を劍と為して其の鞘の中に置け。然して後に劍を抽く勢の如くし、印を以て左に旋らして障難を辟除し、印を以て右に旋らし、意の遠近に隨って結して其の界を為すべし。印を結ぶの時、應さに觀ずべし、自身即ち是れ此の尊なりと。左に金剛羂索を持し、右に金剛智劍を執り、威徳の光明遍く法界を照らすと。是の觀を作し已って即ち眞言を誦ぜよ。曰く、

14. 聖不動尊真言 namaḥ samantavajrāṇāṃ caṇḍamahārocaṇasphoṭaya hūṃ traṭ hāṃ māṃ.

此の印を結び、及び觀行に住して眞言を誦ずるに由るが故に、能く菩提心を護り、能く諸見を斷ず。若し修行者常に此の眞言を持すれば、乃し菩提に至るまで更に諸魔の為に便を得られず、速に正覺を成ず。

28）宝山印

次に寶山の印を結んで寶山の眞言を誦ずべし。二手内に相ひ叉へ、極めて深から令め、二肘を竪てて相ひ著け、腕を開け。即ち是なり。眞言に曰く、

15. 宝山真言　oṃ acala hūṃ.

此の印を結び、眞言を誦ずる加持力に由るが故に、即ち此の寶山、其の壇中に於て轉じて鷲峯山と成る。山峯の上に於て、即ち當さに一心專注して釋迦牟尼如來宣説妙法蓮華經を宣説したまふ處を觀想すべし。頗黎を地と為し、種種の妙華を遍く其の上に布き、寶樹行列して寶華を開敷し、諸の枝條の上に妙天衣を垂れ、微風に搖撃せられて微妙の音を出す。其の聲韻に諧って猶し天樂の如し、妙香普く三千世界に熏ずと。又中に於て多寶世尊の舍利寶塔を想へ。種種に莊嚴せり。釋迦牟尼如來及び多寶佛、其の塔の中に於て同座にして坐したまへり。無量の菩薩聲聞縁覺天龍八部聖賢衆會圍遶し、法を聽いて八方に周圍せり。釋迦牟尼如來の諸の分身佛、寶樹の下に於て各各に衆寶莊嚴の師子の座に坐したまへり。乃至無量微塵數の佛あり、多寶塔の前の賢瓶閼伽に八功德水悉く皆盈滿せり。妙寶香爐には無價の香を焼き、摩尼寶王を以て燈燭と為り。菩提の妙華普く諸佛及び諸の大衆に散ず、天の諸の美膳芬馥香潔し、塗香秣香珠鬘瓔珞の供養は雲海をなし、諸の波羅蜜供養の菩薩、如来の眞實の功德を歌讃したてまつる。自ら己身中に於て供獻すと見る。其の八方に於て、諸の分身の佛の一一の佛の前に、悉く皆是の如く奉獻し供養すと。又想へ、自身釋迦牟尼如來の前に在って、妙法蓮華大乘の勝義を宣説したまへるを聽聞すと。

29）大虛空藏普供養偈

是の觀を作し已って即ち此の偈を誦ぜよ。曰く、

我が功德力と　如來の加持力と　及以び法界力とを以て　普く供養して住す。

此の偈を三遍或は七遍誦じて、

30）大虛空藏普供養印

即ち大虛空藏普供養眞言を誦ぜよ。曰く、

16. 大虛空蔵普供養真言　oṃ gagano sambhavavajra hoḥ.

此の偈及び此の眞言を誦ずるに由って、一切如來并びに大會の衆に於て、

皆眞實廣大に供養するを獲。

次に三重曼荼羅の衆會を觀ずべし。初めに中央佛并びに八大菩薩及び四大聲聞僧あり。第二院には諸の菩薩無量無數あり。第三院には諸天八部并びに四の大威徳菩薩ありて各々四隅に於り、并びに無量の忿怒眷屬あって、一切の諸魔を退散し、侵擾することを得ること無から令むと。

31）纔発意転法輪菩薩印

然して後に、纔發意轉法輪菩薩の印を結べ。二手各々金剛拳に作し、二頭指二小指互相に鉤せよ。即ち成ず。印を以て壇の上を按じて眞言を誦ずること五遍せよ。眞言に曰く、

17. 纔発意転法輪菩薩真言 oṃ vajracakra hūṃ jaḥ hūṃ vaṃ hoḥ.

此の印を結び、眞言を誦ずるに由るが故に、其の壇中の諸佛菩薩及び諸の聖衆の量、虚空に同じく法界に遍周し、報土の佛刹を成ず。一切の有情、冥然として身心通同一相にして、影此の勝妙の刹の中に現ず。

32）真如法性道場観行

則ち次に眞如法性道場の觀行に入って此の偈を誦じ、偈の中の眞實の勝義を思惟すべし。乃至心と眞如體性與相應するを限りと為よ。偈に曰く、

虚空を道場と為す　菩提は虚空の相なり　また等覺者も無し　眞如の故に如來なり。

33）一切如来并諸聖衆印

次に一切如來并びに諸の聖衆を奉請する印を結べ。二手内に相ひ叉へ、合せて拳に為り、右手の頭指を舒べて其の上節を屈し、鉤の如くせよ。即ち成ず。眞言に曰く、

18. 一切如来并諸聖衆真言 namaḥ samantabuddhānām aḥ sarvatrāpratihatatathāgatākuśa bodhicarya paripūraka svāhā.

此の契を結び、及び眞言を誦ずるに由って、諸佛菩薩并びに其の眷屬、來集せずといふこと無し。行者了了分明に鷲峯山の頂、空中に在って住すと見よ。

34）所願速成真言

即ち右邊の閼伽器を取って、二手に捧持し、額に當てて奉獻せよ。諸佛菩薩及び諸の聖衆の足を浴すと想へ。即ち爾の時に於て虔恭殷重に諸佛に啓告して心中の所願を求めよ。願速かに成就せん。眞言に曰く、

19. 所願速成真言　namaḥ samantabuddhānāṃ gagana samāsama svāhā.

閼伽香水を獻じて供養するに由るが故に、修行者をして、三業清淨にして一切の煩惱罪垢を洗除せよ。

○献花座印

次に獻華座の印を結ぶべし。二手左右の大小指各の頭相ひ拄へ、餘の六指敷らかんと欲する蓮華の形の如くにせよ。即ち成ず。眞言に曰く、

20. 献花座真言 namaḥ samantabuddhānām āḥ.

此の印を結び、及び眞言を誦ずる加持力に由るが故に、即ち此の印從り無量の寶師子座并びに蓮華座・金剛座・種種諸の座を流出し、佛及び菩薩一切の聖衆、各の宜しき所に隨って、悉く皆殊勝の座を獲得す。

～以下、『妙法蓮華経』陀羅尼品第二六中の五陀羅尼、すなわち①薬王菩薩②勇施菩薩③毘沙門天王④持国天⑤十羅刹女による呪が挙がる。

35）薬王菩薩等諸真言

次に普通印を結べ。二手内に相ひ叉へて拳に為し、諸指の節をして稍や起さ令めよ。即ち藥王菩薩等の諸の眞言を誦じて曰く、

21. 薬王菩薩諸真言 tadyathā anye manye manye mamanye cinte carite śame śamitā viśānte mukte muktatame same aviṣame samasame jāṃye kṣaye akṣaye akṣīni śānte śamidhāraṇi ālokabhāse pratyavekṣaṇi hihiru abhyantaraniviṣṭe atyantapariśuddho ukkule mukkule araḍe paraḍe śukākṣī asamasame buddhavilokite dharmaparīkṣite saṃghani ghoṣaṇī bhayābhayaviśodhanī maṃtre mantrā kṣayate rute rutakośalye akṣaye akṣayavanatāya valo amanyanatāya svāhā.

○勇施菩薩陀羅尼

勇施菩薩陀羅尼に曰く、

22. 勇施菩薩陀羅尼 tadyathā jvale mahājvale ukke mukke aḍe aḍāvati nṛtye nṛtyavartti iṭṭini viṭṭini ciṭṭini nṛiṭṭini nṛiṭṭāvati svāhā.

○毘沙門陀羅尼

毘沙門陀羅尼に曰く、

23. 毘沙門陀羅尼 tadyathā aṭye naṭye 'nunaṭye anaḍo nāḍi kunāḍi svāhā.

○持国天王陀羅尼

持國天王陀羅尼に曰く、

24. 持国天王陀羅尼 tadyathā agaṇe gaṇe gauri gāndhāri caṇḍāli mātaṃgi pukkasi saṃkule vrūṣale svāhā.

○十羅刹女陀羅尼

十羅刹女陀羅尼に曰く、

25. 十羅刹女陀羅尼 tadyathā itime itime itime itime itime nime nime nime nime nime ruhe ruhe ruhe ruhe ruhe stahe stahe stahe stahe stahe svāhā.

上の如くの諸の眞言を誦ずるに由るが故に、持經者に於て大加持を作し、諸の悪鬼神悉く皆遠離して敢て附近せず。行住坐臥乃至夢中にもまた敢て觸惱せず。一切時の中に、皆安樂なることを得。應さに是の思惟を作すべし。此の妙法蓮華經王に於て、殷重の心・難遭の想を起すべし。

○復作念言。

復た念言を作せ。我れ無始生死従り六趣に輪廻すること、皆虚妄顛倒の分別に由り、早く是の如くの教王菩薩の道法に遇ふことを得ず。今既に聞くことを得、見ることを得て受持し讀誦するは、皆是れ諸佛菩薩慈悲愍念して、我れをして此の如くの妙法經王に値遇せ令めたまふなり。是の如くの深恩將に何を以て報ぜん、設使ひ三千世界の中に滿つる勝妙一切の珍寶并びに及び飲食香華、幡蓋國城妻子の微塵數の如くなるを。乃至身命もまた是の如く悉く皆捨施して、如來及び此の妙法蓮華大乘寶法に供養し、多劫を經と雖も、また未だ一偈之恩をも報ずること能はず、深く慚愧を生ぜよ。

○復作念言。

復た念言を作すべし。我が所聞の如きは、遍照如來が諸の菩薩の爲に、眞言祕密の法の供養を宣説したまへるなり。諸の世間の諸の供養の中に於て、法を以て供養するを最と爲し勝と爲す。今我れ諸佛の深恩を報ぜんが爲に、眞言行の菩薩の方便儀軌に依って、用って普く盡虛空遍法界の一切の諸佛及び大菩薩を供養したてまつるべし。是の念を作し已って、

～以下「五供養」に移る。五供養とは、塗香、花鬘、焼香、飲食、燈明の5種を言う。

36）塗香印

即ち塗香の印を結べ。先ず右の手を舒べ、掌を竪てて外に向へ。左の手を以て右の手の腕を握って塗香の勢に作せ。即ち成ず、眞言に曰く、

26. 塗香真言 namaḥ samantabuddhānāṃ viśuddhagandhodbhavāya svāhā.

手印を運んで眞言を誦ずる時に當って想へ、印及び眞言不思議加持の願力法の中從り、無量無邊の塗香雲海を流出して、諸佛菩薩一切聖衆の淨妙色身と及び其の剎土とを遍く塗りたてまつると、此の法を作すに由って、現當來世の戒・定・慧・解脱・解脱知見の五無漏蘊の法身の香を獲得す。若し或は聲聞乘の中の律儀の戒品を違犯せんに、或は菩薩道の中の清淨の律儀を違犯せんに、纔かに此の印を結んで眞言一遍を誦ずれば、一切の戒品悉く皆清淨なること故（もと）の如くにして、惡趣に墮せず、疾く三昧を證す。

○花供養印

次に華供養の印を結べ。二手内に相ひ叉へ、二頭指相ひ拄へて圓なら令め、二大指各の頭指の根下を捻し、餘の六指掌中に入れて華の形の如くならしめしめよ。即ち是れなり。眞言に曰く、

27. 花供養真言 namaḥ samantabuddhānāṃ mahāmaitryabhyudgate svāhā.

正しく印を結び眞言を誦ずる時、運想して諦かに觀ぜよ。印眞言不思議願力加持法の中に於て、無量無邊の天の妙華雲海を流出して、一切の諸佛菩薩及び諸の聖衆に供養すと、此の印を結び及び眞言を誦ずるに由って、能く自心の蓮華を開敷せ令め、行者をして六根清淨にして相好端嚴なるを獲得し、人に見んと樂はれ、一切の煩惱及び隨煩惱に於て染汚せ被れず、身心寂靜なり。

〇焼香供養印

次に燒香供養の印を結べ。二手の中指已下の三指を竪てて相ひ背け、二頭指側め相ひ拄へ、二大指各の頭指の根下を捻せよ。即ち成ず、眞言に曰く、

28. 焼香供養真言 namaḥ samantabuddhānāṃ dharmadhātvanugate svāhā.

正しく此の印を結び眞言を誦ずる時、運心して觀想せよ、印眞言の不思議願力加持の法の中從り、無量無邊の燒香雲海を流出して、普く一切の佛及び菩薩并に諸の聖衆に熏じたてまつる。此の印を結び、并びに眞言を誦ずるに由って、般若波羅蜜を獲得し、能く一切の惡見并びに諸の結使を斷じ、疾く無上正等菩提を證す。

〇飲食供養印

次に飲食供養の印を結べ。二手虛心に合掌し、掌を開いて猶じ器の形の如くせよ。即ち是なり。眞言に曰く、

29. 飲食供養真言 namaḥ samantabuddhānām arara karara baliṃ dadāmi baliṃ dade mahāmaitryabaliḥ svāhā.

正しく此の印を結んで眞言を誦ずる時、至誠に運想せよ。印眞言の不思議願力加持の法の中從り、無量無邊の天妙香潔の飲食雲海を流出し、一一の佛菩薩諸の聖衆の前に於て、七寶の器を盛って羅列し奉獻すと。此の印を結び、及び眞言を誦じて運心供養するに由って、法喜食・禪悦食・解脱勝味食を獲得す。

〇供養燈明印

次に供養燈明の印を結べ。右の手を拳に為して、中指を直ぐ堅てよ。即ち成ず。眞言に曰く、

30. 供養燈明真言 namaḥ samantabuddhānāṃ tathāgatārcisphuraṇāvabhāsanagaga naudārya svāhā.

正しく此の印を結び、眞言を誦ずる時、運心して諦かに想へ。諸佛菩薩、印眞言不思議願力加持の法の中從り、無量無邊の衆寶王と、及び日月の光明との如き燈燭雲海を流出して、諸佛及び諸の菩薩一切の大會を照耀す。此の印を結び、及び眞言を誦ずるに由って、三種の意生の身を獲得して、能く無明住地の煩惱を滅す。是の修行者、是の供養を作し已れ。

D. 本行・金剛界部

37）入実相

次に則ち實相三摩地に入りて、一切の法は如幻にして因縁和合して生ずと觀ずるが故に、一切の有情は無所得を知るを以て方便と為す。一切の法は陽焔の如しと觀じ、上は淨妙佛刹に至り、下は雜染世界に至るまで、また無所得なるを以て方便と為す。一切の法は夢の如しと觀じ、世間の受用に於ける、樂受・苦受皆無所得なりと知って以て方便と為す。一切の法は影像の如しと觀じ、自他の身業無所得なりと知って以て方便と為す。一切の法は響應の如しと觀じ、一切自他の語言、上は諸佛に至り、下は諸の有情類に至るまでの語業、無所得なりと知るを以て方便と為す。一切の法は光と影との如しと觀じ、自他の心に於て心と及び心所の法は不即不離にして、悉く無所得なりと知るを以て方便と為し、即ち眞如を證す。一切の法は水月の如しと觀じ、初地より乃至法雲地の菩薩に至るまで、心は水の如しと觀じ、清淨菩提心三摩地は月の如しと觀じ、心と月とは無二無別にして、また無所得なるを以て方便と為し、即ち眞如を證す。一切の法は佛の變化の如しと觀じ、心心所の緣慮の無所得を知るを以て方便と為し、則ち大空三摩地に入る。眞如法界は佛

界有情界に遍周し、無間無斷にして言説を遠離し、及び能縁所縁を離る。若し眞證の門に約すれば、唯じ自覺聖智の境界の所得なり。

38）三摩地印

次に即ち三摩地の印を結ぶべし。二手金剛縛にして加趺の上に仰げ。二頭指を以て中節を屈して相ひ拄へ、甲を相ひ背け、二大指の頭を以て頭指の甲の上に相ひ拄へ、臍の下に置け。目を閉じ心を澄して、通達無礙心の眞言を誦ずること七遍せよ。眞言に曰く、

31. 三摩地真言 oṃ cintaprativedaṃ karomi.

真言を誦し已って則ち慮を静め、専注して自心を尋求せよ。今我が此の心は青とや為ん、黄とや為ん、赤とや為ん、白とや為ん、方とや為ん、圓とや為ん、長とや為ん、短とや為ん、是れ過去とや為ん、是れ未来とや為ん、復た現在とや為ん、やや久しく推求して此の心ついに不可得なることを知るときは、則ち能く空観に通達し、我法の二執も亦不可得なり。則ち能く人空智・法空智に悟入す、則ち此の無所得の心に於て圓明を観ぜよ。浄にして塵翳無きこと秋の満月の如く、身に炳現して心上に仰げたり。則ち此れは是れ本源清浄大圓鏡智なり。是の觀を作し已って則ち菩提心の眞言を誦ずること七遍せよ。眞言に曰く、

32. 菩提真言 oṃ bodhicittam utpādayāmi.

39）五鈷金剛智杵観

眞言を誦じ已って、當に圓明の滿月の面上に於て、五鈷金剛智杵を觀ずべし。漸く引き遍く舒べて法界に普周す。淨光明を以て一切の有情界を照燭し、客塵煩惱自他清淨にして、平等平等同一體性なり。是の觀を作し已って即ち眞言を誦じて曰く、

33. 菩提真言 oṃ tiṣṭha vajra.

〇金剛薩埵真言

良や久しく諦かに觀じて、復た漸く其金剛杵を收斂せよ。大きさ己が身の

量の如し。眞言を誦して曰く、

34. 金剛薩埵真言 oṃ vajrātmako 'haṃ.

40）金剛杵

復た觀ぜよ、此の金剛杵轉じて普賢大菩薩の身と成る、光明皎潔にして猶し月殿の如し。五佛の冠を戴き、天衣瓔珞をもって而も自ら莊嚴せり。身背に月輪あり。白蓮華王を以て其の座と為し、右の手に菩提心の五鈷金剛杵を持して、心上を按じ、左の手に般若波羅蜜の金剛鈴を戴き、用って胯を按ず。一切の相好悉く具足せしむ。是の觀を作し已って復た自ら思惟すべし。一切の有情は如來藏の性なり。普賢菩薩の身一切に遍ずるが故に、我れと普賢及び諸の有情と無二無別なり。審諦に觀じ已って眞言を誦ずること七遍せよ。眞言に曰く、

35. 金剛杵真言 oṃ samantabhadro 'haṃ.

41）普賢菩薩三昧耶印

眞言を誦じ已って、則ち普賢菩薩の三昧耶の印を結べ。二手外に相ひ叉へ、合して拳に為り、二中指を合せ竪てよ。即ち成ず、印を以て心を印して誦ずること一遍せよ。次に額に安じ、次に喉と頂とに及ぼして各の誦ずること一遍せよ。眞言に曰く

36. 普賢菩薩三昧耶真言 oṃ samayasatvaṃ.

42）五佛冠印

次に五佛冠の印を結ぶべし。二手金剛縛にし、二中指を竪てて上節を屈し、頭を以て相ひ拄へ、二頭指各の中指の上節を捻せよ。印を以て頂上に置いて眞言を誦ずること一遍せよ。次に額上髮際に安じて誦ずること一遍し、次に頂の右・頂の後・頂の左に移して各の誦ずること一遍せよ、眞言に曰く、

37. 五佛冠真言 oṃ sarvatathāgataratnavireka āḥ.

43）宝鬘印

次に寶鬘の印を結べ。二手各の金剛拳に作して、額の上にして互相に縈ひ

遶らし、鬘を繫る勢の如くし、即ち拳を分ちて脳の後に於てまた帯を繫るが如くせよ。其の二手各の小指從り徐徐として散し下し、拳を旋らして舞するが如くせよ。繫くるの時に當って隨って眞言を誦ぜよ。曰く、

38. 宝鬘真言 oṃ vajramālābhiṣiñcakā vaṃ.

44）金剛甲冑印

次に金剛甲冑の印を結べ。二手金剛拳にして正しく心に當て、各の頭指を舒べて互相に縈ひ遶らし、口に唵砧の二字の眞言を稱へよ。次に背の上に移してまた相ひ縈ひ遶らし、却って臍に至し當て、次に右の膝・左の膝、次に臍、次に腰の後、次に心、右の肩・左の肩、喉及び項の後。皆相ひ縈ひ遶らし、次に額の上、及び以て脳の後に至して、皆鬘帯を繫ける勢の如くせよ。二手兩邊より徐徐として散じ下し、便ち拍掌すること三遍せよ。歡悦一切聖衆の印と名づく。而も眞言を誦ずること三遍せよ。眞言に曰く、

39. 歓悦一切聖衆真言 oṃ vajra tala tuṣya hoḥ.

〜以下『妙法蓮華経』普賢菩薩勧発品第二八に収められる普賢菩薩による呪が挙がる。

45）普賢菩薩大印身

修行者既に普賢菩薩の大印身を成じ已って、又普賢菩薩の三摩地の印を結び、**普賢行願**を修して、文殊師利菩薩の般若波羅蜜三解脱門に入るべし。謂はゆる空三摩地に入り、運心して法界に遍周し、豁然として一法の得可き有ること無し。須臾の頃に於て心を澄し、慮を靜めて此の觀門に住せよ。此の三摩地に入るに由って一切の見を滅除す。空執を除かんが爲に、則ち無相三摩地に入る。須臾の頃に於て此の觀門に住せよ。此の三摩地に入るに由りて空相を滅す。則ち無願三摩地に入れ。眞如智に於て本願求すべきこと無し。須臾の間に此の觀に住し已って、則ち自身の中に於て心臆の間に當って、其の圓明を觀ぜよ。一肘量ばかりなり。猶し秋月の光明澄淨なるが如くにして、

印心中に在り。則ち普賢菩薩の陀羅尼を誦せよ。眞言に曰く、

40. 普賢菩薩陀羅尼 tadyathā adaṇḍe daṇḍa pativartte daṇḍā vartte daṇḍā varttane daṇḍa kuśale daṇḍa sudhari sudhāra patibuddha paśyane sarvadhāraṇi āvartani sarvabhāṣāvarttani su-āvarttani saṃgha parīkṣite saṃgha nirghoṣane saddharma suparīkṣite asaṃghe saṃghāpagate tri-atve saṃghatulya pramūrte sarvasaṃgha samātikratte sarvadharmma suparīkṣite sarvasatvaruta kauśalyānugate saṃha vikrīḍite anuvartte varttini varttāli svāhā.

46）陀羅尼文字

即ち此の陀羅尼文字を以て右に旋らし、心月輪の面上に布列して觀ぜよ。一一の字皆金色の如し。一一の字の中より光明を流出して、遍く無量無邊の一切世界を照らす。良や久しく心を用ふるに、心散動せずんば、則ち一一の字に於て、實相の義門を思惟せよ。又一一の字の中に皆阿字義門有りて、一切の法の本不生・不滅・不有・不無・不即・不異・不増・不減・非淨・非不淨を詮す。若し能く此の實相縁生の法門を悟れば、則ち能く無量無邊三摩地と、無量無邊の般若波羅蜜とを證得す。

47）専注観

次に専注して觀ずべし、舌端に於て八葉の蓮華有り。華の上に佛いまして、結伽趺坐して猶し定に在すが如し。想へ、妙法蓮華經の一一の文字、佛の口從り出でて皆金色と作る。具に光明有って遍く虛空に連なる。想へ、一一の字皆變じて佛身と爲り、虛空に遍滿して持經者を圍遶す。其の持經者其の力分に隨って、或は一品或は全一部を誦して、緩ならず急ならざれ、是の觀を作す時、漸く身心の輕安調暢なることを覺るべし。若し能く久長にして是の觀行を作せば、則ち定中に於て、了了に一切如來が甚深の法を説きたまへるを見たてまつることを得。聞き已って思惟すれば、

48）法身真如観

則ち法身眞如觀に入りて、一縁一相平等なること猶し虛空の如し。若し能

く專注して無間に修習すれば、現生に則ち初地に入り、頓に一大阿僧祇劫の福智の資糧を集む。衆多の如來に加持せらるるに由るが故に、乃し十地等覺妙覺に至って、薩婆若智を具し、自他平等にして、一切如來の法身と共に同じく、常に無縁の大悲を以て、無邊の有情を利樂して、大佛事を作す。若し念誦觀智已れば、

49）普賢菩薩三昧耶印

則ち普賢菩薩の三昧耶の印を結んで、眞言七遍或は三遍を誦ぜよ。

50）五種供養印

則ち次に五種の供養の印を結び、各の眞言を誦ずること三遍して、諸佛聖衆に供養せよ。則ち左邊の閼伽を取り、額に當て奉獻し、心中所求の廣大成佛の願を祈るべし。

51）聖不動尊印

次に聖不動尊の印を結び、左に轉じて解界し、則ち無縁の大悲に入って自他平等なること、喩へば虚空の若し。則ち法身觀に入って無形無色にして、名に於き義に於て戲論する所無し。

52）三昧耶印

則ち三昧耶の印を結び、頂上に置いて眞言を誦ずること一遍して、聖會を送り奉れ。

53）奉送

眞言門の儀軌に約して送り奉ると雖も、常恒に思惟せよ。一切の聖衆は同一法界にして、來も無く、去も無く、願力成就して當に靈鷲山中に在す。則ち起ちて遍く一切の諸佛菩薩を禮し、右の膝を地に著けて**普賢行願**を誦ずること一遍せよ。則ち起ちて窣堵波を旋遶し、或は經行し、四威儀に於て心阿字觀門に住して、勝義實相般若波羅蜜門に入り、念念に遍く一切の有情を縁ぜよ。三界六趣四生をして、願はくは妙法蓮華經王を獲得せしめ、聞思惟修習に於て速かに無上正等菩提を證せしめん。

以上『観智儀軌』にあっては、本行の前半部（C）が胎蔵法に相当し、同後半部（D）が金剛界法に相当する。前半の胎蔵部行法の部分が量的に上回っているのは確かであるものの、胎金両部の合糅法であるという点は動かず、前半胎蔵法に五陀羅尼が、そして後半金剛界法に普賢菩薩陀羅尼が配されている。梵本の伝存等より考えても、慈雲が『法華陀羅尼略解』を撰するに際して、この『観智儀軌』の次第を意識していたであろうことは想像するに難くない。

また21、45、53において、それぞれ普賢行願を誦すことが命じられている点に注目したい。45は普賢菩薩陀羅尼を誦持する箇所であるが、21は胎蔵部の始め、53は金剛界部の終わりに当たる。このように『観智儀軌』と『普賢行願讃』とは密なる関係のうちに置かれてきたことがわかる（眞鍋1967：682 − 686）。

加えてここで意識しておきたいのは、5に「法華三昧」の語が見えることである。以下、この「法華三昧」と「法華懺法」の関係についてまず考えることにする。

4.「法華三昧」と「法華懺法」

前節にその全容を提示した『観智儀軌』については、まず「天台法華三昧の勧修方便・修行差定次第と相似し、明らかに天台法華三昧行法の密教化をねらいとする」（浅井1975：457）とされている。この「法華三昧行法」とは、天台智顗（538 − 597）の理解では、四種三昧（常坐三昧、常行三昧、半行半坐三昧、非行非坐三昧）のうち半行半坐三昧に位置づけられるものである。それが「法華三昧」の名で伝わり、その通称が「法華懺法」とされて、わが国の天台宗の朝課として広く普及した。そこで、『観智儀軌』B「前行」

の中で言及されている「法華三昧」の構造についてまず瞥見したのち、その普及版と言いうる現今の「法華懺法」について見ることにしよう。

まず「法華三昧」の概要・骨格を記すなら、次のようになろう。

1. 勧修法
2. 行法前方便
3. 正入道場一心精進方法
4. 正修行方法；

～ここに「法華懺法」に組み込まれる部分が含まれる。「法華懺法」の該当箇所については、多田孝正師の研究（多田 1991：576 － 577）に基づき、以下、右欄に（　）で附記する。

第 1　厳浄道場
第 2　浄身
第 3　三業供養（三礼、供養文）
第 4　奉請三宝（奉請段）（法則・咒願）
第 5　讃歎　（讃佛段）
第 6　礼佛　（敬礼段）
第 7　懺悔　（六根段・四悔）
第 8　行道　【半行】（十方念佛）
第 9　誦経　『法華経』如来寿量品〔第十六〕
第 10　坐禅正観　【半坐】（後唄）

5. 証相　　三礼・七佛通戒偈・六時無常偈・九條錫杖・廻向伽陀

以上から推察するに、確かに「法華懺法」は、「法華三昧」の中からその主要部「正修行方法」を編み出したものである。その際、「法華懺法」において「眼・耳・鼻・舌・身・意」の清浄を期す「六根段」、および「勧請

随喜　廻向　発願」より成る「四悔」は、「法華三昧」の第7「懺悔」部に配されたものであるという点に注目しておきたい。

では次に、現在天台宗の朝課で広く行われている「法華懺法」の次第を記すことにしよう。これは朝勤行の次第であるため、厳密に言えば、上掲した特別な経法である『観智儀軌』とは次元が異なる。しかしながら今見たように、「法華懺法」の中心には「懺悔」が位置する一方、『観智儀軌』もその前行に「法華懺法」の原型たる「法華三昧」を配していた。「懺悔」という要素はおそらく、大乗菩薩が行うあらゆる行の基本にあり常に重んぜられねばならないであろうから、特別な経法と日常の勤行との対比にも意味があるものと考える（以下、延暦寺学問所 1988）。

法華懺法：

総礼伽陀　総礼三宝　供養文　法則　歎佛咒願　敬礼段　六根段　四悔　十方念佛　経段【安楽行品】　十方念佛　後唄　三礼　七佛通戒偈　六時偈【後夜偈　晨朝偈　日中偈　黄昏偈　初夜偈　半夜偈】　神分霊分祈願　九條錫杖　回向伽陀

この「法華懺法」では、先の「法華三昧」の中で「懺悔」の内容とされていた「六根段」と「四悔」とが、確かに、頂点となる「経段」の前に執り行うべきものとされている。先の「法華三昧」では読誦される経段が「如来寿量品」であったが、これも、身の清浄を保つ教えを根幹とする「安楽行品」に置き換えられている。では以下、朝課である「法華懺法」の次第全文を記すことにしよう。○を付したのは『台宗課誦』（延暦寺学問所 1988）に見られる小見出しである。筆者による注記は～の後に記す。以下『天台宗聖典』の書き下し文に従う。

「法華懺法」

○総礼伽陀

～伽陀とは gāthā の音写語であり、四言五言等に句を結び四句を一頌とする韻文を意味する。

我が此の道場は帝珠の如し　十方の三宝影現する中に　我が身三宝の前に影現せん　頭面をみ足に摂して帰命し礼せん。

○総礼三宝　**727 –**

一心に十方一切の常住佛を敬礼したてまつる　一心に十方一切の常住法を敬礼したてまつる　一心に十方一切の常住僧を敬礼したてまつる。

○供養文

この諸の衆等、人おのおの跨跪し、香華を厳持して如法に供養したてまつる。願はくは此の香華の雲をもって十方界に遍満し、一切佛・経法ならびに菩薩、声聞・縁覚衆、および一切の天仙に供養したてまつる。此の香華雲を受け、以て光明台と為し、広く無辺界において、受用し佛事をなしたまえ。供養しおわりて三宝を礼したてまつる。

○敬礼段

一心に、本師釋迦牟尼佛を敬禮したてまつる。一心に、過去多寶佛を敬禮したてまつる。一心に、十方分身の釋迦牟尼佛を敬禮したてまつる。一心に、東方の善徳佛、盡東方法界の一切諸佛を敬禮したてまつる。一心に、東南方の無憂徳佛、盡東南方法界の一切諸佛を敬禮したてまつる。一心に、南方の栴檀徳佛、盡南方法界の一切諸佛を敬禮したてまつる。一心に、西南方の寶施佛、盡西南方法界の一切諸佛を敬禮したてまつる。一心に、西方無量明佛、盡西方法界の一切諸佛を敬禮したてまつる。一心に、西北方の華徳佛、盡西北方法界の一切諸佛を敬禮したてまつる。一心に、北方の相徳佛、盡北方法界の一切諸佛を敬禮したてまつる。一心に、東北方の三乘行佛、盡東北方法界の一切諸佛を敬禮したてまつる。一心に、上方の廣衆徳佛、盡上方法界の一切諸佛を敬禮したてまつる。一心に、下方の明德佛、盡下方法界の一切諸佛を敬禮したてまつる。一心に、往古來今の三世諸佛、七佛世尊賢劫の千佛を敬禮したてまつる。一心に、法華經中の過去二萬億佛、日月燈明佛、大通智勝佛、十六王子佛等、一切の過去の諸佛を敬禮したてまつる。一心に、過去二萬億の威音王佛、二千億の雲自在燈王佛を敬禮したてまつる。一心に、過去の日月淨明德佛、雲雷音宿王華智佛等の一切の諸佛を敬禮したてまつる。一心に、法華經中の現在淨華宿王智佛、寶威德上王佛等、一切の現在の諸佛を敬禮したてまつる。一心に、法華經中の未來華光佛、具足千萬光相莊嚴佛等、一切の未來の諸佛を敬禮したてまつる。一心に、十方世界の舍利尊像支提妙塔、多寶如來全身の寶塔を敬禮したてまつる。一心に、大乘の妙法蓮華經、十方一切の尊經、十二部經、眞淨法寶を敬禮したてまつる。一心に、文殊師利菩薩、彌勒菩薩摩訶薩を敬禮したてまつる。一心に、藥王菩薩、藥上菩薩摩訶薩を敬禮したてまつる。一心に、觀世音菩薩、無盡意菩薩摩訶薩を敬禮したてまつる。一心に、妙音菩薩、華德菩薩摩訶薩を敬禮したてまつる。一心に、常精進菩薩、得大勢菩薩摩訶薩を敬禮したてまつる。一心に、大樂説菩薩、智積菩薩摩訶薩を敬禮したてまつる。一心に、宿王華菩薩、持地菩薩、勇施菩薩摩 訶薩を敬禮したてまつる。一心に、法華經中の下方上行等、無量無邊阿僧祇の菩薩摩訶薩を敬禮したてまつる。一心に、法華經中の舍利弗等、一切の諸大聲聞衆を敬禮したてまつる。一心に、十方一切の諸尊大權菩薩、聲聞緣覺得道の賢聖僧を敬禮したてまつる。一心に、法華經中一切の聖凡衆を敬禮したてまつる。一心に、普賢菩薩摩訶薩を敬禮したてまつる。法界の衆生の為に、三障を断除せしめたまえ。帰命し礼して懺悔したてまつる。

○次六根段

至心に懺悔したてまつる。弟子某甲、一切の法界の衆生とともに。無量世従りこのかた、眼根の因縁をもって諸色に貪著す。色に著するを以ての故に諸塵に貪愛し、塵を愛するを以ての故に、女人の身を受け、世世生処に諸色に惑著す。色、我が眼を壊して恩愛の奴と為す。故に色使、我をして三界に経歴せしむ。此の幣使を為って、盲にして見る所無し。眼根不善にして、我を傷害すること多し。十方の諸佛、常に住して滅したまはざれども、我が濁悪の眼、障ゆるが故に見たてまつらず。今大乗方等経典を誦し、普賢菩薩、一切の世尊に帰向したてまつり、焼香散華して、眼の過罪を説き、発露懺悔して、敢て覆蔵せじ。諸佛菩薩の恵明の法水、願はくは以て洗除したまへ。是の因縁を以て、我と法界の衆生とともに、眼根の一切の重罪をして、畢竟清浄ならしめたまへ。懺悔し已って三宝を礼したてまつる。第二、第三また是の如し。

至心に懺悔したてまつる。弟子某甲、一切の法界の衆生とともに。多劫従りこのかた耳根の因縁をもって外聲に隨逐して、妙音を聞く時は心惑著を生じ、悪聲を聞く時は百八種の煩惱の賊害を起す。此の如きの悪耳に、悪事を報得す。恒に悪聲を聞きて諸の攀縁を生ず。顚倒して聽くが故に、當に悪道邊地に墮し、邪見にして正法を聞かざるべし。處處に惑著して暫くも停まる時無し。此の竅聲に坐せられて我が神識を勞し、三途に墜墮せしむ。十方の諸佛常に在して法を説きたまへども、我が濁悪の耳障ゆるが故に聞きたてまつらず。今始めて覺悟して、大乗功徳藏海を誦持し、普賢菩薩、一切の世尊に歸向したてまつる。燒香散華して、耳の過罪を説き、發露懺悔して敢て覆藏せじ。是の因縁を以て、我と法界の衆生とともに、耳根所起の一切の重罪をして畢竟清淨ならしめたまへ。懺悔し已りて三寶を禮したてまつる。第二、第三また是の如し。

至心に懺悔したてまつる。弟子某甲、一切の法界の衆生とともに。無量劫従りこのかた、此の鼻根に坐せられて、諸の香氣、若しくは男、若しくは女身の香、餚饍の香、及び種種の香を聞ぎて、迷惑して了せず。諸の結使を動じ、諸の煩惱の賊の臥する者皆起きぬ。無量の罪業、此れに因りて增長す。香を貪るを以ての故に分別諸識、處處に染著して生死に墮落し、衆の悪報を受く。十方諸佛の功徳の妙香、法界に充満すれども、我が濁悪の鼻障ゆるが故に聞ぎたてまつらず。今大乗清淨の妙典を誦し、普賢菩薩、一切の世尊に歸向したてまつり、焼香散華して、鼻の過罪を説きて敢て覆藏せじ。是の因縁を以て、我と法界の衆生とともに、鼻根の重罪をして畢竟清淨ならしめたまへ。懺悔し已りて三寶を禮したてまつる。第二第三また是の如し。

至心に懺悔したてまつる。弟子某甲、一切の法界の衆生とともに、無量劫從りこのかた、舌根所作の不善の悪業、諸の美味を貪りて衆生を損害し、諸の禁戒を破り、放逸の門を開く。無量の罪業、舌根從り生ず。又舌根を以て口の罪過を起す。妄言、綺語、悪口、兩舌し、三寶を誹謗し、邪見を讃嘆し、無益の語を説き、闘構壞亂し、法を非法と説く。諸の悪業の刺、舌根從り出で、正法輪を斷ずるも舌根より起る。是の如きの悪舌は、功徳の種を斷ず。非義の中に於て多端に強説して、邪見を讃歎すること火に薪を益すが如し。舌根の罪過無量無邊なり。是の因縁を以て、當に悪道に墮して、百劫千劫にも永く出期無かるべし。諸佛の法味、法界に彌滿したまへども、舌根の罪の故に了別すること能はず。今大乗諸佛の祕藏を誦し、普賢菩薩、一切の世尊に歸向したてまつり、焼香散華して舌の過罪を説きて敢て覆藏せじ。是の因縁を以て、令我と法界の衆生と與に、舌根の重罪をして畢竟清淨ならしめたまへ。懺悔し已りて三寶を禮したてまつる。第二、第三また是の如し。

至心に懺悔したてまつる。弟子某甲、一切法界の衆生とともに、多劫從りこのかた、身根不善にして諸觸に貪著す。所謂る男女の身分の柔軟細滑なる、是の如き等の種種の諸觸、顚倒して了ぜず、煩惱熾然にして身業を造作し、三不善を起す。謂く殺、盗、婬なり。諸の衆生と與に大怨結を作し、逆を造り禁を毀り、乃至塔寺を焚焼し、三寶物を用ひて羞恥有ること無し。是の如き等の罪、無量無邊なり。身業從り生じ、説けども盡すべからず。罪垢の因縁をもって、未來世の中には當に地獄に墮し、猛火炎熾にして我が身を焚焼し、無量億劫に大苦惱を受くべし。十方の諸佛、常に淨光を放ちて一切を照觸したまへども、我が身罪重くして障ゆるが故に覺らず。但麁弊惡觸に貪著することを知りて、現には衆苦を受け、後には地獄、餓鬼、畜生等の苦を受けん。是の如き等の種種の衆苦をもって、其の中に沒在して覺らず知らず。今日慚愧して大乘眞實の法藏を誦持し、普賢菩薩、一切の世尊に歸向したてまつり、燒香散華して、身の過罪を説きて敢て覆藏せじ。是の因緣を以て、我と法界の衆生と與に、身根の重罪をして畢竟清淨ならしめたまへ。懺悔し已りて三寶を禮したてまつる。第二、第三また是の如し。

至心に懺悔したてまつる。弟子某甲、一切法界の衆生とともに、無始従り已来、意根不善にして諸法に貪著し、狂愚にして了せず。所緣の境に隨って貪瞋癡を起し、是の如きの邪念、能く一切の惡業を生ず。所謂る十惡五逆なり。猶猿猴の如く、また黐膠の如し。處處に貪著して遍く一切の六情根の中に至る。此の六根の業の枝條華葉、悉く三界二十五有の一切の生處に滿ちて、また能く無明生死、十二の苦事を增長す。八邪八難にも、中を經ずといふこと無し。無量無邊の惡不善の報は、意根從り生ず。是の如きの意根は、即ち是れ一切生死の根本、衆苦の源なり。經の中に説きたまふが如き、釋迦牟尼を毘盧遮那遍一切處と名づけたてまつる。當に知んぬべし、一切の諸法、悉く是れ佛法なり。妄想分別して諸の熱惱を受く、是れ則ち菩提の中に於て不清淨を見、解脱の中に於て而も纏縛を起すなり。今始めて覺悟して重慚愧を生じ、重怖畏を生ず。大乘を誦持して説の如くに修行し、普賢菩薩、一切の世尊に歸向したてまつり、燒香散華して、意の過罪を説き、發露し懺悔して、敢て覆藏せじ。是の因緣を以て、我と法界の衆生と與に、意根の一切の重罪、乃至六根所起の一切の惡業の已に起り、今起り、未來に應に起るべきものをして、畢竟清淨ならしめたまへ。懺悔し已りて三寶を禮したてまつる。第二、第三また是の如し。

○次四悔

我弟子某、至心に勸請したてまつる。十方の応化、法界無量の佛、唯だ願はくは久しく住して法輪を転じ、含霊抱識をして本浄に還らしめ、然して後如来、常住に帰したまへ。勧請し已りて三寶を禮したてまつる。

我弟子某、至心に随喜したてまつる。諸佛菩薩の諸の功徳、凡夫静乱の有相の善漏と無漏との一切の善、弟子至心に皆随喜す。随喜し已りて三寶を禮したてまつる。

我弟子某、至心に廻向す。三業所修の一切の善をもって、十方恒沙の佛を供養したてまつる。虚空法界、盡未来、願はくは此の福を廻らして佛道を求めん。廻向し已りて三寶を禮したてまつる。

我弟子某、至心に発願す。願はくは命終に臨む時神乱れず、正念にして安楽国に往生して、弥陀に面奉し、衆聖に値ひ、十地を修行して常楽を證せん。発願し已りて三寶を禮したてまつる。

○次十方念佛

南無十方佛　南無十方法　南無十方僧　南無釋迦牟尼佛　南無多寶佛

南無十方分身釋迦牟尼佛　南無妙法蓮華經　南無文殊師利菩薩　南無普賢菩薩

○次経段　【『妙法蓮華経』安楽行品】

○次十方念佛

南無十方佛　南無十方法　南無十方僧　南無釋迦牟尼佛　南無多寶佛

南無十方分身釋迦牟尼佛　南無妙法蓮華經　南無文殊師利菩薩　南無普賢菩薩

○次後唄

世界に処すること虚空の如く、蓮華の水に著せざるが如し。心清浄なること彼に超えたり、稽首して無上尊を礼したてまつる。

ところで、江戸時代に敬長が本山修験道派のために編んだ『本山修験勤行要集』（上下；1834年）にあっても、「法華懺法」の次第は上記のものとほぼ同様であり、本山派修験道の朝夕勤行が、ほとんど天台宗の勤行と異ならなかったということがわかる。この次第集は、『日本大蔵経』所収のものによれば、次のような構成となっている。

晨朝勤行作法：伽陀　九條錫杖　法華懺法【総礼三宝　供養文　歎佛咒願　敬礼段　六根段　四悔　十方念佛】　安楽行品　後唄　三礼　七佛通戒偈　後夜偈　日中偈　黄昏偈　初夜偈　半夜偈　十如是　自我偈　釈迦讃　尊勝陀羅尼　諸真言　円頓章　舎利礼文　祈願　回向　等　附・祖師壇法楽

ここでは、朝に『佛頂尊勝陀羅尼』の読誦が課せられていることに注目したい。ちなみに本山修験道派の関連では、千日回峰行を21歳で発願し、31歳にして満行した大行満願海（1823 － 1873）の存在が広く知られ、願海は『佛頂尊勝陀羅尼』の普及活動で著名であるが、彼は敬長の弟子である園城寺法明院の恭堂敬彦（1806 － 1860）の弟子筋に当たり、ここに敬光－敬長－敬彦－願海の法統を確認することができる。『佛頂尊勝陀羅尼』の奉持についても、この伝承の中で考えることができるだろう。

この伝承は慈雲尊者にも関わる。先に『観智儀軌』で掲げたテキストのうち、21）「誦普賢行願」で引いた「右膝著地。合掌當心閉目專意。誦普賢行願一遍。一心遍縁諸佛菩薩。應定心思惟普賢行願一一句義。發大歡喜難遭之想」の部分は、慈雲著『普賢行願讃梵本釈草本』末尾（全集九上552頁；1767年撰）において「瑜伽観智軌曰」の後に引かれている。この著作写本は、元来栂尾高山寺（もと明恵1173 － 1232ゆかりの華厳宗寺院）の慧友（天保年間1830～43に高山寺を復興した律師）に対し、1802年慈雲が賜り、これが1857年願海に渡ったものであるが、願海はこれを受け取った際「忽遇大王膳打歌踏舞歓喜歓喜」し、以降「家珍第一者也」としたという(2)。上の書き込みは、おそらく願海によるものと思われ、願海が『観智儀軌』にも通暁していたことをうかがわせる。願海は上述したように、千日回峰行満行を記念して、1853年京に佛頂尊勝陀羅尼碑を建立しているが、その梵字部を記したのは「魚山普賢院前主」の宗淵（1786 – 1859）である。宗淵が普賢院に住していたのは1818年から1823年にかけてであるが、改めてこの称号を用いていることが注目される。

もちろん、本章で参照した『台宗課誦』（延暦寺学問所 1988）にもこの陀羅尼は掲載されている。だがこれを自編の修験道勤行集に収めたのは、敬長が、円珍以来密教すなわち台密への傾斜を見せる寺門派（三井寺派）の僧であったこととも併せ、おそらくは敬光を経ての慈雲の間接的な影響を受けていたためだと考えることも可能であろう。その影響は、敬彦を経て願海にまで及んでいるのである。

5.『普賢行願讃』

では次に、『観智儀軌』の中で「法華三昧」とともに言及が行われていた「普賢行願」について考えることにしよう（21、45、53）。この「普賢行願」に関して、ここでは（「五悔」ではなく）ひとまず「普賢行願讃」（すなわち大正 no. 297）であると解しておく（村上 1981：18；泉 1929：157）。いずれにしても、両者の主旨は同一である（なお「五悔」としての「普賢行願」については、本章次節で後述；第9章第5節後半も参照）。

ところで、慈雲自身が中興した高貴寺での朝夕勤行の次第は、『慈雲尊者全集』第6巻の末尾に「三時勤行法則」として収められている。これは、慈雲ら神下山高貴寺の正法律一派が日々拠った勤行の次第であり、朝・日中・暮の3時に礼佛勤行する法則として、「河内高貴寺一派は今もこの法則により勤行す」と付記され、以下のような内容を持つ。

朝：三礼　歎佛　坐禅　梵本普賢行願讃　宝篋印陀羅尼　上座呪願文　諸霊回向　総回向

日中：三礼　歎佛　四分律序　上座呪願文　過去帳回向　回向呪願　回向文　三礼　出堂

暮：三礼　歎佛　坐禅　梵網経〔十重禁〕　尊勝陀羅尼　上座呪願文　伝戒列名　総回向　三礼

このように慈雲の高貴寺・正法律一派では、「普賢行願讃」の梵本での読誦が特徴的である。この頌は普賢菩薩の修行を模範として讃美するもので、佛陀を讃え、礼拝供養し、自らの罪を懺悔し、あらゆる生き物の美徳を褒め、佛陀の説法を請い、永く世に留まられるように願い、佛陀にならって努力し、あらゆる生き物に奉仕し、これらすべての善行の功徳をあらゆる生き物に振り向け、すべてのものが安楽であり、佛陀の最高理想に到達することを願望し、これを実践することを誓うものである（渡辺 1967:160）。元来『華厳経』の一部として構想されたものと思われる。

『華厳経』、正確には『大方広佛華厳経』の漢訳は3種存在し、それぞれ「六十華厳」「八十華厳」「四十華厳」と呼ばれるが、このうち「四十華厳」は、「六十華厳」「八十華厳」の末尾に収められた大部の章「入法界品」のみに相当する。つまり「六十華厳」と「八十華厳」は「入法界品」で閉じられるが、「四十華厳」はさらに62個の頌を加えている。この部分の訳文としては、不空（705 － 774）訳『普賢菩薩行願讃』の他に、般若三蔵訳「四十華厳」、および佛駄跋陀羅（359 － 429）訳『文殊師利発願経』がほぼ同じ内容を伝え、これらは同一テキストの異訳文である。これにはサンスクリットの原文が伝わっており、慈雲は『普賢行願讃的示』ほかで、この梵文の本文考証のために多大の労力を注いだばかりでなく、密教儀軌の基礎としても重用していたことがうかがわれる。

この『普賢行願讃』には、仏教諸宗派の日常勤行に広く取り入れられている「懺悔文」(我昔所造諸悪業　皆由無始貪瞋痴　従身語意之所生　一切我今皆懺悔；第8頌、第29 － 32句）が含まれていることで知られる。この七字頌は般若三蔵訳『四十華厳』によるものであるが、慈雲は不空による訳文を重んじたようである。現在では、デーヴァ・ナーガリー表記による正則サンスクリットに改めた梵本が、チベット語訳を付して公刊されている(Devi 1958)。

まず､筑波大学にも慈雲一門による写本(ハ320 － 49)が伝わる慈雲の『普賢行願讃的示』(1767／68年ごろ）より、その冒頭部の注記を参照してみよう(3)。

此六十二頌。今且為六段而解。配之十大願。初段十二頌。初二三礼敬諸佛。第四称讃如来。第五六広修供養。第七結上。第八懺除業障。第九随喜功徳。第十請転法輪。第十一請佛住世。第十二普皆回向。

一方、第十三頌の冒頭には、

已下第二（ノ）十頌。初二三常随佛学。四五六恒順衆生。七八亦常随。九十恒順。

とあり､このような慈雲の内容区分は､現在残されている彼の「普賢行願讃」関連の著書、たとえば前節に引いた1767年撰の『普賢行願讃梵本釈』にもほぼ同様の形で付せられている。こうして｢普賢行｣には｢十義｣(礼拝､供養､懺悔、随喜、請転法輪、請仏久住、善根廻向、解義、究竟、得益）が含まれ、この『普賢行願讃』には「十願」を読み取ることができるとされる。それは「①敬礼諸仏〔身〕 ②称讃如来〔口〕 ③広修供養〔意〕 ④懺悔業障 ⑤随

喜功徳　⑥請転法輪　⑦請仏住世　⑧常随仏学　⑨恒順衆生　⑩普皆廻向」であり、①②③は「至心帰命」、④は「至心懺悔」、⑤は「至心随喜」、⑥⑦は「至心勧請」、⑧⑨⑩は「至心廻向」を表すとされる。これら「至心帰命　至心懺悔　至心随喜　至心勧請　至心廻向」は「五悔」と称され（後述）、慈雲の『金剛薩埵修行儀軌』にも取り込まれている（本書第9章参照）。

以下、この内容区分を『普賢行願讃』書き下し文の前に付すことにし、デーヴィによる正則サンスクリット・テキストを掲げる（Devi 1958）。『梵本普賢行願讃』の原典は、泉論文（泉 1929）あるいは足利論文（足利 1956）で詳細に検討されているとおり、綴字上、正則サンスクリットとは言えない。デーヴィはこれを正則のものに修正して掲げている。以下、綴り字はこのデーヴィのテキストを基準としたが、分かち書きについては、連声がある場合には分かち書きせず、複合語表記（-）は足利論文を参考にした。また泉論文、足利論文はそれぞれ、テキスト校訂の論文であることからも推測されるように、『普賢行願讃』本文には数種の伝承があり、相違は多岐にわたるが、以下ではそれらを勘案することはせず、ただデーヴィの提唱するデーヴァ・ナーガリー文字テキスト本文をロマナイズすることに努めた。つまりテキストはデーヴィ、書き下し文は泉論文に基づき、複合語表記は足利論文を参考にし、ロマナイズは筆者による、ということになる。行間には不空訳の『普賢行願讃』訳文を挿入したが、上述したように、これが完全にサンスクリット文と一致しているわけではない。ただ不空の訳業をそのままの形で重んじたまでである（秋山 2018b）。

『普賢行願讃』

・礼敬諸佛

1) yāvantaḥ kecid daśa-diśi loke sarve-tryadhva-gatā nara-siṁhāḥ

tān ahaṁ vande sarvān aśeṣān kāyena vācā manasā prasannaḥ

所有十方世界中　一切三世人獅子　我今礼彼尽無余　皆以清浄身口意

2) kṣetra-rajopama-kāya-praṇāmaiḥ sarva-jinānāṁ karomi praṇāmam

sarva-jinābhimukhena manasā bhadracaryā-praṇidhāna-balena

身如刹土微塵数　一切如来我悉礼　皆以心意対諸仏　以此普賢行願力

3) eka-rajāgre rajopama-buddhān buddha-sutānāṁ niṣaṇṇakān madhye

evam aśeṣato dharmatā-dhātūn sarvān adhimuñcāmi pūrṇān jinaiḥ

於一塵端如塵仏　諸仏仏子坐其中　如是法界尽無余　我信諸仏悉充满

・称讃如来

4) teṣāṁ cākṣaya-varṇa-samudrān sarva-svarāṅga-samudra-rutaiḥ

sarva-jinānām guṇān bhaṇaṁs tān sugatān stavomyahaṁ sarvān

於彼無尽功徳海　以諸音声功徳海　闡揚如來功徳時　我常讃歎諸善逝

・廣修供養

5) puṣpa-varaiś ca mālya-varair vādya-vilepana-chatra-varaiḥ

dīpa-varaiś ca dhūpa-varaiḥ *pūjanaṁ teṣāṁ jinānāṁ karomi*

以勝花鬘及塗香　及以伎樂勝傘蓋　一切嚴具皆殊勝　我悉供養諸如來

6) vastra-varaiś ca gandha-varaiś cūrṇa-puṭaiś ca meru-samaiḥ

sarva-viśiṣṭa-vyūha-varaiḥ *pūjanaṁ teṣāṁ jinānāṁ karomi*

以勝衣服及諸香　末香積聚如須彌　殊勝燈明及焼香　我悉供養諸如來

7) ratna-varaiś ca hāra-varair divya-vicitra-vitāna-varaiḥ

sarva-dhvajāgra-patākā-varaiḥ *pūjanaṁ teṣāṁ jinānāṁ karomi*

〜デーヴィによればこの第7偈は後代の書き入れである。偈末が同じ句であるほか、前2行で不足していると思われた奉納物、たとえば宝石、首飾り、天蓋、旗、幟を補記する目的であるという（Devi 1958：20）。

・結上

8) yā cānuttarā-pūjodārā tām adhimuñcāmi sarva-jinānām

bhadracaryādhimukti-balena vande pūjayāmi jinān-sarvān

所有無上廣大供　我悉勝解諸如來　以普賢行勝解力　我禮供養諸如來

・懺除業障

9) yac ca kṛtaṁ mayā pāpaṁ bhaved rāgato dveṣato moha-vaśena

kāyena vācā manasā tathaiva tat pratideśayāmyahaṁ sarvam

我曾所作衆罪業　皆由貪欲瞋恚癡　由身口意亦如是　我皆陳説於一切

～古来「懺悔文」として仏教諸派において広く読誦されている原典の一節である（懺悔文「我昔所造諸悪業　皆由無始貪恚癡　從身語意之所生　一切我今皆懺悔」）。

・随喜功徳

10) yac ca daśa-diśi puṇyaṁ jagataḥ śaikṣāśakṣa-pratyekajinānām

buddha-sutānām atha sarva-jinānāṁ tad anumodayāmyahaṁ sarvam

所有十方群生福　有學無學辟支佛　及諸佛子諸如來　我皆隨喜咸一切

・請転法輪

11) ye ca daśa-diśi-loka-pradīpā bodhiṁ vibudhyāsaṅgataḥ prāptāḥ

tān ahaṁ sarvān adhyeṣayāmi nāthāṁś cakram anuttaraṁ vartanatāyai

所有十方世間燈　以證菩提得無染　我今勸請諸世尊　轉於無上妙法輪

・請佛在世

12) ye 'pi ca nirvṛtiṁ darśitu-kāmās tān ahaṁ yāce prāñjalī-bhūtaḥ

kṣetra-rajopama-kalpān tiṣṭhantu sarva-jagato hitāya sukhāya

所有欲現涅槃者　我皆於彼合掌請　唯願久住刹塵劫　爲諸群生利安樂

・普皆回向

13) vandana-pūjana-deśanānāṁ modanādhyeṣaṇa-yācanānām

yac ca śubhaṁ mayā sañcitaṁ kiñcid bodhye nāmayāmyahaṁ sarvam

禮拜供養及陳罪　隨喜功徳及勸請　我所積集諸功徳　悉皆迴向於菩提

・常随佛学

14) pūjitā bhavantvatītakā-buddhā ye ca dhriyante daśa-diśi-loke

ye cānāgatās te laghu bhavantu pūrṇa-manorathā-bodhi-vibuddhāḥ

於諸如來我修學　圓滿普賢行願時　願我供養過去佛　所有現住十方世

15) yāvanti kānicid daśa-diśi kṣetrāṇi tāni pariśuddhāni bhavantūdārāṇi

bodhi-drumendra-gatair jinair buddha-sutaiś ca bhavantu prapūrṇāni

所有未來速願成　意願圓滿證菩提　所有十方諸刹土　願皆廣大咸清淨

16) yāvantaḥ kecid daśa-diśi sattvās te sukhitāḥ sadā bhavantvarogāḥ

sarva-jagataś ca dhārmiko'rtho bhavatu pradakṣiṇa ṛdhyatvāśā

諸佛咸詣覺樹王　諸佛子等皆充滿　所有十方諸衆生　願皆安樂無衆患

・恒順衆生

17) bodhi-caryāṁ cāhaṁ caramāṇo bhaveyaṁ jāti-śmaraḥ sarva-gatiṣu

sarveṣu janmaśu cyutyupapattyoḥ pravrajito'haṁ nityaṁ bhaveyaṁ

一切群生獲法利　願得隨順如意心　我當菩提修行時　於諸趣中憶宿命

18) sarva jinān anuśikṣamāṇo bhadracaryāṁ paripūrayamāṇaḥ

śīla-caryāṁ vimalāṁ pariśuddhāṁ nityam akhaṇḍam acchidraṁ careyam

若諸生中爲生滅　我皆常當爲出家　戒行無垢恒清淨　常行無缺無孔隙

19) deva-rutaiś ca nāga rutair yakṣa-kumbhāṇḍa-manuṣya-rutaiḥ

yāni ca sarva-rutāni jagatas teṣu ruteṣvahaṁ deśayeyaṁ dharmam

天語龍語夜叉語　鳩槃荼語及人語　所有一切群生語　皆以諸音而說法

・常随佛学

20) peśala-pāramitāsvabhiyukto bodhau cittaṁ mā jātu vimuhyet

yānyapi ca pāpakānyāvaraṇīyāni teṣāṁ parikṣayo bhavatvaśeṣam

妙波羅蜜常加行　不於菩提心生迷　所有衆罪及障礙　悉皆滅盡無有餘

21) karmataḥ kleśato māra-pathato loka-gatiṣu vimuktaś careyam

padmaṁ yathā salilenāliptaṁ sūryaḥ-śaśī gagana ivāsaktau

於業煩惱及魔境　世間道中得解脱　猶如蓮華不著水　亦如日月不著空

・恒順衆生

22) sarvāṇyapāya duḥkhāni praśamayan sarva jagat sukhe sthāpayamānaḥ
sarva-jagato hitāya careyaṁ yāvanyaḥ kṣetra-pathā diśāsu

諸悪趣苦願寂静　一切群生令安樂　於諸群生行利益　乃至十方諸刹土

23) sattva-caryām anuvartamāno bodhi-caryāṁ paripūrayamāṇaḥ
bhadracaryāṁ ca prabhāvayamānaḥ sarvānanāgata-kalpān careyam

常行隨順諸衆生　菩提妙行令圓滿　普賢行願我修習　我於未來劫修行

24) yeṣāṁ ca sabhāgatā mama caryāyās taiḥ samāgamo nityaṁ bhavet
kāyena vācā cetasā vā eka-caryā-praṇidhānaṁ careyam

所有共我同行者　共彼常得咸聚會　於身口業及意業　同一行願而修習

25) yānyapi ca mitrāṇi mama hita-kāmāni bhadracaryayā nidarśayitṝṇi
taiḥ samāgamo nityaṁ bhavet tāni cāhaṁ na virāgayeyaṁ jātu

所有善友益我者　爲我示現普賢行　共彼常得而聚會　於彼皆得無厭心

・供養

26) sammukhaṁ nityam ahaṁ jinān paśyeyaṁ buddha-sutaiḥ parīvṛtān nāthān
teṣāṁ ca pūjāṁ kuryām udārāṁ sarvān anāgata-kalpān akhinnaḥ

常得面見諸如來　與諸佛子共圍繞　於彼皆興廣供養　皆於未來劫無倦

・護法随学

27) dhārayamāṇo jinānāṁ saddharmaṁ bodhi-caryāṁ paridīpayamānaḥ
bhadracaryāṁ ca viśodhayamānaḥ sarvān anāgata-kalpān careyam

常持諸佛微妙法　皆令光顯菩提行　咸皆清淨普賢行　皆於未來劫修行

28) sarva-bhaveṣu ca saṁsaramāṇaḥ puṇyato jñānato'kṣayaṁ prāptaḥ
prajñopāya-samādhi-vimokṣaiḥ sarva-guṇair bhaveyam akṣaya-kośaḥ

於諸有中流轉時　福徳智慧得無盡　般若方便定解脱　獲得無盡功徳藏

・見佛

29) eka-rajāgre rajopama-kṣetrāṇi tatra ca kṣetreṣvacintya-buddhān
buddha-sutānāṁ niṣaṇṇakān madhye paśyeyaṁ bodhi-caryāṁ caramāṇaḥ

如一塵端如塵刹　彼中佛刹不思議　佛及佛子坐其中　常見菩提勝妙行

30) evam aśeṣataḥ sarva-diśāsu vāla-patheṣu tryadhva-pramāṇān

buddha-samudrān atha kṣetra-samudrān avatareyaṁ cārikaḥ-kalpa-samudrān

如是無量一切方　於一毛端三世量　佛海及與刹土海　我入修行諸劫海

31) eka-svarāṅga-samudra-rutaiḥ sarva-jinānāṁ sarvāṅga-viśuddhim

sarva-jagato yathāśaya-ghoṣāṁ buddha-sarasvatīm avatareyaṁ nityam

於一音聲功徳海　一切如來清淨聲　一切群生意樂音　常皆得入佛辯才

32) teṣāṁ cākṣaya-ghoṣa-ruteṣu sarva-tryadhva-gatānāṁ jinānām

cakra-nayaṁ parivartayamāno buddhi-balenāhaṁ praviśeyam

於彼無盡音聲中　一切三世諸如來　當轉理趣妙輪時　以我慧力普能入

33) eka-kṣaṇenānāgatān-sarvān kalpa-praveśān ahaṁ praviśeyam

ye'pi ca kalpās-tryadhva-pramāṇās tān kṣaṇa-koṭi-praviṣṭaś careyam

以一刹那諸未來　我入未來一切劫　三世所有無量劫　刹那能入俱胝劫

・常随佛学

34) ye ca tryadhva-gatā nara-siṁhās tān ahaṁ paśyeyam eka-kṣaṇena

teṣāṁ ca gocaram avatareyaṁ nityaṁ māyā-gatena vimokṣa-balena

所有三世人師子　以一刹那我咸見　於彼境界常得入　如幻解脱行威力

・荘厳浄土

35) ye ca tryadhva-sukṣetra-vyūhās tān abhinirhareyam eka-rajāgre

evam aśeṣataḥ sarva-diśāsvavatareyaṁ kṣetra-vyūhān jinānām

所有三世妙嚴刹　能現出生一塵端　如是無盡諸方所　能入諸佛嚴刹土

・親近諸佛

36) ye cānāgatā-loka-pradīpās teṣāṁ vibodhanaṁ cakra-pravṛttam

nirvṛti-darśanaṁ niṣṭhā-praśāntiṁ tān ahaṁ sarvān upasaṁkrāmeyaṁ nāthān

所有未來世間燈　彼皆覺悟轉法輪　示現涅槃究竟寂　我皆往詣於世尊

37) ṛddhi-balena samanta-javena yāna-balena samanta-mukhena

caryā-balena samanta-guṇena maitra-balena samanta-gatena

以神足力普迅疾　以乘威力普遍門　以行威力等功德　以慈威力普遍行

38) puṇya-balena samanta-śubhena jñāna-balenāsaṁga-gatena

prajñopāya-samādhi-balena bodhi-balaṁ samudānayamānaḥ

以福威力普端嚴　以智威力無著行　般若方便等持力　菩提威力皆積集

39) karma-balaṁ pariśodhayamānaḥ kleśa-balaṁ parimardayamānaḥ

māra-balam abalaṁ kurvāṇaḥ pūrayeyaṁ bhadracaryābalaṁ-sarvam

皆於業力而清淨　我今摧滅煩惱力　悉能降伏魔羅力　圓滿普賢一切力

40) kṣetra-samudraṁ viśodhayamānaḥ sattva-samudraṁ vimocayamānaḥ

dharma-samudraṁ vipaśyan jñāna-samudraṁ vigāhamānaḥ

普令清淨剎土海　普能解脱衆生海　悉能觀察諸法海　及以得源於智海

41) caryā-samudraṁ viśodhayamānaḥ praṇidhi-samudraṁ prapūrayamāṇaḥ

buddha-samudraṁ prapūjayamānaḥ kalpa-samudraṁ careyam akhinnaḥ

普令行海咸清淨　又令願海咸圓滿　諸佛海會咸供養　普賢行劫無疲倦

・随学

42) ye ca tryadhva-gatānāṁ jinānāṁ bodhi-caryā-praṇidhāna-viśeṣāḥ

tān ahaṁ pūrayeyaṁ sarvān aśeṣān bhadracaryayā viṣudhyeyaṁ bodhim

所有三世諸如來　菩提行願衆差別　願我圓滿悉無餘　以普賢行悟菩提

43) jyeṣṭhako yaḥ sutaḥ sarva-jinānāṁ yasya ca nāma samanta-bhadraḥ

tasya viduṣaḥ sabhāga-caryāyai nāmayāmi kuśalam imaṁ sarvam

諸佛如來有長子　彼名號曰普賢尊　皆以彼慧同妙行　迴向一切諸善根

・常随佛学

44) kāyasya vāco manaso viśuddhiś caryā-viśuddhir atha kṣetra-viśuddhiḥ

yādṛśaṁ nāmanaṁ bhadra-viduṣas tādṛśaṁ bhavatu samaṁ mama tena

身口意業願清淨　諸行清淨剎土淨　如彼智慧普賢名　願我於今盡同彼

45) bhadracaryāyai samanta-śubhāyai mañjuśrī-praṇidhānaṁ careyam

sarvān anāgata-kalpānakhinnaḥ pūrayeyaṁ tāḥ kriyāḥ sarvā aśeṣāḥ

普賢行願普端嚴　我行曼殊室利行　於諸未來劫無倦　一切圓滿作無餘

46) no ca pramāṇaṁ bhaveccaryāyai no ca pramāṇaṁ bhaved guṇānām

apramāṇaṁ caryāyāṁ sthitvā jānīyāṁ sarvāṇi vikurvitāni teṣām

所須勝行無能量　所有功德不可量　無量修行而住已　盡知一切彼神通

・通述

47) yāvatī niṣṭhā nabhaso bhavet sattvānām aśeṣato niṣṭhā tathaiva

karmataḥ kleśato yāvatī niṣṭhā tāvatī niṣṭhā mama praṇidhānānām

乃至虚空得究竟　衆生無餘究竟然　及業煩惱乃至盡　乃至我願亦皆盡

〜これは弘法大師空海の『性霊集補闕抄巻第八　高野山万燈会の願文』の句「虚空尽き衆生尽き涅槃尽きなば、我が願いも尽きん」を想起させる頌である。空海の場合、その出典は通常『華厳経 十地品』の歓喜地より菩薩の誓願を引用した文章だと言われるが、同じ『華厳経』系に属すこの「普賢行願讃」に同趣旨の句が認められるのは大変興味深い。あるいは空海の出典も、この「普賢行願讃」にあると推測して間違いではないだろう。

・大願供養

48) yāni ca daśa-diśi kṣetrāṇyanantāni ratnālaṁkṛtāni dattāni jinānām

divyāni ca mānuṣa saukhya viśiṣṭāni kṣetra-rajopama-kalpāni dadyām

若有十方無邊刹　以寶莊嚴施諸佛　天妙人民勝安樂　如刹微塵劫捨施

・福生

49) yaścemaṁ pariṇāmana rājaṁ śrutvā sakṛjjanayed adhimuktim

bodhi-varām anuprārthayamāno agraṁ viśiṣṭaṁ bhavedasya puṇyam

若人於此勝願王　一聞能生勝解心　於勝菩提求渴仰　獲得殊勝前福聚

・破悪趣見佛

50) varjitās tena bhavantyapāyā varjitāni tena bhavanti kumitrāṇi

kṣipraṁ sa paśyati tam amitābhaṁ yasyedaṁ bhadracaryā-praṇidhānam

彼得遠離諸惡趣　彼皆遠離諸惡友　速疾得見無量壽　唯憶普賢勝行願

51) lābhaḥ sulabdhaḥ sujīvitaṁ teṣāṁ svāgataṁ teṣām idaṁ mānuṣaṁ janma
yādṛśo hi samanta-bhadras te'pi tathā na-cireṇa bhavanti

得大利益勝壽命　善來爲此人生命　如彼普賢大菩薩　彼人不久當獲得

52) pāpakāni pañcānantarīyāṇi yenājñāna-vaśena kṛtāni
sa imāṁ bhadracaryāṁ bhaṇan kṣipraṁ parikṣayaṁ nayatyaśeṣam

所作罪業五無間　由無智慧而所作　彼誦普賢行願時　速疾鎖滅得無餘

53) jñānato rūpato lakṣaṇataś ca varṇato gotrato bhavatyupetaḥ
tīrthika-māra-gaṇair adhṛṣyaḥ pūjito bhavati sa sarva-triloke

智慧容色及相好　族姓品類得成就　於魔外道得難摧　常於三界得供養

54) kṣipraṁ sa gacchati bodhi-drumendraṁ gatvā niṣīdati sattva-hitāya
budhyeyaṁ bodhiṁ-pravartayeyaṁ cakraṁ dharṣeyaṁ māraṁ sa-sainyakaṁ sarvam

速疾往詣菩提樹　到彼坐已利有情　覺悟菩提轉法輪　摧伏魔羅并營從

55) ya idaṁ bhadracaryā-praṇidhānaṁ dhārayed vācayed deśayed vā
buddho vijānāti yo'tra vipāko bodhi-viśiṣṭe mā kāṁkṣāṁ janayatha

若有持此普賢願　讀誦受持及演説　如來具知得果報　得勝菩提勿生疑

・総結回向

56) mañjuśrīr yathā jānāti śūraḥ sa ca samanta-bhadras tathaiva
teṣām aham anuśikṣamāṇo nāmayāmi kuśalam idaṁ sarvam

如妙吉祥勇猛智　亦如普賢如是智　我當習學於彼時　一切善根悉迴向

57) sarva-tryadhva-gatair jinair yā pariṇāmanā varṇitāgrā
tasyā ahaṁ kuśalam idaṁ sarvaṁ nāmayāmi varaṁ-bhadracaryāyai

一切三世諸如來　以此迴向殊勝願　我皆一切諸善根　悉已迴向普賢行

58) kāla-kriyāṁ cāhaṁ kurvāṇa āvaraṇāni vinivartya sarvāṇi
sammukhaṁ paśyeyaṁ tam amitābhaṁ tacca sukhāvatī-kṣetraṁ vrajeyam

當於臨終捨壽時　一切業障皆得轉　親覩得見無量光　速往彼刹極樂界

59) tatra gatasyemāni praṇidhānāni āmukhe sarvāṇi bhaveyuḥ samagrāṇi

tāni cāhaṁ paripūrayeyam aśeṣāṇi sattva-hitaṁ kuryāṁ yāvanto loke

得到於彼此勝願　悉皆現前得具足　我當圓滿皆無餘　衆生利益於世間

60) tasmin jina-maṇḍala śobhini ramye padma-vare rucira upapannaḥ

vyākaraṇam ahaṁ tatra labheya saṁmukhato'mitābha-jinasya

於彼佛會甚端嚴　生於殊勝蓮花中　於彼獲得受記別　親對無量光如來

61) vyākaraṇaṁ pratilabhya ca tasmin nirmita-koṭi-śatair anekaiḥ

sattva-hitāni bahūnyahaṁ kuryāṁ dikṣu daśasvapi buddhi-balena

於彼獲得受記已　變化俱胝無量種　廣作有情諸利樂　十方世界以慧力

62) bhadracaryā-praṇidhānaṁ paṭhitvā yat kuśalaṁ mayā sañcitaṁ kiñcit

eka-kṣaṇena samṛdhyatu sarvaṁ tena jagataḥ śubhaṁ praṇidhānam

若人誦持普賢願　所有善根而積集　以一剎那得如願　以此群生獲勝願

63) bhadracaryāṁ pariṇāmya yad āptaṁ puṇyam anantam atīva viśiṣṭam

tena jagad vyasanaugha-nimagnaṁ yātvamitābha-purīṁ varām eva

我獲得此普賢行　殊勝無量福德聚　所有群生溺惡習　皆往無量光佛宮

以下、サンスクリット文と不空漢訳を古文訳にまとめたものとして、泉芳璟師による訳文を参考にしたもの（泉 1929：152 － 208）を掲げる。

『普賢行願讃』書き下し文

1）十方世界に於て、誰にもあれ、ありとある一切三世にわたる人獅子なる彼ら一切を、残りなく身口意清浄なるわれは礼す。2）普賢行願力の故に、刹塵のごとき身量を以て、一切諸佛に対面するが如き心を以て、われは一切諸佛に敬礼をなす。3）一塵の端に於て、塵数に等しき佛あり。佛子等の中に坐せり。かくの如く法界は残りなく一切諸佛を以て充満せりとわれは信ず。

4）而して彼ら無盡の讃嘆海、一切音声海の音声を以て、一切勝者の功徳を宣説しつつ彼ら一切善逝をわれは讃ず。

5）最上の華、最上の華鬘、最上の楽器、塗油傘蓋もて、最上の燈明もて、または最上の焼香もてわれ彼ら諸佛に供養をなす。6）最上の衣服もて、最上の香粉の皿もて、迷盧に等しき一切殊勝なる荘厳もてわれ彼ら諸佛に供養をなす。

7）一切諸佛に対し、無上広大の供養なる彼らを信解せむ。普賢行信解力を以てわれは一切諸佛を礼拝供養せむ。

8）貪瞋癡のために、われによりて造られたる悪業彼ら一切をわれ身口意を以て懺悔す。

9）十方に於て衆生、学、無学、独覚、菩薩、一切諸佛の福なる彼ら一切をわれは随喜せむ。

10）十方に於て世間の燈なる、覚を證（さと）りて無着を得たる、彼ら一切導師を、無上法輪を転ぜんがためにわれは勧請す。

11）誰にもあれ、涅槃を示現せんと欲するものにわれは合掌して請うべし。一切衆生の利のため楽のため、刹塵に等しき劫波を住したまえと。

12）礼拝、供養、懺悔、随喜、勧請、請佛在世の故にわれによりて集められたる何らかの清浄を一切われ菩提のために回向せむ。

13）過去の諸佛は供養せられてあれかし。現在十方に在ると未来に在る彼らは軽安なれかし。意楽円満し、覚を證れかし。14）十方に於てありとある如何なる刹土にもあれ、彼らは清浄にして広大なれかし。菩提樹の下に行ける諸佛と菩薩とを以て充満してあれかし。15）十方に於て、ありとある如何なる有情も、常に安楽にして無病なれかし。一切衆生に正法の利あれかし。恭順なる意楽は成就せよかし。

16）而してわれ覚行を行じつつ、一切趣に於て生念者なるべし。生滅ある一切生に於てわれは常に出家者たるべし。17）われ一切諸佛に随学し、普賢行を円満しつつ、常に無垢清浄なる戒行を無欠無間に行ずべし。18）天語、龍語、薬叉語、鳩槃荼語、人語、一切衆生の如何なる語を以てもわれは一切語に於て法を示すべし。

19）清浄波羅蜜に於て行じ、また覚のために心更に迷惑せざる彼らに於て、あらゆる罪障は余す所なく消尽してあれかし。20）世間道中に於て、業、煩悩、魔境よりわれ解脱を行ぜむ。蓮華の水に染められざるが如く日月の虚空に於て着せざるが如し。

21）一切悪趣の苦を鎮め、一切衆生を安楽に住せしめ、ありとある十方に於て、国土の道あらんに、われは一切衆生の利のために行ぜむ。22）有情の行に随順しつつ、菩提の行を円満しつつ、普賢行を修習しつつ、盡未来劫われは行ぜむ。

23）われと同行する彼らと常に集会せしめよ。われ身語意を以て同一の行願をなすべし。24）わが利益を欲する友、普賢行の示現者なる彼らと共に常に集会せむ。われは彼らに対して決して厭はざるべし。

25）われは常に佛子に囲繞せられたる導師勝者を面見すべし。彼らに広大供養をなし、盡未来劫無倦ならむ。26）われ勝者の正法を受持しつつ菩提行を輝かしめ、普賢行を浄めつつ、盡未来劫に行ずべし。

27）一切諸有に流転しつつ、福智に於ては無盡に到達し、般若、方便、三昧、解脱、一切功徳を以て無盡の蔵なるべし。28）一塵の端に塵数に等しき国土あり。その国土に於て、われは菩提行を行じつつ、佛子の中に坐せる不可思議の諸佛を見る。

29）是の如く残りなく一切方處に於て、毛端に於て、われは三世量の佛海、国土海、修行者の劫海に入らむ。30）一切声海の語に於て一切諸佛の音声清浄あり。常に一切衆生の意樂に随ふ音声、佛の弁才に入らむ。31）われは智慧力によりて理趣輪を転じつつ、一切三世に亘れる諸佛の彼ら無盡の音声語言の中に入らむ。

32）劫波に入るわれは一刹那を以て盡未来劫に入るべし。三世無量劫波なる彼らに一刹那際を以て入れるわれは行ずべし。33）三世に亘る人獅子なる彼らを一刹那にわれは見るべし。而して常に幻解脱力を以て彼らの境界に入るべし。

34）三世妙荘厳土なる彼らをわれ一塵端に現ずべし。是の如く残りなく一切方に於て諸佛の荘厳土に入るべし。35）未来世間燈なる彼らは覚りて転法輪すべし。涅槃を示現し、究竟寂滅ならむ。彼ら世尊一切にわれは往詣すべし。

36）普遍速疾の神通力を以て、普遍門なる乗力を以て、普遍功徳の行力を以て、普遍至なる慈力を以て、37）普遍清浄の福力を以て、無着到達の智力を以て、般若方便三昧力を以て、菩提力を集めつつ、38）業力を浄めつつ、煩悩力を摧伏しつつ、一切普賢行力をわれは円満せむ。

39）刹土海を浄めつつ、有情海を解脱せしめつつ、法海を観察しつつ、智慧海に入りつつ、40）行海を浄めつつ、願海を円満せしめつつ、佛海を供養せしめつつ、劫波海を無倦にわれ行ずべし。41）三世に亘れる諸佛の殊勝なる菩提行願なる彼らをわれは一切残りなく円満すべし。普賢行を以てわれは菩提を語るべし。

42）一切諸佛の長子にしてその名普賢と云へる彼の智者と同行せんがためにわれこの善根一切を回向せむ。43）身語意の清浄、行の清浄、刹土の清浄、賢慧者の名の如く是の如くわれ彼と等しかるべし。

44）普賢行普く清浄ならんがためにわれ文殊師利の願を行ずべし。盡未来劫無倦なるわれは彼の一切行を残るところなく円満せむ。45）われ行に於て無量なるべし。また功徳に就て無量なるべし。無量行に立ちて彼ら一切神変を知るべし。46）虚空の究竟、有情無余の究竟がある限り、業煩悩の究竟がある限り、その限に於てわが願は究竟ならむ。

47）寶荘厳の刹土を諸佛に布施し、刹塵劫の間人天の勝樂を施さむ。48）一たびもこの回向王を聞き勝菩提を渇仰しつつ信解を生ぜんところの彼の福聚は殊勝第一なるべきなり。

49）この普賢行願が属する彼によりて悪趣は遠離せられたり。彼によりて悪友は遠離せられたり。また彼は速やかに彼の無量光を見む。

50）大利を得て彼らに勝命あらむ。彼らはこの人生に善来せむ。かの普賢の如く彼らもまた久しからずして是の如くなるべし。51）その無智のために五無間の罪業を造りたる彼はこの普賢行を誦すれば、その罪業を速やかに残りなく消盡してあるべし。

52）智慧、容色、相好、族類、種姓を具足し、外道魔群によりて摧伏せられざる彼は一切三界に供養せられむ。53）彼は速やかに菩提樹王に行き、行きて有情利のために坐せむ。菩提を證りて法輪を転じ、一切魔群を摧伏せむ。

54）この普賢行願を受持し、読誦し、若しくは開示する異熱ありと佛は弁知せり。殊勝菩提に疑惑を生ずるなかれ。55）勇者文殊師利の知る如く、彼の普賢も是の如し。われは彼らに随学しつつ、これら一切善根を回向せむ。

56）一切三世に亘れる勝者によりて讃嘆せられたるこの最上廻向なるこの一切善根をわれは勝普賢行に回向せむ。57）われ臨終の時、一切の障礙を除き、彼の無量光に面見し、また彼の極楽国土に往かむ。58）其處に往きて現前にこの願は一切第一なるべし。世間に於て有情利樂のある限り、われ彼らを残りなく円満せむ。59）彼處に清浄にして楽しむべき諸佛の会に於て微妙なる殊勝蓮華に生ぜむ。われは其處に無量光佛に面して授記を得む。60）而してかしこに授記を得、多倶胝百の化身を以て、智慧力によりてわれは十方に於て多くの有情利樂をなさむ。

61）普賢行願を誦してわれによりて何等か集められたるかの善根あらむに、それによりて一刹那に衆生一切の清浄願は成就せよかし。62）普賢行を回向して得られたる、無辺にして極めて殊勝なるかの福徳によりて、厄難の瀑流に沈める衆生は最上なる無量光宮に往けよかし。

ところで、最初に普賢行願と五悔の関係について述べているのは、台密の安然（841 － 915）による『金剛界対受記』であり、「珍和上説。此五悔亦普賢行願」とされている。即ち安然によれば、すでに智証大師円珍（814 － 891）が五悔＝普賢行願との理解を示していたということになり（村上 1981）、また『観智儀軌』における普賢行願も、五悔のことを指すとする解釈がある。ただ「五悔」であれ『普賢行願讃』であれ、その主旨は変わらない。

6. 慈雲尊者・高貴寺開山忌法要と「普賢行願」（五悔）

さて『観智儀軌』のような行法は、現在では寺院内部における僧侶の個人的な意向での執行以外には、一般に執り行われることはまずないようである（上田 1990）。では、現行の実際の法会ではどのような次第が行われているのであろうか。筆者は 2011 年秋から 2012 年初夏にかけて、3 度にわたり佛教法要に与かる機会を得た。最初は 2011 年 10 月 21 日、河内野中寺での「弘法大師御膳供養会」であり、2 つ目はその翌日、2011 年 10 月 22 日における河内高貴寺での「慈雲尊者開山忌法要」であり、そして 3 つめは、2012 年 5 月 13 日における河内野中寺での「光明真言会」である [(4)]。これら野中寺および高貴寺は、いずれも河内国における名刹であり、また慈雲尊者ゆかりの寺院としても共通性を持つ [(5)]。これらのうち、本章では 2011 年 10 月 22 日、河内高貴寺において執り行われた「慈雲尊者開山忌法要」の次第を取り上げたい（高貴寺 2003）。これは声明を伴い、河内の関係諸寺の僧侶を招いて荘厳に行われたものであり、法会の実際に照らして必要な注記は、※とともに適宜付記してある。

1. 総礼伽陀：

～三世十方の諸佛に対し、総じて礼する伽陀である。導師はこの間に、三礼、着座普礼、塗香、三密観　乃至　被甲　を執り行っている。

我此道場如帝珠　十方三宝影現中　我身影現三宝前　頭面接足帰命礼

1. 傳供【云何唄】

～法会の最初に四智梵語・大日讃・本尊讃の三讃を唱えながら本尊聖衆に供養物を捧げる行為を指す。導師は傳供の間に、加持香水、加持供物、覧字観、浄地、観佛　金剛起　等を執り行っている。

云何得長　金剛不壊身　復以何因縁　得大堅固力

1. 散華

～諸佛を供養するために花を散布する行為。

願我在道場　香花供養佛　帰命毘盧舎那　佛身口意業　遍虚空演説如来三密門　金剛一乗甚深教香花供養佛

願以此功徳　普及於一切　我等与衆生　皆共成佛道　香花供養佛

1. 對揚：

～対告衆が如来の徳を称揚する義によってこう名づけられる。散華の儀式を終え、引き続き教主に帰命し佛法世法の常住安穏を祈る偈文を用いる。

南無法界道場　三密教主舎那尊　四方四佛　証誠加持　慈雲尊者　倍増法楽　不空羂索　薫入土砂　所願成弁　金剛手菩薩

1. 唱礼 + 五悔：

まず、一切恭敬敬礼常住三宝　と唱えられ、そのあとに【陀羅尼】が続く。音を写すなら（高野山専修学院 1992)、

・おんそははんばしゅださらばたらま　そははんばしゅどかん

Oṃ svabhāva-śuddhāḥ sarva-dharmāḥ svabhāva-śuddho 'ham.

これは浄三業真言で、「オーン、一切諸法自性清浄なり。されば我は自性清浄なり」の意である。

・おんさらばたたぎゃた　はなまなのうきゃろみ

Oṃ sarva-tathāgata-pāda-vandanaṃ karomi.

これは普礼真言で、「オーン、一切諸如来の御足に稽首たてまつる」の意である。これら二真言は「十八道行法」の冒頭に位置する「荘厳行者法」から「浄三業」と「普礼」の部分の真言を採ったものである（「十八道」にあっては、両者の順序は逆転する；秋山 2012a）。

これらに「五悔」の文が続く。この五悔に関しては、少しく既述した。『密教大辞典』によれば、真言宗では「ゴカイ」と読み、「至心帰命・至心懺悔・至心随喜・至心勧請・至心廻向」の 5 項目を指すのに対し、天台では「ゴゲ」と読み、「懺悔・勧請・随喜・廻向・発願」を指すが、以上から明らかなとおり、両者は次第を異にするのみである。五悔は『金剛頂蓮華部心念誦儀軌』（『大正大蔵経』第 18 巻 no. 873、300 頁上－中）ほかに説かれている。本書の第 9 章をも参照されたい。また「五悔」が唱曲でもって誦される場合、「唱礼」と呼ばれるという。

いま真言宗の理解を記すならば、至心帰命とは三業を清浄にして慇懃に三宝を敬礼し帰命する義、至心懺悔とは至心に過去世に造った罪業を懺悔する義、至心随喜とは深く歓喜心を発して、佛菩薩二乗等一切有情の集合せる福智の善根功徳を至心に随喜する義、至心勧請とは、現在十方の一切諸佛に久しく世に住して悲願を捨てず、永く法輪を転じて衆生を利益し救済したまえと至心に勧請する義、至心回向とは上の四功徳を失わず、菩提心を退堕せしめず、常に諸佛に随って学び、常に勝族に生まれて衆生を利益し、四弁・六通・十自在・諸禅等の功徳を得て、これを遍く皆、無上菩提に廻向する義を明かす、とされる（密教学会 1970：581）。

以下、新国訳大蔵経『真実摂大乗現証大教王経』所収「五悔」の書き下し文（北條・高橋・木村・大塚 1996：233 － 234）を参考に、『普賢行願』（五悔）の書き下し文を記す。

『普賢行願』（五悔）

「（1.　至心帰命）十方の一切佛と　最勝の妙法と菩薩衆とに帰命す。身口意の清浄業を以て　慇懃に合掌し恭しく敬礼す。（2.　至心懺悔）無始より諸有の中に輪廻し　身口意業より生ずる所の罪を、佛菩薩の懺悔する所の如く　われ今陳懺することまた是の如し。（3.　至心随喜）われ今深く歓喜心を発こして　一切の福智衆に随喜す。諸佛菩薩の行願の中　金剛三業より生ずる所の福、縁覚声聞及び有情の　集むる所の善根に盡く随喜す。（4.　至心勧請）一切の世燈は道場に坐し　覚眼開敷して三有を照らす。われ今胡跪して先ず勧請す　無上の妙法輪を転じたまえと。あらゆる如来・三界の主　般無余涅槃（parinirvāṇa）に臨める者に、われ皆勧請す、久住せしめ　悲願を捨てず世間を救せんと。（5.　至心回向）懺悔と勧請と随喜の福により　願わくはわれ菩提心を失はず、諸佛菩薩の妙衆の中に　常に善友と為りて厭捨せず、八難を離れて無難に生じ　宿命住智ありて身を荘厳し、愚迷を遠離して悲智を具し　悉く能く波羅蜜を満足し、富楽豊饒にして勝族に生じ　眷属は広多にして常に熾盛なり。四無礙弁と十自在と　六通と諸禅とを悉く円満し、金剛幢及び普賢の如く　願讃し廻向することまた是のごとし」。

続いて、真言等が唱えられる。

・唵冒地質多

　唵三摩耶薩怛鑁

　帰命

　摩訶毘盧舎那佛　四方四智四波羅密　十六八供四摂智　教令輪者降三世

　　両部界会諸如来　外金剛部威徳天　不越本誓三昧耶　降臨壇場受妙供

　弘法大師増法楽　　開山　神変三国　伝灯諸阿闍梨

　護持　法主・大衆・施主除不祥　　滅罪　生善成大願

　天下　法界同利益　　衆生　無辺誓願度　　福智　無辺誓願集

法門　無辺誓願学　如来　無辺誓願事　　菩提無上誓願證

次いで、

1. 前讃：

〜法会の主眼とする法儀、すなわち読経の前に唱える讃。以下○の3つを「三讃」という。

○四智梵語

Oṃ vajrasattva saṃgrahā vajra ratnam anuttaraṃ vajradharma gāyanā vajrakarma karobhava.

〜大円鏡智・平等性智・妙観察智・成所作智の四智の徳を挙げ、金剛界の大日尊を讃賞する偈頌である。

○心略梵語＝胎蔵大日讃

Sarva vyāpibhava grāgriya sugata-adhipate jina traidhātuka-mahārāja vairocana-namo'stu te.

〜大日如来の功徳を讃嘆する偈頌。胎蔵大日の讃である。

○不動梵語

Namaḥ sarva-buddha-bodhi-sattvānāṃ sarvatra saṃkusumita abhijñārājñe namo' stute svāhā.

〜不動明王の功徳を讃嘆する偈頌である。

1. 普供養

Oṃ amogha-pūja maṇi-padma-vajre tathāgata-vilokite samantaṃ prasara hūṃ.

〜「オーン、不空なる供養よ。宝珠と蓮華と金剛の（徳性ある）如来の観見において普く顕現せよ。フーン」の意。

1. 三力偈：

〜行者の功徳力と如来の加持力、法界力と三力相応して普く供養を成就することを説く偈。

以我功徳力、如来加持力、及以法界力、普供養而住

1. 理趣経【読経部】

後鈴に続けて、

1. 後讃：

～法会の主眼とする法儀の後に唱える讃。

四智漢語　　金剛薩埵摂受故、得為無上金剛宝、金剛言詞歌詠故、願成金剛勝事業

心略漢語　　一切善生種 妙用体無礙 三界如大王 遍照我頂礼

光明真言秘讃　Oṃ amogha-vairocana mahāmudra maṇi-padma-jvala pravartaya hūṃ.

～「おんあぼきゃべいろしゃのう　まかぼだらまにはんどま　じんばらはらばりたや　うん」として広く知られる。「オーン。不空遍照尊よ。大印者よ。摩尼と蓮華との光明を汝は展転せしめよ。フーン」の意。

1. 普供養

Oṃ amogha-pūja maṇi-padma-vajre tathāgata-vilokite samantaṃ prasara hūṃ.

「オーン、不空なる供養よ。宝珠と蓮華と金剛の（徳性ある）如来の観見において普く顕現せよ。フーン」の意。

1. 三力偈

以我功徳力、如来加持力、及以法界力、普供養而住。

1. 祈願

普供養摩訶　普供養両部　諸尊護法　所説哀愍　護持無辺決定　天下平等

1. 礼佛

南無摩訶　南無阿閦　南無宝生　南無無量　南無不空　南無四波羅
南無十六
南無八供養　南無四摂　南無金剛界　南無大悲胎蔵界一切

1. 光明真言（※上掲）

1. 舎利礼（一心頂礼）

1. 廻向伽陀

「光明真言願は善巧方便廻して生死の夢を驚かし、大覚尊と成し給え」に続き、

聖霊決定生極楽　上品蓮華成正覚　菩提行願不退転　引導三有及法界

願以此功徳　普及於一切　我等与衆生　皆共成佛道

1. 称名礼

南無光明真言（教理行果）　南無慈雲尊者（倍増法楽）　南無自他法界（平等利益）

以上のような次第の概括より判明するように、前讃と後讃の間に読経をはさんで法会が執り行われるのが常であり、前讃の前に「五悔」が置かれる。天台宗と真言宗とを比較した場合、真言宗の「五悔」に当たるものは、天台宗で「四悔」とされるものと、その前に拡充して加えられた「六根段」と呼ばれるものとを併せたものだと言える。これは「法華三昧」における「正修行方法」の第7が「懺悔」とされて六根段と四悔とを併せ含むという、原型を参照しての考察によっても明らかであろう。

7.『金剛薩埵修行儀軌』と五悔

ところで慈雲は、1802年に撰した『金剛薩埵修行儀軌私記』において、『大正大蔵経』no. 1119に載る不空訳「大楽金剛薩埵修行成就儀軌」（「大楽軌」）に注記を加えながら、実際の儀軌としては「大楽軌」テキストから離れ、その前行に当たるものとして「五悔」を取り込んでいる。すなわち、『大蔵経』に載る「大楽軌」のテキストでは、序文に続き、五相成身観をはさんで直ち

に金剛合掌・金剛縛へと進む。しかしながら慈雲は、序文のあと金剛界曼荼羅の義を説いた後に五相成身観に移り、その末尾を構成する心真言の後、「五悔」をはさんでから金剛合掌・金剛縛へと移る。その次第については、本書第9章で検討しよう。

こうして慈雲は、経法による特別な儀軌に際しても、その前段階に「五悔」を置いている。正法律における朝課での懺悔文としては、梵本により『普賢行願讃』が用いられたが、法会にも用いられる儀軌本文に対しては、簡略ながら『普賢行願讃』と同じ働きをなす「五悔」を取り込むことで、懺悔に関して怠ることのないよう努めた慈雲の姿がここから明らかとなるだろう。

結．基盤としての「五悔」

以上、本章では『法華陀羅尼略解』をその核心に収める『観智儀軌』を手がかりに、その中に言及される「法華三昧」さらにはその縮約版と言いうる「法華懺法」の次第、同じく『観智儀軌』に言及があり慈雲の正法律一派の依経でもある『普賢行願讃』、さらには「五悔」を含む真言宗の法会次第などに関して、総合的に比較考察してきた。それらの聖教類は、細部において相違はあるものの、共通項としていずれも「五悔」の要素を含んでいることが明らかとなった。天台宗の場合に関しても、「六根段」を一つの「悔」と受け取るならば、四悔と併せ、「五悔」として同質だといえる。結局『観智儀軌』には、天台系の「法華懺法」と真言系の「五悔」に当たるものとに対する指示・言及が併せ含まれていることになり、おそらく慈雲はこのような『観智儀軌』の総合性・包括性に気づいた上で、最晩年に、この儀軌の骨格を形成する『法華陀羅尼略解』の注疏を手がけたものと思われる。このような学識に裏づけられた慈雲の不偏性こそ、宗派を超えて慈雲の許に悉曇学徒の入門が相次いだ理由であろう。また慈雲の許に集った僧侶たちは、いずれも「律師」

と呼ばれる人々であり、彼らを集わせた慈雲の聖教類には、律の中心となる「五悔」の精神性が色濃く留められていた。このように、『観智儀軌』の核心を成す「法華陀羅尼」は、慈雲以降の江戸期から明治初期にかけて、律・真言・天台そして修験道の僧たちに、大きな精神的刷新運動の基点としての位置を与え続けたのである。

注

(1) 『日本大蔵経』修験道章疏第二部 83 − 104 頁所収、1919 年刊。
(2) 『慈雲尊者全集』第九上、551 頁。
(3) 以下、『慈雲尊者全集』第九上、558、569 頁。
(4) 筆者に対し､寺院法要に与かる機会を快く与えて頂いたことに感謝申し上げたい。
(5) 筑波大学で 2010 年 10 月に附属図書館秋季特別展示会「慈雲尊者と悉曇学」を開催した際、野中寺の野口眞戒和上および高貴寺の前田弘隆和上は、河内国平松寺の堀内寛立和上ともども、遠路をはるばるご来駕くださった。

第2部

禅・儒教と神道・有部律・唯識学

第4章　菩薩戒と『摩訶止観』
——慈雲と天台思想の関係をめぐって

1. 天台をめぐる慈雲の評価

晩年の慈雲には、前章で検討したように、妙有や宗淵といった天台律僧たち、ないしはさらに広く、天台宗諸僧たちとの交友関係・師弟関係があった。それは主に、悉曇学における慈雲の名声を慕い、他宗からも慈雲の許に弟子入りする者が相次いだためであった。しかしながら、このように他宗の僧侶たちとの交友が深まる過程で、慈雲自身にも、佛道をめぐる理解に何らかの変化があったと推定することは可能であろう。想定されるこの変化をめぐっては、『法華陀羅尼略解』が最も遅い日付の残る慈雲の直筆本となった現在、特に法華系・天台系との関連で究明されてよいと思われる。本章では、慈雲と天台あるいは大乗戒との関わり、ないし慈雲と『妙法蓮華経』また「法華三大部」との関係を問うべく、菩薩戒と『摩訶止観』を中心に据え、考えられうる関連性を論じることを試みたい(1)。

ところで、慈雲が、既成の佛教諸宗派を超えたかたちで自らの「正法律」を意図していたことはよく知られている。それは「佛弟子たるもの、諸宗末世の風儀によるは非なるべし」との書き出しで始まる『佛弟子の意得』（木南 1961：349 － 357；全集版では『諸宗之意得』）に明らかであって、これに続き「其わけは天竺にては純厚なり。論ずるに及ばず。支那にて天台より天台宗出で、賢首より華厳宗出で、玄奘慈恩より法相宗出で来、達磨より禅宗出で来たれ共、此時別々に宗旨に依って僧儀分れたる事なし。唯一相の佛弟子にて持戒清浄、その上に修学する所により、其の法門まちまちなるなり」と語られる。

天台に関して、慈雲が評価する面を先に総括してみよう。まず同書の「所学」の項には、次のように細かく述べられている。「天台学、三大部次第禅門等、皆天台大師己心中の円解なり。自の所見を助くるために披見するもよし。荊渓の疏はみるもよし、みぬもよし。四明已下山家山外の論などはいらぬ沙汰なり」。ここで荊渓とは湛然（711 − 782）のことであり、『摩訶止観輔行伝弘決』『法華玄義釈籤』『法華文句記』などを遺す中国天台の第六祖である。これらの疏については「見るもよし、見ぬもよし」であるが、同じく天台宗初祖智顗（538 − 598）の著述になる「法華三大部」〔『法華玄義』10巻（593年）・『法華文句』10巻（587年）・『摩訶止観』10巻（594年）〕、および『次第禅門』（『禅門修証』とも呼ばれる）すなわち『釈禅波羅蜜次第禅門』（後述する「漸次止観」を説いたもの；『天台小止観』の広本とされる）に関しては、慈雲によれば「披見するもよし」である。このように慈雲は、天台宗祖智顗の著作について、参観に有益なものという判断を下している。一方四明とは知礼（960 − 1028）を指し、中国天台の山家・山外派による論争について、慈雲は無益と断じている。

続いて「学法」中には、佛説の書は私意を交えて読んではならないが、中古諸宗祖の書は批判的に読み、適宜摂取すべきことが説かれる。「悉く書を信ぜば書なきにしかずと、これ学問をする大要なり。然れども佛説の経律は仰信すべし。一文一句として私意をまじゆる事なかれ。悉く信ずることのならぬと云ふは、中古諸祖の撰述せる書なり。例を挙げば、天台家の書を読むには唯その円解をとるべし。梵漢のまちがひはあれども、それは強いて論ずることなかれ。また五時の配属なども、大概に見るべきことなり。一定してかく在りしと思ふは愚痴なり」。天台の「円解」に関して、慈雲はその優れた面を摂るべきものと判断しているわけで、天台思想の「円」性、すなわち『法華経』を、小乗大乗を止揚した総合的経典と見なす広やかな見解に関して、慈雲は一定の評価を下していることになる。天台思想の「円性」については、後ほど詳しく論ずることにする。

さらに「諸宗の意得」の章には、「天台宗にて、名聞利養を求めず、一心に止観等を修行するは、随分の正法なり」と記される。慈雲に関しては、1741年から1744年ごろまで、信州中込正安寺にて曹洞宗大梅禅師の下で禅行を行ったことが広く知られている。ただし長谷宝秀師が「慈雲尊者伝私見」(2)の「一四　尊者大梅禅師及び諸師と見処合はざりし事」の中で披瀝されているように、曹洞禅のあり方が慈雲の理想とする禅のあり方とは相容れぬものであったのは確かである。ここで慈雲が天台の「止観」を「随分の正法なり」としていることについては、大いに注目してよいかもしれない。『摩訶止観』等において説かれる中国天台の「止観」は、言うまでもなく宋代の禅の基盤にも置かれるべきものであるが、実際には天台禅と宋代の禅とは別途論じられているのが現状である。ここからしても、慈雲と大梅禅師の見解の相違は、実は慈雲が「止観」に傾倒していたがゆえのものであると考えてみたい。そして以上から総合的に推察するに、慈雲は「天台三大部」の研鑽を勧めていると解しうるが、特に「止観」を称揚しており、『摩訶止観』への傾倒が篤かったものと考えられよう。慈雲は「正法律」を主唱するに当たり、密教に関しては空海（774 － 835）から西大寺叡尊（1201 － 90）への法統を継承する一方、律学に関しては鑑真（688 － 763）から唐招提寺覚盛（1194 － 1249）への法統を墨守する。したがって、以上のような慈雲の天台受容にあっては、天台三大部を請来した鑑真を精神的基軸とした継受であろうと推測される。

一方、慈雲は日本天台における戒律観をめぐって、批判を忘れてはいない。同書「戒律」には次のように記されている。「伝教所立の円頓戒等は大悲菩薩の弁の如し、聖教量に違す」。慈雲はこのように述べ、伝教大師最澄（767－822）による大乗専修戒壇設立に伴う主張を「聖教の全体を反映していない」とする。すなわち慈雲は、鑑真が伝えた大陸所伝の佛教は、菩薩戒を通受する（在家出家の区別なく受ける）ことと併せて具足戒を別受する（出家のみが受ける）ことを定めていたのであるから、大乗菩薩戒の通受のみで出家として認められるという最澄の主張は不完全であるとするのである。

ただ慈雲は、実際には大乗戒の典拠となる『梵網経』に関して、その十重禁戒を読誦することを高貴寺正法律一派の日没時の勤行において定めており、梵網戒のみによるとはいえ、律を堅持する天台諸僧を尊んでいたことは明らかである。この点に関しては､後に詳しく考察を行う。ちなみに上で｢大悲菩薩」とは、唐招提寺中興の祖となった先述の覚盛を指す。

なお、この小編『佛弟子の意得』は、全集版の『諸宗之意得』という題目を不適当として、木南卓一氏がそのように改めたものであるが、木南氏はその著作年代について、「『十善法語』のできた頃、すなわち尊者六十歳頃のものではなかろうか」と述べておられる（木南 1961：381）。

2.『妙法蓮華経』をめぐる天台思想

さて､以下『摩訶止観』の検討に入る前に､その前提として『妙法蓮華経』をめぐる智顗の思想を確認しておかねばならない。

○教門と観門

智顗は､竜樹著『中論』（鳩摩羅什訳）の縁起説に基づき天台固有の「三諦」説を展開した。上掲の「天台三大部」のうち、『法華玄義』は法華経の経題を解釈したもの、『法華文句』は法華経の文・句に註釈を施したもの、『摩訶止観』は法華経の実践法を記したものである。かくしてこの三大部により、天台宗の教門（教理）と観門（観法、修行法）が明らかにされた。『摩訶止観』は、智顗が荊州の玉泉寺で講説したものを、第2祖である章安灌頂（561－632）が聴記し、後に整理したものである。

このように、『摩訶止観』は『妙法蓮華経』そのものを実践するための方法を述べ明かした著作である。『妙法蓮華経』から『摩訶止観』に読み進むとき、内容的に、なぜ後者が前者の実践法であるといえるのか、当初はいぶかしみたくなるのが自然かと思われるが、その当惑が次第に納得へと変容してゆくのが不思議なところである。

○五時八教

天台智顗による教相判釈を表す表現である。五時とは、釈尊一代の説法を華厳時（乳味：「華厳経」）、鹿苑時（酪味：「阿含経」）、方等時（生酥（しょうそ）味：「維摩経」「勝鬘経」）、般若時（熟酥（じゅくそ）味：「般若経」）、法華涅槃時（醍醐味：「法華経」「涅槃経」）に分けたものである。智顗はそれらを、教えの形式から頓教（「華厳経」）、漸教（「阿含経」「方等経」「般若経」）、秘密教、不定（ふじょう）教の「化儀四教」に配し、また教理の面から解体して三蔵教（小乗）、通教（基礎的大乗佛教）、別教（高度な大乗佛教）、円教（もっとも優れた完全な教え）の「化法四教」を立てた。このうち蔵教は小乗佛教を意味し、声聞、すなわち四諦〔苦集道滅：ふつう苦集滅道とされるが、『摩訶止観』では一貫してこの順序である〕を聞いて悟りを得た人のための教えを指す。これは、現象の世界において、現象を実際に生じ、滅すると見る考え方である。次に通教は三乗に共通する教えを意味し、縁覚、すなわち十二因縁〔無明・行・識・名色・六入（眼耳鼻舌身意）・触・受・愛・取・有・生・老死〕によって悟りを開いた人のための教えで、空観を明らかにする。これは、生・滅が互いに縁起であり、空であるがゆえに生滅ではないと見る考え方である。また別教は、ただ菩薩だけのための教えを意味し、六度〔菩薩に課せられる実践徳目：布施・

持戒・忍辱・精進・禅定・智慧〕を修することによって悟りを開いた人のための教えを指す。これは、現象を真実の理性の現われと説きながらも、なお絶対善を予定する考え方である。そして円教は、蔵通別の教えを包摂する最も完全な教えを意味する。これは、諸種の現象がそのまま中道で、諸法実相そのものだとみる「無作」の立場であり、「煩悩即菩提」「生死即涅槃」などの考え方がこの立場を表すものである（鎌田 1984）。

○二処三会

さて、『妙法蓮華経』の初め十四品を迹門、後の十四品を本門とすることは、その力点の置き方の相違こそあれ、天台大師・伝教大師最澄あるいはその後継者を自認した日蓮（1222 － 1282）において広く行われてきたところであるが、特に注目したいのは『妙法蓮華経』を「二処三会」に分割する観点である。『法華経』は、行われる説法の場所により、全編が前霊山会、虚空会、後霊山会の「二処三会」に分かたれる。このうち虚空会とは見宝塔品第 11 から嘱累品第 22 までを指す。

序品に続き、まずすべての衆生を平等に成佛させる一佛乗が説かれ〔方便品第 2 －授学無学人記品第 9〕、次いで釈尊滅後の『法華経』の受持・弘通の主体者が地涌の菩薩であることが説かれ〔法師品第 10 －従地涌出品第 15〕、さらに釈尊のもつ永遠の生命が説かれ〔如来寿量品第 16〕、それを信受する者の功徳が説かれ〔分別功徳品第 17 －法師功徳品第 19〕、地涌の菩薩とその他すべての菩薩に『法華経』が付嘱される〔常不軽菩薩品第 20 －嘱累品第 22〕。以上が「前霊山会」および「虚空会」までの内容であり、『法華経』の主たる内容は、この「虚空会」までで尽くされているとされる（菅野 2001：74）。これに続く薬王菩薩本事品第 23 から普賢菩薩勧発品第 28 までの残り 6 品が後霊山会である。

「虚空会」に置かれる品のうち、最初の「見宝塔品第 11」では七宝の大宝塔が地より湧出して虚空に懸かり、その塔中から、舎利身となった多宝佛が「釈迦牟尼世尊の説く所は皆是真実である」と述べ、迹門の所説を真実であると証明する。それとともに、大楽説菩薩が多宝佛を拝したいと願い出たのを転機に、釈尊の十方分身諸佛の招集が行われ、娑婆世界が清浄となるばかりでなく、八方に清浄世界が拡張され、多宝佛塔が開かれて多宝佛の全身が示される。さらに、釈尊が塔中に入って二佛並坐となり、大衆もまた虚空に住し、「虚空会」の説法が開始される。一方、「虚空会」が終了する嘱累品第22においては、多宝如来の塔を開くために集められた釈尊の分身佛たちがそれぞれ本国に帰り、多宝如来の塔もその扉が閉ざされて帰還することを勧められる。

この「虚空」と訳される原語はサンスクリットのākāśaであるが（後述）、この語彙は、大空という空間と、一種のエーテル（霊気）の性格を併せ兼ね備えており、遍在しかつ微細である。先に述べた蔵通別円・四教各々の佛の座は、それぞれ草・天衣・七宝・虚空とされるが、その典拠は『摩訶止観』巻9下の記述に求められる。「道場に四あり。もし十二因縁の生滅を観じて究竟するは、すなわち三蔵の佛の坐道場にして、木樹の草の座なり。もし十二因縁の即空を観じて究竟するは、通教の佛の坐道場にして、七宝樹の天衣の座なり。もし十二因縁の仮名を観じて究竟するは、別教の舎那佛の坐道場にして、七宝の座なり。もし十二因縁の中を観じて究竟するは、これ円教の毘盧遮那佛の坐道場にして、虚空を座となす」（関口1966：岩波文庫版〔岩文〕下292頁）。ここでは草地に七宝の樹木が生えている場面が想定され、そこに現れる草・天衣・七宝・虚空が四教各々の佛の座とされて、円教における佛の説法は虚空会に置かれることになる。この点は、『妙法蓮華経』のみならず、『摩訶止観』、あるいは『法華三昧』などの懺法においても通底するが、ここではさらに、菩薩戒の場も「虚空界」に置かれることに注目したい。

○三身四土

「佛国土」（buddha-kṣetra）については、すでに上掲の「二処三会」でも若干触れたが、これは菩薩の誓願と修行によって建てられた佛の国、佛陀が住む世界を指す語彙である。諸経典に説かれている佛国土はさまざまであり、阿弥陀如来の国土である西方極楽浄土、東方の薬師如来の住まう浄瑠璃世界などを含むが、それらは総称して「十方浄土」と呼ばれる。一方、佛国土論と密接な関連を有するものに「佛身論」がある。天台の理解による佛身論の基本は、法身・報身・応身、あるいは毘盧遮那・盧舎那・釈迦という三身説であり、法身＝毘盧遮那、報身＝盧舎那、応身＝釈迦という三佛が即一であるとする「三身即一」が強調される。智顗はこの佛身論に、独自の解釈である「四土」論を重ねる。「四土」とは、凡聖同居土〔染浄土〕、方便有余土〔方便土；阿羅漢、辟支佛、地前の菩薩の所居の土〕、実報無障碍土〔初地以上の菩薩の所居の土〕、常寂光土〔妙覚所居の土〕を指す。いま、菩薩戒の際の戒本尊を考えてみると、戒壇の本尊として掲げられる画像の釈迦牟尼如来は応身の姿であるが、久遠来の修行に酬報して覚悟したのであるから報身佛であり、覚悟するところは法性であるから法身佛である。したがって釈迦牟尼佛は応身の相でありながら三身即一の応身佛であり、結局一身即三身となるとされる（色井 1989：146）。

智顗の著述『法華玄義』巻 7 上の最初には、円教の佛すなわち毘盧遮那が虚空を座としつつも、「三佛相即」であることが説かれている。「或いは言く、道場に虚空を以て座と為し、一成一切成なり。毘盧遮那は一切処に遍じ、舎那・釈迦の成も亦、一切処に遍ず。三佛具足して欠減有ることなく、三佛相即して一異有ることなし」（大正蔵 33、766 頁下；大久保 2001：65 － 66）。そして上述のように、『摩訶止観』にも佛の座に関してこれと同趣旨の記述が認められた。さらに智顗は「四土」について、最晩年の『維摩経義疏』巻一において次のように述べている。「此の四国は、前二国は並びに是れ応にして応佛の所居なり。第三の土は亦応亦報にして報佛〔※大久保良峻師の提唱する読みに従う〕の所居なり。最後の一土は、但是れ真浄にして応に非ず報に非ず、是れ法身佛の所居なり」（続蔵 1 − 27、432 丁）。またそれに続く箇所には「常寂光土は妙覚極智の照らす所の如し」（同 433 丁右下）とある。ここでは、三佛が相即して座とするのは虚空界であり、それが「常寂光土」に他ならないという点に特に注目してみたい。

かくして筆者は、天台円頓思想の中心をその「虚空会観」に置くものであるが、渡辺照宏師は『妙法蓮華経』そのものの中心思想を、そのストゥーパ信仰、すなわち「見宝塔品」を中心とする一連の段のうちに見出している（渡辺 1974：192ff.）。この点は注目されてよいであろう。

3.『摩訶止観』の円頓止観思想

次に、『摩訶止観』に見られる天台固有の思想を見ることにしよう。『摩訶止観』は、天台大師智顗の著述であるが、弟子の灌頂が筆記したものである。以下、『摩訶止観』からの引用は、関口真大師による岩波文庫版の書き下し文にしたがっておこなう。

○一心三観

「一心三観」とは、三観〔空観：執われの心を破す　仮観：すべての現象が仮のものながら存在することを悟る　中観：空かつ仮と悟る〕を一念のうちにおさめとって観ずることを言う。上掲の別教が『菩薩瓔珞本業経』（大正 24、1014 中）に基づく「次第の三観」すなわち従仮入空観・従空入仮観・中道第一義諦観の次第修行を行うのに対し、円教では一心一念に三観が具足されるというこの「一心三観」の観法をおこなう。その根拠は、円融三諦、すなわち空・仮・中の三諦が円融し、即空即仮即中であるという理解に求められる。なお蔵教は析空観、通教は体空観とも言われる。

○十如是

諸法の実相が、相・性・体・力・作・因・縁・果・報・本末究竟等の十範疇において知られることを言う〔『妙法蓮華経』方便品第二に出る。サンスクリット原典には見られず、鳩摩羅什（344 － 413）が漢訳の際に補った一節であることはよく知られるが、これについては触れない〕。相とは外面的特徴、性とは内面的特徴、体とは実体、力とは潜在的能力、作とは顕在的な活動、因とは原因、縁とは条件・間接的原因、果とは結果、報とは果報・間接的結果、本末究竟等とは相から報に至るまでの9つの事柄が究極的に無差別平等であることを意味する。

○一念三千

一念に三千世間が具足されていることを言う。「一念」とは、凡夫が日常に起こす一瞬一瞬の心を指す。一方「三千」とは、十界〔地獄界・餓鬼界・畜生界・阿修羅界・人間界・天上界・声聞界・縁覚界・菩薩界・佛界〕のそれぞれが互いに他の九界を具足しあっている（十界互具）ために百界、その百界のそれぞれの十如是〔前述〕があるために千如是、そして千如是は三種世間〔国土世間、衆生世間、五蘊世間〕のそれぞれにわたる、ということを意味する。したがって「三千世間」となる。極小と極大の相即した統一的宇宙像を示すとともに、実践的には、自己の心の中に具足する佛界を観ることを言う。

4.『摩訶止観』における五略十広の組織

ではこれから『摩訶止観』全体の概要を見ることにしよう。適宜、岩波文庫版による該当頁数を指示することにする。

巻1上「序章」において重要なのは、「三種止観」および「円頓章」であろう。

まず三種の止観について（岩文上23頁）であるが、この三種とは、漸次止観、不定止観、円頓止観を言う。まず漸次止観とは、浅きより深きへ、低きより高きへと漸次に次第して至上の証悟を成満しようとする修証法を指し、次に円頓止観とは、実践観心の当初から最も高く最も深い心境と取り組んでゆく修証法を言い、不定止観とは、これらの頓・漸の諸法門を自由に活用するという趣旨のものを意味する。このうち「漸次止観」を説いたものが智顗の著述になる『次第禅門』、「円頓止観」を説いたものが同じく『摩訶止観』、さらに「不定止観」を説いたものが同じく『六妙法門』である。

『摩訶止観』の本質とも言うべき「円頓止観」については、この序章に「円頓章」のかたちで現れる。「初めより実相を縁じ、境に造れば即ち中なり。真実ならざることなし。縁を法界に繋け、念を法界にひとしうす。一色一香も中道にあらざることなし。己界および佛界、衆生界もまた然り。陰入みな如なれば苦の捨つべきなく、無明塵労即ちこれ菩提なれば集の断ずべきなく、辺邪みな中正なれば道の修すべきなく、生死即ち涅槃なれば滅の証すべきなし。苦なく集なきが故に世間なく、道なく滅なきが故に出世間なし。純ら一実相にして実相のほかさらに別の法なし。法性寂然たるを止と名づけ、寂にして常に照らすを観と名づく。初後をいうといえども二なく別なし。これを円頓止観と名づく」（岩文上24頁）。この一節は、天台宗の読経要文の一つとなっている。止観とは、「止」〔śamatha：心を外界や乱想に動かされずに静止させる〕と「観」〔vipaśyanā：それによって正しい智慧を起こし対象を観ずる〕の合成語であるが、その語義がこの箇所に明示されている。

続いて「総叙」に移り（岩文上31頁）、大意、釈名、体相、摂法、偏円〔以上発心〕、方便、正観（＝正修止観）〔修行〕、果報〔感果〕、起教〔裂網〕、旨帰〔帰処〕のいわゆる「十広」が示される。一方〔　〕内に示した項目は、併せて「五略」と称される。

まず第1章「大意」では、上記「発心」「修行」「果報」「起教」「旨帰」の「五略」が示される（岩文上35頁）。

五略の第1「発心」では、まずわれわれの正しき発心のあるべき様相が説かれる（岩文上36頁）。続いて「修行」では常坐三昧、常行三昧、半行半坐三昧、非行非坐三昧のいわゆる「四種三昧」が紹介され（岩文上72頁）、方法〔身・口・意〕と勧修について説明が行われる。なお、第3章4節にも述べた「法華三昧」はこのうち「半行半坐三昧」に（岩文上85頁）、また阿弥陀佛の称名念佛は「常行三昧」に分類される（同78頁）。

続いて巻1下では「発心」のうち、四諦〔苦集道滅〕、四弘誓願〔衆生無辺誓願度　煩悩無量誓願断　法門無尽誓願学　無上佛道誓願成〕、六即〔初発心から佛果に到るまでの六階位〕について説明がある。その六即とは、理即（本来的に成佛している）、名字即（これを概念として理解する）、観行即（体験しようとする観心修行）、相似即（六根清浄となり、真の悟りと相似する）、分真即（真如の部分を体現する）、究竟即（完全なる悟り）の6種である。四弘誓願については、後に『摩訶止観』巻10下（岩文下346頁）で、また後にみる「授菩薩戒儀」でも第五発心のところで唱えられる。

巻2上では「修行」の説明に移る。上記の「四種三昧」のうち、半行半坐三昧に「法華三昧」が含まれる。この行法は、厳浄道場・浄身・三業供養・請佛・礼佛・六根懺悔・遶旋（にょうせん）・誦経・坐禅・証相の十段階より成る（岩文上85頁）。本章でも後に検討することになる。

巻2下では「感果」「裂網」「帰処」の説明がある。これら五略の後半三項目については、以下の本文中では触れられないため、「五略」を説くこの「大意」部分にしか該当する説明が見当たらない（巻2下、岩文上116 − 122頁）。まず「感果」とは、止観の結果として証得するものである。続いて、止観の修行の結果として証得した果報の上に教化能力が発揮され、煩悩や邪見の網に覆われ囚われている衆生を救うことを意味する「裂網」が述べられる。そして涅槃に入ることを意味する「帰処」となる。

巻3上では十略のうち、「釈名」と「体相」について説明が行われる。「釈名」とは、止観という名目の語義の解釈を意味し、「体相」とは、止観の本質と様相との解説を内容とする。

巻3下では、同じく十略のうち「摂法」と「偏円」についての説明がある。「摂法」とは、止観の一行のなかには一切の教法が洩れなく統摂包含されていることを明らかにする段であり、「偏円」は、止観につき、偏狭なる止観を去り円満なる止観を取るべき基準を示す箇所である。ここで「小乗の帰戒は菩薩の戒を離れず、菩薩戒の力はよくこれを成就す」(岩文上193頁)と語られるのは、円教が一乗三乗を総合した包括的菩薩道であることをよく表す句である。

巻4上下では十略の第六「方便」について語られる。これは、止観の修行に入る前の準備や用意を示すもので、あわせて25か条より成り、通常「二十五方便」と呼ばれる。これは、一具五縁〔①持戒清浄　②衣食具足　③閑居静処　④息諸縁務　⑤得善知識〕二呵五欲〔色声香味触〕三棄五蓋〔貪欲　瞋恚　睡眠　掉悔　疑〕四調五事〔食眠身息心〕五行五法〔欲　精進　念　巧慧　一心〕の計二十五を指す。「五縁」の最初である「持戒清浄」の段では、「順流・逆流の各十心」と呼ばれる行法が紹介される(岩文上216頁)。後に見る「授菩薩戒儀」の第4「懺悔」では、これが如法とされる。そのうちまず「順流の十心」とは、1妄計我人　2外加悪友　3不随喜他善　4縦恣三業　5悪心遍布　6昼夜相続　7覆諱過失　8不畏悪道　9無慚無愧　10撥無因果を意味し、一方「逆流の十心」とは、1正信因果　2自愧剋責　3怖畏悪道　4発露瑕疵　5断相続心　6発菩提心〔「虚空界に遍くして他を利益す」〕　7修功補過　8守護正法　9念十方佛　10観罪性空を指す。

巻5上以下では、この『摩訶止観』の最も主要な内容である「正修止観」

について述べられる。まず「十境」について語られるが、それは「陰入界(おんにゅうかい)」「煩悩」「病患」「業相」「魔事」「禅定」「諸見」「増上慢」「二乗」「菩薩」の十個を指し、それらが順に「観陰入界境」(巻5上下巻6上下巻7上下)のように名づけられ、「止観」の境位とされる。

まず「陰入界」とは、五陰十二入十八界を意味し、「観陰入界境」では、われわれの現在の一刹那一刹那の陰妄の心を、そのままに十乗観法の対象とすべきことが説かれる。五陰〔五蘊〕とは、人間の5つの構成要素を意味し、色蘊、受蘊、想蘊、行蘊、識蘊の五個である。蘊 skandha は「全体を構成する部分」を意味する。このうち色は、感覚器官を備えた身体・肉体を意味し、受は苦・楽・不苦不楽の3種の感覚ないし感受を、想は認識対象からその姿かたちの像や観念を受動的に受ける表象作用を、行は能動的に意志するはたらきあるいは判断を、そして識は認識あるいは判断を意味する。十二入〔十二処〕とは知覚を生じる場・条件を意味し、眼耳鼻舌身意〔六根〕および、それぞれの対象である色声香味触法〔六境〕を合わせたものを言う。処 āyatana とは領域・場所の意である。そして十八界とは、十二処に、眼耳鼻舌身意の六識を合わせたものを指す。界 dhātu とは要素の意である。

最初に「Ⅰ端座陰入観」が述べられるが、このなかで「十乗観法」が詳述される。「十乗」とは、観不思議境、真正発菩提心、善巧安心、破法遍、識通塞、道品調適、対治助開、知位次、能安忍、無法愛の計十個である。

巻5上ではまず「観不思議境」が語られる。これは、一念三千の悟修が進まない場合に、その原因を探求して、初発心に弛緩が生じているのではないかどうかを確認する境位である。ここで「一念三千」の説が説かれる。その本質は次のくだりに明らかであろう。「それ一心に十法界を具す。一法界に又十法界を具して、百法界なり。一界に三十種の世間を具し、百法界は即ち三千種の世間を具し、此の三千は一念の心に在り。若し心無くば已みなん、介爾にも心有れば即ち三千を具す。また、一心は前に在り一切の法は後に在りといわず。また、一切の法は前に在り一心は後に在りといわず」。「もし一心より一切の法を生ぜば、これすなわちこれ縦なり、もし心が一時に一切の法を含まば、これすなわちこれ横なり。縦もまた不可なり、横もまた不可なり。ただ、心はこれ一切の法、一切の法はこれ心なるなり」(岩文上286頁)。

続いて「真正発菩提心」〔広大なる慈悲心を奮い起こして切実なる弘誓の心を発せしめること〕、および「善巧安心」〔心を法界に安んぜしめること〕が述べられる。

巻5下および巻6上下では「破法遍」が説かれる。これは、法にとらわれることを厳しく誡める段である。

巻7上では「識通塞」が説かれる。これは、法門自体に通塞があるのではなく、己の情智の得失によって知らずに通塞が生じていることを油断なく検討する段である。

さらに「道品調適」〔自分が用いている法門や修行法が、自分に適合していないのではないかとの反省を試みる必要があることを教える段〕および「助道対治」〔止観の悟修が進むところに自ずから身口の正業が発揮されてくるのではあるが、むしろ意識的に誦経・礼拝・持戒・布施などの行為に努力することによって止観の悟修を助けてみることを教える段〕が続く。

巻7下では「知位次」が語られる。これは、自分の修証の分際をつねに反省し分別しつつ、進歩向上つねに休むことなく努むべきことを教える段である。この「知位次」の中で、五悔〔懺悔、勧請、随喜、発願、回向;本書第3章をも参照〕と五品位〔随喜品(三諦の妙理を聞いて喜ぶ)、読誦品(『法華経』を読誦して味わう)、説法品(読誦し人に説く)、兼行六度品(理観がようやく熟して六度の事行を兼ね行ずる)、正行六度品(六度の事相が直ちに理観となって観法が円熟し、自行化他が円満する)〕について説明が行われる。ここに、懺悔から勧請、随喜、回向、発願という五悔の詳細、それを基にした五品位が詳細に記されて、「兼業六度」からさらには「正行六度」に向けての真の菩薩行の階梯が示されることになる（岩文下 145 – 146 頁）。五品位自体は『法華経』分別功徳品第十七に記されている。なお凝然（1240 – 1321）の『八宗綱要』では、これら「五品位」が、上述の「六即」のうち「第四・観行即」のうちに含まれている。

さらに続いて「能安忍」〔修行が進むと名誉や利益が身辺に集中し、自らの向上を妨げることが多くなるが、それに災いされぬよう教える段〕、および「無法愛」〔坐禅の修行がきわめて高度に進んでくると、それについての自信と自己満足が生じ（これを法愛という）、そこで進歩と向上が止まる（これを頂堕という）ことがあるが、その法愛を誡め、頂堕を離れて、向上の一路さらに止まざるべきことを教える段〕が展開される。

そして巻 7 下では、上の「Ⅰ端座陰入観」に対する「Ⅱ歴縁対境観」が述べられる。「歴縁」とは六縁〔行住坐臥語作〕に歴ることを意味し、「対境」の六境〔眼色／耳声／鼻香／舌味／身触／意法〕に対峙する捉え方である。

巻 8 上では「十境」の 2 番目に戻り、「観煩悩境」〔悟修が進むに当たってかえって俄然として猛烈な煩悩が激動してくる場合、これを現前陰妄の一念の最も具体的なものとしてこれをとらえることによって、最も有効に一念三千の妙趣を発揮すべきことを教える段〕、および「観病患境」〔修行を進めつつあるときに当たって意外の病患に襲われる場合、その病患をも己の悟修を進める絶好の機会とすべきこと、それゆえに病患の種類と発病の原因および治病の方法などについて的確な知識を有すべきことを教える段〕の説明が行われる。続く「観業相境」の説明は巻 8 下にまで及ぶが、これは過去の善悪の業の果報が忽然として現起してくる場合、これをもって現前陰妄の現実とし、それについて十乗観法を進めるべきことを教える段である。

続く「観魔事境」とは、修行中に種々の魔障や奇怪な現象が現れてくる場合、予めそれらを承知していれば、悩まされずに済み、また対処して有効な十乗観法を進めることもできると教える段である。

巻9上下では「観禅定境」が説かれる。これは、佛教全般にわたって示される諸種の禅定についての常識と、それらについての邪正浅深を弁別する能力を前提とした上で、諸般の禅定の発現の状況を明らかにし、それらを個々に吾人現前陰妄の心となし、さらに一念三千の対境として悟修を誤らざることを教える段である。このうちに「五停心観」〔数息観、不浄観、慈心観、因縁観、念佛観〕が説かれている。

そして巻10上下では「観諸見境」が提示される。これは、修証の結果、心眼が開けて識見が強固で鋭利なものとなった際、自他を傷つけ損なうことのないよう、絶えずその邪正を反省し検討すべき心がけを教える段である。

5.『摩訶止観』と「十二門戒儀」

では以下、上に概観した『摩訶止観』に認められる天台の思想が、天台宗に関わるそれ以外の次第等にどのような形で表れているかを検討してゆくことにしよう。まず日本天台宗の開祖・伝教大師最澄が、悲願とした「大乗戒壇」の設立に伴って、依経とした『梵網経』を軸として行われる「授菩薩戒儀」を取り上げよう。天台大師智顗自身の撰としては、『菩薩戒義疏』(ないし『菩薩戒義記』)二巻(大正蔵 no. 1811)が知られるが、ここには、後に中国天台第六祖妙楽大師荊渓湛然(711 – 782;慈雲の言に前出)が『授菩薩戒儀』(『十二門戒儀』ともいう)一巻(大日本佛教全書第24巻所収)において整備したような「十二門」のかたちは認められない。湛然の『授菩薩戒儀』に対しては、最澄がこれを基に同名とも言うべき『授菩薩戒儀式』(大正 No. 2378)を著し、それを日本天台第五祖智証大師円珍(814 – 891)が朱書添註したものが『伝教大師全集』第一巻に収められているので、これを用いることにする。

ここで「十二門」とは、本書第2章でも言及したが、1 開導・2 三帰・3 請師・

4懺悔・5発心・6問遮・7正授戒・8証明・9現相・10説相・11広願・12勧持の計十二を指す。ここでその内容を探ると、まず1開導は、大乗戒の信仰、授戒の形式内容の完備のための6個の条件を記す。2三帰では、三宝〔佛法僧〕への帰依を表明する。3請師では、伝教師としての大徳と、授戒師としての五聖を請う。4懺悔は、懺意と運心と三品の方法について示す。5発心は、四弘誓〔上掲〕を内容とする。6問遮は『梵網経』の七遮を問う。7正授戒はこの次第の頂点に位置するもので、三聚浄戒〔摂律儀戒・摂善法戒・饒益有情戒〕を授けることによって、受者のうちに戒体が発得される。その際、「能く持つや否や」「能く持つ」という問答が繰り返される「白四羯磨」形式が採られる。8証明では、十方一切の諸佛に受戒の証明を請う。9現相では、十方の佛土に瑞相が生ずることを述べる。10説相は、上掲三聚浄戒の摂律儀戒についてその相を示す段で、十重波羅夷〔十個の大罪・禁〕についてやはり「能く持つや否や」「能く持つ」という問答が行われる。11広願では、所生の功徳を衆生に回向し、離苦し成佛し、共に極楽界弥陀佛前に生まれんことを願う。12勧持では、自行化他に戒徳を成就すべく、四弘六度、妙観正助、十乗十境の天台宗の実践を修すべしと説かれる。

上で『摩訶止観』の五略十広の組織を概説した中にも触れたが、この「十二門戒儀」のうちには『摩訶止観』由来のものが随所に見られる。それは、第四懺悔において唱えられる如法懺悔文としての「順流十心」(『摩訶止観』の二十五方便中第一「具五縁」の第一縁「持戒清浄」に説かれる)、そして第五発心で唱えられる「四弘誓願」(『摩訶止観』の「五略」中、第一「発心」において説かれる)によく現れている。なお最澄は「順・逆流十心」について、湛然が『摩訶止観』からその項目を掲げ、内容のみを示して略示するのに対し、『摩訶止観』の当該箇所から、原文を省略せずに全文引用している。

ちなみに、本書第2章第7節でも触れたように、天台真盛宗の「重受戒灌頂」では、その外道場・伝法授戒の場で「十二門戒儀」が取り上げられる。その次第は上に記した「授菩薩戒儀」における「十二門戒儀」と同様であるが、その総括としては、次に挙げるような、『摩訶止観』「円頓章」の「附文」と呼ばれるものが用いられる。

当知身土　一念三千　故成道時　称此本理　一心一念　遍於法界
当に知るべし。身土は一念三千なるが故に、道を成ずる時、此の本理にかない、一心一念、法界に遍し（色井 1989：161）。

ところで、上掲の 7. 正授戒の段にあっては、「白四羯磨」と呼ばれる問答形式が採られる。これは、案件が一度述べられ、これに三度同意のための確認が行われるものである。まず三聚浄戒の相が示され、後に正しく授戒する（以下、寺井 2010：81）。すなわち、摂律儀戒・摂善法戒・摂衆生戒について、「汝等今身従り未来際を尽して其の中間に於て犯ずることを得ざれ、能く持つや否や」と問い、「能く持つ」と答えさせ、これを三問三答するものである。戒師は第一羯磨について「十方法界一切境の上に微妙の妙法悉く皆動転し、久しからず汝が身中に入るべし」と言い、次いで第二羯磨では「此の妙戒法は即ち法界諸法の上より起りて虚空の中に遍し、汝が頂上に集まる。微妙にして愛すべきこと光明雲台の如し」と述べる。そして第三羯磨では、その初めに「此の妙戒法は汝が身中に入りて清浄円満なること正に此の時に在り。戒法を納受して余覚余思に戒を満たさざらしむことを得ざれ」と述べ、後に「即ち是の菩薩を真の佛子と名づく」と告げる。

上に引用したように、これら三羯磨のうち、第二羯磨のときに、振動する戒法が戒場の上に来たって虚空に集中し、次いで第三羯磨のときに、集中せる戒法が虚空から降り、受者の頂から流入して胸間に充満すると言われる（色井 1989:157）。このように、正式な僧侶が誕生する「戒体発得」の瞬間とは、虚空界に充満する戒法が受戒者の身中に充満する時点に置かれているということに、ここで注目しておきたい。このような次第は「授菩薩戒儀」における ものであるが、これが中国天台から日本天台を経て、広く鎌倉佛教諸宗にもその基礎的部分を提供したものであることは、改めて注目されてよいであろう。

6. 慈雲の法統と「授菩薩戒正儀」

ここで慈雲に眼を転ずることにしよう。慈雲もまた、上下二巻より成る『授戒法則』の上巻末尾に、「授菩薩戒正儀」なる一編を遺している。慈雲によるこの「授菩薩戒正儀」は、慈雲が天台系ではないために、上掲の天台のものとは異なった次第を伝えるものである。慈雲の率いる正法律一派では、鑑真に遡る「三師七証」形式による具足戒授受の方式を復興させ、これを用いていた。したがって、日本天台が最澄によって『梵網経』による大乗菩薩戒の受戒をもって足れりとしたのとは異なった主張に立つ。その内実は、先に『佛弟子の意得』より「戒律」の項を引いて確認したところである。しかしながら、慈雲の『授戒法則』は、下巻の末尾にそのような鑑真由来の具足戒の次第を伝える「授大戒儀」なる一編を収めるものの、同書の上巻末尾には「授菩薩戒正儀」が収められている。以下、『慈雲尊者全集』第六巻に収められる『授戒法則』上下巻の内容を確認してみよう。

上巻:「授三帰法則」「授五戒法則」「授八斎法則」「同自誓法則」「授十善法則」「授菩薩戒正儀」

下巻:「出家作法」「同結縁」「形同沙弥附五徳十数」「法同沙弥」「授大戒儀」

この表から、上巻に収められるものがいわゆる「在家」の授戒次第、下巻に収められるものが「出家」の授戒次第であることが理解される。したがって、慈雲の一派にあって「菩薩戒」は、おそらく在家門徒を対象として授けられるものであったと思われる。しかしながら、鑑真その人は、具足戒を受ける前に菩薩戒を、すなわち具足戒の前段階として菩薩戒を受けていたことが知られている。いまこのあたりの次第をめぐって少しく検討してみよう。

鑑真の天台学への寄与については、天台の伝承からも特筆されるところである。鑑真をめぐっては「天台の三大部をはじめ、多くの天台宗章疏をもたらしたばかりでなく、弘景について天台宗を学んだ人で、天台宗第四祖の地位を占めていた」（富田 1961：42）とされる。この弘景（恒景とも記す；634 － 712）とは泉州南泉寺の律師で、708 年長安実際寺の戒壇にて鑑真に具足戒を授けた人物である（徳田・唐招提寺 1998：41）。弘景は律学を学んだ後、天台宗の開祖智顗の道場・荊州の玉泉寺で天台学を学び、この頃上京して実際寺に住持していた。天台宗の初祖は既述のとおり智顗（538 － 597）、次祖は章安灌頂（561 － 632）であるが、第三祖の智威（？ － 680）は、宗勢の衰えを反映して蒼嶺普通山の法華寺に本拠を移したため、弘景が玉泉寺に入ったということをもって、弘景を章安につづく「第三祖」とすることも可能であろうし、実際に弘景を「第三祖」とする伝承が存在する。弘景は、宗祖智顗が根本道場の一つとした荊州当陽の地方に生まれ、その天台宗祖が宣教した玉泉寺の僧となった人であり、天台宗の宣揚者・『法華経』の信奉者となったのは事実であろう。鑑真はその弘景から「具足戒」を受けたわけで、東大寺に住持した凝然（1240 － 1321）の『三国佛法伝通縁起』（1311）下でも「鑑真和上是天台宗第四祖師」とされている。だが、上記のように鑑真に具足戒を授け、かつ天台学を教授した弘景を第三祖とすると、上掲の生没年では章安と弘景の間で法統が途切れる。灌頂から弘景が直接教えを受けた可能性はあり得ず、弘景は智威の次の第四祖慧威（634 － 713）と同年となるため、志盤の『佛祖統記』巻第二十四を援用し、灌頂の弟子に伝記不明の玉泉道素を補うなどの必要がある。実際には、弘景も智威らから教授されたと考えられよう。ふつう天台の伝承は智威から慧威、さらに第五祖玄朗（673 － 754）、そして第六祖湛然（711 － 782）へと辿られる。なお最澄（767 － 822）は第七祖道邃（生没年不詳）から菩薩戒を授かっている（本書第 2 章 4 節参照）。したがって、最澄が大乗戒としての菩薩戒授戒の必要性を強調した背景には、自らの受けた大陸での授戒を強く主張する狙いもあったかと思われる。

一方、弘景から鑑真へと連なる法統は、やはり凝然著『八宗綱要』（1269）によれば、わが国における律宗の法統とされる（鎌田 1981：143）、その場合弘景の師は道宣南山律師（596 － 667）とされる。この道宣も智顗を大いに崇敬したと伝えられるが、鑑真は、弘景から具足戒を受ける以前、705 年に道岸禅師より菩薩戒を受けている。

この道岸禅師（654 － 717）は、江南（揚子江南部）の律を十誦律から四分律に改めた人物として知られ、弘景とともに、四分律宗祖道宣の門下文綱から戒律を受けている（塚本 1983：253）。すなわち道岸と弘景とは文綱下で同門にあり、弘景が 20 歳年長である。かくして鑑真は、道宣の孫弟子である道岸と恒景の二人に随い、まず 705 年道岸より菩薩戒を、続いて 708 年恒景より具足戒を受けたということになる。残念ながら、鑑真がこのとき受けた「菩薩戒」の内実は不明である（道端 1983:334 － 335）。ただし「大乗戒」としての菩薩戒であったことだけは動かないであろう。

既に確認したように、慈雲は、鑑真そして覚盛から戒律を、空海そして叡尊から密教を受けたと自認している（本書第 1、第 2 章を参照）。戒律については、鑑真が伝えた南山律宗に基づく『四分律』の「三師七証」形式による授具足戒を復興させることを目指した。その経緯は、慈雲自らの手になる「伝戒列名」に、次のように綴られている。

慧遠法師（333 － 416）－竺道生法師－法達（法穎？）禅師（415 －

482）－僧祐律師（445 － 518）－道洪律師－智首律師（567 － 635）－南山徽照法慧大師（道宣、596 － 667）－恒景律師（634 － 712）－招提鑑真大師（688 － 763）

この次第は南山律宗の法統を辿るものであり、したがって慈雲が鑑真から伝わるものとして理解していたであろうものは、『四分律』に基づく南山律宗による具足戒であると考えて差し支えないだろう。もっとも先述のように、慈雲の『授戒法則』の上巻末尾には「授菩薩戒正儀」が載る。その次第は、天台系に伝わる「十二門戒儀」とは異なるものであり、起源については明らかでない。ただし慈雲は、鑑真が菩薩戒をも受けていたことを当然知悉しており、かつ自らの『授戒法則』のうちに「授菩薩戒正儀」を盛りこんでいるのであるから、その次第についてはおそらく、鑑真が 705 年に道岸から受けた授菩薩戒の次第を忠実に留めるべく意図したであろうものだと想像して差し支えないだろう。実際、この菩薩戒法則の末尾には「唐招提寺能満印寂然拝誌」とあり、唐招提寺伝承の律宗の式次第と相違するものではなかったことがうかがわれる。

慈雲による「授菩薩戒正儀」の次第については、本書第 1 章 6 節において既に検討した。「白四羯磨」の形式、あるいは戒相として「十重四十八軽戒」すなわち「梵網戒」が用いられるなどの点に関しては、上記の天台の授戒の場合と変わらない。「白四羯磨」形式について細かく見るならば、細かい文言はさておき、

・第一羯磨の際に「十方世界の善法が皆動転し」、
・第二羯磨の際に「十方法界の善法があまねく空中に集まり」、
・次いで第三羯磨のときに「法界の功徳が受者の身心に入る」

という経緯に関して、先述の天台授戒式の次第と何ら変わるところはない。

そして「余に一羯磨在り。汝当に虚空界を總ずる心を発し三有の衆生を救済し、并びに三世の佛法を護持せんと縁ずべし」の部分では、「虚空界」の語が明確に現れる。虚空界に充満する戒法が受戒者の身中に充満する瞬間が「戒体発得」の瞬間と捉えられているという点で、慈雲の法統における「菩薩戒」が、上掲の天台のものと同じ次元にあることが確認できるだろう。

7.「重授戒灌頂」における宝塔の意義

次に、天台真盛宗固有の次第ともいえる「重授戒灌頂」について触れておこう。「重授戒灌頂」（もしくは略して単に「戒灌頂」）については、その大略を本書第2章においてすでに紹介した。ここにその大枠のみを述べるならば、この「戒灌頂」という儀礼は、比叡山上の戒壇院における円頓授戒に重ねて授ける円頓菩薩戒を意味し、天台宗僧侶であれば、入山12年を経た後に受けることができるとされる。ただし現在では、ほぼ真盛派に固有の儀礼と化している模様である。またその天台真盛宗にあっても、得度式の際に「十善戒」が授けられ、この「戒灌頂」をもって正式の僧侶としての受戒と解するのが現状のようである（寺井2010：64）。

「重授戒灌頂」の次第は、密教灌頂に特有の「五瓶灌頂」を中心に編まれた「外道場伝授壇」、および「合掌授与」と「宝塔涌現の儀式」を頂点とする「内道場正覚壇」との二部よりなり、現行のかたちとしてはほぼ次のように概括される。ここに再度挙げるなら、

外道場：入道場　正面往立　礼佛　戒師登高座・礼師　塗香　着座讃　乞戒偈　散華　唄　三礼・如来唄　神分・霊分・祈願・表白　十二門戒儀（一～六）　開塔　第七正受戒　大壇立瓶　表白　五薬中瓶　五宝中瓶　五穀中

瓶　発願　白払　曩祖大師願文　正灌頂　神供　印文　四重合掌　閉塔　第八段証明乃至第十二段勧持・回向　後唄　補欠分　血脈加持・下座三礼　中憩

内道場：入道場　吉慶梵語の讃　遶壇行道　登壇　三十二相　合掌秘訣　初重・理即の合掌　第二重・名字即の合掌　第三重・観行、相似、分証（真）即の合掌　第四重・究竟即の合掌　合掌戒体　師資坐禅　袈裟掛替　如来心水文　嘱累摩頂　三衣授与　五条授与　七条授与　九条授与　鉢授与　坐具授与　明鏡　法螺　法瓶　説三衣等功徳　袈裟掛戻　覚超僧都の鉢頂戴　吉慶漢語の讃　血脈朱印　南岳大師の袈裟頂戴　師資坐禅　伽陀　下壇行道　出道場。

このうち、実際に菩薩戒が重授されるのは外道場における「十二門戒儀」以下の部分であり、十二門の内実は先に「授菩薩戒儀」の内容に関して記したものと同一である。

さて、上に挙げた戒灌頂における正覚壇は宝塔、師資の同座は法身多宝佛と報身釈迦佛との並坐である。これは、先に紹介した『妙法蓮華経』「見宝塔品第十一」に記される場面であって、まさしく「虚空会」のクライマックスとも言いうる場面である。この際、戒灌頂が即身成佛を目指すものであることが銘記され（寺井 2010：82）、戒灌頂は密教的儀礼のもとに法華円戒と即身成佛とを和合させる狙いを持つ。以上のような「重受戒灌頂」の式が目指すものは、天台宗における授戒の式として、あくまでも円頓戒の文脈に合致した、『法華経』と戒律の一致、すなわち円戒一致の義であるといえるだろう。したがってこの重授戒灌頂をめぐる論考は、『法華経』のなかに戒律を読み込むプロセスを展開したものとなる。この「円戒発得」のプロセスで設定される場は、まさしく「虚空会」なのである。

8.『摩訶止観』と「法華三昧」

次に、天台宗の勤行として一般的な「法華三昧」ないし「法華懺法」についても触れておかねばなるまい。これらについても、本書では先に第3章において、『普賢行願讃』と「法華懺法」の間に「五悔」という共通性のあることが、慈雲と天台僧たちとの交流の共通基盤を形成したのであろうと結論づけた。

「法華三昧」については、先述したように『摩訶止観』の「大意」中の「修行」、そのうちの「半行半坐三昧」に説かれており、「別に一巻ありて法華三昧行法と名づく。これは天台（大）師の著すところにして世に流伝す。行者はこれを宗とせよ。これすなわち説黙を兼ぬれば、また別しては論ぜず」と締めくくられる。この一節に続いて「意の止観」として「専ら大乗を誦して三昧に入らず、日夜六時に六根の罪を懺す」とある。従って、この「意の止観」とは、「法華懺法」のことを指すと考えてよい。「法華懺法」は、昼夜六時に五悔を修し、六根清浄を得ることを目的とした次第とされるが（岩文下361頁参照）、『摩訶止観』巻7下（岩文下141頁）には「四種三昧の修習の方便は、通じて上に説けるがごとし、ただ法華懺のみ、別して六時・五悔に約して重ねて方便をなさん」とある。

「法華三昧」の概要・骨格については、すでに前章第4節に概要を示した。現行の天台宗の勤行式次第書では、「正修行方法」（前章第4節参照；第4に相当）に含まれる「奉請三宝」の「法則」に当たる段に、事実上3種類が併記されている（慈海宋順［17世紀］参照）。冒頭部・般若心経および大般若経名に続き、「慎敬白」に始まる一連の句があるが、その3種を順に、以下に掲げてみよう。

まず「法華三昧法則」（①）である。

「慎敬白　常寂光土第一義諦久遠実成多宝塔中釈迦牟尼世尊過去証明多宝善逝　現在雲集分身諸佛超八醍醐一乗妙典八万十二権実聖教　普賢文殊等諸大薩埵　舎利弗目連等諸大声聞　乃至盡空法界一切三宝而言　方今娑婆世界一四天下南閻浮提日本国於何国何郡何寺　今此道場信心施主某為追福令修法華懺放軌事」。

続いて「天台会法華三昧法則」(②) である。

「謹敬白　大恩教主釈迦世尊証明法華多宝如来　東土上願医王薄迦　西方能化弥陀種覚一乗妙法真浄法宝八万十二権実聖教　文殊観音諸大薩埵内秘外現　諸声聞衆分者懺法教主普賢薩埵乃至盡空法界　一切三宝而言方今於娑婆世界一四天下南瞻(せん)浮州日本国何国何山何寺　今此道場」。

続いて「山家会法華三昧法則」(③) である。

「謹敬白　大恩教主釈迦世尊過去証明多宝善逝　現在雲集分身諸佛超八醍醐一乗妙典　普賢文殊諸大補処舎利弗目連諸声聞衆　総者盡虚空界一切三宝而言方　今於南閻浮提日本国於何国何山何寺　今此道場一結浄侶奉為宗祖大師法楽荘厳修法華三昧厳儀」。

これら3つの次第は、相互に若干の異同はあるものの、この懺法の舞台が「常寂光土」であり (①)、それは「虚空界」であって (③)、久遠実成の多宝塔中にて行われるものであり (①)、釈迦牟尼世尊が多宝如来を過去の証明者として為すものであること (①)、を明らかにするものである。

かくして「法華三昧」の行われる場所は「虚空会」であり、それは「常寂光土」なのであって、これは本章で検討してきた『摩訶止観』に見られる円教の場とも、「授菩薩戒儀」における「戒体発得」の場とも一致することになる。

9.「虚空会」における受戒の意義

これまでの考察によって、天台関連の「授大乗菩薩戒儀」や「重受戒灌頂」、あるいは「法華三昧」といった次第の場は、その典拠となる経典が『妙法蓮華経』ないし『摩訶止観』であれ、あるいは『梵網経』であれ、一律に「虚空会」に置かれることが明らかとなった。それは「虚空会」に属す『妙法蓮華経』「見宝塔品第十一」での「多宝・釈迦二佛並坐」の場面に典拠を見出す理解ではあるが、すでに天台大師智顗の解釈により、「円教」の説かれる場が「常寂光土」とされることで、『摩訶止観』の中でも十全に洗練された形で認められる理解となっていた。

一方慈雲に関しても、その「授菩薩戒正儀」において確認されたように、やはり「菩薩戒」が授けられる場は「虚空界」に置かれていた。慈雲が解する「菩薩戒」とは、彼が遡源を目指した鑑真のものがおそらく想定されていたと思える。自らの法統に関して、慈雲は鑑真を、四分律宗を本朝に伝えた高僧として捉えていたものと推察される。しかし鑑真の法統を意識すればするほど、鑑真が「法華三大部」をも請来した事実を直視せねばならなくなったはずである。天台の諸学僧たち、たとえば園城寺法明院の学匠敬光（1740 – 1795;板倉 1974）らとは 1770 ／ 1 年あたりから交友が開始される。敬光は 1770 年京に出て相国寺に寓し、慈雲について悉曇を学び、兼ねて密教灌頂を受けている。続いて敬光は 1771 年 6 月、播磨西岸寺の請に応じて『観経妙宗鈔』を講じ、冬には洛東源宗院に『摩訶止観』を講じている。敬光の著書は『梵学津梁』にも収められており、慈雲はまずは彼らとの交友を通じて、次第に天台ないし『摩訶止観』への造詣を深めてゆき、その結果が最晩年の『法華陀羅尼略解』に現れたとは考えられないだろうか。

禅との関係では、慈雲が信州正安寺で修した大梅禅師下での禅行が知られ、慈雲にあっては通例曹洞宗の禅行のみが注目される。しかしながら、その際に慈雲は、上にも記したように、「師と見解を異にした」と述懐している。その傍ら、慈雲は晩年に至るまで禅行に勤しみ、「戒・禅・密・梵」のうち、梵学はともかくとして、実は「戒」と「禅」に専修する傾向を持っていたとされる。ただ「戒」は唐招提寺系、そして「密」は西大寺系であるとして、「禅」が大梅禅師系のものでないとすれば、慈雲の禅行の内実は、やはり鑑真に遡源させうる『摩訶止観』に拠る「円頓止観」を旨とするものではなかっただろうか。

ところで「虚空」は、サンスクリットに遡源して対応する語彙を求めるならば、上述のようにおそらく ākāśa が想定されよう。この語彙は『バガヴァッド・ギーター』にも次のような形で見出される。

yathākāśa-sthito nityaṃ vāyuḥ sarvatra-go mahān ／ tathā sarvāṇi bhūtāni mat-sthāni ity upadhāraya

「いたるところに行き渡る強大な風が、常に虚空の中にあるように、それと同様に、万物はわたしのうちにある、と理解せよ」

（『バガヴァッド・ギーター』9、6）

ここに現れる ākāśa が「虚空」である。この ākāśa いう語彙は kāś「現れる、輝く」を語根とする。虚空は、大空という空間と、一種のエーテル（霊気）の性格を併せ兼ね備えており、遍在しかつ微細である。最高神は遍在しかつ微細であるところから、虚空になぞらえられる（上村 2007:160 － 161）。「常寂光土」という語彙は、『妙法法華経』の結経たる『観普賢経』の「釈迦牟尼佛を毘盧遮那遍一切処と名づけ、その佛の住処を常寂光と名づく」（大正蔵 9、392 頁下）という言葉から取られ、久遠釈尊の本身（法身）の世界（本土）

に当てたものとされる（中村ほか 2002)。ākāśa が kāś を語根とするなら、「常寂光土」は「虚空」の訳語として、非常に的確な理解にその基盤を置いていると考えられよう。

慈雲は、主唱する「十善戒」の授戒の際にも、その場を「虚空会」に置いている。『授戒法則』の中、「授十善戒法則」の「懺悔」段にあっては、次のように述べられる。「弟子某甲等。盡虚空遍法界の一切諸佛両足中尊、一切諸法離欲中尊、一切僧宝諸衆中尊に白す。我某甲等、無始劫の中より今日に至るまで、貪瞋痴に依りて身語意を発し、諸の悪業を現に行ずること無量無辺なり。謂く、殺生、偸盗、邪淫。妄語、綺語、悪口、両舌、貪瞋、邪見等なり。若し此く悪業体相有らば、盡虚空界も容受する能わず。我今日此の道場に於て、諸佛菩薩及び現前諸大衆の前に対して発露懺悔す。一懺以後永く相続の心を断じ、尽未来際更に敢へて作さじ。願はくは、一切三宝慈悲摂受せんことを」（全集版 114 頁）。

この一節に「(盡) 虚空界」「虚空遍法界」の語が出る。ここでは、自己の心中が「虚空界」になぞらえられていると考えられるだろう。一方、既述のように、天台真盛宗では現在、沙弥戒に相当するものとして「十善戒」が用いられている（寺井 2010：74)。慈雲の「正法律」の行き着く地平は、『十善法語』等で主張されたように「十善戒」の普遍性であった。1749 年編述の『根本僧制』には、「其れ正法律十善の法は、万国におし通じ、古今に推し通じて差異なし」と記されている。かくして慈雲の主唱する「十善戒」をはじめ、彼が取り入れた「菩薩戒」もまた、天台の主張である「円教佛の在〈虚空会〉性」すなわち「在〈常寂光土〉性」との間に、『妙法蓮華経』そして『摩訶止観』における共通の基盤を見出すのであった。

結.『法華陀羅尼略解』の照射する地平

晩年の慈雲が、梵学を基軸として戒・禅・密、さらに神道の融和を目指したことはよく知られている。慈雲最晩年の直筆本として『法華陀羅尼略解』の存在が知られるようになった今、このうちの「梵」(cf. 秋山 2012a、2012b) あるいは「密」の部分を補いうる典拠として「法華経陀羅尼」を掲げうるだけでなく、『妙法蓮華経』を通じて、これまでわれわれの射程には入っていなかった「円」をも、上記の諸学に加えることが可能になったと言えるだろう。となるとわれわれは、「梵・円・戒・禅・密」の統合が慈雲において為されようとしていた、と考えることができる。この総合性のうちに、天台律僧たちとの交遊も成立したのであろうし、慈雲の側からは、「禅」を「円」のうちに解決しうる『摩訶止観』が、鑑真への遡及の延長線上に、次第に立ち現れることになったのではないだろうか。そしてこれら佛教の諸学は、本章での考察により「常寂光土」において統合されることが明らかとなったと考えたい。

注

(1) 本書第 1、第 2 章も参照。
(2)『慈雲尊者全集』首巻 219 頁以下所収。

第5章　慈雲尊者による儒教理解

――『神儒偶談』『法華陀羅尼略解』『雙龍大和上垂示』を手がかりに

序.

慈雲に関しては、一般に「儒・佛・神」三教の統合を成し遂げた、とされることが多い。この場合、「佛」には彼の本領である梵学が含まれている。したがってこの「佛」のうちに、『梵学津梁』で構築されるような該博な悉曇梵学、「十善戒」の唱道を中心とした戒律復興運動に象徴される律学、数々の密教儀軌解説書で披瀝される密教学、そして日々実践を怠ることがなかったとされる禅学が込められ、さらには『法華陀羅尼略解』の発見によって明らかとなった法華経理解に基づく円学をすべて包み取ることができるだろう。一方「神」のうちには、慈雲が晩年に提唱した雲伝神道の樹立が置かれる。そうすると慈雲による「儒」の理解は、いったいいかなる著作において表明されていると言えるのであろうか。

慈雲が、ある単独の著作の中で儒教論を展開したと言いうるようなものは、遺されていない。このことは、全19巻より成る『慈雲尊者全集』に「儒学篇」とされるようなものが立てられていないことからも明白である。慈雲が儒教をも自らの思想体系のうちに取り込んだと言われるのは、主として彼の経歴を考慮してのことであろう。すなわち慈雲は、佛道の修行に入る以前、青年期に、古義学派を打ち立て当時のわが国を代表する独創的な儒学者であった伊藤仁斎（1627 － 1705）の息子である伊藤東涯（1670 － 1736）の門を叩き、1733 年より東涯の没年まで研鑽を積んだことが知られているに過ぎず、その後、彼が儒学者たちと何らか関わりを持ったということは考えられない。ただ慈雲による活動のうち、とくに後期に集中して現れる雲伝神道関係の著作には、日本の古典籍に対する解釈が披瀝される中で、しばしば儒教関係典籍のみならず、『史記』や漢詩文その他への言及が行われており、漢籍をめぐる慈雲の極めて該博な知識がうかがわれる。慈雲による儒教理解を論ずる場合、彼の活動を総括的に俯瞰しつつ考えることが必要であろう。

本章は、慈雲による雲伝神道関係の著作としては最もまとまった形で遺された『神儒偶談』を手がかりとし、そこに引かれる儒教関係漢籍の出典を究め、慈雲の儒教理解を浮き彫りにすることを目指す。その際、慈雲が儒学の統合をも成し遂げたとすれば、佛教ないし神道とはいかなる次元で融合がなされ得たのかを見極めたい。その過程で、最晩年の著作『法華陀羅尼略解』に認められる彼の視座と関連づけるため、慈雲による他の著作（『雙龍大和上垂示』）をも参照し、最晩年における慈雲の世界観を総合的に解明することに努める。

1.『神儒偶談』について

まず『神儒偶談』について若干の説明が必要であろう。この作品は「甲戌の春三月初め」に、京都の儒者である「先生」が弟子である「予」を伴い、吉野の花を見に行くという設定で始まる。二人はまず大坂に出て、それから山に入るが、帰途道に迷って桃源郷に入り、小村で案内を乞う。その結果、村に住む「翁」の庵に宿泊することとなり、雨のため数日滞留、その間に先生と、庵の主で神道を究めた翁との間で種々問答が行われ、それを予が記録したという体裁になっている。ちなみにこの翁の庵の壁には

「銭ならば　百の用にも使ふべし

老ぼれの身は　半文銭に当らぬ　癸酉春九十六翁」

という歌を記した紙が貼られている。

以上に含まれる年号表示から、この著作の成立年代は慈雲の最晩年期、80歳前後の頃に置かれることが確実である 。まず「甲戌」は1814年、また「癸酉」はその前年の1813年を意味するものと推定される。1813年および1814年とは、いずれも慈雲没後の年であるが、慈雲自身が1718年生まれであること、この「翁」が神道学者であること、舞台となっている庵の情景は、慈雲が晩年を過ごした河南の高貴寺を髣髴とさせること、等を勘案するならば、「癸酉春」に96歳になったという設定の「翁」は、晩年の慈雲その人が投影された存在であると考えられ、そこから上掲の「癸酉」とは1813年を意味し、その60年前を示すのではないとする推定が確実視される。つまり慈雲は、自身の姿を投影させた架空の「翁」を創出し、最晩年における自身の神道観をこの翁に代弁させるという虚構を用いたと考えられるのである（野口 1963）。かくして『神儒偶談』は、このような神道者である「翁」に対して気鋭の儒学者を思わせる「先生」が種々の疑問を投じ、その各々を翁が悉く論破解決するという体裁を採っている。晩年の慈雲による儒教理解は、まずもってこの『神儒偶談』に求めることができると考えて差し支えあるまい。

以下、『慈雲尊者全集』第10巻〔神道編〕6 – 10頁に掲載されている小見出しに、通し番号を振ることで『神儒偶談』全体の構成を示すことにする。

・〔上巻〕

1. 発端　2. 神道は異端なるか　3. 我が朝の万邦に勝ること　4. 堯舜の禅譲を難ず　5. 男女の道　6. 万国の宗国　7. 決して誇説ならず　8. 六経論孟取捨する所を知れ　9. 『大学』の三綱領八条目　10. 明徳　11. 佛法の似せそこない　12. 誠に聖人の言なり　13. 『孟子』を読む心得　14.

此の向かう村を見よ　15. 一個の赤心と君臣の大義　16. 或有所成或有不成の詳説　17. 考という名さえ末が末なり　18. 翁と村老との対話を聞く　19. 耳を取って鼻をかむ譬　20. 佛法とはいかに　21. 佛法は治国に用なきか　22. 真の孝養の道　23. 我国の孝子の例　24. 天命　25. 禎祥と妖蘖　26. 河図と神道　27. 洛書と神道　28. 紫の朱を奪うを憎む　29. 是もまた国賊か　30. 武運長久の兆　31. 誠の経済　32. 天に順じて天命を受く　33. 国柱陰神陽神　34. 海外も我が用となる

・〔下巻〕

35. 農の国本たること　36. 音楽のこと　37. 文字のこと　38. 和歌はいかに　39. 武備の肝要なること　40. 神明の故を知れ　41. 天の瓊矛　42. 雌元と雄元　43. 国体即神体　44. 海の神　45. 山川草木の神　46. 日神と月神及びその他の神　47. 生死の教え　48. 神代の巻盟約の章　49. 神道は易簡の教なり　50. 楊墨もまた可取か　51. 神道と易　52. 我国に文字なし　53. 我国に典籍なし　54. 日神の日神たる所　その一　55. 日神の日神たる所　その二　56. 善悪相より天の道なり　57. この翁の略歴　58. 独身独居　59. この翁の師　60. 結末

次に、これら『神儒偶談』の見出しに従いつつ、各章目において慈雲が儒教関係諸典籍から引いた出典箇所を順に示し、併せてその個所を指示する句、あるいは必要な注記を適宜付すことにする。指示句に関して、作中では当該箇所がさらに長く引用される場合も多いが、ここでは冒頭句等の簡潔なものに留め、「子曰く」「孟子曰く」も省いた。『神儒偶談』への参照が必要な場合、『慈雲尊者全集』第10巻（1－190頁）における頁数で示す。漢籍からの引用箇所が著作中に明示されている場合もあれば、ある典拠が言い回しの背後に暗示されているという場合もあり、後者の場合には『慈雲尊者全集』のうちに多く「冠注」として注記が行われている。以下は、これらを総合的に勘案し、可能な限り出典を究めたものである。なお『史記』を含め、儒教関係以外の典籍からの引用については、煩瑣となるため原則として省略した。引照箇所指示の際、『論語』(加地 2009)と『孝経』(加地 2007)は講談社学術文庫版、『孟子』(小林 1968 – 1972)は岩波文庫版(上下)、『大学』(宇野 1983a)および『中庸』(宇野 1983b)は講談社学術文庫版、また『易経』(高田・後藤 1969)については岩波文庫版(上下)、『春秋』については岩波文庫版(『春秋左氏伝』上中下;小倉 1988 – 1989)、『孔子家語』(藤原 1933)については岩波文庫版をそれぞれ用い、章節番号および各版での掲載頁数を適宜記す。『書経』(『尚書』)については、孔頴達(574 – 648)による『尚書正義』に訳注を付した吉川幸次郎全集版(吉川 1970)を、『詩経』については集英社「漢詩大系」第1、2巻(=上下、高田 1966 – 68)を参照し、『礼記』については「新釈漢文大系」版(上中下、竹内 1971 – 1979)を、また『周礼』に関しては『周礼通釈』(上下、本田 1977;本田 1979)を用いた。そのほかの儒教関係典籍については、商務印書館発行の『十三経』(上・下)を参照した。出典探索にあたっては、諸橋轍次『中国古典名言事典』(諸橋 1979)が有用であった。孔子および「四書五経」その他についての注記は、必要に応じて付記することにする 。

なお慈雲は、わが国江戸時代における経学の伝統にのっとり、『論語』は孔子(前 552 – 479)の著書、『大学』と『孝経』は曾子(前 505 – ?)の著書、『中庸』は孔子の孫で曾子の弟子である子思(前 492 – 431)の著書、『孟子』は孟子(前 372 – 289)の著書と考えている。筆者による注記は「〜」に続いて記す。

2. 『神儒偶談』読解

・〔上巻〕

1. 発端

あ.『論語』公冶長巻第5 － 7 「道、行われず」。

～翁と先生との歓談は、「論語孟子より初めて老荘管晏、歴代諸史を断ずるに、掌を指すが如し」といった具合で、二人がすっかり意気投合している次第が知られる。

2. 神道は異端なるか

あ.『論語』為政巻第2 － 16 「異端を攻むるは、斯れ害あるのみ」。

3. 我が朝の万邦に勝ること

あ.『論語』顔淵巻第12 － 11 「君君たり、臣臣たり」。

い.『易経』繫辞下第2章（下巻254 － 5頁）「（包犧氏）是に於て始めて八卦を作り」。

う.『論語』堯曰巻第20 － 1 「堯曰く、咨爾舜、天の暦数は、爾が躬に在り」。

え.『書経』堯典（上巻123頁）「帝曰く、疇か咨、時を若えん、登庸せん」。

お.『春秋左氏伝』僖公24年（中巻266 － 267頁）「口忠信の言を道わざるを嚚（ぎん）と云う」。

4. 堯舜の禅譲を難ず

あ.『孟子』万章上巻第9 － 5 「天子は天下を以て人に与うること能わず」。

～慈雲は『論語』に次いで『孟子』を頻繁に引用する。孟子（前372 － 289）の言動を記録した書が『孟子』であり、梁恵王、公孫丑、滕文公、離婁、万章、告子、尽心の7編それぞれを上下に分かち、計14編から成っている。孟子は、孔子の没後ほぼ100年を経て、個人主義の楊朱、博愛主義（「兼愛」）の墨翟（前468 － 376）に対し、正統儒家の論陣を張った。

い.『春秋左氏伝』襄公4年A（中巻153頁）「寒浞（かんさく）が乱起こりて、子孫その禍にかかるを以て知るべきなり」。

5. 男女の道

あ.『書経』堯典（上巻 138 頁）「二女を嬀汭（きぜい）に釐降（りこう）し、虞に嬪たらしむ」。

い.『論語』八佾巻第 3 − 9 「夏の礼は吾能く之を言えども、杞徴するに足らざるなり」。

～この段には『淮南子』天文巻第三からの引用がある（「天柱折れ、地維絶つ」。「女媧五色の石を練りて、以て天を補う」）。この内容に関連して「虚空の長清なる、高天原月の三讓して四時行われ百物生ず」とある。「虚空」および「高天原」については後ほど考察する。

う.『論語』泰伯巻第 8 − 1 「泰伯は其れ至徳と謂う可きのみ。三たび天下を以て讓る」。

6. 万国の宗国

あ.『孟子』告子下巻第 12 − 2 「堯舜の道は、孝悌のみ」。

～この段にも「我が神道、上に高天原あり。是れ神祇の止まりまします処なり」とある。

7. 決して誇説ならず

8. 六経論孟取捨する所を知れ

あ.『中庸』第 30 章　「仲尼、堯舜を祖述し、文武を憲章す」。

い.『孟子』告子下巻第 12 − 2 「子、堯の服を服し、堯の言を誦し、堯の行を行わば、是れ堯のみ」。

9. 大学の三綱領八条目

～「三綱領」とは明徳、親民、止至善の三項目を指し、「八条目」とは平天下、治国、斉家、修身、正心、誠意、致知、格物の八条項を意味する。いずれも『大学』の主要テーマである。

あ. 二典・三謨

～これは『書経』「虞書」にあり、二典とは堯典・舜典を、三謨とは大禹謨、皐陶謨、益稷〔謨〕を指す。同じ言い回しが37「文字のこと」にも現れる。

い.『孟子』公孫丑上巻第3－9「(伯夷、)悪人の朝に立ち、悪人と言うは、朝衣朝冠して塗炭に坐するが如し」。

う.『大学』経第1章　「物格って后知至る」。

10. 明徳

あ.『大学』経第1章　「大学の道は明徳を明らかにするに在り」。

い.『大学』経第1章　「民を親(あら)たにするに在り」。

11. 佛法の似せそこない

あ. 朱子の補填

～これは『大学』をめぐって朱子が補筆し校訂を加えた次第を述べる「伝五章」に関してである。

い.『論語』里仁巻第4－15「参、吾が道は一以て之を貫く」。

う.『論語』為政巻第2－4「吾、十有五にして学に志す」。

12. 誠に聖人の言なり

あ.『論語』衛霊公巻第15－11「夏の時を行い」。

13. 孟子を読む心得

あ.『孟子』梁恵王上巻第1－3「五畝の宅、之に樹うるに桑を以てせば、五十の者以て帛を衣るべし」。

い.『孟子』告子下巻第12－8「諸侯の地は方百里」。

う.『詩経』小雅・節南山之什「小苑」(下巻162頁)「(戦戦兢兢として深淵に臨むが如く)薄氷を踏むが如し」。

14. 此の向かう村を見よ

あ.『孟子』滕文公上巻第5－3「(龍子曰く、)地を治むるは助より善きはなく、貢より良からざるはなし」。

15. 一個の赤心と君臣の大義

あ.『孟子』尽心下巻第14－3「尽く書を信ずれば、則ち書なきに如かず。

吾武成に於て二三策を取るのみ」。

～この「尽く書を信ずれば、則ち書なきに如かず」の句は慈雲が好んで引いたもののようで、例えば『慈雲尊者全集』第14巻所収の「諸宗の意得　学法」には、この引用の後に「これ学問の大要なり」と続く。

い.『書経』「虞書」舜典（上巻199頁）「帝乃ち殂落す。三載四海は八音を遏密す」。

う.『書経』「周書」呂刑（下巻358頁）ほか。

～五刑（墨・劓・刖・宮・大）については時代によって変遷があるが、『孝経』五刑章第11に詳しい。

え.『論語』子張巻第19 − 11 「子夏曰く、大徳は閑(のり)を踰えず」。

16. 或有所成或有不成の詳説

あ.『中庸』第1章 「道は須臾も離る可からざるなり」。

い.『易経』乾（上巻79頁）。 「乾は、元(おお)いに亨りて貞(ただし)きに利(よ)ろし」。

う.『易経』乾（上巻79 − 80頁）。 「初九　潜龍勿用。九二　見龍在田」～「上九　亢龍有悔」。

17. 考という名さえ末が末なり

あ.『孝経』

～慈雲は『孝経』に関して、具体的に引用を行うことなく「(孝）とは『孝経』を読んでしかる後に知るべきの道にあらず」とする。

い.『孟子』尽心上巻第13 − 15 「人の学ばずして能くする所の者は、其の良能なり」。

う.『論語』学而巻第1 − 7 「子夏曰く、賢を賢として色を易んじ」。

18. 翁と村老との対話を聞く

19. 耳を取って鼻をかむ譬

20. 佛法とはいかに

21. 佛法は治国に用なきか

22. 真の孝養の道

あ.『孟子』離婁上巻第7－19 「曾子、曾皙を養えるとき、必ず酒肉ありき」。

23. 我国の孝子の例

～『孝経』がこの前後の段に多く言及されるが、先述のように、慈雲は否定的な評価に終始する。「支那に孝経ありて喃々として教ふる。多くは偽学に堕す」（64頁）。

あ.『礼記』曲礼上巻第一（上巻18頁）「凡そ人の子たるの礼、冬は温かにして夏は清しくし、昏に定めて晨に省みる」。

24. 天命

～この段は、神道との関連で、慈雲の筆に力の入るところである。

あ.『論語』為政巻第2－4 「五十にして天命を知る」。

い.『論語』公冶長巻第5－15 「子貢、問いて曰く、孔文子、何を以て之を文と謂うか」。

う.『論語』堯曰巻第20－3 「命を知らずんば、以て君子と為る無きなり」。

え.『論語』憲問巻第14－36 「道の将に行われんとするや、命なり」。

お.『論語』子罕巻第9－1 「子、罕に利を言うとき、命と与に、仁と与にす」。

か.『論語』陽貨巻第17－6 「吾豈匏瓜ならん」。

き.『孟子』尽心下巻第14－33 「堯舜は性のみ也。湯武は之に反る」。

く.『論語』雍也巻第6－10 「伯牛、疾有り。子之を問う」。

け.『書経』「虞書」大禹謨（上巻270頁）「満は損を招き、謙は益を受く。時れ乃ち天の道なり」。

こ.『中庸』第24章 「国家将に興らんとすれば、必ず禎祥あり」。

25. 禎祥と妖糵

あ.『中庸』第24章　　前項参照。

い.『論語』子罕巻第9－9 「鳳鳥、至らず。河、図を出ださず。吾已んぬるかな」。

う.『易経』繋辞上第11章（下巻243頁）「天、神物を生じて、聖人これに則り、天地変化して、聖人これに効い、天象を垂れ吉凶を見して、聖人これに象り、河図を出し、洛書を出して、聖人これに則る」。

え.『書経』「商書」湯誥（中巻28頁）「敢えて玄牡を用い」。～次項をも参照 。

お.『論語』堯曰巻第20 － 1 「予小子履、敢えて玄牡を用い」。

～夏の第17代桀王を討ち、殷王朝を建てた湯王の宣言 。

26. 河図と神道

～河図の説明の前に『書経』「周書」より「洪範九疇」（五行・五事・八政・五紀・皇極・三徳・稽疑・庶徴・五福六極）への言及がなされる。また「河図」および次項の「洛書」は上掲した『易経』繋辞上巻に遡る。

27. 洛書と神道

あ.『書経』「周書」洪範（中巻259頁）「洪範九疇、彝倫の斁るる攸なり」。

28. 紫の朱を奪うを憎む

あ.『論語』陽貨巻第17 － 11 「郷原は徳の賊なり」。同16 「紫の朱を奪うを憎む」。

い.『孟子』滕文公上巻第5 － 4 「吾幽谷を出でて喬木に遷る者を聞けるも、未だ喬木を下りて幽谷に入る者を聞かざるなり」。

29. 是もまた国賊か

あ.『春秋左氏伝』宣公2年4（上巻407頁）「晋の趙盾、其の君夷皐(いこう)を弑す」。

い.『論語』憲問巻第14 － 21 「陳成子、簡公を弑す。孔子沐浴して朝し」。

う.『論語』述而巻第7 － 12 「子の慎む所は、斎・戦・疾なり」。

え.『孟子』離婁下巻第8 － 22 「王者の迹熄みて詩亡ぶ。詩亡びて然る後に春秋作る」。

お.『書経』「虞書」舜典（上巻219頁）「夔、汝に命じて楽を典らしむ。冑子に教えよ」。

30. 武運長久の兆

31. 誠の経済

あ.『孔子家語』巻 4 六本(第 15)7 「孔子、雀を羅(あみ)する者を見る」。

い.『論語』衛霊公巻第 15 − 32 「君子は道を謀りて食を謀らず」。「学べば、禄其の中に在るあり」。

う.『孟子』告子下巻第 12 − 8 「周公の魯に封ぜらるるや、方百里たり」。

32. 天に順じて天命を受く

あ.『書経』「虞書」堯典(上巻 95 頁)「乃ち羲和に命じて、欽んで昊天に若わしめ、日月星辰を暦象して、敬しんで人に時を授けしむ」。

い.『中庸』第 30 章 「仲尼、堯舜を祖述し、文武を憲章す」。

う. たとえば『易経』説卦第 11 章(下巻 301 頁)「乾を天と為し、円と為し、... 坤を地と為し、... 」。

え.『論語』衛霊公巻第 15 − 11 「顔淵、邦を為むるを問う。子曰く、夏の時を行い」。

お.『易経』繫辞上第 1 章(下巻 212 頁)「天は尊く地は卑くして、乾坤定まる」。

33. 国柱陰神陽神

あ.『周礼』「春官」宗伯保章氏(上巻 800 頁)「保章氏、天星を掌り、以て星辰日月の変動を志し、以て天下の遷を観て、其の吉凶を弁ず」。

34. 海外も我が用となる

・〔下巻〕

35. 農の国本たること

あ.『孟子』離婁下巻第 8 − 3 「君の臣を視ること犬馬の如くなれば」。

い.『孟子』梁恵王上巻第 1 − 1 「上下交も利を征らば、則国危からん」。

う.『論語』微子巻第 18 − 7 「四体勤めず、五穀分せず」。

え.『孟子』滕文公上巻第5－4「神農の言を為す許行あり」。

36. 音楽のこと

あ.『書経』「虞書」舜典（上巻219－220頁）「詩は志を言い、歌は言を永うす」。

37. 文字のこと

あ.『論語』先進巻第11－10「顔淵死す。子。之を哭して慟す」。

い.『書経』「虞書」「二典三謨」。先の「大学の三綱領八条目」(9.)を参照。

う.『論語』術而巻第7－20「子は怪力・乱神を語らず」。

え.『論語』衛霊公巻第15－41「辞は達するのみ」。

お.『孟子』万章下巻第10－5「抱関撃拆」。

か.『論語』子罕巻第9－14、公冶長第5－7「子九夷に居らんと欲す」。

き.『孟子』尽心上巻第13－13「夫れ君子の過ぐる所は化し」。

く.『礼記』壇弓上第3（上巻80頁）「子上の母死して喪せず。門人諸を子思に問ひて曰く」。

38. 和歌はいかに

あ.『論語』泰伯巻第8－4「籩豆の事は、則ち有司存す」。

39. 武備の肝要なること

～慈雲は宋代に関して「支那にて宋朝の天下尤も羸劣なり」とし、明代は宋代よりも「やや勝れり」であるが､明の学者方孝孺（1357－1402）は「偏局」とされている。

40. 神明の故を知れ

あ.『中庸』第1章「天の命をこれ性と謂う」。

41. 天の瓊矛

あ.『孟子』公孫丑下巻第4－13「五百年にして必ず王者の興るあり」。ただし慈雲は「王者」を「聖人」としている。

42. 雌元と雄元

あ.『春秋左氏伝』昭公元年 H（下巻 40 頁）。「晋平公病ある時」。

い.『論語』先進巻第11 － 12「未だ生を知らずんば、焉んぞ死を知らんや」。

43. 国体即神体

あ.『大学』大学章句序（13 頁）。「一たび聡明叡智にして能くその性を尽くす者」。

い.『中庸』第 14 章　「君子その位に素して行い、その外を願わず」。

45. 山川草木の神

あ.『書経』「虞書」舜典（上巻 161 頁）「肆に上帝に類し、六宗に禋し、山川に望し、群神に徧くす」。

い.『論語』雍也巻第 6 － 6「犂牛の子も騂く且つ角あらば、用うる勿らんと欲すと雖も、山川其れ諸を舎てんや」。

う.『書経』「虞書」舜典（上巻 172 頁）「歳の二月、東に巡守し、岱宗に至りて、柴す。山川に望秩す」。

え.『中庸』第 16 章「鬼神の徳たる、それ盛んなるかな」。

46. 日神と月神及びその他の神

あ.『易経』繫辞下第 4 章（下巻 260 － 261 頁）「陽の卦は陰多く、陰の卦は陽多し」。

47. 生死の教え

あ.『孔子家語』巻 2 致思（第 8）17「子貢、孔子に問ひて曰く、死者は知るあるか、将た知るなきか」。

48. 神代の巻盟約の章

あ.『春秋左氏伝』定公 15 年 1（下巻 384 頁）「二君みな礼に違へり。倶に其の国を保つべからず」。

い.『論語』憲問巻第 14 － 4「徳有る者は、必ず言有り」。

う.『孟子』公孫丑上巻第 3 － 6「先王人に忍びざるの心有りて、斯ち人に忍びざるの政有りき」。

〜この段には「唯この赤心にさへそむかざれば、万国たとひ夷狄に往くも可なり。此れに反するを黒心と云う。祓い清めて高天原にとどまるべし」「それ天地生育の道、陰陽造化の趣き生成して且くも休せず、一切虚空到る所として国土なきはあらず。一切国土往くところとして人物生ぜざるはなし。この虚空神祇に在っては高天原と称す」（156頁）とあり、ここに雲伝神道の極意、および「高天原虚空観」が披瀝される。

49. 神道は易簡の教なり

あ.『論語』里仁巻第4 − 15 「吾が道は一を以て之を貫く」。

い.『論語』衛霊公第15 − 3 「予は一を以て之を貫く」。

う.『易経』繋辞下第1章（下巻251頁）「それ乾は確然として人に易を示す」。

え.『孟子』離婁下巻第8 − 12 「大人とは、其の赤子の心を失わざる者なり」。

50. 楊墨もまた可取か

あ.『孟子』滕文公下巻第6 − 9 「楊墨の道もし息まずんば、孔子の道著われず」。

〜これと同じ『孟子』の一節には「孔子曰く、我を知る者は、其れ唯春秋か。我を罪する者も、其れ唯春秋かと」とあり、これは慈雲が生前よく口にしていたとされる句「我を知る者は、其れただ十善か。我を罪する者も、其れただ十善か」の典拠に当たる箇所である。なおこの句は、「自らに対する称讃であれ批判であれ、それは「十善戒の唱道」ないし『十善法語』を基になされるはずだ」との慈雲の自負、そして『十善法語』に対する自信のほどをうかがわせる、とする小金丸泰仙師のご教示を多としたい。

い.『論語』八佾巻第3 − 22 「管仲の器小なるかな」。

う.『孟子』梁恵王上巻第1 − 7 「仲尼の徒、桓・文の事を道う者無し」。

〜この引用箇所は、内容的に『荀子』巻3仲尼篇第7 − 1と並行する。『荀子』では「仲尼の門にては五尺の豎子も言うに五伯を称することを恥じたり」

とあり、慈雲の文言とほぼ一致する。ただ『孟子』では「仲尼の徒」となっていて、慈雲はこちらを用いている。つまり慈雲の引用は『孟子』と『荀子』を併せたような引き方になっている。後出の少正卯事件に関してもそうであるが、慈雲は『荀子』の記事に関しては、知悉しているものの評価していない印象を受ける。

え.『論語』憲問巻第 14 － 17 「管仲微くんば吾(其れ髪を被り)左衽せん」。

51. 神道と易

あ.『易経』繫辞上第 9 章（下巻 234 頁） 「変化の道を知る者は、それ神の為すところを知るか」。

52. 我国に文字なし

53. 我国に典籍なし

あ.『書経』

～既出の五刑の話である。『書経』『孝経』以外には、たとえば『周礼』巻第 36「司刑」にも出る（下巻 287 頁）。

54. 日神の日神たる所　その一

あ.『論語』子路巻第 13 － 15 「人の言に曰く、君為ること難く、臣たること易からずと」。

い.『書経』「虞書」舜典(上巻 226 頁) 「帝曰く、咨汝二十有二人、欽まん哉。惟れ時れ亮に天功」。

う.『孟子』尽心上巻第 13 － 12 「佚道を以て民を使えば、労すと雖も怨みず」。

55. 日神の日神たる所　その二

56. 善悪相より天の道なり

あ.『孟子』告子下巻第 12 － 15 「天の将に大任を是の人に降さんとするや」。

い. 少正卯誅殺

～これは『荀子』宥坐第 28 章 11 からの引用で知られるようになったも

のである。

う.『論語』憲問巻第 14 − 43 「原壌夷して俟つ」。

57. この翁の略歴

あ.『論語』衛霊公巻第 15 − 32 「君子は道を謀りて食を謀らず」。「学べば、禄其の中に在るあり」。

58. 独身独居

あ.『孟子』離婁上巻第 7 − 26 「不孝に三有り。後なきを大なりと為す」。

い.『論語』顔淵巻第 12 − 5 「司馬牛憂えて曰く、人皆兄弟有り。我独り亡し」。

う.『礼記』曲礼上巻第一（上巻 30 頁）「妻を取るに同姓を取らず」。

59. この翁の師

あ.『論語』為政巻第 2 − 4 「五十にして天命を知る」。

60. 結末

あ.『論語』季氏巻第 16 − 11 「隠居して以て其の志を求め」。

以上、慈雲著『神儒偶談』の中から、儒教書への引照が行われている箇所について、その出典を列挙した。言うまでもなく、これら以外にも儒教書を念頭に記された箇所は、まだまだ多数にのぼる。『神儒偶談』は神道書であり、『古事記』『日本書紀』あるいは『先代旧事本紀』などを典拠に、神道思想が展開された著作である。しかし叙述の過程で、テーマ上関連する儒学書から、実に適確な引用が行われる。

引用の頻度を数値化することには、ほとんど意味がないかも知れないが、単純に見積もっても儒教書だけで総計約 130 カ所にのぼる。その内訳は『論語』が約 50 カ所、『孟子』からは約 30 カ所弱、『書経』からは 15 カ所前後、『易経』からは約 10 カ所となる。『神儒偶談』が儒教批判を込めた神道書であるだけに、儒教書からの引用数としては異様に多い。慈雲が、自らの文体と思想を、幼少期から訓練を受けた儒教書によって練り上げたことが如実に表れていると言えるだろう。

ここで、慈雲の儒教評価に関して総括的に考察したい。上記 11 に現れたように、慈雲は儒教を「佛教の似せそこない」としている。ただし、これは江戸時代に盛行した朱子学に対する批判を込めた発言であり、そのことは 39 における宋代批判からも読み取れる。上の 56（い）に挙げた少正卯誅殺事件のために、慈雲は（佛道十善戒の一「不殺生戒」に悖るとして）孔子に対し批判的であるが、現在ではこの事件について、史実でないとする説が有力視される 。この件は、孔子に対する慈雲の評価を貶める一因となっていると考えられようから、慈雲の孔子評から差し引いて考える必要があろう。

ところで、上掲の 37「文字のこと」には、慈雲による儒教書批評がまとまった形で記されている。ここではまず「先生」が「文字は支那より来たるに任すと聞く。全く支那の文章を用ゆべきか」と質問したのに対して、「翁」は、まず「しからず」とし、語順の点で和語と漢語とは逆になる場合が多いのだから、「唯我が国上下貴賤におし通じて用に立つべきを用ゆ」べきであるとする。ただし「語路元より別なれば、彼はかれ此はこれ、各用て唯事用に適するを取る」べきであるとし、漢籍諸種の受容のための批判的基準を順に示す。まず「書経五十余章の中、二典三謨は誠に当時の盛典なり。書経も後に至っては多くは堯舜の言を模す。その味すくなし。然れどもみな模範とすべし」とある。次に『易経』については「言々句々悉く味ありて、上下十翼まことに醇乎たる明教なり。我が高天原のフトマニを写して斯の文藻となす。全篇すべて我が用とすべし」とする。さらに『詩経』に関しては、「詩三百十一篇、我が国の和歌に比対して、まったく取用して可なり」としている。

これらのうち『書経』『易経』は、引用頻度に関して『論語』『孟子』に次いで多く、慈雲が日常的に親しんでいたことがうかがわれる。『詩経』については、上での引用頻度は高くなかったが、本来好意的な評価の下に慈雲が受容していたことが理解される。一方『礼記』については「礼記は十に三四は用ひるも可なり。余は多く不用の書也」とされ、『春秋』についても「春秋の一書、全くこれ孔子の志なり。我が国に在っては不用の書なり」とし「唯孔子の志を見るまでなり」と述べられる。

『詩経』の場合、慈雲による高い評価は、孔子自身による『詩経』評価と軌を一にしている。たとえば『論語』の中で、孔子は「子の雅言するところは、詩・書・執礼。皆雅言す」（述而第 7 － 17）と述べている。また子路第 13 － 5 では『詩経』を暗誦したうえで縦横に用いることができることが求められ、八佾第 3 － 8 では「始めて与に詩を言うべきのみ」と語られる。泰伯第 8 － 8 には「詩に興り、礼に立ち、楽に成る」とあり、季氏第 16 － 13 でも『詩経』の基礎性が確認されている。陽貨第 17 － 8 では『詩経』冒頭部が引用され『詩経』の学習が推奨される。したがって慈雲の『詩経』評価は孔子のそれと一致していると言って差し支えあるまい。一方『易経』の場合、『論語』述而第 7 － 16 にその言及が見られ、孔子は『易経』についてもこれを活用したと考えられるが、『易経』の根底に流れる思想が、神道のそれと相交ることは容易に想定できる。

ここで特に考えてみたいのは、『書経』の場合である。『書経』は、初めは単に『書』と呼ばれ、漢代に『尚書』とされ、宋代以降は『書経』と呼ばれるようになったものであるが、「虞書」（帝堯・帝舜の 2 代の記録）、「夏書」（禹および夏王朝の記録）、「商書」（殷王朝の記録）、「周書」（周王朝の記録）に分かたれ、堯舜の時代から、春秋時代秦の穆公（ぼっこう）までの政治史および政教を述べた書である。現在の『書経』は 58 編、そのうちの 33 編は今文、25 編は東晋時代の梅賾（ばいさく）による偽古文であり、典、謨（ぼ）、訓、誥（こう）、誓、命の 6 種の文体に分かれる。堯から舜、舜から禹までは帝位禅譲の時代であるが、禹は子の啓に伝え、以降は夏王朝として王位が世襲される。夏の最後の桀王の無道政治は、殷の湯王によって倒されるが、これは先の「禅譲」に対して「放伐」

と呼ばれる。そして殷の最後の紂王に対し、周の文王と武王が放伐によりその王位を奪う（前 1066）。文王の子で武王の弟である周公旦（前 11 世紀）は、紂討伐の際に武王をよく助け、武王の崩御後、その子成王の摂政を務め、周の制度文物を定めた偉大な人物とされる。この堯・舜・禹・湯・文・武・周公といった先王の教えが「儒教」として、孔子さらに孟子へと受け継がれたという思想は、後世「道統」の思想として確立される。孔子の生まれた魯の国は、周の侯国として周公旦を祖とし、周公より 600 年後の孔子の時代にも、なお周の文化・礼法が遺されていた。孔子は周公による礼・楽の文化を再興しようという理想に燃える。この点をもって「孔子が優れた古典学者であった」とされるのも肯ける 。儒教精神を表す文字として「仁」ないし「孝」の挙がることが多いが 、この古代に対する学的精神性を文字化するなら、まさしく『書経』に付されたのと同じ「尚」（「たっとぶ」）という文字ではなかろうか。そして孔子による「尚古主義」こそ、儒教の本質的側面の一つと考えられよう 。おそらく慈雲も、孔子と同じく尚古の精神性に基づいて、古代原初にまで遡る原理的世界観の構築を志し、それを悉曇学研鑽、古式に則った雲伝神道の樹立、諸国におしなべて通ずる十善戒の提唱等々の活動として顕したと考えられる。この精神性は、『神儒偶談』の中では上記 48 その他の項に頻出した「高天原虚空観」に結晶している。「高天原」は神道における中心的磁場である一方、「虚空」は戒律授受の場として、また『法華経』を中心とする円教の根本思想として、佛道の磁場を構築する拠り所だからである。以下の考察では、この「高天原虚空観」を基盤に据えたいと考える。

3.『雙龍大和上垂示』より

ここまで、本章では『神儒偶談』をテキストに慈雲の儒教理解の地平を問う一方、本書では、『法華陀羅尼略解』を軸に、慈雲最晩年の地平を明らかにすることを目指してきた。『神儒偶談』では、慈雲が尚古主義において孔子と波長を同じくすることが推察される一方、『法華陀羅尼略解』のうちには、慈雲の唯識理解の痕跡を指摘することができた（本書序章参照）。

ここで慈雲によるいま一つ別の作品を参照してみたい。それは『雙龍大和上垂示』上のうちの一篇（『全集』第13巻320 − 322頁）である。『垂示』は、寛政5（1793）年から寛政11（1799）年までの7年間にわたる慈雲尊者による約50講の筆記であり、上巻には神儒佛三道の悟境について準境居士が行った問いに対する垂示、大衆に対する十善戒の垂示などが収められ、下巻には主として神道に関する垂示が多く、中には須弥説や古今集をめぐる垂示も見られる（小野1964)。そのうち「辰の年」すなわち1796（寛政8）年の2月8日という日付が残る垂示には、下記のような記述が見られる。これは『法華陀羅尼略解』の完成よりもちょうど7年前ということになり、『慈雲尊者全集』には前後を省略しない版で掲載されているが、ここでは木南卓一氏による略出版で引用することにしよう。

「『唯識論』に、人間に眼と云うもの有りて一切を能く見る。此の見ること、眼の蒲萄玉のようなものばかりでは見えぬ。此の眼を以て見る者は識じゃ。耳鼻舌身共に何れも識と云うものと相応する所にて見聞嗅味触あり。さて此の識と云うものに形はないけれども、此の見る所が即ち識じゃ。五丁八丁或いは十丁でも眼の及ぶことだけが眼識のある所じゃ。耳鼻舌身等の識も眼識に准じて知ったがよい。先ず此の識は小さい。意識は過去のことも知るものじゃ。小児の時に習うたいろはの文字や、四書五経を読んだも能く覚えているじゃ。此の識は三千世界にも通ずる所有りて大きなものじゃ。又『倶舎論』には第六識までを説き、唯識に末那識、阿頼耶識を説いて八識とす。末那識は六識までを尽くして外の縁を受けず。唯だ我のみを思う。阿頼耶識は意識の因って発こる過去の因縁を見る。程子（※程顥1032 − 1085、程頤

1033 － 1107 の兄弟）が『古文後集視箴』に、心は（兮）本と虚なり。物に応じて迹(あと)無し云々。程氏も常体の者ではない。第六識までは見たじゃ。然れども八識九識は及び絶えたことじゃ。いかむとなれば其の物に応ずとはよいが、迹無しと云う所に非あることを知るじゃ。此の視箴の語も、至らぬ所あるに依りて詞が足らぬ。是も心は（兮）本と虚なり。物に応じて迹無し。而も万物之主と為る也とあらば、正見になるじゃ。【準境云。程氏のこの第六識までを見たも、全く佛説を儒に引き直し来ったものじゃ。総じて宋儒には此のくせがある。此れに心付て佛説を掠め来たるに依りて高論も見ゆるとも、甚深なる所を知らぬ故に却って正見も亦知らぬじゃ。云々】 第七識は唯だ識のみを見る。外縁に妨げらるることはない。程子が物に応じて跡なしと云うは、此等の所は中々見えぬじゃ。又第八識阿頼耶識は三千大千世界に行きわたる。第五身識までは唯だ其の体ほどのものじゃ。此の八識は大いに至って三千世界に行きわたり過去の因縁までを知るじゃ。又此の上に第九識がある。これは真言に云うことじゃ。是を菴摩羅識と云う。楞伽経にもあり、亦餘経にもある。此の識は業相の及ばぬ所じゃ。是を知らせたいに因りて、『略法語』の中に虚空の事を説いた。此の第九識を知らさんが為じゃ」。

この中で『唯識論』とあるのは『成唯識論』を指し、『倶舎論』と併せて、江戸期には特に広く読まれた。また『古文後集視箴』とあるのは、『古文親宝後集』巻之五より「視箴」のことである。一方『楞伽経』は、唯識と華厳思想、すなわち阿頼耶識と如来蔵思想を統合する試みを示す経典として注目されるばかりでなく、禅学の方面からも重要視される経典となったが、上掲したこの経典をめぐる慈雲の発言は、彼の透徹した博識をよく示すものである。すなわち『楞伽経』には計 4 種類の漢訳、つまり北涼の曇無讖（385 － 433）訳になる「楞伽経」（4 巻；失訳）、劉宋の求那跋陀羅（394 － 468）訳になる「楞伽阿跋多羅寶経」（4 巻）、菩提流支（？ － 527）訳になる「大乗入楞伽経」(10巻)、そして実叉難陀(652 − 710)訳になる「楞伽経」(7巻)がある。現行の『佛教語大辞典』(中村 1975)は「菴摩羅識」に関して「アーラヤ識が究極の空の境地に帰したところを言う」とし、自性清浄心に同じく、清らかな根本識を意味するとしている。この「菴摩羅識」はさらに、同辞典によれば「真諦の系統の摂論宗では、アーラヤ識の外に立てるので第九識とし、地論宗・天台宗にもこの説を採るものがあるが、玄奘の系統では、第八識の清浄な面にほかならないとして、九識説は採らず、宋訳『楞伽経』では真識を説くが第九識に当たる」とされる。中村博士の指摘によるこの「宋訳楞伽経」とは、上記四種のうち求那跋陀羅訳になる4巻の楞伽阿跋多羅寶経を指す。慈雲が「菴摩羅識は楞伽経にもある」としていたのは、上掲の現行大辞典の理解を、すでに慈雲自身が先んじて示していたことの証左であろう。

さて「法華陀羅尼」のうち第6咒、すなわち普賢菩薩咒に対し、慈雲は『法華陀羅尼略解』の中で、初句から「人法二空」「断習気」と注記しており、その唯識学的方向性が注目された。「人法二空」とは、「説一切有」を説いた上座部の説一切有部に対し、瑜伽行派が有部による「法の有性」を否定し、龍樹(150 − 250)に代表される中観派がそれを「空」と断じた、という大乗仏教の教理史を踏まえた表現である。また2行目に見える「習気」という訳語は、典型的な唯識学的用語の一つだと言える。慈雲による続いての注記「普皆回向」「恒順衆生」からは、唯識が小乗・有部との対決を通して大乗色を鮮明にしたことが想起されよう(本書序章参照)。

ちなみに慈雲は、他の後期著作すなわち『十善法語』等でも、随所に「五果」をめぐる唯識学的用語を用いている。一例を挙げることにしよう。『十善法語』第八は「不貪欲戒」を説き、安永3年(1774年)2月23日の示衆になる講話であるが、次のように述べられる(『全集』第11巻)。「華厳経に、貪欲の罪、亦衆生をして三悪道に堕せしむとある。これが異熟果じゃ。もし人中に在っては二種の果報を得、一には心足ることを知らず。二には多欲厭ふことなしとある。是を等流果と云ふじゃ。他の経に、世界の五穀も実り悪しく、官位俸禄も減ずとあるは、増上果じゃ」。このほか「五果」には、事物が相互に因果関係にある場合の果を指す「士用果」、煩悩の止滅した状態を示す「離繋果」が含まれるが、慈雲は時折このように「五果」に言及する。「六因・四縁・五果」の論は、仏陀からやや下った有部すなわち『倶舎論』に遡る説であるが、大乗のアビダルマを自認する瑜伽唯識行派にも継承されており、慈雲が自らを置く場の一つが唯識思想に見出されることは間違いがない。

先にも触れたように、中観派の祖龍樹は、一切法の無自性性を明らかにした。これに対して瑜伽行派は『倶舎論』に代表される説一切有部の体系性を継承し、一切空と有の統合を「識」すなわち阿頼耶識において成し遂げようとした。慈雲はこの間の経緯に関して、前五識と意識、第七識たる末那識、そして唯識で説かれる第八識たる阿頼耶識を『垂示』の中で巧みに論点としている。心 citta 意 manas 識 vijñāna は、元来は同じ意味を持っていたが、『成唯識論』に至り、心が阿頼耶識、意が末那識、識が眼耳鼻舌意の識、と訳し分けられるようになったものである 。

さて上掲の「此の第九識を知らさんが為じゃ」以降数行の後、全集版には「天御中主は天地の総体じゃ。これを佛法に配して見る時は、国常立は阿頼耶識のやうなるものじゃ。天水中主は九識の菴摩羅にあたる。是故に神道は正智見じゃ。まったく不邪見じゃ。佛法に違わぬ道理があるじゃ」とある（木南版では略されている)。ここで言及されている諸々の名は、言うまでもなく、次のような文脈で『古事記』冒頭に現れる神々の名である。「天地初めて発(ひら)けし時、高天の原に成れる神の名は、天之御中主神。次に高御産巣日神。次に神産巣日神。この三柱の神は、みな独神と成りまして、身を隠したまひき。次に国稚く浮きし脂の如くして、海月(くらげ)なす漂へる時、葦牙の如く萌え騰る物によりて成れる神の名は、宇摩志阿斯訶備比古遅神。次に天之常立神。この二柱の神もまた、独神と成りまして、身を隠したまひき。上の件の五柱の神は、別天つ神。次に成れる神の名は、国之常立神。次に豊雲野神。この二柱の神もまた、独神と成りまして、身を隠したまひき」。

こうして慈雲は、「国常立は阿頼耶識のやうなるものじゃ。天水中主は九識の菴摩羅にあたる」として、虚空＝高天原が、菴摩羅識そして天水（御）中主に当たると理解する。彼は、神道における創世神話を唯識思想の「識」論から解釈し、人間の意識構造が世界理解に反映されると捉えているのである。

4. 慈雲による儒教理解

以上、『雙龍大和上垂示』からは、晩年の慈雲の理解すなわち「高天原虚空観」が、神道にあっては天御中主神にその基点を見出す一方、佛道にあっては菴摩羅識つまり「自性清浄心」にその座を見出し、統一した像を結ぶさまを確認することができた。このような「高天原虚空観」は、彼の儒教理解にも応用することができるのであろうか。以下では、慈雲によって遺されたテキストからは離れ、孔子の思想に向けて跳躍することを試みてみたい。

『論語』衛霊公篇第15 － 42には次のような一節がある。「師冕見ゆ。階に及ぶや、子曰く、階なり、と。席に及ぶや、子曰く、席なり、と。皆坐す。子、之に告げて曰く、某は斯に在り、某は斯に在り、と。師冕出づ。子張問うて曰く、師と言うの道か、と。子曰く、然り。固より師を相くるの道なり、と」。

ここで「冕」と呼ばれているのは音楽師のことで、盲人であった。上記の一節には、盲人から採用されることの多い音楽官に対する孔子の敬意がよく表れている。盲人は、『論語』では「瞽者」という語で表される。子罕篇第9 － 10には「子、斉衰者を見るとき、冕衣裳者と瞽者と、之を見るとき、少しと雖も、必ず作つ。之を過ぐるとき、必ず趨る」とあり、起立・疾行により孔子が瞽者に敬意を表したことが知られる。また郷党篇第10 － 19でも、孔子は「斉衰者を見れば、狎れたりと雖も、必ず変ず。冕者と瞽者とを見れば、褻れたりと雖も、必ず貌を以てす。凶服者には之に式し、負版者に式す。盛饌有れば、必ず色を変じて作つ。迅雷風烈には、必ず変ず」と述べられている。

孔子は、瞽者から登用されることの多い音楽師が、古の儀礼や詩曲を諳んじ、まさしく伝承の「体現者」であることを、この上なく尊いことと見なしていた。彼らに対する孔子の態度は、弱者への倫理やマナーといったレベルで語られるものであると同時に、瞽者の記憶のうちに留められている「道統」への敬意の表明に他ならなかった。孔子にとって、瞽者こそは「尚古」の模範ですらあったと考えられる。前五識の筆頭たる「眼識」をも欠く瞽者は、この世すなわち地上での現実の生においては他者の援けを借りねばならないわけだが、それだけに一層、彼らの「識」のうちには、古代に遡る伝承が失われることなく形成されたまま留まっていると言える。慈雲の理解を援用するならば、彼ら瞽者の「識」は、まさしく「菴摩羅識」すなわち「自性清浄心」に相当するものなのである。

結.

本章での考察によって、慈雲の「高天原虚空観」は、その儒教理解にあっては、瞽者をたっとぶ孔子の「尚古主義」と通底することが明らかになった。瞽者が尚古の精神性の体現者であるという思想は、西洋古典の世界にあっては、ホメロス『オデュッセイア』第8巻に登場する盲目の吟遊詩人デモドコス、盲目であったと伝えられる詩聖ホメロス、あるいは盲目の預言者テイレシアス、そして自ら眼を突きながらも真実を見抜く洞察性を得たオイディプスの姿のうちに、神話的な文脈で示されている。本章での考察により、慈雲が儒教世界にも光を投ずる碩学であることを解明できたと考えたい。そして慈雲による「高天原虚空観」については、密教思想との関連のもと、本書第8章において再び取り上げることにしたい。

第6章　義浄と慈雲尊者
——有部律から四分律へ、そして正法律へ

1.『金剛般若波羅蜜多経』について

慈雲尊者は1804年の末に示寂するが、その直前まで、彼が熱意を傾けて取り掛かっていたと伝えられる事績に『金剛般若波羅蜜多経』の講義がある。慈雲は同年の9月21日、養生のため京の阿弥陀寺に入ると、23日よりこの『金剛般若経』の講義を始め、爾来同年12月22日の示寂前まで、毎月8日および23日には必ずこの経を続講した（木南1980：102)。これを郁文居士が筆記して遺したものが、『慈雲尊者全集』第7巻に収められる『金剛般若波羅蜜経講解』全1巻である。ただ『全集』に載る同『講解』には、冒頭に「寛政12年（1800年）開講」との日付が入る。従って、梁の昭明太子の章区分によれば全32章より成る鳩摩羅什訳の『金剛般若経』に対し、慈雲は1804年以前より多くの時間を割いてその講解に取り組み、示寂前に全講解を終えたと思われる。われわれはこの『講解』から、慈雲の最晩年に顕著な思想的特徴を取り出せると考えられよう。

ところでこの『金剛般若経』は、「法空」を説く般若系の経典としては、簡潔をもって知られる『般若心経』とともに古くから愛好され、漢訳も計7種に上る。もっとも『金剛般若経』は、直接に「法空」を説くことのない般若経として著名である。一般に読誦されるのは、上述の鳩摩羅什訳による『金剛般若波羅蜜経』であるが、海路入竺帰唐し（671 － 695)、『南海寄帰内法伝』

を著したことで知られる訳経僧義浄（635 − 713）にも『能断金剛般若波羅蜜経』（703 年）の事績がある。義浄が天竺より請来した経典の多くは、当時上座部の最有力派であった根本説一切有部の律蔵であり、義浄と言えば有部律を唐にもたらしたことで一般には知られるが、公的な訳経僧として彼が取り組んだ訳経の業績も多く遺されており、護国経として知られる『金光明最勝王経』（703 年）はその代表的なものである（宮林・加藤 2004:449)。『能断金剛般若波羅蜜経』も、義浄によるこの訳経類に含まれる。

慈雲は、68 歳当時の 1786 年（5 月）に、河南平石の高貴寺僧房に関して幕府より認可を受け、この地を「正法律一派」の総本山と定めている。この時に条文としてしたためたものが「一派真言律宗総本山神下山高貴寺規定」（全 13 条、1786 年 ; 全集巻 6）である。ただし、それに先立ち 1783 年には、河内観心寺槇本院より、高貴寺を慈雲に付囑する旨の認可を受けている。一方、高貴寺を正式に結界するのは 1792 年のことと伝えられる（密教学会 1970：902)。これに対し、上掲の義浄による『南海寄帰内法伝』の注疏として誉れ高い『南海寄帰内法伝解纜鈔』（全集巻 4）を完成させたのは、41 歳の時期に当たる 1758 年であり、この同年には『根本説一切有部衣相略要』（全集巻 3）等の著作もあり、彼が有部律の研鑽に打ち込んでいたことが伝わる。慈雲は、真言宗西大寺派に発する野中寺にて自誓受戒したことで知られるが、自派「正法律」の設立に際しては、古式に則る「三師七証」式の授戒を日本に伝えた鑑真（688 − 763）が奉じ、道宣（596 − 667）に遡る南山律宗の「四分律」に拠っている。この点について一般的には、「正法律は法系的には南山四分律に属するが、(慈雲が) 重要視したものは有部律であり、ほぼ一切の経律を重視する立場を採る」（中村元ほか 2002：546）と記述される（本書第 1、2 章を参照)。

こうして晩年の慈雲は、高貴寺僧房の整備以降、80 歳を過ぎた頃より雲伝神道の整備体系化に勤しむ傍ら、上述のように『金剛般若経』の講解にも余念がなかったということになる。慈雲が40歳当時に専心していた有部律への理解は、80歳を過ぎ最晩年期に差し掛かった頃の事績『金剛般若経講解』に、いかなる形でその痕跡を留めているのであろうか、あるいはまったくその形跡を見出すことは不可能なのであろうか。

本章はこの点をめぐり、慈雲の他著作、あるいは高貴寺僧房の戒場の意味づけ等を参照しつつ検証しようとする試みである。この際、正法律の戒律論に有部の律理解がどの程度痕跡を残しているのかという点が、慈雲への義浄の影響として計られる主要な目安となるだろう。

2. 有部律について

佛滅後100年ほどを経て行われた第2回結集を契機として、上座部・大衆部の根本分裂が生じ、それ以降およそ2－3世紀の間に、18部または20部におよぶ部派が形成された。これを枝末分裂という（塚本1976：77）。このうち上座部に属す根本説一切有部の戒律である「有部律」は、伝統的に後の真言宗において重んじられている。これは、弘法大師空海（774－835）の著作である『三学録』すなわち『真言宗所学経律論目録』（823年）に、律関係12部168巻の書目としては一貫して義浄の請来になる有部律のものが挙がるためである（勝又1992：180－181）。なお西大寺派より出発した慈雲も、法統の上では真言宗系に属している。いま義浄の訳出になる有部律関係の典籍を挙げるならば、

根本説一切有部・毗奈耶	50巻	義浄訳	（大正大蔵経1442）
同・苾蒭尼毗那耶	20巻	義浄訳	（1443）
同・毗奈耶雑事	40巻	義浄訳	（1451）
同・尼陁那目得迦	10巻	義浄訳	（1452）

同・苾蒭戒経	1巻	義浄訳（1454）
同・百一羯磨	10巻	義浄訳（1453）
同・苾蒭尼戒経	1巻	義浄訳（1455）
同・毗奈耶頌	5巻	義浄訳（広本；略本は3巻、1459）
同・毗奈耶雑事摂頌	1巻	義浄訳（1457）
同・毗奈耶尼陁那目得迦摂頌	1巻	義浄訳（1456）
根本薩婆多部律摂	20巻	義浄訳（広本；略本は14巻、1458）
薩婆多毗尼毗婆沙	9巻	秦代失訳

となる。『三学録』に律部として挙がるのは計15部174巻であり、上掲以外の書目は「蘇悉地経」（3巻）、「蘇婆呼経」（2巻）、「金剛頂受三昧耶佛戒儀」（1巻）である。台密の重要経典として知られる「蘇悉地経」を律に含めるかどうか等はともかく、このとき空海が真言宗僧侶に学習を勧めた律のほとんどが根本説一切有部のものであり、かつそのすべてが義浄の訳になるものである。さらに義浄の訳出でありながら『三学録』に挙がらない典籍もある。「根本説一切有部・毘奈耶出家事」（4巻：1444）、「同・毘奈耶安居事」（1巻：1445）、「同・毘奈耶随意事」（1巻：1446）、「同・毘奈耶皮革事」（2巻：1447）、「同・毘奈耶薬事」（18巻：1448）、「同・毘奈耶羯恥那衣事」（1巻：1449）、「同・破僧事」（20巻：1450）、「同・戒経」（1巻：1454）がそれに該当し、これらはいずれも義浄訳である。空海が意図したのは、実質的に、自身が入手しえた義浄訳による有部の律典すべてという意味だと解されよう。

ところで、中国における真言密教の大成者として名を遺す不空（705－774）は、金剛智（671－741）の下、大薦福寺において有部による受戒を果たす（719年；大谷2015：154）。その金剛智は、有部の典籍を請来した義浄に師事し、義浄の開いた大薦福寺で活動していたことが知られている。

義浄が天竺より帰唐したころ、中国では四分律が盛行しており、有部律を広めようとした義浄の試みはごく限定的な成果を上げたに過ぎなかった。ただ、天竺からの渡来僧たちには大いに歓迎されたことが明らかとなっている（大谷 2015：155）。そしてこの影響は、金剛智から不空を経て恵果（746 − 805）へ、そして空海へと辿られる。これは、有部律が密教を容れる素地を有していたことの証左となろう。

有部について少しく瞥見しておこう。有部には 7 種の論蔵があり、「六足発智」と称される。それは『集異門足論』（全 20 巻）、『法蘊足論』（全 12 巻）、『施設論』（全 7 巻）、『識身足論』（全 16 巻）、『界身足論』（全 3 巻）、『品類足論』（全 18 巻）、『発智論』（全 20 巻）の計 7 種である。もっとも有部の説を知るうえで、世親（ヴァスヴァンドゥ；400 − 480）の著になる『阿毘達磨倶舎論』（全 30 巻）が有用だとされる。この『倶舎論』は、上掲の論蔵の一つ『発智論』と、これを注釈した『大毘婆沙論』（全 200 巻）の内容を収めたものであり、かつ世親は有部から経量部に移った後にこの『倶舎論』を著したと伝えられるので、『倶舎論』の中には有部に対する批判も含まれているためである。

論蔵に経蔵・律蔵を加えて「三蔵」であるが、漢訳された広律（完全な形態を備えた律）に 5 種がある。大衆部所伝の『魔訶僧祇律』、上座部法蔵部所伝の『四分律』、化地部所伝の『五分律』、説一切有部所伝の『十誦律』、そして根本説一切有部所伝の『根本説一切有部律』である。説一切有部と根本説一切有部とは、従来は別の部派とされたが、近年では説一切有部のうち、特に尊称でもって自派を指す場合に「根本」の辞が付されるという説が有力である（大谷 2015：161）。

一方『倶舎論』は、界品、根品、世間品、業品、随眠品、賢聖品、智品、定品の計 8 品に、付録として破我品が付く。以上のうち、最初の 2 品で法の体系が示され、世間品では佛教的宇宙観が記された後、次の 2 品では業（行為・作用）と煩悩が述べられる。以降は悟りの世界をめぐる記述となる。

有部の法理論はふつう「三世実有・法体恒有」と説かれる。これは「諸法は過去・現在・未来の三世にわたって存在する」と解する解釈である（高崎 1983：108)。『倶舎論』で「業品」と呼ばれるのは、第 13 巻〜第 18 巻の計 6 巻である。ここではまず、身口意の 3 業および表無表が明らかにされる。表無表とは、業の余力が表面に現れるか（表）、現れないで潜在化するか（無表）の違いを言う。次に無表の 3 種、業の種類、十悪業道が詳しく説明され、最後に業に関する諸問題が解釈される（小野 1964)。従って、義浄が請来訳出したのは説一切有部による律蔵全体であるが、その有部による論蔵の内実を知るために、『倶舎論』を参観すべきだということになる。

3. 有部律をめぐる慈雲の評価

では次に、慈雲が有部とどのように関わりつつ晩年を迎えたのか、あらためて振り返っておこう。上述のように慈雲は、1758 年に義浄の『南海寄帰内法伝』を注解して『南海寄帰内法伝解纜鈔』を撰し、かつこの同年には『根本説一切有部衣相略要』をも著している。慈雲はこの『衣相略要』において、次のように有部の「十殊勝」（10 個の優れた点）を挙げている（釈 1940：28、浅井 2003：251)。

「第一聖教殷富。第二律本詳悉。第三翻伝精備。第四西天所崇。第五依論適従。

第六古徳所依。第七部分無濫。第八学業易成。第九余業可修。第十法式一定」（全集 311 − 312 頁)。

一方慈雲はこの頃、長尾の滝上流に雙龍庵を結び、『梵学津梁』全一千巻の編纂執筆に着手する。『梵学津梁』は、彼が阿弥陀寺に移る 1771 年あるいはその前年にはほぼ完成していた。1772年には、「高貴寺貝葉」として知られる『倶舎論世間品』を含む梵夾を宇治厳松院の善淳律師より贈られ（梵字貴重資料刊行会1980：145、前田2010：0000 − img0016)、これを機に、「慈雲流」の悉曇運筆が開発されることになる。

1783年、慈雲は『表無表章随文釈』（全集巻5）を公にするが、これは唐代中国法相宗の祖である基（632 − 682）の主著の一つ『大乗法苑義林章』のうち、第3巻に載る「表無表色章」についての注疏である。有部が上座部の一派であるのに対し、法相宗は大乗に属す。大乗の主張は、有部の「法有」に対して「法空」の理論である。有部の「我空法有、人空法有」との主張にあって、「我」は五蘊の諸法の因縁による集まりであるが故にこれは否定され、「無我」すなわち「空」であるとされた。しかし、構成要素としての諸法が実有であると見ることは、法が外教の言う「我」と同様、固有の性質を持った自己存在（自性svabhāva）となり諸法無我の理に反する、として大乗がその批判に立ち、法もまた自性がない（自性空）と主張した（「我空法空」）。これが、一切諸法を空であるとして般若思想を奉ずる大乗中観派の立場である。しかしながら、諸法は空ではあってもなお現実に有と見られるのはなぜか、という問いが提出され、瑜伽行派の大乗唯識説を生むことになった。こうして法相＝瑜伽行派は、有部と同じ法の体系を利用しつつ、法の存在性を剥奪し、ただその機能性を主体との関わりにおいて認め、法は仮有であるとして、「縁起」を佛説に即し正しく解釈したと標榜した（高崎1983：114)。

慈雲はこのような唯識の流れに立つ「表無表色章」に対して注釈を著したのであるが、上述のように「表無表」は『倶舎論』の中に現れる。「表無表」の問題が顕在化するのは、特に受戒後の「戒体」（戒の本体：防非止悪の功能を指し、戒律を守り続けさせる原動力）の理解に関してである。佛教学では、戒体は色法（物質）か心法（精神的なもの）か、あるいはそのどちらでもない非色非心法かという、かなり難解な研究と議論がある。詳しく見るならば、

「戒体」とは、①『倶舎論』では、受戒の際に身口の二業に現れる表色によって生ずる功能であり、表示しえない色である無表色とされ、11 個存在する色法のうちに分類される。一方②唯識では、表色によって生ずる心法（心王）であり、種子（第 8 阿頼耶識のうちに存在する特別の力）とされる。③「法有」を批判する『成実論』では「非色非心」の戒体が立てられる。④南山律宗の道宣（596 － 667）は、唯識の義に基づき、戒体は種子であるとした（中村ほか 2002：129、480）。以上には「四分律」を奉ずる法蔵部の解釈が現れていないが、凝然（1240 － 1321）の著した『八宗綱要』によれば、「いま四分宗、『成実論』により非色非心を体と為す」とされている（鎌田 1981：188、上記③）。「非色非心」とは、色法でもなければ心法でもない、との意であるが、④にあるように、唯識では「種子が戒体である」とされることがあり、道宣はこの立場に立っていた。なお筑波大学所蔵『法華陀羅尼略解』の写本を蔵する天台真盛宗（津・西来寺）は、戒体を佛性とし、全衆生に備わる物質であると解して「性無作仮色・一得永不失」とする（寺井 2010：67）。

さて慈雲は、このように諸説が林立する場合、自らの見解を表立って主張することはまれである。戒体論についても、『南海寄帰内法伝』の「律儀は殊異にして、重軽は懸隔し、開制は迢然たるものあり」との一節に対し、「これは戒体、戒相、戒法の別異なることを述べたものである」として『解纜鈔』第一（全集 82 頁）で次のように言うのみである（佐々木 1985：198 － 199）。その主旨を約すならば、「律儀は殊異にして、とは戒体が別という意味である。有部では色法に属し、四分は非色非心聚とするなど、それぞれ法相を楷定しているため、通会することができない。故に殊異と言うのである」。「重軽は懸隔し、とは戒相が別という意味である。重戒の重犯等について、四分は重く有部は軽いというように、差異のあることを指す。有部が軽いと言われるのは、再犯の場合、他部は初犯と同じく処置するも、有部は突吉羅罪として処分することなどが、その例である」。「開制は迢然たるものあり、とは戒法が別という意味である。有部がこれを制するも、他部ではこれを開すというように、開制が異なっていることを言う」。

4. 慈雲の戒体論

このように慈雲は、戒体論について、諸典籍に通暁しながらも既存諸派の考え方を採ることはしない。これは後述するように、慈雲が高貴寺僧房の開創に向け、「正法律」に固有の佛教観、すなわち「十善戒」を中心とした戒律観を練っていたためだと考えたい。再び慈雲の年譜を追うことにしよう。

1786年5月、高貴寺僧房が認可され、高貴寺が正法律総本山となる。次いで1792年、高貴寺が結界される。おそらくこの頃、高貴寺の戒場も整備されたと思われるが、その戒場の現状は、四分律宗を受け継ぐ唐招提寺の戒壇とは、少なくとも外見上は異なっている（後掲写真参照）。この点については後ほど詳しく検討したい。これと相前後して「授戒規則」も定められたが、これは、おそらく弟子の智幢が後に唐招提寺に入ったということも相まってか（唐招提寺 1998：207）、唐招提寺式となっている。そして最晩年、1803年に『理趣経講義』および『法華陀羅尼略解』が著され、翌1804年には『金剛般若経』の講解が行われている。慈雲の年譜は以上のように辿られる。

さて「戒体」が発得されるのは、言うまでもなく戒場・戒壇における受戒の瞬間においてに他ならない。戒体は授戒儀の羯磨（行為）によって発起するため、上掲のように、有部がこれを色法とするのは、佛教学的に妥当であると考えられる。ここで考慮したいのが、有部律と四分律における塔（ストゥーパ）崇拝の相違に関わる点である。塔とは佛陀の遺骨を祀る施設であり、佛道に帰依したことの確証である戒体をめぐっての理解は、塔への眼差しに直接関わってくると考えられるからである。

『金剛般若経』が成立したころ、説一切有部などは、富裕層の支持を背景に、ストゥーパの崇拝を奨励し、それによって大きな功徳が得られると説いたとされる（中村・紀野 2001：215)。ちなみに義浄は『南海寄帰内法伝』巻 3 第 25 章「師資之道」において、制底・窣覩波・支堤・塔は共に同義であるとしている(宮林·加藤 2004:261 － 262)。このような有部の見解に対し、「四分律」を生んだ法蔵部を含む化地部など他の諸派は、ストゥーパ崇拝には大して功徳がないと主張したと伝えられる（春日井 1953：215)。ちなみに道宣の『関中創立戒壇図経』（667 年；大正大蔵経 1892）は四分律宗の文献であるから、法蔵部に発するものと理解できるだろう。こうして有部と四分律宗では、塔崇拝に関する考え方が異なっていると考えられる。これは突き詰めれば、戒体に関して、有部がこれを無表色と解して色法に含めるのに対し、法蔵部に発する四分律宗に立ちつつ唯識の理解を容れた道宣は、戒体を表色によって生ずる心法に含まれる種子であるとしたという相違に由来するものと考えられよう。この問題への回答を求めて、慈雲の『金剛般若波羅蜜経講解』をひもといてみよう。

5.「塔」をめぐる慈雲の理解

『金剛般若経』には、第 12 に「塔廟」、第 15 に「塔」という字が出る。これらの箇所における慈雲の釈を見ることにしたい。なお本章では、便宜上『金剛般若経』の本文として、慈雲自身が参観している鳩摩羅什訳(402年成立;中村・紀野 2001 岩波文庫版）の書き下し文を用いることにする。

まず『金剛般若経』12「尊重正教分」には次のような文がある。「須菩提よ、随いてこの経の乃至四句の偈等を説かば、まさに知るべし、この処は、一切世間の天・人・阿修羅の、皆まさに供養すること、佛の塔廟の如くなるべきを、いかに況んや、人有りて尽くよく受持し、読誦せんをや」（72 － 74 頁)。

慈雲はこの箇所について、『金剛般若波羅蜜経講解』の中で次のように釈す。「皆応供養等は、金剛経読誦受持の処を守護供養すること、佛塔を供養するが如くせよと云ふことじゃ.... 凡そ顕教にて言はば、この塔は世尊正覚を成じ給ひし時に始まると云ふじゃ。密教にて云ふときは、塔は法身の如来の三摩耶形じゃ。また魔訶毘盧遮那如来の己体じゃ。毘盧遮那如来は法身じゃ。釈迦如来は生身じゃ。此の法身佛は、人間一切諸天諸菩薩の眼には見えぬと云ふことじゃ。また塔の中の佛は大日如来じゃ。この界にては釈迦如来と云ふ.... 支那の宋朝に、金剛経塔と云ふを作る。欄檻に佛と云ふ文字を書く。もしこれが実に文殊の作ならば、唐文字では書かぬ筈じゃ。梵字が当然じゃ.... さて今日の衆生の一念心が法性の佛じゃ。その身も然るじゃ。十善の容(すがた)が法性の佛じゃ。即ち塔じゃ。この金剛経じゃ。故にこの経と塔とは同じことじゃ。一切衆生は皆悉くこの九識を備ふる故、塔に九輪を作りて表するじゃ。唯識の第八識の上に第九菴摩羅識と云ふものを足して九識じゃ.... 一切衆生の本来の一念心が、この塔廟じゃ。これは祭り供養せねばならぬ物じゃ。乃ち佛心じゃ。佛心ならば佛身じゃ。この塔を拝する者は、法身第一の功徳を得る。また五戒を持し十善を具足する時は、その功徳が顕はるる。眼に見、耳に聞き、心に拝す。これ塔じゃ」(全集111頁)。

ここでは「佛」という文字に関して、唐文字ではなく梵字で記されるのが当然だという慈雲の発言、および「十善の容こそ法性の佛」という句に注目したい。また九輪とは一切衆生が九識を備えていることの表現であり、これは唯識の第八識に第九菴摩羅識を足したものだとの彼の理解にも着目したい。

次に、15「持経功徳分」ではこう語られる。「須菩提よ、在々処々に、もしこの経あらば、一切世間の天・人・阿修羅の、まさに供養すべき処なり。まさに知るべし、この処はすなわち、これを塔となして、皆まさに恭敬し、作礼し、囲饒し、もろもろの華香を以て、その処に散ずべきことを」(92頁)。

慈雲はこの箇所について次のように釈す。「この文意は、この金剛経の在るところは、佛の法身のある処にして、即塔なるが故に、身を以て礼拝し、語を以て讃嘆し、意を以て恭敬すべし、また香花を以て散灑供養すべしと云ふことじゃ。さて密教で云ふ塔は、如来の三昧耶形、一切諸佛もこの中より現るじゃ。然るにこの大日如来と云ふは、法身の佛にて応化の佛ではない....地水火風空の五大を体とす。五大の中に、識大が自ら具足する。これが五分法身じゃ。この五分法身の姿が、即五重の塔じゃ。五分法身とは、戒・定・慧・解脱・解脱智見じゃ。故に在家出家共にこの身の行が大切じゃ。在家は五戒八戒、出家は沙弥戒比丘戒じゃ。この戒によって禅定を発生する。経の中に、尸羅清淨なれば三昧中に於て現ずとある。三昧とは禅定の異名じゃ。禅定より慧相続して生死を解脱す。解脱に決断の力が生ずる。これが解脱智見じゃ。五分法身の中にも、まず戒が第一じゃ。また十三重の塔あり。これは菩薩の善根が十三行に分るるを表する。第一が順解脱分じゃ。三帰を満足する。通じて云へば煗位じゃ。第二が忍の位じゃ。我人衆生壽者等の相を離れ、言説心念を離れ、自性解脱せる趣を忍可する。これに十地を加へて十二じゃ。十地とは、歓喜地、善慧地、不動地等じゃ。これに如来地を加へて十三塔の姿を成ず。是の如くの深き趣ある故、寸分にても違ひがあれば、功徳が欠少すと云ふじゃ。また二重の塔は、法華に説く虚空と霊鷲山との二処を表す。三重塔は戒定慧を表す。五重塔は五智を表す。今時天子の御墓にある塔は、多く十三重じゃ」(全集 148 頁)。

ここで注目されるのは、塔および「五分法身」に関する解釈である。道宣の『戒壇図経』には「戒壇は地より起こって三重を相となし、これは以て三空を表するのであるが、その後帝釈が覆釜形を壇上に加えて舎利を覆い、大梵王がさらに無価宝珠を覆釜形の上に置いて舎利を供養することにしたため、これすなわち五重でこれは五分法身を表す」という理解が載る(横超 1941:27)。それに対して慈雲の理解は密教的解釈であり、『密教大辞典』に載る説明とほぼ同義である(密教学会 1970:636)。

（唐招提寺戒壇）

（高貴寺戒場）

6. 戒場の実際

ところで、道宣の『戒壇図経』に関しては村田治郎「戒壇小考」（村田1962）が参考になる。全11章より成る『戒壇図経』の中で、「戒壇形重相状第3」の（大正大蔵経版）808頁から809頁にかけては、三重檀と北天竺の烏仗那国の東にある石の戒壇、および戒壇周囲の守護神について述べられる。その途中、808頁下末から2行目に「近以乾封二年九月、中印度大菩提寺沙門釈迦蜜多羅尊者長年人也」とあり、それ以降809頁から810頁にかけて詳細につづられる戒壇の形状についての記事は、この釈迦蜜多羅尊者が伝えた事柄だと解される。この点で横超論文（横超1941）は、これを区切りなく道宣の撰述と解するようであり、ここに解釈の相違が生まれる。ここでは村田論文の理解に従う。ただもちろん道宣は、このように長く引用していることから見て、明らかにこれを規範とせよと指示するつもりで掲載したと考えられる。

さて慈雲は『戒場荘厳及び神名配位之図』の中で次のように記す。「戒場と戒壇との二種あり。当山は戒場なり。神名を置くは三重戒壇に準じてなり」（全集 68 頁）。従って、高貴寺は戒場であるが、実際の授戒等に際しては三重戒壇に見立てた荘厳式が執り行われていたと考えてよかろう。また「戒場荘厳之図」（同 64 頁）には、中央に「塔」とあるため、高貴寺の場合、写真に見る「塔」は戒場の中央に位置する塔だと考えてよい。以下『戒場荘厳及び神名配位之図』に従って記述を確認しよう。

1.「戒壇の下層東南西南二角の跋と婆とは金剛力士の内なり。四方の五階道に配せるは十金剛なり。合せて十二金剛力士といふ。西北東北二角の金と散とは佛塔を護れる神なり」（計 14 神）。

1）『戒壇図経』809 頁上には次のような記載がある。「神名跋闍羅波尼梁言金剛。神名婆里旱河但反。梁言力士。初堅固光曜神。二日光曜神。三須彌華神。四淨雲音神。五阿脩羅王神取脩羅爲名。非脩羅也。六勝光明神。七樹音聲神。八師子王神如上。已解。九淳厚光藏神。十珠髻華光神。右十二金剛力士神王」（付線筆者）。以上で、確かに 2 + 12 = 14 神となる。

2.「第二の四角は四天王なり。一王に各々四神の軍主あり。四面の七階道にこれを配せるなり」（計 20 神）。

2）まず、ここに四天王が登場する理由について、『金剛般若波羅蜜経講解』浄心行善分第 23 には、戒場に見る四天王の現存と、佛伝との関連をうかがわせる記述がある。「浄飯大王、大林精舎を建立ありて、世尊に供養し給ふ。舎衛国の祇園精舎にも相違なきやうに建立ありしと云ふ。世尊此処にて法を説き給ふ。さてある時浄飯大王、大林精舎に往き、東門より入らんと欲する時に、衣冠正しき人あり。制して曰く、入ることなかれと。何故にと問ふ。答えて曰く。今は梵天帝釈天などの高位なる天部が来て法を聞き給ふ故に、人間の入ることを許さずと。大王曰く。然云ふ爾は何者なると。答ふ、われは持国天なりと。故にまた南門に至るに。また是の如し。大王問ふ、爾は如何なる者ぞと。答へて増上天じゃと。また西門に至るに、ここには広目天います。又北門に往けば、毘沙門天います。各四門を守る故に、大王思召すに、太子は我が子なれども、出家して無上正覚を成じ給ふ故に、かくの如く諸天も来て法を聞くと思ふて、御帰りあったと云ふ」(全集184頁)。

確かに高貴寺戒場の第二階には、東北の角（⇐東）に持国天・提頭頼吒天王 Dhṛtarāṣṭra が記されている。また東南角（⇐南）には増長天・毘婁勒叉天王 Virūḍhaka、西南角（⇐西）には広目天・毘婁博叉天王 Virūpākṣa、西北角（⇐北）には多聞天・毘沙門天王 Vaiśravaṇa が載っており、『戒壇図経』の記載に正確に対応する。

一方『戒壇図経』809頁下以降は「四神軍主」の詳細であり、これらが高貴寺の戒場では次のように四面の七階道に配される（北側だけが一階道、ただしここに4神）。両者は正確に対応する。

東側：(南から北へ）地珂。北神名脩涅多羅。北階道二神：南神名分那柯、北神名迦毘羅。東南角天王名毘婁勒叉。領鳩槃荼及薜荔多衆。住南閻浮提洲。所領四神軍主。

南側：(東から西へ）僧伽。西神名優波僧伽。西階道二神：東神名償起羅、西神名栴陀那。西南角天王名毘婁博叉。領諸龍及富多羅衆。住西瞿耶尼洲。其所領四神軍主。

西側：(南から北へ)。訶利。北神名訶利枳舍。北階道二神：南神名波羅赴、北神名冰伽羅。西北角天王名毘沙門。領夜叉及羅刹衆。住北鬱單越洲。多來閻浮提。其王手中掌佛塔。古佛舍利在中。佛在時令其持行。所在作護。佛法久固。又令天王威徳勢力領四神軍主。

北側：(西から東へ)。陀羅那。二名阿羅難陀（この順序のみ『戒壇図経』と入れ替わっている)。東邊二神一名鬱庾伽波羅。二名別他那。以上で、確かに4 + 4 × 4 = 20神となる。

3.「第三の四方は二十八星神、二十八宿のことなり（計 28 神）。諸佛あつめて六十二神なり」。

3)「第三の四方」の 28 宿について、慈雲は梵字に正確を期しつつ次のように記載する。現代の出版物を参照し、宿の順序・梵字のローマ字表記を改めた（密教学会 1970：1718；佐和 1990：165 − 166）。

東方 7 宿：昴 Kṛttikā　畢 Rohiṇī　觜 Mṛgaśiras　参 Ārdrā　井 Punarvasu　鬼 Puṣya　柳 Aśleṣā

南方 7 宿：星 Maghā　張 Pūrvaphalgunī　翼 Uttaraphalgunī　軫 Hastā　角 Citrā　亢 Svātī　氐 Viśākhā

西方 7 宿：房 Anurādhā　心 Jyeṣṭhā　尾 Mūlaṁ　箕 Pūrvāṣāḍhā　斗 Uttarāṣāḍhā　※牛 Abhijit　女 Śravaṇā

北方 7 宿：虚 Dhaniṣṭhā　危 Śatabhiṣā　室 Pūrvabhadrapadā　壁 Uttarabhadrapadā　奎 Revatī　婁 Aśvinī　胃 Bharaṇī。以上で確かに 7 × 4 = 28 神であり、慈雲の言う通り 14 + 20 + 28 = 62 神となる。

なお『大智度論』巻 8（大正 117 頁上）にあっては、これらが「4 種の地動」のうちに順次登場するが、そこに牛宿は登場しない（三枝 1973：160 − 161）。一方慈雲は「梵学津梁広詮　天象部　全」の 28 宿に関する記述の中で、牛宿の説明を一旦飛ばして他 27 宿の説明を終え、その後に牛宿の説明を加えている（筑波大学附属中央図書館所蔵チ 590 − 19；前田 2010：0352 − img0015）。これは、特定の日を司る宿ではない牛宿について（学研編集部 1997：140 − 141）、慈雲が知悉していたことを物語る。

7. 戒場論（小結）

『戒壇図経』および『戒場荘厳及び神名配位之図』をめぐる以上の比較検討に加え、唐招提寺戒壇とともに現存戒壇として著名な東大寺戒壇院のプラン（村田 1962：15）を考慮するなら、次の諸点が結論として導かれよう。

1）『戒場荘厳及び神名配位之図』では、第 1 の四角において、階道は南側に 2 本、東西北側には各 1 本、計 5 階道であるのに対し、第 2 の四角では、階道は北側に 1 本、東西南側には各 2 本、計 7 階道であり、村田論文掲載のプランに拠れば、これは唐招提寺の戒壇と正確に一致する。それに対して東大寺戒壇院の戒壇は、第 1 壇も第 2 壇も上記の「第 2 の四角」と同じ姿になっている。

2）唐招提寺戒壇は、上記のように第 1 壇、第 2 壇に関してそれぞれ 5 階道、7 階道となっていることからみて『戒壇図経』に従っていると見える。

3）東大寺の現存戒壇はこれと同一ではなく、第 1 壇、第 2 壇とも 7 階道となっているため、『戒壇図経』に忠実ではないと言える。東大寺戒壇院に関する資料によれば、現在の東大寺戒壇院は 754 年創立当時のものではなく、1180 年、1446 年、1567 年の 3 度にわたる火災ののち、1732 年に再建されたものである。従って戒壇そのものも、創立当時のものとは異なり、再建時に『戒壇図経』から離れたものかと思われる。

4）唐招提寺の現存戒壇については、覚盛（1194 － 1249）が 1244 年に唐招提寺に入り 1249 年に示寂、弟子の証玄（1220 － 1292）が覚盛示寂の 35 年後、1284 年に再建したものが現存のものであるとする説と、天平年間に初めて建立されたとする説の二つがあるが（徳田 1961：42）、いずれにしても、四分律宗の始祖たる道宣の『戒壇図経』の記載に忠実たらんとする意向が反映されたものと思われる。

5）ところで、華厳宗の学僧凝然（前出）による『三国佛法伝通縁起』（1311 年）下巻「律宗」には、東大寺戒壇開創の際の記述があり、「立つる所の戒場には三重の壇あり。大乗菩薩三聚浄戒を表すが故なり。第三重において多宝塔を安んず。塔中釈迦多宝二佛像を安んず。一乗深妙理智冥合の相を表す」

(『大日本佛教全書』101巻28頁上)と出る。このように、鎌倉年間における戒壇理解としては、東大寺・唐招提寺ともに「三重壇は三聚浄戒(摂律儀戒・摂善法戒・饒益有情戒)を表す」とする解釈を受け容れており、すでに『戒壇図経』に載る「三空」の理解、ないし北天竺烏仗那国東の石戒壇に見られる三壇に基づく理解は失われていたことがうかがえる。そしてこれは、現在の東大寺・唐招提寺双方の戒壇理解にまで及んでいる(東大寺2009;唐招提寺1998:94)。

6)これに対して慈雲は『戒壇図経』に遡源し、かつその梵語神名を梵字表記するなど原点回帰の精神をたくましくしつつ、四分律宗唐招提寺の原理解に忠実であった。その一方で、華厳宗東大寺の凝然とは一線を画し、釈迦と北天竺の石戒壇に立ち戻る姿勢を明らかにしている。また上述のように「五分法身」その他の理解に関して、慈雲による理解は密教観に立つものである。

7)かつ慈雲は、「戒壇」という様式にこだわらず、義浄訳になる『根本薩婆多部律摂』に見える古代風の「戒場」を設営している(釈1940:60)。これは義浄に忠実な一面と言えるかもしれない。

8)三聚浄戒は大乗菩薩戒であるが、根本説一切有部にしても、『四分律』を奉持した法蔵部にしても上座部の部派である。菩薩思想を生み出すのは大衆部であるから(中村1968:97)、戒壇・戒場の発想にとって三聚浄戒の理念が本来的であるとは言い難く、三重の戒壇が三聚浄戒を表すという理解は、少なくとも道宣著になる『戒壇図経』の中には見られない。慈雲の遡源はこの点に忠実である。

9)戒場の設営に関して、慈雲は『戒壇図経』の記載に忠実なのであるが、実際には、正法律の戒場が、金剛力士たちに囲饒された四天王の守護になる佛界を奉じ28宿をもって結界されることで、高貴寺一派門徒の「戒体」は、「戒如明日月」(「梵網菩薩戒経偈」第21句)、すなわち月輪のごとくに円性を窮めつつ天空を駆ける存在と化すことであろう。この「梵網菩薩戒経偈」は、現在の西大寺・真言律宗のみならず、江戸時代に天台律宗とも称せられた天台真盛宗にも共通する勤行経文となっており、『法華陀羅尼略解』が天台真盛宗・西来寺への写本伝播を持つことが思い合わされる（本書序章を参照）。

8. 慈雲による戒場の密教的理解

さて慈雲は、高貴寺戒場の塔を、唐招提寺の戒壇とは異なって九輪を冠したものに仕上げ、これを密教理解のもとに総括して、「一切衆生は皆悉く九識を備ふる故、塔に九輪を作りて表」し、「唯識の第八識の上に第九菴摩羅識を足して九識じゃ」と喝破していた（上掲第5節）。「九輪」は「相輪」のうちに含まれるもので、相輪とはインドのストゥーパの形を塔の屋頂に載せたものである。これは方形の〈露盤〉、半球形の〈覆鉢〉、蓮花の〈受花〉、9つの輪と檫管から成る〈九輪〉、〈水煙〉、〈龍車〉、〈宝珠〉から成り、中心に心柱が通る。露盤はストゥーパの基壇に、覆鉢は土饅頭に、受花は平頭に、九輪は傘蓋に当たる（中村ほか 2002：642、1088 − 1091）。ちなみにこの「相輪」を指して「九輪」とも呼ぶ。一方唐招提寺にある「戒壇」は、三重の基壇の上に、欄楯（らんじゅん）、覆鉢、傘竿、傘蓋が載るタイプのものであり（同上）、サーンチーの佛塔の上部に似る。九輪が傘蓋の発展したものだと言えるにしても、唐招提寺の戒壇が傘蓋を頂くのに対し、九輪そのものを冠する高貴寺戒場は、唐招提寺の戒壇とは異なって「九識」に連なる密教的理解を容れうると言えるだろう。

上述したように、有部律には密教に連なる素地があった（第2節参照）。一方有部律が戒体を「色法」と措定したことは、有部が塔崇拝を奨励したことと、何らかの意味で関連するものと予測される。慈雲は、道宣の『戒壇図経』への恭順を通して法蔵部由来の四分律を墨守したが、塔をめぐる彼の眼差しの根底には、有部への理解を十全に止揚した上での批判的継承が認められるとは言えないだろうか。この点をめぐって考察を続けるため、慈雲による別の著作『戒学要語』(全集巻6)を参照したい。

『戒学要語』は、戒・定・慧の三学の一つである戒学に関して、戒法・戒体・戒行・戒相の4科に分かち、慈雲がその綱要を述べたものである(木南2003：403 − 404)。その「戒体」の項には、次のように記される。「伝戒相承の義に、四門を開いてその蘊奥を顕示す。一には能発の心、二には所発の業体、三には能成の縁、四には所成の戒境なり。その要は浄法界を体とす。有部相宗はこれを見て不可見無体の色とす。仮宗は非色非心とす.... この浄法界能発の心となる.... 所発の業体は諸家の難とする所なり。有か。実に有なり。経に譬喩を挙げて苫蔔花は萎むと云へども尚余の一切の花に勝るといへり。破戒の佛弟子、戒羯磨二種の法潤なしといへども、その体の余香なほ無戒の者の比すべきに非ず。無か。実に無なり。護持の辺にその徳を顕し、違犯の辺にその功を没す。有無共に法性の徳なり。世界海をつくし衆生界を盡して、唯これ有なり。世界を盡し衆生界を盡して、ただこれ空なり。この戒体これ色か。実に色なり。登壇已後未来際を盡して一法現起す。たとひ悪無記心中にもその徳滅せず。身口の七支にふれ、身口意の十支にふれて、有心無心の中常恒に倍増す。心か。実に心なり。法性にかなうて発心し、法性にかなうて得戒す。心境相当せざればこの戒発せず」(全集40 − 41頁)。

こうして慈雲は、戒体をめぐる有・無(空)・色・心という諸解釈に関して、どの説にも妥当性があるという認識を示す。そして注目すべきは、「能発の心」となる浄法界こそ戒体の「体」であると喝破する彼の理解である。続けて慈雲は、この浄法界を「身となり口となり意となる」(41頁)とし、「総摂して一戒光明と説く。開いて八万四千と説く。広ずれば塵沙なり。数法十数に満ず。これを十善とす」(42頁)と述べる。正法律の核となる「十善戒」とは、身口意の業に関して、これを身三・口四・意三に分かち、その根源的なあり方を説くものであるが、慈雲はこの十善こそ「浄法界」に他ならないとするのである。すなわち「十善戒」とは、人が「守らねばならない」「破ってはいけない」と意識する以前のものであり、「本性的に守れる」「破るはずのない」性格の戒であることが理解されよう。

慈雲は、同書の「戒相」においても「その要十善なり。菩薩の尸羅波羅蜜これを主とす」(45 頁)、「伝戒相承は十善を以て菩薩所受の律儀を成立し、所学の戒相を成立す」(47 頁)とする。ここに、菩薩戒として十善戒が採用される旨が特記されている。その戒相に関して、「威儀は諸部みな取用す。義浄三蔵の所承の如くにはあらず。例証を出さば、金剛智三蔵、善無畏三蔵の図像、わが密教に伝承す。みな四分所習縁葉斉しき袈裟なり。龍猛菩薩、龍智菩薩もまた然り。古徳部執において着るなき知るべし。南山行事鈔の中に古来の六宗を挙ぐ。第六は諸部の律を会して大乗円極に帰す。正しく今家の所承なり。衣は錦繍にあらず、裁制規度あり。鉢は必ず瓦鉄、その量は法隆寺所蔵の聖徳太子五綴の量に同じ。剃染の式、初後夜の修禅、行住坐臥の法式、毫も佛制に違すべからず。凡慮を以て佛制を取捨すべからず。一切経律論の所制みなわが所持の戒相なり」(47 − 48 頁)とされ、法衣様式の点で、正法律は大乗・密教の一派として、義浄の有部律に与するものではないことが明記されている。

ここで考慮したいのは、高貴寺正法律が独立した一派を形成する際に、高野山を意識したであろうという点である。有部律称揚に徹すれば、空海の開創になる高野山真言宗との差異化が不可能となる。慈雲は、真言の法統に関しては西大寺叡尊に遡源することを目指した(秋山 2010:14)。正法律は、公的には「真言律宗」すなわち「真言と律の宗派」を名乗り、密教と戒律とを相共に並び立てる一派である(沈 2003:105)。従って、密教を謳いながらも、もう一方の柱である律は四分律の正嫡でなければならなかった。『南海寄帰内法伝解纜鈔』や『根本説一切有部衣相略要』の執筆に打ち込んでいた 1758 年当時の有部諸師、すなわち妙瑞(1696 − 1764)や真源(1689 −

1758）は、慈雲の見る限り、空海の『三学録』への回帰と恭順に依って立つ人々に他ならず、釈尊その人への回帰という動機に意義づけられた人々ではない。ここに、慈雲における有部律から正法律への推移があると言えるだろう。

一方、戒行について慈雲は「その要三聚戒なり」（44頁）とし、これが摂律儀戒・摂善法戒・饒益有情戒に等しいとして、摂律儀戒が法身佛を、摂善法戒が報身佛を表し、饒益有情戒が応身佛を得ると理解する。またその内実としては、『梵網経』の十重禁戒を摂律儀戒に、前三十軽戒を摂善法戒に、そして後十八軽戒を饒益有情戒に充てる考えを示している（45頁）。すなわち「守らねばならない掟」として意識すべきは、例えば『梵網経』の十重四十八軽戒等であることが明らかとなる。

先に、高貴寺戒場の三重壇は『戒壇図経』に忠実であり、三聚浄戒に発するものではないことを確認したが、高貴寺門徒には「戒如明日月」と化した戒体が発得されていた。これは『梵網菩薩戒経』の一句であり、正法律における菩薩戒は事実上十善戒であったと言いうる。かくして正法律徒にあっては、菩薩戒体としての自性十善戒から発して三聚浄の戒行に及び、身口意の全体が菩薩体と化すことになるのである。

9. ふたたび『金剛般若波羅蜜経講解』へ

では十善戒に関する慈雲の理解をめぐり、再度『金剛般若波羅蜜経講解』をひもといてみよう。慈雲は『講解』無為福勝分第11においてこう述べる。「この身は金剛経じゃ。この身は即十善の影法師じゃ.... この十善の姿を金剛般若と云ふじゃ」（108頁）。すなわち十善こそ「金剛般若」であり、「元来戒法は虚空の如きものじゃ。我戒法を持つと思ふ念あるようなことでは、金剛の戒波羅蜜ではないじゃ。無念無想にして戒と相応せねば、金剛の戒ではない。そうでないと戒に繋縛せられたやうな物じゃ」（妙行無住分第4、63頁）

とされる。ここに見られるように、本性的浄法界と等置される十善の姿は「虚空」に等しい。筆者は、儒佛神そして密教が融和した慈雲晩年の思想を特徴づけるキーワードとしては「虚空」が相応しい、としてきた（本書第5章を参照）。最晩年の『講解』にも、このように「虚空」の語が見え、かつこの「虚空」は「戒法」と等置される。この虚空は既出の「第九菴摩羅識」に等しいが（同上）、さらに『講解』では、それが上掲のように「金剛の戒」「金剛般若波羅蜜」と等置される。またこの『講解』に登場する「自性解脱」という語彙も注目に値する。「見よ上に滅度を云ふには、実に衆生の滅度を得る者なき故に、度すべき者もないじゃ。皆本来言説信念を離れて自性解脱したものじゃ。故に菩薩は実に滅度したと思ふ相はないじゃ。このところが金剛般若波羅蜜じゃ。破すべきもなくまた破せられるるもない。故に金剛じゃ」(大乗正定分第3、56頁)。

『講解』善現起請分第2以降には、この「自性解脱」というテーマが次のように頻出する。「一切衆生を平等に自性解脱せしめ、過去未来現在に通じて相違せぬが正等じゃ。寂滅涅槃を称するが三菩提ではない。自性解脱を会するが三菩提じゃ」(31頁)。「一切皆言説心念を離れ看よ。元来一切衆生自心の転変と知って、三世に通じ十方に亘って自性解脱し了るを即阿耨多羅三藐三菩提心と名づけたものじゃ。我のみならず一切世界善悪邪正是非得失が、皆言説心念を離れて自性解脱し了るじゃ」(32頁)。「我と云ふ者は生死の根本じゃ。十善も五戒も、皆本来言説心念を離れて自性解脱したものなれども、あるいは天上に生じあるいは人間に生まるるじゃ。生死は本来虚空の如しじゃ。我相めが取り止めて生死にするじゃ」(50頁)。

こうして慈雲は「かくの如く無量無数無辺の衆生を滅度するも実には衆生の滅度を得る者なし」との本文に対し、「これまでは他経にもあるが、これらが金剛般若の最勝の法門じゃ」(45頁)として、この一節こそ『金剛般若波羅蜜経』が「金剛般若」である所以だとする。

すでに「この身は金剛経じゃ。この身は即十善の影法師じゃ」(108 頁)との一節を引いたが、依法出生分第 8 では「然らば一切衆生が悉く自心の法門じゃ。一切世界が皆金剛経じゃ」(85 頁) とされ、無為福勝分第 11 には「この十善を以て金剛般若波羅蜜経と云ふじゃ」(110 頁) とも記されている。さらに如法受持分第 13 では「佛も凡夫も、元来言説心念を離れて自性解脱したものじゃ。これが金剛経じゃ。今この佛は愛欲の水にも溺れず、瞋恚の火にも焼けず、煩悩無明の汚泥に入ってもくさらぬ故、虚空法界と同じき金剛じゃ。虚空の性を、仮に般若波羅蜜と説いたものじゃ。故に非般若波羅蜜と云ふじゃ。故に実の金剛般若は虚空の性にして、元来言説心念を離れて自性解脱するじゃ」(116 – 117 頁) とされ、「金剛」は改めて「虚空法界」と等置される。そして離相寂滅分第 14 では「波羅蜜は究竟の義じゃ。心の虚空界に遍満することじゃ... 一念心法界に遍満するじゃ」(136 頁)、第 21 非説所説分では「佛と云ふは、戒定慧の功徳虚空界に遍満した姿じゃ」(176 頁) と喝破されている。

10. 結

本章での考察により、慈雲が正法律一派を起こす際の核とした「十善戒」とは「浄法界」の像、換言すれば「虚空」に他ならず、常に護持を意識すべき「戒律」とは異なった意味で、真の「戒体」であることが明らかとなった。慈雲は九輪を備えた高貴寺戒場の「塔」をもって、塔崇拝を奨励した有部、そして有部律の漢訳に励んだ義浄の足跡を、自らの正法律思想に批判的かつ十全に取り込んだと言える。その内実は、すでに十分に密教的である。だがその一方で、高野山との差異化を図る意味もあり、高貴寺戒場の「塔」には、道宣の『戒壇図経』を精確に再現する神名梵字記載を盛り込んだ三重檀が備えられている。これはある意味で唐招提寺以上に四分律宗に忠実な姿勢だと言える。これらのうちに、有部律から四分律への慈雲の推移が認められる。ただ、四分律宗では佛陀その人にまで遡る上で限界があった。慈雲が戒場の「塔」を整備する途上、そこに詳細な梵字表記を打ち出したのも、梵語梵字を通じて釈尊に回帰するという「梵学津梁」編纂当時からの固い意志による方針に基づく行為であったと言える。これと軌を同じくしたのが、密教そして菴摩羅識への慈雲の思想的収斂である。ここに、四分律から正法律へ向けての彼の推移を読み取ることができる。慈雲の足跡はこうして、自性解脱した「虚空」のうちにその終結点を迎えることになる。慈雲の正法律は、虚空に拠点を置く佛法なのである。

第7章　慈雲尊者の無表論
――『表無表章随文釈』を中心に

1.『法華陀羅尼略解』と唯識

慈雲が『法華陀羅尼略解』、特に後半の普賢菩薩陀羅尼の略解において、唯識学的用語を用いていることについては、これまで本書でたびたび指摘してきたところである。

ところで、慈雲による唯識学関係の著作としては、1783（天明3）年、すなわち慈雲66歳のときに公にされた『表無表章随文釈』全5巻がある（全集巻5収録；以降慈雲の著作からの典拠表示は、すべてこの『慈雲尊者全集』の頁数にて行う）。この『表無表章随文釈』は、中国法相宗における唯識学の大成者・慈恩大師基（632 − 682）による著作『大乗法苑義林章』第三巻に収められる「表無表色章」について、逐語的に注解を付したものである。この「表無表色章」は、本邦でのその受容史に関して、古くは秋篠寺善珠（723 − 797）による注釈があるほか、中世戒律復興の時期には、唐招提寺覚盛（1194 − 1249）および西大寺叡尊（1201 − 1290）らによって、1236年東大寺における彼らの自誓受戒のための典拠とされるなど、広く読誦されたことが知られる（本書第1章8節参照）。そして覚盛は『表無表章文集』（全七巻）を、叡尊は『表無表章詳体文集』（上中下）を遺している。また慈雲をめぐっては、宝暦四（1754）年、37歳のときに『表無表章』を講義したという記録が残っているが、『随文釈』からうかがわれる慈雲の姿は、はたして30代後半期のものであろうか、それとも60代半ばのときのものなのであろうか。加藤精神はこれを「慈雲40代の頃の作」とするが（加藤1933:110）、その見解の是非もこの検証によって明らかになることであろう。

本章は、以上のような問題意識のもとに、『法華陀羅尼略解』から出発して『表無表章随文釈』を読み直し、『随文釈』の今日的意義を問おうとする試みでもある。

2.『表無表章随文釈』の跋文

さて『表無表章随文釈』第五巻の末尾には、慈雲による次のような跋文が掲載されている。

「表無表色章は、文義深遠にして初学、途を得難し。飲光、古人の所解に依倚し、文に随ひて釈を為し録して四巻と為す（※現行では五巻）。願はくはこの功勲を以て木叉の香、普く濁世悪戒の伊蘭林に薫（けぶら）し、無上正法の燈、永く深遠の昏衢（こんく）に輝かんことを。願はくは法界の衆生とともに破戒の業種、速やかに滅し、無表の倍増、未来際を盡して退転あることなく、未至定中に欲悪不善の法を捨て、定道現思の戒行を成し、変はり易き身に無漏の浄法を受け、菩提樹の下に化相自然なることを得ん。小子飲光謹識」。

この跋文には、慈雲がなぜこの「表無表色章」について注疏を施したのか、その理由を明らかにするための鍵が秘められているように思われる。そこで上の一節から、キーポイントとなるいくつかの語彙を取り出し、以下に語釈を加えることにしよう。

1. 木叉

これは波羅提木叉、すなわち七衆（出家の五衆と在家の二衆、つまり比丘・比丘尼、沙弥・沙弥尼・式叉摩那、および近事・近住）の別解脱律儀を指す。「別解脱」という理由については複数説があるが、戒には比丘戒・比丘尼戒などの区別があるものの、各々防ぐところの戒が異なり、悪業を別々に解脱するところから、七衆それぞれの戒を一まとめにして別解脱律儀と名づける、とする説が妥当であろう（大谷 2004:62）。慈雲が当初より、佛道を受戒によって成り立つ宗教として理解していることが判る。

2. 業種

業とは身業・語業・意業の三つを指す。このうち前二者について、具体的表現をもって他人に明示する業という意味から「表業」と呼ぶ場合がある。この表業のうち善悪の強度の高いものは、その場で雲散するのではなく、目に見えぬ微細な物的力として残存すると考えられ、そのような力を遺す身業と語業の不可視の力が「無表業」と呼ばれた（中村ほか 2002：993）。ただこの表業と無表業の規定をめぐっては諸説があり、「表無表章」はその諸問題を扱うものである。

3. 無表の倍増

上で触れた「無表業」に関して、慈雲は「倍増」（ないし「倍々増」）という表現を頻用する。上の文脈では、言うまでもなく善業に関して、そこに秘められた潜在する余力を指すわけであり、彼が「無表」という表現をひとまず善業に限って考えていたことが示唆される。そして「倍増」するものに限って「無表」と呼びうる、とする慈雲のここでの理解にも注目しておきたい。

4. 未至定中

衆生が住み往来する世界の全体は、欲界・色界・無色界に三分される。唯識的にはこのうち、色界を初禅・第二禅・第三禅・第四禅に四分する一方、無色界についてもこれを四分する（後述）。それら各々の前段階として、計八つの「未至」が考えられた。

一方「定中」とは、「定」が「三昧」「禅」「禅定」「静慮」などと同義語であり、かつ直前に「未至」という語彙が現れていることから、未至でなく「根本」

としての「禅」ないし「静慮」のうちにあることを「定中」と言ったものであろう。ただし、『随文釈』第五門「得捨分別」（440頁）における慈雲の語釈中には「無漏定中」という表現が二度見えることも想起しえよう（後述）。

5. 定道現思

「定」とは上述のように「静慮」を指し、「静慮律儀」は「定共戒」とも呼ばれる。「別解脱律儀」、「静慮律儀」、それに「無漏律儀」は併せて三律儀とされるが、最後の「無漏律儀」は「道共戒」とも称される。これら「静慮律儀」と「無漏律儀」は、併せて「定道律儀」と称され、いずれも現行（種子——すなわち第八識〔阿頼耶識〕に植えつけられた結果——によって生じせしめられた現象的事物）の思（具体的な行為を惹起し、その行為を善・悪・無記に色づけする意志作用）に由来するという点で、別解脱律儀とは異なる。なお種子は「第八識中の生果の功能」と説明される（多川 2001:61）。また「律儀」とは、身口意による過失あるいは悪行を抑制する働きを持つもの、すなわち善行を言い、その逆は「不律儀」とされる。

6. 無漏の浄法

無漏とは、煩悩から解放された状態を言う。一方「浄法」をめぐって慈雲は、『戒学要語』（全集第6巻所収）の中で、戒体をめぐる有・無（空）・色・心という諸解釈に関して、どの説にも妥当性があるという認識を示し、「能発の心」となる浄法界こそ戒体の「体」であると喝破する（本書第6章8節）。正法律の核となる「十善戒」とは、身口意の業に関して、これを身三（不殺生・不偸盗・不邪淫）・口四（不妄語・不綺語・不悪口・不両舌）・意三（不慳貪・不瞋恚・不邪見）に分かち、その根源的なあり方を説くものであるが、慈雲はこの十善こそ「浄法界」に他ならないとするのである。

以下、上に挙げたようないくつかのポイント、特に「無表の倍増」「定道現思」「無漏の浄法」といった表現を軸に、『表無表章随文釈』の本文をひもといてゆくことにしよう。

3.『大乗法苑義林章』と『表無表章随文釈』の構造

まず、「表無表色章」を収める基撰『大乗法苑義林章』および慈雲撰『表無表章随文釈』の構造を見ておくことにしよう。まず『大乗法苑義林章』は全七巻二十九門より成る。

第一巻〕総料簡章　五心章　唯識義林　諸乗義林。第二巻〕諸蔵章　十二分章　断障章　二諦義。第三巻〕大種造色章　五根章　表無表色章。第四巻〕帰敬章　四食章　六十二見章　八解脱章　二執章。第五巻〕二十七賢聖章　大乗蘊界処義　極微章　勝定果色章　十因章　五果義　法処色義林。第六巻〕三宝義林　破魔羅義林　三慧義林　三輪義林。第七巻〕三身義林　佛土章。

このように「表無表色章」は『大乗法苑義林章』第三巻に収められているが、この章は全十門より成る。以下、全十門の内訳を記し、これに『慈雲尊者全集』第5巻に収められる『表無表章随文釈』において、各門が何頁に載るか、その頁数を併記することにする。

第一門〕弁名。263頁～。 第二門〕出体。299頁～。 第三門〕仮実分別。318頁～。 第四門〕具支多少。328頁～。 第五門〕得捨分別。369頁～。第六門〕依地有無。566頁～。 第七門〕四大造性。585頁～。 第八門〕応成差別。594頁～。 第九門〕先後得捨。611頁～。 第十門〕問答分別。619頁～。

慈雲の『表無表章随文釈』は全五巻より成るが、上記全十門のうち、第一・第二・第三門が第一巻（261 － 326頁）に、第四門全体と第五門の前半部が第二巻（327 － 395頁）に収められている。第三巻（397 － 490頁）は第五門に関する記述がその全体を占めるが、巻内で第五門の釈は完結せず、「得捨」のうち「捨」の釈が第四巻（491 － 576 頁）冒頭より始まり、この部分が第四巻の末尾近くにまで及んでいる。そして第六門が第四巻の末部より始まって第五巻（577 － 640 頁）に及び、第五巻はこの第六門の残りの部分と、第七・第八・第九・第十門のすべてを収めている。このように、元来「表無表色章」は『大乗法苑義林章』の一部分を占める章に過ぎなかったのに対し、この章を単独で取り出しこれに注疏を施した慈雲の『表無表章随文釈』にあっては、「表無表色章」のうち第五門「得捨分別」に多くの紙幅が割かれる結果となり、実に第五門の釈は、全五巻のうち第二巻から第四巻にまで及んでいる。

次に「表無表色章」を構成する十門の概括的な意味を記すことにしよう（大谷 2004：56 － 57）。

第一門（「弁名」）　表業・無表業の名を弁ず。

第二門（「出体」）　表業・無表業の体について説く。

第三門（「仮実分別」）　表業・無表業の体の仮実について説く。

第四門（「具支多少」）　七衆それぞれの受ける戒と律とを説く。

第五門（「得捨分別」）　戒を得する縁と時節、またその戒を捨する相と縁とを説く。

第六門（「依地有無」）　表業・無表業の依地について説く。

第七門（「四大造性」）　三界の三律儀業の表業・無表業はすべて、所防の身語によって仮に色と名づけられるが、これらはすべて欲界の所防造悪の身語を造する四大の所造であると説く。

第八門（「応成差別」）　七衆それぞれの戒を受ける者の資質と、その授師について説く。

第九門（「先後得捨」）　沙弥から比丘になったときなどの受戒の順序、また捨戒する際の順序について説く。

第十門（「問答分別」） 以上論じてきたことに対する難を解決する。

4.「意の無表」をめぐる議論

ところで、基の著になる『表無表色章』には、古来多くの学僧たちを悩ませてきた問題箇所がある。それは第一巻冒頭に収められる「意に無表ありやなしや」という問題である。これに関して基は次の三説を挙げる（結城1931:358 − 360）。なお以下、基による「表無表色章」の本文テキストは「」で、一方『随文釈』に見る慈雲の釈は〈 〉で括って示すことにする。

あ）唯善能発説（『随文釈』では264頁〜）：

「有る義は、表業に亦三種有り。更に意表を加ふ。〔「瑜伽論」五十三引用〕。故に意表有り、其れ此の意表において無表を発するは、唯是れ善性のみなり。菩薩も亦成ず、唯三支のみ有りて」〈後意の三支〉、「業道に依るが故に、染と無記を除く。業増上すれば便ち無表を発す。余は則ち然らず」。

この第一師の説を敷衍するなら「菩薩は小乗と異なり、身と語の七支のみならず意の三支についても戒を受ける。大乗による菩薩の本質は、三思（審慮思・決定思・動発勝思）を体とし、審慮思・決定思による「意」の業から動発勝思による「身・語」の業へという方向性を辿る」となるだろう（多川2001：44）。かくして「三業の体はことごとく思であるのに、身三と語四にのみ無表を許して、意三にこれを認めないのは矛盾である」。慈雲はここに〈十善業道、体の差別なるに随うが故に、身語の七支の如く、意の三支も亦成ず〉と釈す。ただしこれは第一師の見解を釈したままであり、この見解は、第三師の登場によって退けられる（結城1931：359）。

い）不善亦発説（同266頁〜）：

「有る義は不善も亦無表有り。十悪業道の極重なること、方に後の三の意表も亦無表を発して成ずるに、理に何の失か有らん。百行の所摂倶に律儀と名く。此に翻ずれば乃ち是れ不律儀の性なり。故に知る、意の三も亦無表を発す。何が身語を発する思の種を無表と名づけて、独り意の猛なる思ひのみを無表と名づけざるべけんや。故に知る、三表は皆無表有り。三の罰業の中には意の罰重しとするが故に。仙人の意嫌を以て多生を殺すと云ふが故に。〔『二十唯識』頌引用〕。意に無表有り、善不善に通ず。二無記に非ざるべし。然るに意の無表をば是れ色性に非ずといはば、現行の身語の識を発さざるが故に。身語を発する者は彼の摂なるが故に」。

この第二師の説を敷衍するなら「悪なる意業の甚だしきものにも無表の発得を認めて然るべきである、またこの意の無表業は色を発することがないので、色性ではない（大谷 2004：60）」となろう。ちなみに上掲の説のうち「百行」とあるものについて、慈雲は〈十種の不善業道なり。少分離、多分離、全分離、少時離、多時離、盡寿離、自離、勧他、称揚、大歓喜。此れを十の十と為す也〉と述べている（266 頁）。

う）不発無表説（同 268 頁〜）：

「有義は意表において総教を以てせば、然りと雖も別文に無表有りと説くを見ざるぞへに、身語を発する思〈第三動発勝思〉は外に彰はれて最猛なれば、種を熏ずること増上なるぞへに、無表を発すべし。意の思〈審慮思、決定思〉は内に発して唯自のみ表知するぞへに、最も増猛といふには非ず。種子を熏ずと雖も〈現思種子を熏ずるが故に〉用は倍増するに非ず〈無表は、思種、身及び語の善悪を防発する功能、増長の位に依りて立つが故に〉。故に唯身語のみに方に無表有りといふ」。

この第三師の説を敷衍するなら「大乗の経論には、意業に無表有りとはどこにも記されていない。また、身語二業を発する思は、外部に発動するほどにまで力強く、種子を熏習する際に、その種子に倍増の功能、すなわち無表を発得する。しかし意業の思は内的ゆえにそれほど強力でなく、種子は熏習するが、倍増の功能つまり無表は発得しない」となろう（結城 1931:360）。

以上の三説に関して、基は「此の三説の内には、最後を正と為す。外に身語を彰はして、他に表知せしめ、増猛なるが故に」と記している。そして慈雲は〈章主の意、第三師の説に同じうす〉として基の見解を受諾し、動発勝思の増猛性をここに認める。ただ基のテキストに関しては、ここに異文を伝える本があったことが知られ、それによれば「最後を正と為す」ではなく、「意のままに用いんと為せよと」であった（大谷 2004：61）。また前掲した叡尊による『詳体文集』では、この部分に関して基のテキストは「此三説内、任意為用、最後為正」とあり、伝承史上の問題がここに介在するということがわかる。そしてこの問題に関して、西大寺叡尊と唐招提寺覚盛とはともに意に無表有りとしたうえで、さらに「意の無表を色性とするか否か」という点で両者は見解を異にしたと伝えられる（結城 1931：362 − 367；覚盛は意の無表を色とせず、叡尊は色とした）。ただ慈雲は、自身にとって彼ら二人が戒律復興の上での「二大士」たる先達であったにもかかわらず（諦濡による『戒学要語』序を参照；本書第 2 章 5 節参照）、忠実に、上掲の第三師の説を正義とする。もちろん彼は、異本の存在についても知悉していたと思われる。なぜ慈雲はこの点に関して、あくまで「意に無表なし」とする説に忠実であろうとしたのだろうか。以下『随文釈』の読解を通じて、この問題を考えてみたい。

5.『随文釈』読解

あ）第一門「弁名」

以下『随文釈』の中から、本章での考察に関わるくだりを検討してゆくことにしよう。

270頁;「若し此の義に依らば」〈意、無表を発せずの義〉、「十善を受くるに」〈第一師の善意、無表を発するに同じからず〉、「十善の種ありと雖も」〈此の種、用倍増に非ず〉、「唯十類の功能有るを」〈功能とは防非止悪〉「名づけて律儀と為す。戒は」〈律儀即戒〉「但七支のみ」〈身の殺生等、語の妄語等〉、「無表有りと説くべし」〈思の種子、用倍増す〉。「律儀の名は通ずれども」〈十支〉、「無表は局（かぎ）るが故に」〈七支〉、「律儀と名づくるに由って皆」〈三業〉「無表有るには非ず。故に」〈或いは律儀にして無表に非ず。謂く、意の三支律儀なり。或いは無表にして律儀に非ず。謂く、不律儀等の無表なり。或いは亦律儀亦無表。謂く、身語七支の無表なり。或いは律儀に非ず、無表に非ず。謂く余の散業なり〉、「律儀と」〈十善〉「無表とは」〈身語〉、「義、各別なるが故に」〈十善の種は、十類の功能有れば律儀と名づく。思種は、用倍増の位を無表と名づく。其の義、同じからざるが故に〉。

ここで慈雲は、律儀＝無表とする理解を避けるために、認識を精緻化していると言える。

①十善の種子は、十類の功能（防非止悪の働き）を持つと言っても、意に関しては、その種子の「用」が倍増するわけではない。無表という表現を用いるためには、その用が倍増しなければならない。身と語の戒、すなわち七戒には無表がある。つまり用が倍増するが、それは身語を司る動発勝思の種子において、その用が倍増するのであって、「意」を司る審慮思と決定思の種子において、用が倍増するのではない。

②一方、律儀であるからと言って無表だとは限らない。無表でない意律儀か、律儀でない無表（不律儀無表）か、意の三支でない身語の律儀か、律儀でも無表でもないものか、これらの可能性があるからである、というのが慈雲の釈である。

272 − 273頁;「又彼の巻〔瑜伽五十三巻〕に律儀を説くに八種あり。一は能起律儀、二は摂受律儀、三は防護律儀、四は還引律儀、五は下品律儀、六は中品律儀、七は上品律儀、八は清浄律儀なり」。

この本文に対して慈雲は〈前七は別解脱律儀。第八は定道律儀〉と釈す。本文では後に「情慮と無漏とを説いて清浄と名づく」とあり、「定」が静慮律儀、「道」が無漏律儀であることが明らかにされる。

289頁；「身語意三の無表は」〈章主は意無表を発せざるを以て正義と為す。彼の所依の論なり。今は能依の三表に無表有るに約す〉。

このように慈雲は、身語意三業すべてに無表を認める記述が見られるたびに、意に無表を認めないとした先の議論と突き合わせ、両者を止揚しうる視点を探求する。

299頁；第一門の末尾の部分であるが、ここに「律儀無表」という表現における「合釈」の意味が論じられる。「律儀等即ち無表ならば皆持業釈なり。律儀の無表ならば依主釈なり。其の定道の無表は別を以て総を簡（はぶ）く」〈定道の別称を以て無表の総称に簡（えら）ぶ〉。

ここには「六合釈」として知られる用語のいくつかが見える。「六合釈」とは1）並列的複合語を指す「相違釈」（ドヴァンドヴァ）、2）同格限定複合語を指す「持業釈」（カルマダーラヤ）、3）格限定複合語を意味する「依主釈」（タトプルシャ）、4）数詞限定複合語を表す「帯数釈」（ドヴィグ）、5）所有複合語を表す「有財釈」（バフヴリーヒ）、そして6）副詞的複合語を意味する「隣近釈」（アヴヤイーブハーヴァ）である。すなわち「律儀」と「無表」とが同格であれば持業釈、「律儀」が属格であれば依主釈となる。「定道の無表」とは別称を以て総称を簡く、との『表無表色章』の本文に続き、慈雲は〈「無表」とは「定道」の別称たりうる〉との解釈を示す。すなわち律儀三種のうち、別解脱律儀は身語意三業に関わるものであり、そこには意が含まれるが、意に無表業はないとされた。それに対し「定道の無表」とあるのは、「定道」すなわち静慮律儀と無漏律儀は無表業に尽くされるため、定道律儀の別称として「無表」を用いて差し支えない、の意だと解するのである。ここでも慈雲の理解は一貫している。

い）第二門「出体」

300頁；「身と語と二の表業には、唯だ現行せる」〈種子を簡く〉、「第三の動発の」〈審決二思を簡く〉、「善と不善との」〈処中も亦、此に摂す〉、「思を取りて、以て自体」〈実業〉「と為す。意表には前の二思」〈審決〉「を以て、体と為す」〈或る義に、意表も亦動発勝思を取る。今の義と異あり。義灯は正しく決定思を取る〉。

唯識説にあっては「現行熏種子」（現行が、その種子を阿頼耶識中に薫習すること；多川 2001：85）および「種子生現行」（種子が現行を生起させてゆくこと；多川 2001：88）の交替が基本理念となる。この一節でも、意に無表業無しとする慈雲の理解は一貫している。なお『義灯』とは、法相宗第二祖慧沼（650 － 714）著『成唯識論了義灯』（全七巻）のことである。

303頁；「其の別解脱律儀と処中の一分との無表は、善思の種子の上に身語の悪を防ぐ戒の功能と、及び身語の善を発する戒の功能とを以て体と為す」。

「処中」が、無表色の第三類である「非律儀非不律儀の無表」を意味することは、慈雲によって既に示されている（第一門277頁）。上掲の一節のうち「戒の功能」とある個所について、慈雲は〈種の用倍増す〉と釈す。

305頁；「故に唯識に云く」と『成唯識論』を引く箇所の釈において慈雲は、〈定道の無表は皆、思の字に収まる。別解脱律儀及び不律儀処中の無表は、思願に収まる〉とする。

306頁；「思種」についての慈雲の釈は、この『随文釈』中、おそらく最長のものの一つであろう。〈此に本有と新熏と及び合成との義有り。唯識疏に云ふ。若しくは新熏種は念々種子の体新たに培生する上に無表を立つ、若しくは本有の種は体増せずと雖も、而して功能倍す。若しくは新旧合はせ用ひるならば、唯新熏種の倍々の生ずる時の用の増上を取って、本有の力を用ひず、新に及ばざるが故に。初種を薫ずる時、旧も亦種を生ず。今、所立の無表は唯、新熏の上に依って立つるなり。用増を勝と為す。既に現行なし、如何ぞ種起きん。此の祈願の思の種子の上に約(つづ)め、散の無表を仮立するなり。又思の種子とは、所依の体にして現存するに非ざるを顕す〉。

「本有」は「本有種子」の意であり、これは元来阿頼耶識中にある種子を意味する。上の一節には、唯識説をめぐって行われた「新古合生説」に触れる議論が見られる。基は『大乗法苑義林章』を著すとともに、師の玄奘（602 － 664）を助けて『成唯識論』の漢訳を完成させたと伝えられる。この『成唯識論』は、護法（ダルマパーラ;530 － 561）の説を中心にして、世親（ヴァスヴァンドゥ；400 － 480）著『唯識三十頌』に対する既存の注釈書の諸説を玄奘がまとめたものであり、その『成唯識論』第二巻には、種子の本有／新熏に関しての議論の痕跡が認められる（太田 1977：31 － 34)。護月は唯本有説（本有種子のみを認める)、難陀は唯新熏説（後天的な新熏種子のみを認める）を立てるのに対し、護法は本有種子と新熏種子の並存を認め、新古合生説を立てた（横山 1986：398)。文中に三つの「若しくは」が見られるが、これは以上三説を指す。また文中の『唯識疏』とは、護法説を正義とする法相の正嫡、即ち基による『成唯識論掌中枢要』、弟子の慧沼による『成唯識論了義灯』、その弟子の智周（668 － 723）による『成唯識論演秘』が「唯識三箇の疏」とされることを受けていると思われる。ただ慈雲は「今、所立の無表は唯、新熏の上に依って立つるなり。用増を勝と為す」とし、無表論と用増論を基に新薫説に傾いている。

311 頁；「身語の業色を発すの思」〈動発勝思〉、「能く身語の悪戒の色を防ぐに」〈七支の悪を謂ふ。殺盗妄語等〉、「由るが故に、種を熏じ」〈現行の思、能く種子を熏ず。此の種に非を防ぐの功有り〉、「無作戒の色を成す」。

慈雲が言う「念々倍増」とは「現行の思が、防非止悪の効能を持つ種子を熏ず」という事象を表現したものである。そして 313 頁からは、〈静慮・無漏の無表の体を出す〉と慈雲の釈がある。

314頁;「静慮の無表は、法爾の」〈散の無表の作業を仮藉するを簡く〉、「一切の上、二界十七地の」〈色界の九地無色の八地。是を十七地と名づく。色界の九地とは、四根本と及び四の未至と中間禅なり。無色の八地とは、四空の根本と四未至となり〉「中に於て有漏定と倶なる」〈無漏と倶なる者を簡く〉「現行の」〈種子を簡く〉「思の上に、欲界の悪戒を」〈種子〉「防ぐ功能有るを以て体と為す。此は道と倶なる無漏戒の外の静慮律儀を説く」。

315頁;「無漏の律儀は、法爾の一切の上地に、有る所の無漏道と倶なる現行の思の上に、能く欲界の諸々の犯戒の非を断ずる功能を以て体と為す。二界十地に応ずるに随いて此れあり」〈色界の六地無色界の四地、是を十地と為す。色の六地とは、四根本定と及び未至と並びに中間禅なり。無色の四は知りぬべし〉。

以上の二カ所に関して、まず「法爾」は「本有」とも言い換えられる（横山 1986：398）。また中間禅とは、色界四禅（前出）のうち、初禅と第二禅との中間の段階を指す。一方未至地とは、色界初禅の近分定（四禅を根本禅〔根本静慮〕といい、すべての根本禅を得る直前の段階として、近分定という三摩地があるとされる）を意味する。

釈に見る慈雲の理解は簡潔にして正確である。なお上掲の一節における「四無色定」とは。禅定の最高段階を示す四段階を指し、順に空無辺処定（＝虚空処定；虚空の無辺なることを観察する）、識無辺処定（心のはたらきが虚空に等しく無辺であると観察する）、無所有処定（何ものも対象を見ない）、そして非想非非想処定（そのようにみる想念があるのでもなく、ないのでもないと観ずる）を意味する（高崎 1983 :159）。

316頁；「此の二」〈道定〉「の戒体はともに現行の思なり」〈有漏定と無漏慧と。その体異なると雖も、倶に是れ現行の思を戒体と為す〉、「随心転なるがゆえに」〈随心転故とは、思の現を取る所の由なり。別解脱の心、悪・無記に在ると雖も、戒体を失わざるに異なるが故に〉。

ここで「随心転」とは、一定の精神状況の下でのみ働くもの、具体的には、静慮律儀と無漏律儀を指し、不随心転なる別解脱律儀とは区別される。そのうち特に無漏律儀は、『阿毘達磨大毘婆沙論』（大正大蔵経 27、726b29 − c3）において「八道支とは、謂はく正見・正思惟・正語・正業・正命・正精進・正念・正定なり。正見即ち慧、正思惟即ち尋、正語・業・命即ち随心転。三根より発する所のものにして、身語の無表。余の三は名の如し。即ち心所の性」と述べられるように、八正道中の正語・正業・正命として位置づけられ、無漏道中の身・語業に関わるものである。この点で、「無表」が特に無漏律儀との関連のうちに考えられることには十分な妥当性があろう。特に初期有部論書にあっては、無表業の用例が無漏律儀を示し、「無表業はむしろ無漏律儀的なところから発想されたものとも言える」（青原 2005：874）。慈雲は、意に無表なしとする立場であるから、身・語業に関わる無漏律儀こそ「無表」を論ずる上で最も相応しいと考えたであろう。一方別解脱の戒体は、たとえ不善なるものに心が向おうとも、それ自体は損なわれることがない。

う）第三門「仮実分別」

318 頁；「若し表と無表とは二業」〈若し表業は小乗には唯二有り、若し無表は則ち、大乗の一師は亦唯二有り〉、「三業にまれ」〈若し表業は、則ち大乗には三有り。無表業は、則ち大乗の一師は更に意無を立つ〉。

すなわちここでも慈雲は、先の「第三師」の説、すなわち表業は身・語・意にありとするものの、無表業については身・語の二つのみに限られる、とする解釈を追認するのである。

え）第四門「具支多少」

347 頁；「定と道との二心」〈定道二戒〉「は生ずるに」〈定心・無漏心を〉

「即、理に順じて」〈真理もしくは道理〉「而も能く物を益し」〈物とは能く得るの人〉、「法爾、悪を破す故にまた七を具す」。

先にも出た「法爾」については、ここに詳しい釈がある。〈別解脱の随行有りてその受体を護るには同じからざるが故に、法爾は造作を簡くが故に、上の「生即順理」とは、別解脱の受くるに必ず事相有るを簡く。今の法爾破悪は、別脱の造作の体を護るを簡くなり〉。

つまり慈雲によれば、別解脱律儀は事相をもって発得しうるものであるが、定共戒と道共戒の二つは、法爾すなわち本有種子からして直ちに悪を破する性格のものである、ということになる。

367 頁；「十善は即ち善業道なり」〈此に十善と云ふは、百行の十善にあらず、律儀の体を示す。故に十善即ち善業道と云ふなり〉。「既に意に無表ありと許す」〈業道は即ち無表の義なるが故に〉。「即ち十支を具すべし」〈上の釈名の中に、意無表を発せざるを正義と為すは、所依の義なり。此に具十支と云ふは大乗不共の義なり〉。「菩薩の律儀は」〈三聚通収して律儀と云ふ〉。「十支を制するが故に」〈制とは、十善世間の戒に簡ぶ。是れ自然の戒にして制裁にあらざるが故に。十支とは、比丘戒等の意の地を本と為すべく簡ぶが故に〉。「性罪を治するが故に」〈十悪、倶に其の性、罪と為る〉、「色の支は唯七のみ」〈十支の無表の中に、前七の所防は是れ色なり。故に色支唯七と云ふ〉。「後の三は非色なり」〈後三の所防は非色なり〉。

これは第四門の末尾部にあたる一段であるが、この一節のうち「既に意に無表ありと許す」とは、上掲した部分（289 頁）などを指すと思われる。正確に言えば、慈雲の釈の中の「釈名」は「列名」である。第一門「列名」の中に（276 頁）、「此の三説の内には最後を正と為す。外に身語を彰して他にも表知せしめて増猛なること有るが故に」とあった。上の一節でも慈雲が一貫して、「意に無表なし」とする説に忠実であることがわかる。ところが「十善」というかたちで一括した場合、それは「十善業道」と化し、その全体が無表を生ず、と解すべきものであろう（cf. 264 頁、上掲「唯善能発説」）。また「百行」とあるものについて、先に慈雲は〈少分離、多分離、全分離、少時離、多時離、盡寿離、自離、勧他、称揚、大歓喜〉と述べている（266 頁）。

ここで『表無表章随文釈』の読解をいったん中断し、小結を記しておきたい。先に第 2 節の第 3 項で「無表の倍増」というポイントを指摘しておいた。すなわち慈雲は「用が倍増するのでなければ無表とは言えない」との理解を示し、意には無表を認めない。このように慈雲は、第一門の釈から一貫して「意に無表なし」とする立場を貫いている。その一方で慈雲は、身・語・意の三業を総括的に捉え出す視点をも備えており、これを「十善業道」として立てる。ここには、慈雲による「十善戒」主唱との通底性を認めることができよう。つまり、身・語・意などと分割するのではなく、業道として十善を一括することで、これを「体」とするのである。そして「十善業道」の全体に対して「用」としての「無表」を認め、慈雲はその倍増を期すのである。

なお「十善業道」という表現自体は『大日経疏』巻三冒頭に見出され、このあたりには慈雲における密教思想との関わりが推察される。この点については、本書第 10 章において考察することにしたい。

お）第五門「得捨分別」

では『随文釈』の読解に戻ろう。369 頁より第五門「得捨分別」が始まり、458 頁より「得無表」の釈が始まって、ここで「無表の倍々増」が頻繁に語られる。「倍々増」（ないし「倍増」）が、特に慈雲の理解にあって無表に固有の特徴であることについてはすでに確認した。

371 頁；「十誦律に曰はく。佛竹園に在って諸の比丘に告はく、十種の受具足有りと」と書き始められる。此の十種とは、一、自然得。二、見諦得。三、善来得。四、自誓得。五、論議得。六、受重法（八尊重法；八敬得）。七、遣信得。八、辺五得。九、羯磨。十、三帰　である。

以下、慈雲による九、羯磨についての釈である。〈此に業と云い、又は弁事と云う。十衆是なり。白四は授具足戒の本位なるが故に、偏に羯磨の名を得。唯羯磨と云ひ、得の字無きは略なり〉。

ここで慈雲は、なぜ「羯磨得」と言わないのかということをめぐる理由を示す。その理由とは、具足戒の戒体発得のために「白四羯磨」（※持戒について「能く持つや」と尋ね、これに「能く持つ」と三度同意の返答をすること；本書第1部各章参照）が基本（「本位」）だからである。また叡尊や覚盛が、自誓受戒すなわち「自誓得」の有効性の典拠を求めたのはこの門であったと思われる。468頁から十種得戒について述べられ、自誓得は第四に相当する。

439頁；「定道の無表は、対法の説によれば法処の五色の中に受所引と名づけたり」とあるのに対して、慈雲は〈色の名を定む〉と釈す。「法処の五色」とは「法処所摂色」（百法の一つ）として知られるものであり、意識の対象である法処に収められる色としての五種の物質である。これについては『大乗法苑義林章』のうち、第五巻に含まれる「法処色義林」に詳しい。この五つの物質とは（横山1986：222 － 224）、1）極略色（ものの最小単位である極微）、2）極迥色（ごくきょう）（空界の色としての光・明・影・闇を分析して辿り着く極微）、3）受所引色（受戒によって引き起こされる戒体）、4）遍計所起色（実際には非存在であるのに、存在するかのように意識の分別力によって作り出されたもの、例えば亀毛や兎角など）、5）自在所生色（定所生色；禅定を修す者が定力によって引き起こす色）である。

無表は、このうち受所引色に含まれる。戒体をめぐり、小乗（説一切有部）では、これを白四羯磨を通じ、身語の業によって植え付けられた四大種（地・水・火・風）所造の実色と考え、「無表色」として十一法より成る「色法」の中に分類した。それに対して大乗・瑜伽唯識学派では、やはり十一法より成る「色法」にこれを分類するものの、「仮法」であるとし、「無表色」ではなく「法処所摂色」のうちの「受所引色」とする。働きの上で考えるならば、唯識で言う「戒体」とは、五位（心、心所、色、不相応行、無為）に収められる百法のうち、心所の下位区分である五つの「遍行」（八識のどれが起ころうとも、必ずそれに相応して生ずる心作用）の第五「思」によって植え付けられた種子が持つ防非止悪の力、と解される。

440頁；慈雲は釈の中で〈八地已上の菩薩は無漏定中に身語を発すが故に、まさに表業あるべし。今は見道の根本智なるが故に、身語表なし。また八地已上の菩薩は、後得智無漏定中に身語を発すと雖も、無表の依となるの表業には非ず。故に表業有るなし〉と述べる。これは「第八地以上になると、ただ無漏心のみが起こり、かつ功徳が刹那刹那に倍増する」（横山 1986：400）とされることを述べたものである。またここに「無漏定中」という表現があることから、慈雲において「定中」とは、無漏の状態にあることを意味するとも考えられよう（本章第2節第4項を参照）。

この後に「正しく道定の無表を得するの時は心に外縁するなし」（440頁）、あるいは「定道は唯無表のみなり。表を得る時を説かず」（453頁）とあり、定道の二律儀が「無表」業と表裏一体のものであることが確認される。

461頁；「かの先の期によりて」〈乞戒の時〉、「いま願満するがゆえに、初念より後、悪を防ぐ思種の用、倍々に増するを名づけて得戒となす」。「有が説く、思種の体の倍々に増するを名づけて得戒となすと」。しかしこれは「此れ亦然らず」と否定され、〈問ふ、何が故ぞ、種体の倍増する義を許さざる〉と問いかけられ、次のように回答される。「法事竟（おわ）る時は」〈縁満足〉、「彼」〈受者〉、「或いは無心なり、或いは異性を縁じて、既に現思の」〈若しくは無心、若しくは異性を縁ぜば則ち、既に現行の思、能く熏じて所熏の種子の体を引き起こす無し〉、「現表して」〈又現表業の無表の所依と為る無し〉「熏習する無し。如何が種子の体、忽ちに新生を得ん」。このように慈雲によれば、思の種子の用が倍増することこそ「得戒」なのである。

462頁；「彼」〈受者〉、「縁に遇ふに随ひて」〈羯磨の勝縁〉、「新旧の種子、若しくは別、若しくは総じて、現行の縁と因との思が」〈現行の思を種子と為す。若しくは親、若しくは疎、因縁と為る〉「所熏の種」〈動発勝思所熏の七支の種子〉、「今」〈白四羯磨竟〉「縁、会し満ち」〈衆僧法事満足〉「用」〈種子の用〉「倍々に」〈七支七支倍増〉「増するを無表を得すと名づく」。

無表は身語の七支に限られるとする慈雲の主張がここでも一貫している。以下も同様である。

463頁；「定道の無表は既に是現思なり」〈現行思の上に定道戒を立つ。種子に約せず〉。「一心の中に多思有る無きが故に」〈謂く、若し体増の言は則、まさに思の体増すべし〉。「此れに准へば、別解脱の無表も亦、体増にあらず」〈従来用増を以て正義と為す〉。

467頁；「此れも亦是の如し。悪業道に翻し此の善有るが故に、故に塗染を成す。用倍々に増しまさに無表を成す」。〈謂く、善に亦、塗染の種有り、用倍々増する。是を無表と名づく〉。

か）第六門「依地有無」

571頁；「盧舎那佛」〈此に遍照と云ふ。色究竟天成正覚の身。即ち自受用身なり〉。「十八梵天等を化する」〈色天の中、前三禅に各三有り。第四禅に九天有り。無想を除く。別に大自在有るが故に十八梵王と云ふ。或いは五浄居を除いて別に十八有り等と報恩吼に云々が如し。等とは、神王等を等しく取す〉。

佛教で「三界」と言えば、欲界〔地獄・餓鬼・畜生・阿修羅・人・天〕・色界・無色界を指すが、このうち欲界は六天〔地居二天・空居四天〕より成り、四禅天（既述）より成る色界は十七〔もしくは十八〕天で構成される（初禅三天・第二禅三天・第三禅三天・第四禅八〔九〕天；十七〔十八〕天とは、梵衆・梵輔・大梵／少光・無量光・極光浄／少浄・無量浄・遍浄／無雲・福生・広果・〔無想〕・無煩・無熱・善現・善見・色究竟；中村ほか 2002：733 － 734)。そして無色界は四天より成る（既述；cf. 315 頁について)。慈雲はこれらに関し、色界に関して〈無想を除く〉とも記しているように、きわめて正確に理解している。なお上の一節に『報恩吼』とあるのは、浄土宗湛慧信培（1673 － 1744）の撰になる『表無表章報恩吼』全八巻を指す。

575 頁；「静慮律儀は色界の九地と」〈四根本と四未至と中間禅と〉、「無色の八地とに通ず」〈四根本と四未至と。上二界に通じて十七地なり。然るに小乗の中には、無色に色戒の律儀を建てず。大乗は此に於て異なる〉。

580 頁；「無漏律儀は、十地に通ず。色の六と」〈四禅と初未至と中間禅と〉「無色の四とに、無漏道有るが故に」。「若し断対治ならば色界の五地のみ有り」〈謂く、唯四根本と初未至とに有り。能く犯戒の種子を断ず〉。

以上二つの節に関して慈雲の釈は、先に 314 － 315 頁で見た彼の釈と同趣旨である。唯識説における修道の階位としては　五位〔①資糧位　②加行位　③通達位（見道）　④修習位　⑤究竟位〕があるが（竹村 2004：280)、①は十住・十行・十廻向に、②が十廻向の最終段階に、③が十地の初地に入る段階（入心)、④が十地の初地（住心）と第七地、および第八地～第十地に相当し、⑤が佛果に当たるとされる。

き）第七門「四大造性」

586 頁；「仮を以て色と名づく」〈謂く、若しくは身表業、若しくは語表業、若しくは意表業、此の三種の表、倶に皆、所防の七支欲界悪色に依りて色の名を得。是を表色と云ふが故に、若しくは身若しくは語若しくは意、各互いに七支を発すなり。無表の戒もそれを示す。所防に依りて色と名づく。是を無表色と云ふ〉、

ここでは、唯識説においてなお「色法」と呼ばれる理由、および、それらが実は「仮法」であることの理が明らかにされている。

く）第八門「応成差別」

594頁。「第八に応成差別と云ふは」〈応成とは、成就無表の所応なり。この縁、衆多なり。定散師資等差別す。故に応成差別と云ふ〉。

「応成」がもっぱら無表に関わるものであることが明らかにされる。

610頁；「定を得るが故に聖道を起こす。聖道を起こすが故に、俱の時の思に依って定道戒を立つ」〈前に広く分別せしが如し。あるいは静慮あるいは無漏の、初得と俱時の思を無表得と名づく。未だ捨縁に遭わざれば、已来は念々に増長す。是を定戒道戒と名づく〉。

ここでは、静慮律儀ないし無漏律儀に関して、初めて発得した際と、その律儀中にある際との「思」が、「無表得」と名づけられることの理が示され、それは捨縁を伴わぬ限り、以降、念ずるごとに増長すること、これを静慮戒また無漏戒と呼ぶことが明らかにされている。

け）第九門「先得後捨」

611頁；「先得後捨とは」〈総標して先後得捨と云ふ。此の中、但だ得捨と云って義は須らく満たすべし。句を四字ならしめんと欲するか。故に前後の字を加ふ。文に依りて之を論ずるに、通局の二義有り。通とは、得に先後有り、捨に亦前後有り。得の先後とは、先ず俗、後に道。道の中に於て先ず小、後に大。俗の中、先ず分、後に全等。捨の先後とは。先ず大、後に小。先ず道、後に俗。先ず全、後に分。先ず浄行、後に離邪行等。之を先得後捨と云ふ。局とは。必ず先ず得を捨てるが故に、先捨後得の義有る無し。故に、先得後捨と云ふ。若し定道を論じ、表無表を論ぜば、則ち須らく多の門類有るべし。此の中は但、別解の無表の一分を論ずる也〉。

慈雲はこのように、この門が別解脱律儀の無表論の一端に留まらず、静慮律儀・無漏律儀とその表無表にも説き及ぶことになっていたなら、さらに長きにわたるものとなっていたであろう、として、この門が得戒·捨戒に関し、その業相の明確な別解脱律儀に限られる理由を推測する。

こ）第十門「問答分別」

619頁;「第十に問答分別とは」〈一に定道戒、異熟を招くを決す。二。初に問、後に解〉。

「異熟」とは、業を因として、その果報が因と異なった形で熟することを言う。これに対する概念としては「等流」があり、こちらは同一なるもの・相似するものが連続して生ずることを意味する。「無表」は「異熟」を招くため、この第十門では頻繁にこの語彙が現れる。

「問ふ。定道の二戒は是れ随心の法なり。能く異熟を感ずるや否や」〈総問を起こす。謂く、大凡、因の性と為りて相続するものは、異熟を感ずべし。今定道戒は随心転にして、定に入るは即ち有り。定を出れば即ち非なり。異熟を感ずと為さんや、感ぜずと為さんや。若し感ぜずんば是徒法なり〉。「若し能く感ずと云はば、此れは是現行。如何が能く異熟を招かんや」〈謂く、定道の無表は現行の思を建立す。現行能く異熟を感ずべけんや。現行能く異熟を招き難し〉。「若し種子を取ると云はば、即ち随心の戒にはあらざるが故に」〈謂く、因と為る種子を取りて、是能く果を感ずと言はば、則ち定道戒は随心戒には非ざるべきなり〉。

定道戒は現行でありかつ随心転であるが、異熟果を招く。以下に見る慈雲の釈は詳細を極める。

「解して云はく、能く異熟果を招く」〈総答なり。第四禅の無漏定及び願力に由るが故に、有漏業を資して所得の果を相続し、新生して長時に絶えず展転増勝ならしむ。これを無漏の感果と謂ふ。是の如く感ずる時、所知障を援助の力と為すに由る。独り能く感ずるには非ず〉。「現行は招くこと能はず。種子能く感ず」〈此の二句は、上の初難に答へて能感を定むるなり。謂く、定道戒は現行の思において仮立す。入定住果、未だ捨縁に遭はざれば、これ已来は、刹那に増長し運運に新生す。若し出定等には、自らの一類の種、相続して生じ、新たに増するの義無し。之を説いて捨と名づく。即ち彼の定、相応の思、所熏の種子、若しくは定もしくは道、能く異熟果を感ずる也〉。「是定道が家の類なるを以て亦随心転とも名づくる也」。〈此の二句、種類を決して上の二戒随心転に非ざるの難に答ふ。謂く、此の能く異熟を感ずる定道の種子とは、彼の現思仮立の定道戒の類なるが故に、亦仮に定道と名づく。故に定道能く異熟を感ずると云ふに、失有ること無しなり〉。

こうして慈雲は、唯識特有の「仮立」という概念を知悉した上でこれを援用し、正義の擁護に努めるのである。

627 頁；「戒を犯すと言ふは、種の体をば」〈思種〉「損せず、但し功能のみを損す」〈倍増の用。防非止悪〉、「更に倍々して増する防非の力有らざるを、犯と名づくるなり」〈戒を犯する者は、防非の功能止み、ただ旧に依りて住す。更に倍増せず〉。「旧時の種子の功能在る無きには非ざるが故に、能く異熟を感ずるなり」〈彼の旧に依りて住する種子、是を能感と為すなり〉。

「防非の功能」が倍増するかどうか、という点が「無表」を見極める基準となる、とする慈雲の理解を、改めて認識することができるだろう。

6. 結．唯識と虚空

本書の序章（第 4 節）において提起した問題のうち、「八正道」と「大乗唯識学的傾向」に関しては、元来無漏の境地から「八正道」が考えられたという状況を想起することが可能である。また「十善戒」の主唱は、「意の無表」をめぐる「表無表色章」中の三説の検証に端を発し、「意に無表なし」とする基の見解を貫く形で慈雲が編み出した止揚的観点という一面があったと考えたい。では、筆者によれば慈雲最晩年の精神的境地として取り出せる「虚空」の地平は、唯識といかに結びつくのであろうか。

唯識の理解では、無為法のうちに六種無為が含まれるが、それらは順に①虚空無為　②択滅無為　③非択滅無為　④不動滅無為（第四禅天）　⑤想受滅無為（加行位における否定）、そして⑥真如無為　とされる（横山 1986：245 − 246）。この中に「虚空無為」が含まれる。そして①から⑤までの呼称は、最終段階の「真如無為」の性格を明らかにするための「仮」の名であるとされる。この意味において、唯識で語られる虚空をめぐっては「真如がありとあらゆる心の妨げ、即ち一切の煩悩障と所知障とを離れていることが、あたかも虚空があらゆる物質的な妨げを離れていることに似ているため、真如を仮に虚空無為と呼ぶ」のだとされる（横山 1986：256）。

一方「無漏」は、律儀の一つとして、静慮律儀とともに「表無表色章」あるいは『随文釈』においてもしばしば論じられた。そして､慈雲が『随文釈』の中で最もアクセントを置いて主張した論点の一つが無表であるとすれば、無漏律儀は無色界に基盤を置く境位として「無表」の代名詞とするに最も相応しいものである。また「八正道」とも直接に結びつくのが「無漏」であった。

この「無漏」は､世親の『唯識三十頌』にあっても､末尾の第三十頌に「此即無漏界　不思議善常　安楽解脱身　大牟尼名法」という形で現れる。これは唯識位を明らかにする句として知られ、唯識が目指す「円成実性」（すなわち真如）とは虚空に譬えられ得るものである（三枝 2004：310）。

本章では『表無表章随文釈』に依りつつ、慈雲の唯識学的基盤の背景を明らかにしようと努めてきた。『随文釈』の主旨は「無表を倍増する」ということであり、無表は無漏律儀において極まる。これが倍々に増するのは「無色界」の第四天､すなわち四無色定の禅定を修する者においてに他ならない。この意味で慈雲が目指した「無表倍増の境位」とは、やはり虚空に置かれるものではなかったか､というのが筆者の現時点での結論である。また『随文釈』には悉曇による語彙表記が見られない。したがって、その出版が 1783 年であったにせよ、『随文釈』は、内容的には慈雲が30歳代後半にはまとめ上げていた労作であると考えて差し支えないだろう。もっとも「十善業道」への着目自体はすでにこの『随文釈』にも認められ、密教の基礎文献としての『大日経疏』ほかに、慈雲が早くから親しんでいたことがうかがわれる。その慈雲の視座は、後年「十善戒」の主唱へと向けられることになるのである。

第3部

密教思想

第8章　慈雲尊者最晩年期の密教思想
――『理趣経講義』から『法華陀羅尼略解』へ

1. 『理趣経講義』について

2010年に『法華陀羅尼略解』が慈雲の著作として再発見されるまで、慈雲最晩年の著作として広く知られていたのは『理趣経講義』であった。ただこの『理趣経講義』の特質としては、慈雲が江戸時代にあっては驚異的にして先駆的な形で「還梵」〔漢訳（等）から梵文の原文を再興すること〕を行ったということが喧伝されるのみで、そこに盛られた慈雲の佛学についてはほとんど論じられることがなかった。そこで本章では、この『理趣経講義』をめぐって考察を行ってみたい。

慈雲の『理趣経講義』は全3巻より成り、『慈雲尊者全集』では巻九下に収められている。「理趣経講義第一」は同巻247頁から287頁まで、「同第二」は288頁から350頁まで、「同第三」は351頁から363頁までに及ぶ。もっとも、事実上359頁で終わる同巻の後に、364頁から378頁までは「教王経初品」、379頁から381頁までは「大日経第三悉地出現品」が掲載されている。「享和三年二月二十四日校了」との日付はこの381頁に載り、正確に言えば「大日経第三悉地出現品」の校了がこの日付に置かれる、ということになる。

「還梵」で特徴づけられることの多い『理趣経講義』であるが、この「還梵」作業に関しても、全十七段より成る『理趣経』に関して、その作業の跡が遺るのは第三段あたりまでと、末尾に収められ「善哉善哉大薩埵」に始まる「讃嘆」と呼ばれる部分に関してに限られている。『理趣経講義』と題されてはいるものの、それ以外の部分は、真言宗の伝統に則って『理趣釈』をベースにした注釈が行われている。真言宗では、弘法大師空海（774 － 835）以来、『理趣釈』に基づくこのあり方が、伝統的な『理趣経』解釈の姿勢であった。『理趣釈』にあっては、『理趣経』の経文が省略なく提示されたうえで、順次釈義が行われるほか、『理趣経』には掲載されていない曼荼羅建立などに関する指示も含まれている。したがって慈雲は、この類の指示にも注疏を施している。

『理趣経』とは、不空（705 － 774）訳による『大楽金剛不空真実三摩耶経』を指し、真言宗の常用経典として広く知られている。偶然だったのかも知れないが、超宗派的姿勢を貫いた慈雲が、最晩年の一時期に、自らの出発点とした宗派で用いられる常用経典の注疏を手掛けたという点は、大いに注目されてよいだろう。もっともこのような視座は、『法華陀羅尼略解』の出現によって修正を迫られることになる。

慈雲は、この『理趣経講義』において、上述のように『理趣経』第3段の中途あたりまでに関して「還梵」作業を行っている。そのスタイルは、試訳の域を出ないものの梵訳文をまず提示し、その傍らに不空訳の漢訳文を掲げ、続いて『理趣釈』の本文を掲げてから自らの注疏を記す、といったものである。この段取りは、『理趣経』の中途あたりからやや粗雑となり、まず慈雲の梵訳が行われなくなるとともに、慈雲自身による注疏も少なくなり、事実上『理趣釈』本文が載せられるのみで順次先に進められてゆく、という姿に見える。ただし先述のように、末尾に近い「善哉善哉大薩埵」の句に関しては梵釈が行われている。

ちなみに『理趣釈』はこの『理趣経』を随釈するものであり、上巻には大楽不空金剛薩埵初集会品と毘盧遮那理趣会品の2品を釈し、下巻には降三世理趣会品以下五秘密三摩地品に至る15品を釈す。慈雲は『理趣経講義』第二の中途までを『理趣釈』の上巻に、第二の中途から第三のすべてを同じく下巻の釈に当てている。

さて、『理趣経講義』は以上のような作品であるため、「還梵」以外に、佛教学上、慈雲独自の解釈と呼びうるようなものはほとんど見られないと言えるのかも知れない。だがあえてそれを求めるとすれば、それは①「唯識学的傾向」、および②「〈妙適〉をめぐる解釈」の2点であろう。まず①から考察を進めたい。

2.『理趣経講義』と唯識思想

『理趣経』は、「序分」、「正宗分」(「初段」〜「第十七段」、「百字の偈」)、「讃嘆・流通分」に分割される(以下『理趣経』については松長2006、また『理趣釈』については宮坂2011を参照する)。このうち「序分」は「五成就」と呼ばれる「信成就」「時成就」「主成就」「処成就」「衆成就」の各部分に分かたれる。この中の「主成就」(もしくは「教主成就」)と呼ばれる部分の経文は以下の通りである(下線部筆者；続けて挙げた書き下し文は宮坂2011：111 − 112による)。

「一時、薄伽梵、<u>成就殊勝</u>一切如来金剛加持三摩耶智、<u>已得一切</u>如来灌頂宝冠為三界主、<u>已証一切</u>如来一切智智瑜伽自在、<u>能作一切</u>如来一切印平等種種事業、於無尽無餘一切衆生界一切意願作業皆悉円満、<u>常恒三世</u>一切時身語意業金剛、大毘盧遮那如来、在於欲界他化自在天王宮中」。

(一時、薄伽梵、殊勝の一切如来の金剛加持の三摩耶智を成就し、すでに一切如来の灌頂宝冠を得て三界の主となり、すでに一切如来の一切智智の瑜伽自在を証し、能く一切如来の一切印平等の種々の事業を作し、無尽無余の一切の衆生界に於て、一切意願の作業を皆悉く圓満せしめ、常恒に三世一切の時に身語意業の金剛の大毘盧遮那如来が欲界の他化自在天王宮の中に在す)。

以下『理趣経講義』における慈雲の釈である(全集257頁〜;アルファベット化した部分は悉曇文字)。

「已上教主を釈成するなり。此の中bhagavaṃとは総標。成就殊勝等とは東方菩提心。第八識を転じて大円鏡智を成す。已得一切等とは南方修行門。第七識を転じて平等性智と為す。已証一切等とは西方成菩提。第六識を転じて妙観察智を成す。摩那すでに無漏に転ずれば則ち所観悉く実相を得るなり。能作一切等とは北方成方便。前五識を転じて成所作智を得る。成唯識にいわく、是の如く四智相応の心品。各定めて二十二法ありと云へども、能変所変種現倶生ずれば、しかも智用増すれば智の名をもって顕す。故に此の四品は総じて佛地の一切の有為の功徳を摂め皆盡す。常恒三世等とは法界体性智なり。第九識を転じて此の智を得る。相宗には此のamala無垢識を第八の浄分と為す。性宗には云はく、八九種種識と。およそ顕家は、法界体性と云ってしかも未だ法界体性智とは言わず。ただ密教のみ五智を具するなり。此の理趣一品十七段は、四智心品の中にmaṇḍalaを建立するなり」。

ここには、「八識」(前五識:眼耳鼻舌身;第六識:意;第七識:末那;第八識:阿頼耶)を中心とする唯識的概念が頻出するとともに、その八識を「転識得智」して第九識たる「法界体性智」を得るという密教の本質的プロセスの理解が顕著である。われわれの存在の根本にあって迷いの世界を現していた阿頼耶識は、大円鏡智となって他の三智の所依となる。また煩悩と相応して我執を起こしていた末那識は、大悲と相応して自他一切の平等を思量する平等性智に変わる。さらに一切の法を対象として分別をなしていた第六意識は、一切の法の自相と共相を正しく知り、説法断疑をなす妙観察智となる。そして前五識は、成所作智となって佛の三業をなす。このように、四智の働きは、もとの八識の働きが、それぞれ佛の智慧としての性格に変化したものである（瀧川 2001：49；高崎 1983：184）。「転識得智」とは、こうして識を智に転換することであるが、密教では唯識由来の八識・四智の上に第九識たる「法界体性智」を建てて「五智」とするのである（吉田 2001）。

ところで、上掲の一節での『成唯識論』からの引用は、同第 10 巻からのものであり、この第十巻では、第九巻からの続きで十勝行・十重障・十真如、さらに六転依、四涅槃、そして四智相応の心品が説かれる。また「八九種種識」云々、と慈雲が引く引用は、『楞伽経』第九の頌に現れる（「八と九との種種の識は、水中の諸波の如くなり」）。ただしこの引用は、空海『秘密曼荼羅十住心論』巻第六「他縁大乗住心」にも出ている。おそらく慈雲が、一切経に通じていたものの、空海の主著『十住心論』を諳んじていたであろうことは想像に難くない。『十住心論』は、天台よりも華厳を重んじた著作であるという点が強調される。もっとも、十巻よりなる各部の内容量から言えば、唯識法相宗に充てた「他縁大乗住心第六」が最も長大であり（福田 2013）、空海の唯識理解の深さを推察させる。慈雲はこの空海の思想的枠組みを十全に継承していたと推測される。

本書においてこれまで見てきたように、『法華陀羅尼略解』には「人法二空」という注記が認められた。これは自我への執着（我執）と、諸法への執着（法執）を、ともに空なるものであると断ずることを言う。唯識では人法二空を証得することを目指す（瀧川 2001：48）。四智は転依によって凡夫の認識が佛の智慧に変換されたもので、煩悩・随煩悩・不定を除いた 22 の心所と相応して働くが、これが慈雲も言及する「四智相応の心品」である（「四智相応の心品。各定めて二十二法あり」）。「心所法」とは、八識と同時に生起する諸々の心作用であり、これに 51 ある。心所法は、遍行・別境・善・煩悩・

随煩悩・不定の6種に分類される。以下、その内訳を記すと（竹村2004：258 − 261）、遍行とは、心が生起するとき常に共に働く5つの心作用（触・作意・受・想・思）、別境とは特定の場合のみに働く5つの心作用（欲・勝解・念・定・慧）、善の心所が11（信・慚・愧・無貪・無瞋・無癡・勤・軽安・不放逸・行捨・不害）、煩悩が6（貪・瞋・癡・慢・疑・悪見）、随煩悩が20（忿・恨・覆・悩・嫉・慳・誑・諂・害・憍・無慚・無愧・掉挙・惛沈・不信・懈怠・放逸・失念・散乱・不正知）となる。さらに、以上のいずれにも分類されない心作用が4つあり（悔・眠・尋・伺）、これを不定という。したがって、慈雲が言及する「総計22の心所」とは、触・作意・受・想・思・欲・勝解・念・定・慧、信・慚・愧・無貪・無瞋・無癡・勤・軽安・不放逸・行捨・不害に「心王」を加えたものである（『理趣経講義』傍注による）。心王とは、個々の心作用としての心所がそれに相応して働くところの心の主、すなわち「識」のことを言うものである。

3.「虚空」の思想――『雙龍大和上垂示』より――

前節に見たように、慈雲は『理趣経講義』において、『理趣経』冒頭の「主成就」部分をめぐり、唯識思想由来の八識を転じて五智となす、いわゆる「転識得智」のプロセスを読み込むという伝統的解釈に則っていた。慈雲の唯識受容のあり方を検討するため、ここで慈雲によるいま一つ別の著作を参照してみたい。それは『雙龍大和上垂示』上のうちの一篇（全集第13巻320 − 322頁）である。この『垂示』について、本書ではすでに第5章3節において、「菴摩羅識」あるいは「虚空」との関連で、その全文を引用した。ここでは重複を避け、後半の部分だけを引くことにしたい。

「第八識阿頼耶識は三千大千世界に行きわたる。第五身識までは唯だ其の体ほどのものじゃ。此の八識は大いに至って三千世界に行きわたり過去の因縁までを知るじゃ。又此の上に第九識がある。これは真言に云ふことじゃ。是を菴摩羅識と云ふ。楞伽経にもあり、亦餘経にもある。此の識は業相の及ばぬ所じゃ。是を知らせたいに因りて、略法語の中に虚空の事を説いた。此の第九識を知らさんが為じゃ」。

この文末に『略法語』とあるのは、「蒼々たる長天物あり理あり」に始まる『人となる道略語』を指すものと思われる。この『略語』には、諦濡和上（1750 － 1830）の撰になる注解『十善略法語随行記』があり、慈雲による『人となる道略語』のことを指して『十善略法語』という呼称が用いられているためである。したがって上掲の一節の末尾部分は、『人となる道略語』のうちには「虚空」という語彙は見当たらないものの、この『略語』全体の主旨として「虚空」のことが取り扱われている、という意味に解して間違いないであろう。なお『十善略法語随行記』の中には（『慈雲尊者全集』第 13 巻 453 頁）、『略語』中ほどに出る「よく三界の主となる」に対する注記として「「理趣経の中に一切三界主如来」と云ふあり。法華経に佛みづから今この三界皆是我有と説きたまへり」とあり、『理趣経』と『法華経』を連ね捉える視点を慈雲が有していたことをうかがわせる。

この『人となる道略語』の発句「蒼々たる長天、物あり理あり」に対する注記として、寛政 12（1800）年 5 月 23 日の日付が遺る『雙龍大和上垂示』下巻の一篇には「蒼々たる長天は高天原」とある（全集版 625 頁）。一方同 12（1800）年 5 月 12 日の『垂示』には（全集版 623 頁）、雲伝神道の解釈で、頭に被る比礼の一種である「品比礼」は「五智の宝冠」に当たる、というくだりにおいて、次のように説かれる。

「唯識論に、一切の心といふもの、昼夜にわすれず間断せぬ物じゃ。是より見れば過去の過去を尽くして云々。第八の阿頼耶識、この心があると我と認め心と認めるを、第七識摩那識となるじゃ。一切思慮分別するを第六意識じゃ。前五識眼耳鼻舌等、八識の言説心念を離れたを第九菴摩羅識と云ふ。是皆今日人々の具してある。過去の過去も皆これを具するによりて、思慮分別を離れぬを識と云ふ。言説心念を離れたを智慧と云ふ。第八識が生死の根本じゃ。第六七は阿弥陀如来、さて東方は阿閦佛、南方は宝生佛、西方は阿弥陀、北方は釈迦牟尼佛じゃ。是を総束ねて毘盧遮那じゃ。大日如来じゃ。是を具足する処を五智の宝冠と云ふ」。

さらに、遡って同11（1799）年3月5日の『垂示』には（全集607頁）、「高天原を禁中と云ふこと甚だ不可じゃ。延喜式の祝文を見よ。またこれを自身の胸と云ふこと益々不可じゃ。此れは虚空のことじゃ。此の虚空に万物具はり道理を備へたのじゃ。現に目で観たがよい。龍の上ることあり。また風雨の起ることあるじゃ。世界は皆虚空が始めじゃ」とある。これらから、先に引いた「略法語の中に虚空の事を説いた。此の第九識を知らさんが為じゃ」という慈雲の主旨を理解することができよう。この頃慈雲は、雲伝神道における「高天原」理解をも併せて、「虚空」を第九識たる菴摩羅識との連関のうちに理解している。慈雲による晩年のこのヴィジョンは「高天原虚空観」とも名づけうるものであり、この点に関しては、すでに本書第5章において示唆を終えた。

4.『理趣経講義』における「妙適」

以上、慈雲が最晩年の一時期、唯識の密教的止揚をしばしば想起していたことが推察され、そのキーワードとしては「虚空」という語彙が浮かび上がってきた。いまこの「虚空」という語彙に着目しつつ、先に本章第3節に引いた『理趣経講義』からの一節に戻り、『理趣釈』を顧みてみたい。すると『理趣経』からの引用の末尾部「常恒に、三世一切の時に、身語意業の金剛の大毘盧遮那如来」に対し、『理趣釈』は「一切の時とは、異生に在る時と、後に聖果を証する時なり。三業清浄なることなお虚空の如し」と釈している（宮坂2011：323；全集256頁）。また引用に続く部分であるが、「衆成就」に登場する虚空蔵菩薩に関して、『理趣釈』には「三輪清浄の喩は、虚空のごとし」とあり（宮坂2011:330;全集261頁）、同じく虚空庫菩薩に関しても「虚空」の字が『理趣釈』に二度出る（「一念の頃に於て、身、盡虚空遍法界の一々の佛前に生ず.... 虚空を以て庫蔵となし、諸趣に随縁し、諸の有情を拯済し利益し、漸く無上菩提を引致し、以て巧方便となす」宮坂2011：333；全集262頁）。こうして『理趣釈』に則る慈雲の『理趣経講義』にあっても、虚空のヴィジョンが奉持されていたものと考えられよう。

ところで、『理趣経』の大楽不空金剛薩埵初集会品（初段）には、大日如来が金剛薩埵の三昧に住して説くところの一切法の清浄性を示す、いわゆる「十七清浄句門」がある（宮坂117 − 118）。これは「一切法の清浄句門を説きたもう。所謂妙適清浄の句、これ菩薩の位なり」以下、この句の「妙適」に当たる個所に対し、以下順に「慾箭」「触」「愛縛」「一切自在主」「見」「適悦」「愛」「慢」「荘厳」「意滋澤」「光明」「身楽」「色」「声」「香」「味」と十七門が列挙されて当てはめられ、その後「何を以ての故に。一切の法は自性清浄なるが故に、般若波羅蜜多も清浄なり」と総括される部分である。このうち第七番目に当たる「適悦」に関して、慈雲は『理趣経講義』の中で「この身心の適悦、虚空界にあまねし」と釈している（全集271頁）。

この十七門は、近年では特に、『理趣経』が、男女間の接触・交合への愛欲とそれに伴う快とを、「大楽」（すなわち至高普遍の宗教的快楽）へと止揚する経典である、ということをよく表した部分として受け取られてきた。もっとも『理趣釈』はこれを次のように、理趣会17尊に配釈している。妙適：

金剛薩埵　慾箭：欲金剛　触：金剛髻離　愛縛：愛金剛　一切自在主：金剛傲　見：意生金剛　適悦：適悦金剛　愛：貪金剛　慢：金剛慢　荘厳：春金剛　意滋澤：雲金剛　光明：秋金剛　身楽：冬金剛　色：色金剛　声：声金剛　香：香金剛　味：味金剛。そして慈雲による上掲の「適悦」解釈には、これを性的悦楽に関連づける理解は全く見られないと言える。

そこで十七門の最初に立ち戻り、「ソラタ」と音写される「妙適」(surata)という語彙について考えてみたい。この「妙適」こそ、いわゆる「性的悦楽」の象徴的語彙ともいえるものである。『理趣釈』では「妙適は、即梵音の蘇囉多なり。蘇囉多は、世間の那羅那哩の娯楽の如し。金剛薩埵もまたこれ蘇囉多なり。無縁の大悲をもって、遍く無尽の衆生界を縁じ、安楽利益を得んことを願う。心、かつて休息することなく、自他平等無二のゆえに、蘇囉多と名づくるのみ。金剛薩埵の瑜伽三摩地を修することによって、「妙適清浄の句」を得る。この故に、普賢菩薩の位を獲得す」とある(宮坂2011：343；全集267頁)。妙適は、このように金剛薩埵と等置され、これは『理趣釈』以来の伝統である。しかし昨今の注解書の類では、「蘇囉多は、世間の那羅那哩の娯楽の如し」とある一節のほうに重心を置いて解釈する傾向が顕著だと言える。

慈雲は『理趣経講義』の中で、この部分の『理趣釈』を引くのに先んじて自らの解釈を提示している(全集267頁)。

「大日経に、surataを以て佛子を喚ぶ。疏に、梵音の蘇囉多は是れ著の義なり。微妙の法に著する故にソラタと名づくるなり。復た次にソラタとは是れ共住安楽の義なり。謂く、妙理と共に住み、現法の楽を受くるなり。復た次に、妙事業に楽著するが故にソラタと名づくるなり。又邪を棄て正しきに赴く義を以ての故にソラタと名づくるなり。又遍く求め欲する義の故にソラタと名づくるなり」。

上の一節中「疏」とあるのは『大毘盧遮那成佛経疏』(『大日経疏』、大正大蔵経 1796；なお本書第 10 章をも参照）のことであり、同「阿闍梨真実智品第 16」に当該のくだりがある（大正大蔵経 755 頁中 5 行～ 10 行目)。こうして「疏」からの一節を引く慈雲の姿は、真の文献学者そして密教行者としてのものに他ならない。慈雲は『理趣釈』に盲従することもなければ、「那羅那哩の娯楽」に引きずられることもないのである。

ところで『理趣釈』には、『理趣経』本文の釈に続き、初段所説の十七尊曼荼羅の各尊についての記載が見られる（宮坂 2011：360 －；全集 289 頁～；松長 2006：93)。この「妙適」に関しても、初段末に見られる梵字・呪の釈に再出する（宮坂 361 － 363 頁)。そこには「ソ・ラ・タ・ストゥヴァム」とあるが、慈雲はこの法曼荼羅を構成する梵字への注釈のなかで「妙適。入我我入」と記している（全集 293 頁)。「妙適」の句をめぐる慈雲の解釈を参照しよう。

「已下四摂。妙適。入我我入。sattva を二字と為せば則ち有情なり。vajra-sattva、bodhi-sattva 是なり。stvaṃ 三合一字なれば、則入我我入なり。samaya-sattva、surata-sattva 是なり。即後十六生成正覚なり」。

つまり慈雲は、「ソラタ」を「妙適」、「ストゥヴァム」を「入我我入」と釈しているため、ここに「妙適。入我我入」と記されているわけである。入我我入とは、ふつう念誦法に於て修得されるものであり、本尊が修行者（我）に入り、修行者が本尊に入るという観想で、本尊と修行者が一体となる念誦法を指す。そこには「蘇囉多は、世間の那羅那哩の娯楽の如し」といった解釈の入り込む余地はない。慈雲は「妙適」を、密教の本質たる「入我我入」との関連において理解しつつ、『理趣釈』にのみ出る曼荼羅各尊への梵字から翻って『理趣経』へと光を当て、「妙適」の解釈を行っているのである。昨今では「妙適」を、原語の surata に戻し、近代以降深化されたサンスクリット語彙史研究ないし『ヴェーダ』研究のレベルから精確に捉え出そうとする方向性が主流であるが、これは慈雲が考えていた「妙適」の実体とは異なっていたと考えるべきであろう。

5.『教王経初品』および『大日経悉地出現品』について

このように『理趣経講義』に見られる慈雲の姿勢は、ひとまず、唯識思想に発しつつ、その八識説から転識得智によって法界体性智の獲得へと至る正統密教行者のものであり、それは「妙適」の理解に認められるように、入我我入を基軸とするきわめて実践主義的なものであった、と規定することができるだろう。その際、「常恒三世とは法界体性智なり」との慈雲の注記に関連して注目し得たのは「一切時とは、異生に在る時も、後に聖果を証する時も、三業清浄なることなお虚空の如し」との『理趣釈』の解釈であり、「虚空」という概念であった。

上述したように、『理趣経講義』は第三までで終結しているのではなく、その後に『教王経初品』および『大日経悉地出現品』の梵文訳が付されている。最晩年の慈雲の姿を探るのであれば、『理趣経講義』と併せてこれらの二著作をも勘案すべきであろう。以下「虚空」への着目を維持しつつ考察を続けることにしよう。

まず『教王経初品』(『教王経』とは不空訳『金剛頂一切如来真実摂大乗現証大教王経』全3巻を指す)についてであるが、遠藤祐純師の注解になる『金剛頂経入門　上巻』(遠藤 1985)を参考にするならば、慈雲が梵釈を開始しているのは、いわゆる「正宗分」と呼ばれる部分が始まる「婆伽梵大菩提心普賢大菩薩」以下の部分についてである(大正大蔵経 865、207 頁下 8 行目〜;

「慈雲尊者全集」364頁〜)。そして慈雲はその梵釈を、「第一　五相成身観」に続き「第二　三十七尊出生」として画される部分のうち、筆頭の金剛薩埵出生の部分が一段落するまで、すなわち「即入婆伽梵毘盧遮那如来心」までにとどめている(〜大正大蔵経208頁中21行目;〜全集377頁)。

慈雲が梵釈を行ったこの部分について、まず「五相成身観」の段には「所有一切遍満虚空界」(「あらゆる一切虚空界に遍満したもう」;遠藤1985:65)の字が出る(大正大蔵経208頁上12行目;全集371頁)。この部分は「...虚空界に遍満したもう(一切如来の身口心なる金剛界は... 悉く薩埵金剛に入りぬ)」という一連の部分の一節である。なおそれに続く「三十七尊出生」の段に「獲得一切如来虚空発生　大摩尼宝灌頂」(「一切如来の虚空より発生せる大摩尼宝灌頂を獲得し」;遠藤1985:96)という句が出るが(大正大蔵経208頁中段10行目;全集375頁)、この部分は「(毘盧遮那如来は)虚空より宝鬘を生じ、その威力を以て灌頂する」という文脈に置かれ、ここに慈雲は「第六識を転じて妙観察智と為す」と注記している。

一方『大日経第三悉地出現品』については、『大日経』の巻第三に含まれる「悉地出現品」第六に載る「三世無量門決定智圓滿法句」(清田1978:28 − 33)、すなわち計十六句より成る七言形式の偈についてのみ慈雲の梵釈が行われている(大正大蔵経848、17頁下24行目〜;全集378頁〜)。ただし注記があり(全集379頁)、「本文はすでに義釈に出でたり。題の梵文は私に之を置く」とある。ここで『義釈』とは『大日経義釈』全14巻を指す。これは『大日経』の注解書としては、空海の請来になり東密真言宗で依用される『大日経疏』全20巻に対し、円仁が請来し台密・天台宗で依用されるものである(宮坂2011:481)。

以下にこの十六句を掲げる。「虚空無垢無自性　能授種種諸巧智　由本自性常空故　縁起甚深難可見　於長恒時殊勝進　隨念施與無上果　譬如一切趣宮室　雖依虚空無著行　此清淨法亦如是　三有無餘清淨生　昔勝生嚴修此故

得有一切如來行　非他句有難可得　作世遍明如世尊　説極清淨修行法　深廣無盡離分別」（「虚空は無垢にして自性無ければ、能く種種の諸の巧智を授く　本より自性常に空なるが故に、縁起甚深にして見るべきこと難し。長恒の時に於て殊に勝進して、念に随って無上の果を施与す。譬へば一切趣の宮室は、虚空に依ると雖も著行無きが如く、此の清浄の法も亦た是くの如し。三有余無く清浄にして生ず。昔の勝生厳は此れを修せしが故に、一切如来の行を有つことを得たり。他句の有に非ず得可きこと難し。世の遍明を作すこと世尊の如し、極清浄修行の法を説きたもう、深広にして無盡なり分別を離れたり」；福田 1998：62；大正 17 頁下 24 行目～ 18 頁上 2 行目）。

ただし慈雲は、末尾に「廣法甚深...　十一字」の句を梵文とともに出し、「義釈更に此の一句の助声あり。今文便の為の故に四句の中に通す」（全集 381 頁）として、『義釈』の注記をそのまま再録している。上記のように『義釈』は台密系の釈書であるが、慈雲はこれをも偏りなく参観しているのである。

上掲した十六句より成る偈は「爾の時に世尊、復た諸の大衆会を観じて、一切の願を満足せしめんと欲ふが爲の故に、復た三世無量門決定智円満の法句を説きたもう」（福田 1998：62）に続く部分であり、この偈には、下線を付したように「虚空」の語彙が二カ所に含まれていた。慈雲は「環梵」関連の作業を行うための本文を選定するに際しても、「虚空」という概念を収める部分、ないし転識得智に関わる個所を集中的に扱っているのである。

6.『法華陀羅尼略解』から『妙法蓮華経』へ

本書冒頭より述べてきたように、『法華陀羅尼略解』に関しては、慈雲による持戒実践への関心、および唯識思想的傾向を読み取ることが可能である。『略解』は小品でもあり、そこに「虚空」の字が見られることはない。しかしながら、慈雲最晩年のいくつかの著作を参観すると、この時期の慈雲には、密教学・雲伝神道の双方において「虚空」の思想が色濃く見られると指摘して差し支えないだろう。われわれは、この「虚空」のヴィジョンを『妙法蓮華経』との関連で問うことができるだろうか。以下、仮説的な考えを述べてみたい。

『妙法蓮華経』の計二十八品については、これを「二処三会」に分割する観点がある。これは、行われる説法の場所によって、『法華経』全編を前霊山会、虚空会、後霊山会の「二処三会」に分かつ方法である。このうち虚空会とは見宝塔品第11から嘱累品第22までを指す。『法華経』の主たる内容は、この「虚空会」までで尽くされているとされる（菅野2001：74；本書第4章をも参照）。これに続く薬王菩薩本事品第二十三から普賢菩薩勧発品第二十八までの六品が、後霊山会である。

一方、計6ケより成る「法華陀羅尼」は、「薬王菩薩陀羅尼」に始まり、「普賢菩薩陀羅尼」に終わる。これら冒頭と末尾の陀羅尼に関してのみ、慈雲が実質的な注疏作業をおこなっていたことは、本書冒頭の序章で指摘したとおりである。すると慈雲は、「後霊山会」の冒頭と末尾とを画す「薬王菩薩本事品」と「普賢菩薩勧発品」の内容を、それぞれ「薬王菩薩陀羅尼」および「普賢菩薩陀羅尼」に代表させるとともに、培ってきた「虚空」の視点を軸にした「法華陀羅尼」注解作業を通じて、後霊山会を「虚空」に向けて止揚することを試みたとは考えられないだろうか。慈雲は『理趣経講義』において、「『理趣経』とは、四智心品のうちに、法界体性智を中心とする曼荼羅を建立する経典である」と喝破していた。その中心には、虚空と等値される密教固有の第九識、すなわち菴摩羅識が秘められていた。この慈雲は、『理趣経講義』に引き続き『法華陀羅尼略解』を手がけることによって、『妙法蓮華経』全体を虚空の場に置こうと考えたのではなかっただろうか。

結.

慈雲は、入我我入観に基づく「虚空」への座標軸措定、および転識得智による法界体性智の獲得を目標に『理趣経講義』を著したと推察され、この方向性は、『教王経初品』ないし『大日経悉地品』においても継承される。『法華陀羅尼略解』に「虚空」の字は見えないが、その唯識的方向性は顕著である。『倶舎論』による五位七十五法では、無為法の一つに「虚空」が数えられるが、大乗の唯識五位百法のうちにも、無為法のうちに「虚空」が位置づけられている（竹村 2004：261）。晩年の慈雲を考えるうえで、雲伝神道や儒教などとの通底性を勘案するならば、菴摩羅識・法界体性智と等値される「虚空」の概念は、極めて重要な位置づけを帯びると考えられよう。

「虚空」は『妙法蓮華経』の「虚空会」のほか、『妙法蓮華経』の結経とされる『観普賢経』のうちに「常寂光土」という形で現れ、これは浄土念佛思想へと受け継がれる（中村ほか 2002「浄土」；竹村 2015：154）。晩年の慈雲は、華厳だけではなく、唯識をも十全に取り込んだ空海の『十住心論』を受け継いでいた。それとともに、彼の虚空観は「常寂光土」としての浄土の思想に拓ける面をも示す。慈雲晩年のこのような多面性・抱擁性が、天台真盛宗の僧侶たちに、『法華陀羅尼略解』を筆写させる契機を提供したと考えられるだろう。『法華陀羅尼略解』を含めた最晩年期の慈雲像は、まさしく日本佛教史を包括する無限の普遍性を秘めて、われわれの前に立ち現われて来るのである。

第9章　「五悔」から「五秘密」へ
——慈雲著『金剛薩埵修行儀軌私記』（1802年）の位置づけをめぐって

序.

本章は、1802 年の成稿になる『金剛薩埵修行儀軌私記』を手がかりに、慈雲の『理趣経』に関わる儀軌関連の著作をひもとくことにより、『理趣経講義』さらには『法華陀羅尼略解』に至る慈雲晩年の歩みをより正確に跡づけようとする試みである。この『金剛薩埵修行儀軌私記』については、本書においてもすでに第 3 章 7 節において「五悔」との関連で論及した。

ところで『金剛薩埵修行儀軌私記』と称される慈雲の著作には、実は 3 つの著作が収められている。『慈雲尊者全集』の表記によるならば、それは題目と同じ 1）『金剛薩埵修行儀軌私記』、それに 2）『金剛頂経勝初瑜伽普賢金剛薩埵瑜伽念誦法』、そして 3）『金剛頂瑜伽金剛薩埵五秘密修行念誦儀軌』の 3 つである。同『全集』第 8 巻に収録された版に基づく頁数にすると、このうち 1）は 2 ～ 36 頁（計 35 頁）、2）は 37 頁（計 1 頁）、そして 3）は 38 頁～ 52 頁（計 15 頁）となる。2）が極端に少ないが、これは 2）が「頸次第」と呼ばれる「印明の名のみを示すのみで、印相、真言、観想文等を示していない簡単な次第」（小野 1964；項目『金剛薩埵修行儀軌私記』小田慈舟筆）として記されているためである。これらの注疏には『大正大蔵経』（第 20 巻）に載る佛典本文が存在し、1）は『大楽金剛薩埵修行成就儀軌』

(No. 1119；略称「大楽軌」)、2）は『金剛頂勝初瑜伽普賢菩薩念誦法』(No. 1123；略称「普賢軌」)、3）は『金剛頂瑜伽金剛薩埵五秘密修行念誦儀軌』(No. 1125；略称「五秘密軌」）である。この段階で、すでに第1作と第2作に関しては題辞が異なっていることに注意しておきたい。すなわち第1作については、慈雲は「成就」を付さずに把握し、第2作に関しては、同じく慈雲は「普賢菩薩」ではなく「普賢金剛薩埵」と認識していた。また、第1作に関しては筑波大学中央図書館に筆記者不明の写本が収められており（ハ320－41)、その題辞は大蔵経に収められたものと同じく『大楽金剛薩埵修行成就儀軌』である。この写本と『慈雲尊者全集』所収の第1作のテキストとは、中途より同一本文となるが、冒頭部に関して若干の相違を見せる。そして、『慈雲尊者全集』第8巻巻頭に載せられた写真版から判明することであるが、これら3儀軌のうちの第3儀軌『金剛頂瑜伽金剛薩埵五秘密修行念誦儀軌』に対する慈雲の添削が終えられたのが「享和壬戌」すなわち享和2（1802）年である。したがって正確にはこの『金剛頂瑜伽金剛薩埵五秘密修行念誦儀軌』の添削が1802年、『理趣経講義』が1803年、そして『法華陀羅尼略解』が1803年の成稿だということになる。

1. 問題の所在

さて、『大正大蔵経』第20巻に収められたNo. 1119からNo. 1125までの7つの儀軌は、ひとまず「金剛薩埵儀軌類」と総称することが可能である（福田1987；松長2006：30－31)。上に挙げた3つの儀軌以外でこれに含まれるものを以下に挙げるならば、順に『金剛頂勝初瑜伽経中略出大楽金剛薩埵念誦儀』(No. 1120A、略称「勝初瑜伽軌」;「略出軌」とも称するが、前者に統一する)、『金剛頂普賢瑜伽大教王経大楽不空金剛薩埵一切時方成就儀』(No. 1121、略称「時方成就軌」)、『金剛頂他化自在天理趣会普賢修行念誦儀軌』（No. 1122、略称「理趣会軌」）、『普賢金剛薩埵略瑜伽念誦儀軌』（No. 1124、略称「瑜伽念誦儀軌」;「普賢金薩軌」とも称するが、前者に統一する）である。これら計7個の儀軌は、相互に「異訳」であるとすることも可能ではあるが、子細に検討すると相互に少しずつ異なるため、慈雲がなぜ上記3種を取り上げることにしたのか、その次第を考えることは興味深い課題である。

一方『佛書解説大辞典』（小野 1964）その他によると「金剛薩埵法6種儀軌」という表現が散見される。この場合、上記の7種儀軌のうちから異種のものとして何が漏れるのか、十分に明らかではない。内容からすると、最後の1125「五秘密軌」が「もっぱら五秘密尊のみを説いて、他の諸儀軌の如く十七尊を明らかにしていない」（小野 1964：項目『金剛頂瑜伽金剛薩埵五秘密修行念誦儀軌』神林隆浄筆）ため、これが漏れることが予想される。しかし、果たして慈雲がそう考えていたかどうかは再考の余地がある。なぜならNo. 1122の「理趣会軌」すなわち『金剛頂他化自在天理趣会普賢修行念誦儀軌』には「金剛薩埵」の名が入らず、それは『大正大蔵経』の名称による限り、No. 1123の「普賢軌」すなわち『金剛頂勝初瑜伽普賢菩薩念誦法』も同様なのであるが、慈雲は上述のように後者を『金剛頂経勝初瑜伽普賢金剛薩埵瑜伽念誦法』と認識していたため、この理解に基づけば後者は「金剛薩埵法」に含まれることになり、「金剛薩埵」の名が入らないのは「理趣会軌」だけということになるからである。普賢菩薩は「密教像としては金剛薩埵がある」（中村ほか 2002：859）とされるものの、前者は顕教での、後者は密教での理解として峻別することも、あながち不可能ではない。

6種であれ7種であれ、これらをひとまず「金剛薩埵軌類」と総括する場合、これら各々の性格づけの際に基準となり得るのが、各儀軌において用いられている真言の文面である。これに関しては八田幸雄氏が詳細な『真言事典』を刊行しており（八田 1985）、本書執筆に際しても大いに恩恵を被った。本章では真言の提示に際して、その前に『真言事典』における通し番号を付すことにした。上掲7種の儀軌類について、八田による同書巻末の「真言番号対照表」を参照するならば、7種のうち真言に関して大いに異質なのがNo. 1122の「理趣会軌」であるということが判明する（川崎2007：464をも参照）。他の6種儀軌については、相違は見つかるものの、No. 1122の逸脱ほど大きくはない。そして慈雲が手掛けたのがNo. 1119、No. 1123、No. 1125であるということを考えるならば、慈雲は当初よりNo. 1122をやや射程外に置いていたとも言えそうであり、そうなると慈雲の目指していた目標が、儀軌の注解活動とは何か異質なところに置かれていたと推測することも可能かも知れない。その際に想定されうるのが上述のような「金剛薩埵との合一」であろう。ちなみに慈雲の200回遠忌を期に作成された「高貴寺DVD」によれば、慈雲は上記3点の注解以外に、No. 1120Bとして『大正大蔵経』にも挙がる『勝初瑜伽儀軌真言』（1120Aの真言のみを抽出したもの）に関して、『勝初瑜伽儀軌　真言義注』を遺している（No. 0399；前田弘隆2008 – 2010）。これは梵文のみの儀軌文言であるから、慈雲が『梵学津梁』に収めようと考えたとしても不思議ではない。

いずれにせよ『大正大蔵経』の番号で指示すれば順にNo. 1119、No. 1123、No. 1125の注疏の集合という形を取る『金剛薩埵修行儀軌私記』であるが、『密教大辞典』その他によると、このうち最初に取り上げられる「大楽軌」は、この中で最も次第の整備された儀軌である。そのこともあってか、『慈雲尊者全集』の編者である長谷宝秀（1869 – 1948）師は「金剛薩埵修行成就儀軌私記一巻は尊者の記なり。尊者御草稿の本、京都西加茂神光院に在り。彼本は尊者弟子をして尚書せしめ、更に御直筆を以て処々添削を加へられたる者なり。今彼本に依りて之を出す」とし「此の中、大楽軌、勝初軌、五秘密軌の三種を出せども、題して金剛薩埵修行儀軌私記と云ふは、最初たるに約するか」と注記しておられる。この見解が『佛書解説大辞典』その他にも踏襲され（小野 1964：項目『金剛薩埵修行儀軌私記』小田慈舟筆）、現在ではほぼ「3 点のうちの冒頭に「大楽軌」の注解が置かれているため、全体の題辞にも「大楽軌」が採用された」とする説が通説となっている。

しかしながら上述のように、子細に検討するならあながちそう簡単に結論づけることはできない。

あ）3 点のための総題が「大楽軌」の正確な題辞に一致しているわけではない。筑波大所蔵本の題辞は、正確に「大楽軌」のものと一致しているが、これは「大楽軌」1 点のみを載せる写本である。

い）上述のように、慈雲は金剛薩埵を通じての大日如来との入我我入を目指す上で、必須な儀軌を「編んだ」と推測できるかもしれない。

う）「大楽軌」の注だけを取ってみても、慈雲は No. 1119 以外の儀軌から適宜補って注記している。

実際、慈雲は「大楽軌」への私記のうちに、金剛薩埵儀軌類全般に通じる細則を記入している。たとえば「普賢行願」に関わる細かい規定がこれに類する。すなわち No. 1119、No. 1123、No. 1125 の三儀軌のすべてにおいて、儀軌の開始に先立ち、『大蔵経』には記載されていない「普賢行願」〔つまり「五悔」〕の読誦が慈雲によって指示されているのである。これは順に『慈雲尊者全集』の頁数では 9 頁、37 頁、40 頁に該当する（なお本書第 3 章をも参照）。

折しも、これまで最晩年の作とされてきた『理趣経講義』の 10 日後に、『法華陀羅尼略解』が成稿されていたことが判明したため、慈雲の内面を推測するための新たな資料が現れたと言えよう。本章では、『金剛薩埵修行儀軌私記』に収められる諸真言を辿り、慈雲の注記をひもときながら、これまでの通説に対して異を唱えようと試みてみたい。

2.『金剛頂経勝初瑜伽普賢金剛薩埵瑜伽念誦法』

ではまず初めに、3つの儀軌の中間に位置している『金剛頂経勝初瑜伽普賢金剛薩埵瑜伽念誦法』を取り上げよう。これにより、前後2つの儀軌を慈雲がどう位置づけていたかも理解できると推定されるからである。以下【】の中に付記するのは、後ほど2点目として検討する『金剛薩埵修行儀軌私記』ないし3点目に検討する『金剛頂瑜伽金剛薩埵五秘密修行念誦儀軌』の中の(『全集』版による)何頁にその真言が対応するか、対応箇所を便宜的に記したものである。言うまでもなく、三つは相互に異なる儀軌であるので、番号が相前後することは不思議でない。

「初めに、まさに清浄の明を誦すべし【3】。或は raṁ 字を観ぜよ【3】。次に観佛【8】。驚覚【8】。起礼【9】。四佛【5 − 7】。また右膝を地に着けて普賢行願を誦せよ【9】。然る後、薩埵の跏を結び【7】、金剛掌【10】。遂に合し堅固に縛し【11】、また陳べて開心【11】遍入の契【11】、三昧拳またしかり【12】。次に大印に住し、hūṁ 字を誦せよ【12】。旋らして五佛灌頂【13 − 14】ならびに繫鬘【14】拍掌【15】。また極喜三昧耶に住し【16】、hūṁ の明を誦し、四処を加持せよ。次に不空王の契明をもって衆聖を驚覚し、ならびに四摂【22 − 23】の印明をもって召し入れ縛喜せしめよ【16】。次に閼伽を献じ【17 − 18】、旋らして十七聖の羯磨【18 − 23】、および三昧耶の印明【23 − 25】を陳ぜよ。金剛掌を頂上に安んじ、虚空庫の明を誦し、もって衆聖を供養し【23】、最勝真実の讃【26】を誦せよ。次に普賢三昧耶に住し百字の明【46】を誦せよ。また本明を誦せよ。加持念珠、正念誦、大乗現証【47】(割注:或は大楽不空三昧耶真実心【44】の明を誦す)。また大印に住し、hūṁ の明を誦す。旋らして八供を陳じ【51】、ならびに空庫讃嘆おはりて、衆聖を奉送し【31】、宝印を結びて自身を護す【32】。拍掌解縛【32】。

即ち起きて四佛を礼し【32】、随意に経行せよ【32】」。

3. 結節点としての「百字の明」

ここで、上に挙がる「百字の明」【46】とは「一切所願を速疾に成就せしめる真言である」（八田 1985：168）。文面を掲げるなら、

1338　Oṃ vajra satva samayam anupālaya vajra satva tvenopatiṣṭha dṛḍho me bhava sutoṣyo me bhavānurakto me bhava su poṣyo me bhava sarva siddhiṃ ca me prayaccha sarva karmasu ca me citta śreyaḥ kuru hūṃ ha ha ha ha ho bhagavan sarva tathāgata vajra mā me muñca vajrī bhava mahā samaya satva āḥ.

となる（解析は No. 1125 の当該箇所に委ねる）。

これは No. 1122 および No. 1125 に載る明であるが、No. 1123 本文には含まれていない。慈雲が No. 1123 に出ないこの明をあえて No. 1123 の頸次第の中に出したのは、No. 1122 に含まれていることに鑑み、No. 1123 を、No. 1119 から No. 1124 までの儀軌全体を集約する頸次第としたい意向を持っていたため、と考えたい。しかし No. 1123 は頸次第であり、詳注は施せない。そこで慈雲は、No. 1125 本文の方に注を加えている（46 − 47 頁）。No. 1125 で詳注が施されているのは、勝願（41 頁）、大智印真言（42 頁）、大楽不空三昧耶真実心密語（45 頁）、この百字真言（46 頁）、そして大乗現証金剛薩埵真言（47 頁）の計 5 カ所であると言える。これらはすべて、No. 1125 において詳注を施さなければ、No. 1119 では註を加えることのできない印言ということになる。

先に、No. 1122 に盛り込まれる真言が、7 つの儀軌の中で目立って異質であるということを指摘した。この「百字の明」は、その No. 1122 に載るの

であるが、同時にNo. 1125にも載る。したがって慈雲は、No. 1122にしか載らない他の真言とは扱いを変え、かつNo. 1119からNo. 1124までの儀軌に含まれる真言という意味において、このNo. 1123に含めたという考え方ができるだろう。いずれにせよ、この「百字の明」は、金剛薩埵儀軌類と五秘密軌との結節点として機能するものなのである。

以下、2点目の『金剛薩埵修行儀軌私記』に移る。

4.『金剛薩埵修行儀軌私記』

あ）筑波大学附属中央図書館所蔵『大楽金剛薩埵修行成就儀軌』

題目の下に「海仁珎」と付記されている。これはおそらく、この儀軌書を請来したのが「空海、円仁、円珍」である、との意を記したものであろう（珎＝珍）。以下に冠注部分を書き出しておく。い）以下で本文を辿る際の目安としたい。

1丁オ　序分帰敬　　正宗分　　受灌頂若許可　揀択勝処　建立輪壇　并　羅列聖位

1丁ウ　弁諸供具　　洒浄香水　　入勝三世三昧　　以焼香薫供具　　安置本尊像　并　随力弁設荘厳　修法時分　　随処念誦

2丁オ　　潔身浄服　　或以法浄除　　初入道場　并　本尊観　　至道場門観　　対曼荼羅面西或東　　初礼於四佛

2丁ウ　東方　　南方

3丁オ　　西方

3丁ウ　北方　　薩埵跏　　発菩提心観　并　自性成就真言

4丁オ　　無自性観　并　薩埵観　是即　五相成身也

4丁ウ　大智印　并　心真言　薩埵儀形義述　khaṁ字観是即観佛

5丁オ　　金剛起　五悔

6丁オ　金剛掌　　金剛縛

6丁ウ　開心門　　金剛遍入

7丁オ　　金剛拳三昧耶

7丁ウ　金剛慢印　　金剛秘密三昧耶　　五佛宝冠印　　以印安五処即五佛灌頂　　印義述

8丁オ　　中　　東　　南　　西　　北

8丁ウ　鬘灌頂　　偏身被甲

9丁オ　　二字観　　加持十三処　　拍掌

9丁ウ　大智印　　観冠中五佛本威儀　　召請　是極喜印　誦真言三返或四返

10丁ウ　献閼伽　　初用唵字句加持之

11丁オ　　献閼伽真言　　十七聖観　　初観尊形　　而後結誦印明　　金薩

11丁ウ　○四明妃　　欲　初明尊形次述其義後説印明、已下皆尓　　触　抱持五股杵也是即三昧耶体

12丁オ　　愛　　慢　　○四内供　　春

12丁ウ　雲　　秋　　冬

13丁オ　　○四外供　　嬉　　笑

13丁ウ　歌　　舞　　○四摂　　鉤

14丁オ　　索　　鎖　　鈴

14丁ウ　十七聖三昧耶印皆用　前羯磨明　　金薩　　○四妃　　欲

15丁オ　　触　　愛　　慢　　○四内供　　華　　香　　燈　　塗　○四外供　　嬉

15丁ウ　笑　　歌　　舞　　○四摂　　鈎　　索　　鎖　　鈴　　金剛歌讃　用四妃羯磨印

16丁オ　欲　触　愛　慢

16丁ウ　又讃　已下一段　皆以眼作異相故、始総標眼印也　中央薩埵　慢印儀　○四妃　欲

17丁オ　触　愛　慢　諸本尊　遍入身中

17丁ウ　作盡身心　愛染印　金剛熾盛日三昧耶　是即結方隅界　供養以自勝解意成之　或有現供物　用此真言加持之

18丁オ　住大智印　念誦　皆準初観　供養　一百八名讃

19丁ウ　献閼伽　諸尊羯磨　并　三昧耶印　或単　陳八供羯磨印明　解界

20丁オ　奉送　宝印　亦成被甲也

20丁ウ　拍掌　四礼　如初　経行　読経　毎日四時　誦十万返　略念誦法　菩提心観　住大智印　依初観

21丁オ　金剛秘密三昧耶　五佛灌頂　鬘灌頂　八供養　五秘密羯磨印明　供養　念誦　住大印

21丁ウ　○敬愛法

筑波大所蔵本（以下「筑波大本」）の冒頭には「帰命礼普賢　金剛勝薩埵　法界真如体　我今依大教　金剛頂勝初　略述修行儀　勝初金剛界　海会諸聖衆　垂慈見加護　利益修行者　是故結集之」という、五言による頌が記されている（「金剛勝薩埵」のみ加筆;すなわち元来は十句より成る部分である）。これはNo. 1123『金剛頂勝初瑜伽普賢菩薩念誦法』（「勝初軌」）の冒頭部に他ならない。一方『慈雲尊者全集』に載る『金剛薩埵修行儀軌私記』の冒頭は、No. 1119『大楽金剛薩埵修行成就儀軌』（「大楽軌」）の冒頭部から2行ばかりを引いたものである。以下に書き下し文で示す。

「金剛薩埵、よく金剛三密門を説きたまへるに帰命するは、真言行を修す

るの菩薩、勤苦を受けず、安楽に相応し、妙方便をもって速疾に成就せんが為なり」。

ところが『全集』にあっても、その後に続く部分は「勝初軌」からの五言頌の引用に替わり、慈雲はその頌に割注を加えるというスタイルを採る。以下、〈 〉で囲った部分が慈雲の割注であり、「勝初軌」からの引用は、『慈雲尊者全集』に載る訓点に従って書き下してある。一方「筑波大本」にも同じテキストが引かれるが、もとよりこれは、上掲の「是故結集之」に続く五言頌である。下の「諸の聖位を羅列し」以下に続く部分は、『大蔵経』に挙がるテキストとしては確認できておらず、慈雲が用いた「金剛薩埵儀軌」類に固有の文面であって『大蔵経』には容れられなかった異本であるのかもしれない。

い）慈雲尊者全集所収『金剛薩埵修行儀軌私記』

では、上に引いた「速疾に成就せんが為なり」以下の部分に続き、「五悔」（本書第3章参照）に至るまでの「大楽軌」のテキストについて、あくまでも慈雲所依のものを書き下してみたいと思う。諸般に鑑み、テキストは『全集』により「　」で、慈雲による冠注・行間注は適宜〈 〉で、また筆者の注記は「〜」で示す。

a. 序分から普賢行願まで

「もし解脱を求めんと欲せば、阿闍梨に依りて、灌頂を受くことを求むべし。もし許可を得おはらば、まさに本教に依りて修せよ。揀択の勝処を得て〈閑静の山林にあり、或は僧伽藍に於てし、或は精室の中に於てし、その所楽の処に随ふ〉。輪檀を建立し〈方円大小その意に随へ〉」。

「諸の聖位を羅列し」〈中央は九位。外院は更に一重を加ふ。中央に金剛薩埵を安んじ、薩埵の前に依りて欲金剛を安んじ、右辺に髻離吉羅を安んじ、後に愛楽金剛を安んじ、左辺に慢金剛を安んじ、右辺の前の隅に春金剛を安んじ、右辺の後の隅に雲金剛を安んじ、左辺の後の隅に秋金剛を安んじ、左辺の前の隅に霜雪金剛を安んず。次の外院をもって前の如く次第に四隅に安布せよ。初めに嬉戯金剛を安んじ、次に笑金剛を安んじ、次に歌金剛を安んじ、次に舞金剛を安んぜよ【内四供養】。外院の前に金剛鉤を安んじ、右に金剛索を安んじ、後に金剛鎖を安んじ、左に金剛鈴を安んぜよ【四摂；ちなみに外四供養は香華灯塗】。一々の儀形下の文に広く明かすが如し。もし十七菩薩の本形を書かば即ち大曼荼羅と成る。もし本聖者の執持する所の標幟を書かば即ち三昧耶曼荼羅と成る。もし衆聖の一々の種子の字を以て各々の本位に書かば即ち法曼荼羅と名づく。或は各々その本形を鋳て本位に安んずれば、即ち羯磨曼荼羅と成る。或は但だ縄を以てこれをつなぎ、各々その中心に於て聖位を布置し、なほ満月の如くし、或は八葉蓮華に似せ、以て賢聖の位と為すのみ〉。

「時華を散じて荘厳し、賢瓶閼伽水焼香華塗香燈明及び飲食、新浄の器を以て盛り、真言を以て香水を灌ぐべし」〈まさに三世勝金剛三摩地に入り、本真言及び手印を以て加持し、よく諸々の供具に灌洒すべし〉。

～以下、冠注が続く。

〈まさに印を結ばんとする時は、まさに自身を観ずべし。此の尊青色にして狗牙上に出て、火髪上に聳へ、髑髏を冠とし、三目威怒の相なり。右の手に五股杵を持し、左は拳に作り腰に安んぜよ〉。

～さらに割注が続く。

〈その印相は二手各拳と為し、その風指を竪めてその空指を屈し、掌内に入れ、地水火の三指を以てこれを押す。即ちその印を成す。定拳を以て心の上に置き、智拳を以て香水に触れよ。真言に曰く。Oṃ niśumbha vajra hūṃ. 或は単に hūṃ の明を誦するもまた得。○凡そ持誦の処に於て諸の香花飲食等を奉献せば、則穢触及び作障者を除遣す。事に臨んで要すすべからく一々に皆此の真言を誦し、印を以て諸物に触れて護持すべし。諸々の供養に於て能く成就の諸の障難なからしめ、乃至方隅を結するには、右転三遍及び上下結界を成せよ。自身を護するにはまたその五処を加へれば即ち成す〉。

～以下、本文に戻る。

「また焼香を以て薫じ、壇の四辺に陳設せよ。もし本尊の形像有らば、壇の中に面を西にして安んぜよ〈或は東〉。或は力の弁ずる所に随ひて、上妙の天蓋を上施し、周帀に悉く旛を懸け、殊鬘鈴珮等、間錯して垂れて供養せよ〈已上建壇厳具の法、備に本教の中に在り〉。およそ此の法を修せんと欲すれば、四時或は三時、二時乃至一、無間一切時に〈三は晨午昏を謂ふ。夜半を加へて四を成す。二時は晨暮を謂ふ。一時は暇を得るに随ふ〉、或は壇無き浄室に、処に随ひて念誦をなすべし。時方処有るなし、その所楽の処に於て、まさに raṃ 字を観ずべし。身を浄め及び処を浄むべし。次に虚空の中に於て、a 字を観じ、殿と成すべし。また宝殿の中に於て、その曼荼羅を観ぜよ。中央に本尊を安んじ、眷属皆囲繞す。種々の供養具、法界所有の物、皆悉くその中に満せよ。これ佛不空の体なり」。

「およそ念誦せんと欲する時は、常に身を潔め服を浄め、内外において垢なからしむ〈内は謂ふ所の六根。三密を用ひて浄除す。外は諸の儀則を謂ふ。法香水灌沐す〉。或は外縁備らずんば、即ち法を以て浄除せよ。此の理趣寂勝なり。まさに raṃ 字を観念し、内外の垢を浄除すべし。しかも浴せず浴するに成る。常服も浄衣に当たる。蕩除さること虚空に等しく、無垢なること法界の如く、事理倶に相応す」

〈まさに浄法界三摩地に入るべし。二手各金剛拳をなし、二頭指を舒べて側相拄へ、印を頂に安んじ、その印の中に於て raṃ 字を置き、口に誦し心に念ぜよ。その色皓白なり。頂及び遍体、三角の智火と為り、普く一切有情界を照らす。日の初めて出づる時の如く、虚妄の煩悩を焚き盡し、清浄なること虚空の如し。自身及び有情、同一法界にして差別有るなし。何を以ての故に。一切法本来清浄にして垢染なし。諸法清浄の故に、染浄不可得なり。纔（わずか）に此の三昧に住するが故に、無始の積罪頓（にはか）に滅して余有るなし。○凡そ疑ふ所不浄。皆此の字を観じて焚け。此の加持力に由りて、所浄法界の如し〉。

「初めて道場に入る毎に、まさに本尊観に住すべし。行歩蓮華を践（ふ）む〈身語意を運用すること、下の文に広く明らかな如し〉。道場の門に至りて弾指して三たび hūṃ と称し、門戸を開きて即ち入る」

～以下冠注が続く。〈或は薩埵の儀則に住しおへて、右の目に ma 字を置き、左の目に ṭa 字を置く。右は日左は月。金剛の光を流す。門に入りて顧視すれば、諸魔ことごとく消散す。本尊を瞻仰し歓喜の我施を称賛す。諸の供具を瞻覩（さんと）すれば、垢を去って清浄と成し、次に左拳を以て心に当てて頭指を竪（た）つ。右拳もまた然り。頂上に三たび左旋して、空及び下界を指さす。また右に旋転しまた一々の供具を指さす。皆 hūṃ の字明を誦す〉〈已上冠註〉。

「まさに曼荼羅に対し〈面東或は西に向かふ。随ひてその穏便を取る〉、端身正立して金剛合掌をなすべし。佛を常に世に住し給ふと想ひて、深く欣楽の心を生じ、四方の如来を礼し、身を以て供養し本真言を誦せよ。身を捨つるに由るが故に、則ち三業有漏之体に於て則ち三世無礙律儀を受くるを成す」。

～以上の慈雲による注記は『理趣釈』上巻・大楽不空金剛薩埵による初集会の終部に相当する（「次に、安立の次第を説いて曼荼羅位を分かつ」以下；宮坂 2011：366「大楽不空真実修行瑜伽儀軌」）。これは宗叡請来の初会十七尊曼荼羅（大楽曼荼羅）の像と一致する（松長 2006：97、宮坂 2011：図 3）。「十七尊曼荼羅は、般若と方便の双修による大乗の修行を完成することによって得られる金剛薩埵の大楽の境地を、十七尊に開いて表現したものであり、この構成は、金剛界大曼荼羅の省略形である四印曼荼羅のそれを踏まえたものであった」（川崎 2007：469 － 470）とされるが、「般若と方便」は「大智と大悲」とも表現され、特に両者の不二を説くのが『五秘密軌』である。

～以下の「四礼」については、No. 1122に載るもののNo. 1119には挙がらない。慈雲はこの「四礼」に関する解説をNo. 1119の冒頭に含めているが、以下の四礼の印言は、栂尾祥雲『秘密事相の研究』（栂尾1943：324－326）にも引かれ、解説を施されていて、現在にまで東密の伝承に息づいているものである。したがってNo. 1122を特異化する意味はない。ここで慈雲は、No. 1122をも「金剛薩埵修行儀軌」のうちに取り込もうとしていると言えよう。

◎東方如来礼

「すなはち、長く二臂を頂上に舒べ、金剛合掌し、長く二足を展べ、全身を地に委ね、真言を誦し、東方不動如来を礼し、身を以て奉献せよ。真言に曰く」

1651　Oṁ〈三身の義。敬礼の義。供養〉sarva tathāgata〈一切如来なり。第三転に呼ぶ。即ちこれ奉献の境なり〉pūjo〈経に云ふ、供養〉pasthānāyā〈経に承事と云ふなり。pūjoはこれ供養。jの点はoなり。oS 相通ず。Spasthānāyaは承事と云ふ。āyaは第四転に呼ぶ〉tmānāṁ〈経にātma己身と云ふなり。上のyāの字の引点をāと為すなり。nāṁはこれ衆多の声〉niryāta〈経に奉献と云ふなり〉yāmi〈経に我今と云ふなり。上に通じ、まさに我今己身を奉献し供養承事を為すと云ふ〉。sarva tathāgata〈一切如来なり。第三転に呼ぶ〉vajra satvā〈金剛薩埵〉dhiṣṭhā〈経に、adhiṣṭha守護と云ふなり。上のtvā字の引点を即ち以てaと為すなり〉sva māṁ〈経に、於我と云ふなり。案ずるに自の義なり〉、hūṁ〈種子〉。

～上の一節に関して、pūjo pasthānāyāと記した部分、pūja upasthānāyāの連声に関して、現代のサンスクリット理解ではpūjopasthānāyāと連続表記するのであるが、慈雲はpa字の前にS（アヴァグラハ）を介して理解している。「o

S 相通ず」とはこの間の経緯を表したものであろう。No. 1125 に後出する「金剛薩埵大智印」（1353）をも参照。

「この如くの念をなすべし。一切如来に承事し供養せんと欲ふが為の故に、我いま己が身を奉献す。ただ願はくは一切如来金剛薩埵、我を加護したまへと」。

◎南方如来礼

「また二足を斂(おさ)め、金剛合掌を以て心の上に置き、額を以て地に着け、真言を誦し、南方宝性如来を礼し、身を以て奉献せよ。真言に曰く」

1650　Oṁ sarva tathāgata〈一切如来なり。第三転に呼ぶ。即ちこれ灌頂奉献の境なり〉pūjā〈供養〉bhiṣekāyā〈経に為灌頂故と云ふ。ja 字の引点は即ち a なり。abhiṣekā は灌頂と云ふなり。yā 字及び kā 字の引点は即ち第四転の爲声なり。故に爲灌頂と云ふなり〉tmānaṁ〈己身なり。上の字の引点を以て ā と為す。上に同じ〉niryāta〈奉献〉yāmi〈我今〉sarva tathāgata〈一切如来〉vajra ratnā〈金剛宝〉bhiṣiñca māṁ〈灌頂我なり。tnā 字の引点は即ち a なり。abhiṣiñca 灌頂と云ふ。ma はこれ我と云ふ。経に願与我灌頂と云ふ〉、trāḥ〈種子〉。

「この如くの念をなすべし。一切如来を供養し灌頂を求請せんと欲ふが為に、我いま己が身を奉献す。願はくは一切如来金剛宝を以て、我に灌頂を与えたまへと」。

◎西方如来礼

「また金剛合掌を以て頂上に置き、口を以て地に着け、真言を誦し、西方無量寿如来を礼し、身を以て奉献せよ。真言に曰く」

1653　Oṁ sarva tathāgata〈一切如来なり。第三転。即ちこれ展転供養の境なり〉pūja pravartanāyā〈展転供養を為すなり〉tmanāṁ〈己身なり。anāṁ は衆多の声なり〉niryāta〈奉献〉yāmi〈我今〉sarva tathāgata〈一切如来〉vajra dharma〈金剛法〉pravartayāmāṁ〈我が為に転ずるなり〉、hrīḥ〈種子〉。

「この如くの念をなすべし。我今一切如来を展転供養せんが為の故に、己が身を奉献す。願はくは一切如来我が為に金剛法輪を転じたまへと」

◎北方如来礼

「また金剛合掌を以て心の上に置き、頂を以て地に著け、真言を誦し、北方不空成就如来を礼せよ。真言に曰く」

1652　Oṁ sarva tathāgata〈一切如来なり。第三転に呼ぶ。謂く事業の所供養なり〉pūja〈供養〉karmāṇi〈事業なり。衆多声に呼ぶ〉ātmanāṁ〈己身なり〉niryātayāmi〈我今奉献〉sarva tathāgata〈一切如来〉vajra karma〈金剛業〉kuru〈なすなり。二言声に呼ぶ〉māṁ〈我なり。経に上に合し、為我作金剛事業と云ふ〉、aḥ〈種子〉。

「この如くの念をなすべし。我れ今一切如来を供養し事業をなさんが為の故に、己が身を奉献す。願はくは一切如来我が為に金剛事業を成就せしめたまへと」。

◎自性成就真言

～上掲4あ）筑波大本の3丁ウに相当する部分が続く。

「次に薩埵跏を結び、端身に支節を定め、左の手を跏の上に仰げ。右の手を仰げて左の手の上に安んずべし。まさにかくの如き心を起こすべし。我まさに心地を開き、誓ひて菩提心を退転せず、盡無余界の一切衆生を安楽し利益すべし。此の心を成就せんが為の故に、まさに自性成就の真言を誦すべし。曰く」、

1735　sarva〈一切〉yoga cittam〈相応心なり〉utpādayāmi.〈発起なり。自説声に呼ぶ。○謂く、我れ一切の瑜伽心を発起す〉。

「わずかに此の心を発し真言を誦するに由るが故に、一切の障を断じ一切の安楽悦意を獲り、諸の魔衆及び調伏し難き有情、阻礙する能はず。正覚に等同し、まさに人天の広大供養を受くべし」。

「次に一切法自性なしと観ぜよ〈幻の如く陽焔の如く、夢の如く影像の如

し。声響の如く光影の如く、水中の月の如く変化の如く、虚空の如し。この観をなしおはれば、この心染にも浄にも通じて無礙なること。なほ虚空の如し〉。即ち已（すで）に菩提心を修すと名づく〈その心中、胸臆の間に当たる〉。観ること、なほ満月の潔白分明なるが如し〈心水澄浄なることを得れば、菩提心の月影その中に現ず〉。また想へ、月輪の上に於て五鈷金剛杵を涌成す〈純真金色なり。一切の煩悩悉く皆摧破すること黄金を鎖するが如く然り〉。光明瑩徹す〈即ちこれ無垢清浄の佛智。不生不滅の金剛なり。また即身五鈷金剛杵と成り虚空に遍満し、諸佛悉く金剛の中に来入し、合わせて一体と為り、己の身の三業成ること、金剛の如しと観ぜよ。この観をなす時、金剛周し法界に亘るとまた観念せよ〉。

◎大印・心真言

「その金剛、変じて金剛薩埵と為る。首（こうべ）に五佛の宝冠を戴き、身は水精の月の色のごとし。内外明徹なり。諸の輪鬘繒綵種々の厳飾を具し、身に赤焔を佩（お）び、白蓮華の上に処す」〈明鏡を敷きて坐すが如し〉。

「次に大印及び心真言を以て加持をなせ。印相、二手各々金剛拳を結び、左は胯に置き〈これ大我を表す。慢印をなすとは、左道左行の有情を降伏せしめ、順道に帰せしめんが為なり。般若波羅蜜の金剛鈴を持する、これ適悦の義なり。鈴音振撃の有情を覚悟す。般若を以て群迷を警むるを表するが故に〉、右の輪は〈菩提心五智の金剛杵を持す。此れ本来清浄法界の大金剛輪なり。正智を起するは、なほ金剛の如くなるを表す。能く我法微細の障を断ずるが故に〉、擲（なげう）つ勢にして〈これ勇進の義なり。自他の甚深三摩地をして佛道に順じ、念々昇進して普賢菩薩の地を獲得せしむるなり〉、心の上に安（お）く〈拳を転じて向かはば外の衆生に示すなり〉。身口意金剛の如く、端身正坐し心真言を誦し〈これ即ち大楽金剛不空三昧耶本誓の心なり〉、曰く」

1882　hūṁ〈因の義なり。謂く、菩提心を因と為す、即ち一切如来の菩提心なり。またこれ一切如来不共真如の妙体恒沙の功徳皆此れより生ず〉。

〜この部分については、No. 1125 に後出する 1353「大智印」に見える句「首に五佛の宝冠を戴き、身は水精の月の色の如く内外明徹なり。諸の輪鬘繒綵を具し、種々の厳色あり。赤焔を佩ぶ」が上の句を基礎にしていることが明瞭である。同印では「胯」が〈大我を表す〉となっているのも想起されよう。また「擲つ勢にて」以下の部分、〈これ勇進の義。自他の甚深三摩地をして佛道に順じ、念々精進し普賢菩薩の地を獲得せしめるなり〉も同印と同文である。

◎観佛

〜以下は一段下げとなっている。実際、次の観佛印は No. 1119 に載らず、No. 1123 に載るのみであり、慈雲による No. 1123 の頸次第でも言及されている。慈雲はこの No. 1119 の中で注解を行っている。

〈また khaṁ 字を観じ、頂上に安ぜよ。白色にして大光明を放ち、遍く十方一切世界を照らす。その字の実相の義を思へ。謂ふ所の一切法虚空に等同にして諸の色相を離れ、諸の障礙を離れたり。則ち真実の理の中に於て、無量の諸佛の身を現すこと、なほ恒沙の如し。諸の相好を具し、皆法界定に入る。即ち遍照の明を誦し、歴然として尊容を瞻仰す。真言に曰く〉

168　khaṁ〈種子なり。謂ふ所の一切法、虚空に等同にして、諸の色相を離れ、諸の障礙を離れたり。則真実の理の中に於て、無量の諸佛の身を現すなり〉、vajra dhātu〈金剛界なり。界は性なり。自性法界堅固不壊なるを謂ふなり〉。

◎金剛起印

〜この段も一字下げである。No. 1119 から No. 1125 までの儀軌の中では、No. 1125 にも出る。

〈次に金剛起の印を結へ。前の二拳を以て檀慧を鉤し、進力側めて相ひ拄へ、三たび挙げて鉤の勢いの如くし、真言を誦し、諸佛を驚覚す。一たび挙げて一たび誦せよ。まさに此の思惟をなすべし。諸佛寂静の味を貪せず、悉

く定より起きて集会に赴き、我を観察して同じく摂受したまふ。我れまた聖衆の前に住し、礼事し供養すと。真言に曰く〉

1497　oṁ vajro〈金剛〉、ttiṣṭha〈起なり。左右の点 o S 相通なり。uttiṣṭha ここに起と云ふなり〉、hūṁ〈種子なり。○謂く、起とは行の義なり。無畏三蔵云はく、起とはこれ、入定の諸佛を驚覚するの義なり〉。

～この部分に関しても、先に「東方如来礼 1651」で注記したのと同様に、vajra uttiṣṭha の連声による表記 vajrottiṣṭha に関して、慈雲は o の後に S を介して理解し、「o S 相通なり」と注記したものと思われる。

◎普賢行願【五悔】

「即身心動揺せず、定中に諸佛を礼す。まさに普賢行願を誦して最勝覚を求むべし」〈二拳を両胯に安んじ、閉目運心してまさに一々の句を思惟すべし〉。～「二拳を両胯に安んじ、閉目運心してまさに一々の句を思惟すべし」とは、「普賢行願」を唱える際の注意事項として、慈雲にあって一般的である。No. 1125 をも参照。

《合掌》

～以下、本書第 3 章に提示したのと同様、書き下し文によって「五悔」(「普賢行願」)の文を掲げる。

「十方の一切佛と　最勝の妙法と菩薩衆とに帰命す。身口意の清浄業を以て　慇懃に合掌し恭しく敬礼す。無始より諸有の中に輪廻し　身口意業より生ずる所の罪を、佛菩薩の懺悔する所の如く　我れ今陳懺することまた是の如し。我れ今深く歓喜心を発して　一切の福智衆に随喜す。諸佛菩薩の行願の中　金剛三業より生ずる所の福、縁覚声聞及び有情の　集むる所の善根に盡く随喜す。一切の世燈は道場に坐し　覚眼開敷して三有を照らす。我れ今胡跪して先ず勧請す　無上の妙法輪を転じたまえと。あらゆる如来・三界の主　般無余涅槃(parinirvāṇa)に臨める者に、我れ皆勧請す、久住せしめ悲願を捨てずに世間を救せんと。懺悔と随喜と勧請の福により　願わくは我れ菩提心を失わず、諸佛菩薩の妙衆の中に　常に善友と為りて厭捨せず、八難を離れて無難に生じ　宿命住智ありて身を荘厳し、愚迷を遠離して悲智を具し　悉く能く波羅蜜を満足し、富楽豊饒にして勝族に生じ　眷属は広多にして恒に熾盛なり。四無礙弁と十自在と　六通と諸禅とを悉く円満し、金剛幢及び普賢の如く　願讃し廻向することまた是のごとし」。

筑波大所蔵の筆写本冠注には、この部分に関して「五悔」とある（5丁オ）。『密教大辞典』によれば（密教大辞典編纂委員会 1931：581）「五悔は金剛界果徳五智にちなむがゆえに、金剛界法の行法次第にこれを用いる」とある。至心による帰命・懺悔・随喜・勧請・回向を言い、『華厳経』に由来する普賢十大願とは、開合の不同にして法体は同一であるとされる。この経緯に関しては、本書第3章に記した。

b.　普賢行願以降

以下「大楽軌」に出る真言を中心に見てゆこう。印を見出しに用いる。

◎金剛合掌印

「次に金剛合掌印をなすべし。印相は、堅固拳にて指の初分を交へよ。諸の三昧耶皆此れより出生す。真言に曰く」

1430　vajrāṃ〈金剛〉jali〈合掌なり。○謂く、金剛合掌なり〉。

「此の印を結ぶが故に、十波羅蜜を円満し、福智の種を成就す」。

◎金剛縛印

「次に金剛縛の印を結へ。印相は、金剛掌を以て便ち深く交へて合掌す。真言に曰く」

1146　vajra bandha〈結縛なり。○謂く、金剛結縛なり〉。

「此の印を結ぶに由りて、十種の煩悩結使縛に於て即ち金剛解脱智を成し、十自在を得」

◎開心印

「次に開心の印を結へ。まさに心門を開くべし。印相はまさに前の縛を開くべし。先ず二乳の上に於て右に tra 左に ṭa。即ち密語を誦し、心に当てて、三掣縛せよ。一掣一誦扉を啓くが如くす。自心を摧拍せよ。想へ、智門を開きて三業の金剛を発輝すと。真言に曰く」

1147　vajra bandha traṭ〈破壊の義。裂破の義。或云く traṭ は正にこれ戸扉の義。これにまた摧破の義を具すと〉。

「此の印を結ぶに由るが故に、能く身心覆蔽する所の十種の煩悩を摧滅して、内外清浄なること、なほ虚空の如し。自性金剛智をして発動顕現を得さしむ」。

◎金剛遍入三昧印

「次に金剛遍入三昧の印を結へ。二羽金剛縛にして、二大指を屈し、掌に入れ、無名小指の間に置く。進力二度を以て相ひ拄へて環の勢の如くす。前一肘の間に八葉の白蓮華を観じ、その上に a 字を置く。二点厳飾するが故に、まさに aḥ と名づく。白色にして珂雪の如く、千の光明を流散す。此れ即ち法界体性諸佛の金剛智なり。今以て進力支捻字、心内に安んじて三業齊(ひと)しく運用す。真言に曰く」

1466　vajrā〈金剛〉veśa〈遍入なり。aveśa ここに遍入と云ふ。jra 字の引点は a の為なり〉aḥ〈種子。寂静智なり。またこれ即ち入の種子なり。またこれ即ち金剛遍入。即ち如来寂静智に入るなり。○謂く、金剛を以て入るとは即ち如来寂静智に入るなり〉。

「この印の加持に由るが故に、既に心中に入る字相愈光輝し、大威力を以て三世一切の所作の事業に於て速やかに成就を得」。

◎金剛拳三昧耶印

「次に金剛拳三昧耶の印を結へ。印相は前印を以て、二頭指を屈し、大拇指の背を捻ず。印を以て胸臆の間に触れて、まさにこの念をなすべし。此の如来寂静智、常に一切衆生心行の中に在り。しかもいまだ顕現せず。今如来智慧の方便を以てこれを加持するが故に、その中を照らす。久しからずして寂静法の本不生を悟るが故に、三世諸佛金剛の身口意、皆妙方便を以て持し、金剛拳に在り。これを以て心門を閫(おほ)ふ。智の字堅固を護す。便ち真言を誦して曰く」

1186 vajra〈金剛〉muṣṭi〈拳なり〉baṃ〈縛なり縛合なり。○謂く、金剛拳を以て密に縛するなり〉。

「此の印を結ぶに由りて三業の金剛をして堅住して散失せざらしむ」。

◎金剛慢印

～「バジラガルマの印」となっており、慈雲はgarmaと梵字で注を振りつつ〈金剛慢の印を謂う〉と記すのであるが、「慢」の意であればgarvaになりそうである。「心真言を誦す」とあり『真言事典』も1882の真言を充てている。『密教大辞典』726頁も同見解である。

「次にバジラ〈二合〉ガルマ〈金剛慢の印を謂ふなり〉の印を結へ。印相は、前印を以て分かち二拳と為す。左は胯を持し、右は心に当つ。心真言を誦す〈身語意を運想すること、皆初観に依る〉」。

1882 hūṃ.

◎金剛秘密三昧耶印

「次に金剛秘密三昧耶の印を結へ。二羽金剛縛にして右智左の虎口の中に入る。及び心額喉頂を加持す。各真言を誦すこと一遍。真言に曰く」

1776 surata〈妙適悦なり。世間の那羅那里の娯楽の如く、金剛薩埵もまた、これsurataなり。無縁の大悲を以て遍く縁なき無盡の衆生界にめぐらし、安楽利益を得しめんと願ひ、心かつて休息なく、自他平等無二なり。故にsurataと名づく〉stvaṃ〈有情なり。業声に呼ばふ。三字合せて入我我入の義なり。sataは衆生にして因なり。vaṃは佛には果なり。生佛因果不二の義なり〉。

「此の加持によるが故に、四波羅蜜の身各々本位に住し、常恒に護持す」。

◎五佛宝冠【灌頂】印

～これは五佛【毘盧遮那・無動・宝生・無量光・不空成就】への真言を指す。

「次に五佛宝冠の印を結へ。二手金剛縛にして忍願並べ堅くして合し、上節を屈し、剣形の如くす。進力各々忍願の背に附著し、禅智相交えて右、左を圧す〈まさに印相の義を知るべし。禅智を結跏と為し、忍願は佛身に像どる。檀戒慧方を以て熾盛光焔を成し、二掌は日月輪、腕は獅子座を表す。この故に如来勝身三昧耶と名づけ、または金剛界自在契と名づく〉。頂上に置き〈法界体性智。毘盧遮那佛、虚空法界の身を成す〉。次に髪際〈大円鏡智を成す。速やかに菩提心、金剛堅固の体を獲〉、次に頂の右に置き〈平等性智を成す。速やかに灌頂の地、福聚荘厳の身を獲〉、次に頂の後に置き〈妙観察智を成す。即ち能く法輪を転じ、佛の智慧の身を得〉、次に頂の左に置く〈成所作智を成す。佛の変化身を証し、能く難調の者を伏す〉。各五佛の真言を誦し、これを加持す。毘盧遮那如来の真言に曰く」

640　Oṃ bhūḥ khaṃ〈三身円満の義。また三宝の義。また浄土変の義なり〉。

「次に無動如来の真言に曰く」

1319　vajra satva〈金剛有情なり〉hūṃ〈種子〉。

「宝生如来の真言に曰く」

1210　vajra ratna〈金剛宝なり〉trāḥ〈種子〉。

「無量光如来の真言に曰く」

1055　vajra dharma〈金剛法なり〉hrīḥ〈種子〉。

「不空成就如来の真言に曰く」

897　vajra karma〈金剛事業〉aḥ〈種子〉。

「この如く加持を竟へて、虚空界の一切の佛世尊を想へ。金剛宝冠を以て灌頂を与へるが故に、五物の五冠我が頂に在り。即ち一切如来金剛薩埵灌頂の位を獲得すと」。

◎金剛鬘印

「次に金剛鬘の印を結へ。即ち前印を以て両辺に分かちて金剛拳になし、進力を伸べて真言を誦し、額の前に於て三たび相饒結せよ。しかも二羽分かって脳の後ろにまた結びて鬘を繋ぐる勢をなし、便ち檀慧より徐々に開きて下に散し、冠の繒帛(そうはく)を垂るる如くす。これを鬘灌頂と名づく。則すでに離垢繒を繋ぐるになる。真言に曰く」

1179 vajra mālā〈金剛鬘なり〉'bhiṣiñca mām〈我に灌頂するなり。mām 我の義なり〉、vaṃ〈種子〉。

「この如く加持し竟りて、虚空界の一切の佛世尊、金剛輪鬘繒綵等を以て具足灌頂を与ふる蒙ると」。

◎金剛甲冑印

「次に金剛甲冑の印を結へ。遍身擐甲、また二手を以て拳になし、心前に置く。まさにこの思惟をなすべし。我今已に正覚を成す。常に諸の有情に於て大悲心を興し、無盡の生死の中に於て恒に大誓荘厳の甲冑を被り、浄佛国土成就衆生の為に諸佛に歴事し、悉く有情を菩提樹に坐し天魔を降伏し、寂勝覚を成ぜしむるが故に、今如来慈悲の甲冑を被るべしと。この如く観じ已へて、即ち二拳進力を舒べ、進指の面に於て Oṃ 字を想ひ、力度の面に ṭrāṃ 字を置け。緑色白光なり。藕糸(ぐうし)を抽くが如く鉀韜索を為す。即ち被甲の真言を誦して曰く」

922 Oṃ vajra kavace〈金剛甲冑〉vajra kuru〈金剛作〉vajra vajro〈金剛また金剛〉'ham〈我なり〉。

「或はまた此の真言を誦す」。

33 Oṃ abhaye〈無怖畏なり〉vajra kavaca〈金剛甲冑〉bandhe〈結縛〉rakṣa maṃ〈我に於て擁護せよ〉。hūṃ haṃ〈種子〉。

◎歓喜印

「真言を誦するに随ひて、進力二度を以て、初めに心上に於て相遶すること三帀(さんそう)。分かちて背後に至りてまた相遶し、還却して臍に至り相遶し、次に右膝に遶し、還りて臍に至りて皆相遶す。次に腰後に至り、却って心前に至る。次に右の肩に遶し、次に左の肩に遶し、次に喉に至り、また頸の後に至り、額の前に至り、また脳後に至る。毎処皆相遶すること三帀せよ。前の如く徐々に両辺に下り、甲の繋がる勢の如くす。檀慧度より次第に舒べて十度を散す。便ち二手を以て旋転して舞の如くす。また金剛掌をなし、心に当てて真言を誦し、三たび拍掌す。一切の衆聖縛を解き、悉く皆歓喜したまふ。己の身即ち金剛薩埵の体と成る。真言に曰く」

1032　vajra〈金剛〉tuṣya〈歓喜〉hoḥ〈種子。歓喜の義なり〉。

◎金剛慢印

「次に前の金慢の印に住せよ〈皆初観の如し〉、黙して此の真言一編を誦せよ」

1621　sarvaṃ kuru〈一切所作〉yathā sukham〈如是楽なり。業声に呼ぶ〉。

「即ち頭上の冠中に於て五佛を想へ。各本形色に依り、本印威儀に住し、並びに全跏して坐したまひ、頂上の毘盧遮那如来は白色なり。二拳左の大指を舒べ、右の拳を以て初分を握って心に当つ。前面の無動如来は青色なり。左拳衣角を持し、心に当て、右手指を舒べて掌を右の膝の上に覆（かぶ）せ、指の頭、地に触れる。右に於て宝生如来黄色なり。左拳は前の如し。右の掌仰げて施願にす。後ろに於て無量光如来赤色なり。左拳は慢にして蓮華茎を執り、右の拳を以て開敷す。左に於て不空成就如来緑色なり。左拳は前の如く心に当つ。右の大指頭指相捻じり、抜済の勢にす。拳を揚げて乳に近づく。この如く加持し已ぬれば、自身まさに金剛薩埵の体と成るべし」。

～以下、さらに「次に大楽金剛不空三摩耶随心印を結へ」と続く。この「大楽金剛不空三摩耶随心印」はNo. 1125には載らず、すでにNo. 1119とNo. 1125とが別の流れに属すテキストを刻んでいるということが明らかである。したがってこの印言から以降は、印言を翻字し、慈雲の割注を翻刻するのみとしたい。

◎大楽金剛不空三昧耶随心印言

1931b　he〈呼召声〉mahā sukha vajra〈大楽金剛なり〉satvāya〈勇健者〉hi śīghraṃ〈急なり早なり。業声に呼ぶ。如上の三句は、けだしこれ降赴を請ふの辞〉mahā sukha vajrāmogha samaya〈大楽金剛不空真実三昧耶なり〉manupālaya〈随護なり。anu は随の義。a ma 相通ず。pāla は護なり。ya は助声。作業ある義なり〉prabuddhaya prabuddhaya〈極覚なり。重ねてこれを言ふは、義の幽深を成す。或はこれ理具事盡の二菩提。pra の字は縁多の義。余所にこれを明かすが如し〉surata stvaṃ〈妙適薩埵なり。naranari の娯楽を謂ふ〉manurakto me bhava〈manu は随護なり。rakta は守護。me は我の第七転なり。まさに我が処に於てと云ふべし。bhava は多義なり。謂く有の義、性の義、得の義、為の義なり。rakta は守護。rakṣa に同じ〉sutoṣyo me bhava〈略出経の注に云ふ、我が所に於て歓喜すと。この中 su は妙の義。toṣyo は歓喜。me は我の第七転呼。bhava は得なり〉sudṛś me bhava〈百字真言に dṛḍho me bhava と。略出経の注に、堅固我と為す。この中 su 字は妙の義、異と為る。問ふ、語路上の句と同じ。注の義異なるべし。答、梵文多く義を含むによりて自ら幽玄なり。漢文をこれを伝へてただ一辺を得るのみ。上の句の如きは歓喜を本尊に属す。この句の如きは堅固を行者に属す。影略互いに顕かなり。けだし本尊我が所に於て歓喜すれば我をして妙歓喜を得さしむ。本尊妙堅固に住すれば行者をして堅固を得さしむの義なり〉supoṣyo me bhava〈妙増益、我をして得さしむなり〉bhagavaṃ〈世尊なり〉anādi nidhanaḥ satva〈いまだ注義を見ず。或は ana は無なり。adi は始なり。尼陀那は十二部の中の因縁経なり。まさに無始因縁の薩埵と云ふべきか。また護菩薩の賛に duryodhana「敵対すべきこと難き」なり〉sarva siddhi me〈一切悉地なり。後俗自説。第七転呼を兼ぬるなり〉prayaccha eṣa tvaṃ〈この勝止を授与し竟んぬ〉akṛṣaya praveśaya〈ana は衆多。kṛṣa 作加審諦勇健声呼。praveśaya は極遍入なり〉

samaye ramatva〈上に通じて遍入三昧なり。第三転を以て呼ぶ。ramatva 未だ考えず〉vaśi karomi〈敬愛。自説声に呼ぶ〉mila mudrā mantra padai〈印の章句なり。drā の字の引声、下に連ねて āmantra と成る。自ら召請の義を含む。mi の字の義更に考えよ。或はこれ imu に同じく指示の声これなるか〉jaḥ〈鉤召の義〉hūṃ〈引入の義〉vaṃ〈縛住の義〉hoḥ〈歓喜の義。この一段句義他日を俟つのみ〉。

～この真言は、No. 1119、No. 1120、No. 1124 に載る。慈雲は No. 1119 のこの箇所で釈を行う。No. 1125 とは、次第の流れの上で、ここから方向性を異にする。なお冒頭に近い「a ma 相通ず」の部分に関しては、後ほど No. 1125 の 1338「大乗現証百字真言」に関して記すのと同様の理解が見られる。

◎閼伽印言

～上記に続いて「次に閼伽を献ぜよ。諸の香水を盛り、水の上に花を泛べて壇内に置き、左右の膝に近く、閼伽の印を以てこれを加持せよ。印相は金剛合掌」云々と指示があるが、この「閼伽印言」以下の 2 点については、『大正大蔵経』には慈雲が用いたのとは別のものが挙がっている。まず第 1 点は「唵字真言」と呼ばれるものである。

118 Oṃ kāro〈作なり〉mukhaṃ〈面なり口なり門なり〉sarva dharmā〈一切法なり。多言に呼ぶ〉nām〈帰敬〉ādyā〈乗〉nutpannatā〈随流なり、已上〉。

～慈雲による釈に一部不正確な面があるが、『真言事典』によれば「このオーム字門に、一切法の本来無性なるものよ」という釈が可能である。これは No. 1119、No. 1120（No. 1120B にも）、No. 1121 に載る真言であり、「本不生」は ādi-anutpāda であって、この連声により ādyānutpannatā となる。慈雲はその切り方と釈に関して若干誤解・誤釈している。慈雲が閼伽真言として唵字真言を用いた理由に関しては不明である。その後次のような指示が続く。

「すなはち閼伽器を捧げて額に近づけ奉献し、聖尊を想念しまず三滴を傾けよ。真言に曰く」

～以下、慈雲が用いたのは『大正大蔵経』No. 244の『最上根本大楽金剛不空三昧大教王経』巻五812Cに載る真言と同一のものである（福田1987：58）。この部分の解読・解釈に関しては、筑波大学インド哲学教授小野基氏より詳細なご教示をいただいた。ここに深謝したい。

paramasukhāśaya〈第一楽性なり。aśayaは意楽の義。または楽欲の義。または性なり〉salita〈水なり。普賢の賛にsalilaは水なり（※21頌；Devi 1958）。涅槃経に、沙利藍は水の別名〉vilāsanāmitair namāmi bhagavantam〈嬉戯無量礼世尊なり。この中転声助声、ra字、後俗交沙。義自ら深玄にして言を以て伝ふるべからず。梵文を玩ぶ者、自らまさにその意を得るべし〉jaḥ hūṃ vaṃ hoḥ〈鈎索鎖鈴〉he he he he〈歓喜の声〉pratīccha kusumāñjalim, nātha〈praticchaは授与なり。kusumamは花の名なり。jāliは合掌、arthaは尊者なり〉。

～小野教授が提示してくださった訳を参考にすると、「最高の楽の拠り所たる水よ！　無限の歓喜もてわれは世尊に帰依す。おお何たる喜び！　ああ、ああ。花束としての合掌を受けたまえ。主護者よ」と釈せよう。

c. 羯磨会

～以下「諸尊を観じ、羯磨の印及び本真言を以て各これを安立せよ」とある。羯磨会の印言の説明である。

◎五秘密印言

～この箇所は、後に掲げるNo. 1125『五秘密軌』に大きく関わる。

「まず五秘密を観ぜよ。金剛薩埵、白蓮華台に坐し、端厳にして処す。形貌は前に成する所の身法の如し。まさに大印に住すべし。心真言を以てこれを安立すべし」。

「次に大聖の前に於て欲金剛を想へ。形服色皆赤し。金剛弓箭の印に住す

〈大悲の欲、箭を以て二乗の心を害す。手にこの箭を持つ所以にて、その欲、離倶幻平等の智身を現す〉。次にその印を結へ。二の金剛拳を用ひて弓を彎き、箭を放つ勢にせよ。真言に曰く〈赤色理曼の中の宝幢如来は、身色日暉の如し〉」

233 jaḥ〈四秘密。四摂を以て言を起こす〉vajra dṛṣṭi〈金剛見なり〉sāyake〈いまだ句義を観ず。嘉祥云はく、旧に薩庾□□聞経歓喜と云ふ。これに依らば歓喜者か〉maṭa〈両眼の種子〉。

「次に大聖の右に於て計里計羅尊を想へ。色白なり。二の金剛拳を以て臂を交へて抱印に住す〈抱持五股杵なり、これ即ち三昧耶体故。中国の言に於て触と名づく。衆生を捨てず、必ず解脱せしむるを以ての故に、触性即ち菩提と明かさんと欲するが故に、抱持の相に住するが所以に、その触浄倶幻平等の智身を現す〉。次にその印を結へ。二拳胸の前に臂を交へて〈左を内にし、右を外にす〉、これを抱け。真言に曰く〈中台の色に同じ〉」

1896 hūṃ vajra kelikili〈金剛触なり〉hūṃ〈触抱。将に金剛薩埵の体性に応ずるか〉。

「次に大聖の後に於て愛金剛を想へ。形服皆青なり。右の臂を竪めて摩竭幢を執る。左の金剛拳を以てその肘を承け、また共に〈二手〉幢を持す〈悲愍を以ての故に、愛念の縄を以て普く衆生を縛す。いまだ菩提に至らず終に放捨せず。また摩竭大魚の啖らひ遇ふ所を呑み、一たび口に入り已れば更に免るる者なきが如し。所以にこの摩竭魚を持してその愛縛捨離倶幻平等の智身を現す〉。次にその印を結へ。二拳左は右の乳に近づけ、乃ち右の肘を屈して左拳の上に安んじ、臂を竪めて幢の如くせよ。真言に曰く〈青色理曼の中の弥陀〉」

889 vaṃ vajriṇi〈金剛。多声呼〉smara〈憶念なり〉raṭa〈種子〉。

「次に大聖の左辺に於て慢金剛尊を想へ。形服皆黄なり。二金剛拳を以て各胯に安んじ、頭を左に向けて少しく低れる〈無過上智を以て一切衆生を悉く毘盧遮那如来の体を証せしめ、世間出世間に於て皆自在を得、所以に傲誕の威儀に住してその我無我倶幻平等の智身を現す〉。次にその印を結へ。二拳各胯に置き、頭を以て左に向け、少しく低れてこれを礼せよ。真言に曰く」〈黄色。胎金同じく南方修行門に在り。今この五密は方便究竟を為す。その深玄色なし。所以理趣の五秘密は涅槃を越えざるが故なり〉」。

1950　hoḥ vajra kāmeśvari〈金剛欲自在。女声に呼ばふ。kāma は欲。śvara は自在〉traṃ〈黄色。福徳荘厳呼〉。

～以下、「四隅の内供養」「四隅の外供養」「四門印言」へと続くのであるが、詳細は省くこととし、次第と印言のみ、『真言事典』の番号を記すに留めたい。上掲 4 あ）筑波大本では 12 丁オ以下に相当する部分である。

◎内供養印言　春（1937）・雲（765）・秋（1273）・霜（778）

◎外供養印言　東南（1934）・西南（1935）・西北（1932）・東北（1933）

◎四門印言　鉤（1425）・索（1134）・鎖（1312）・鈴（996）

末尾には「以上十六尊、皆適悦の目を以て金剛薩埵を瞻仰す。五佛冠首に各薩埵跏し、月輪の上に処す。冠鬘衣服その身色に随ふ」とある。

d. 三昧耶会

～以下「衆聖三昧耶の印を陳ぶ」とあり、三摩耶会が続く。

◎金剛秘密三昧耶印言

「金剛薩埵、前の金剛秘密三昧耶の印を結へ。及び真言を誦して曰く」

1776　surata stvaṁ〈疏の十七に云く、surata はこれ着の義なり。微妙の法を着するが故に。またこれ共住安楽の義なり。謂く妙理とともに住し現法楽を受くるなり。また妙事業に楽着するが故に。また棄邪赴正の義の故に。またこれ遍欲求の義の故と。stvaṁ は有情の業声を呼ぶ。入我我入の義なり〉。

「次に前の大楽不空三摩耶の随心印を結へ。二頭指〈箭羽〉を屈し、甲を背けて相着け、箭の羽の如くす。二大指〈箭幹〉を並べてこれを押す。拳を合す。金剛箭の印なり〈前の羯磨の真言を誦す。已下諸尊並びに同じ〉」

〜以下、金剛喜悦の印、金剛愛の印、金剛欲自在の印と続く。真言の注記はない。これに続き、嬉戯・笑・歌・舞、および鉤・索・鎖・磬、各々の印相が記される。そして最後に「この如く諸尊を安立し已んぬ。金剛薩埵に十六尊ありて眷属となる。行者自ら本尊の瑜伽に住するに、また十六尊ありてこれを囲饒す。一々の聖尊の形色衣服華坐月輪。皆明了にすべし」と締められる。

e. 微細会

〜以下「次にまさに四秘密羯磨印を結び、即ち金剛歌讃を誦すべし」と続くが、この部分は『佛書解説大辞典』（小野 1964）の記述等から、すでに微細会の説明に移っているということがわかる。

◎四秘密羯磨印と金剛歌讃

〜この「金剛薩埵讃」は「讃王」とも呼ばれ、大楽軌における梵讃である。『真言事典』には収録されておらず、「◎？」と記されるのみであるが、『密教大辞典』「金剛薩埵讃」の項によれば、下記のように翻字しうる。〈〉の中は慈雲の注記である。なお、この讃王は No. 1119 のほかに、No. 1120（『略出軌』517a － 520c）、No. 1124（『瑜伽念誦儀軌』535a）、そして No. 1125（『五秘密軌』537b）に挙がる。したがって慈雲によるこの『儀軌私記』では No. 1119 のほかに No. 1125 に挙がっている（後出；注記等はなし）。

「此の讃四句あり。第一句を誦するときは、まさに欲金剛印を結ぶべし。第二句を誦す誦すときは、計里計羅金剛の印を結へ。第三句を誦すときは、愛金剛の印を結へ。第四句を誦すときは、慢金剛の印を結へ。則四種の歌詠を成す。此の讃王の故に、大楽大随、愛楽適悦、皆如意堅固なるを得。その讃に曰く」。

sarva〈一切〉 anurāga〈随愛。または随染なり〉 sukha〈楽なり〉 satmana sa〈一〉。

〈sa はこれ指示。tma は我なり。已身なり。na は男声能の義。sa は後俗説他　○蓋し、随染妙楽、薩埵已身に随ひ、已身薩埵に随ふの義〉。

tvam〈汝なり〉vajra〈金剛〉satva〈有情〉paramaḥ〈第一〉surataḥ〈二〉〈妙適。終讃の声。surata 所属声なり。けだし第七識の妄に第八識を執り、我癡我見我慢我愛と為るを浄めて平等性智を成す。その義と思うべきなり〉。

～「妙適」については第 8 章で少しく考究した。

bhava me〈得我。第七転に呼ぶ〉mahā sukha〈妙楽〉dhṛti〈堅固〉ceyadaḥ〈三〉。〈ceya は影像。da は能所相対して他に向かふの声。けだし能く意識の縁慮を浄めて、染浄有漏の心に於て妙観察智を成するの義なり。妙楽堅固影像盡未来際金剛薩埵に同じ〉。

prati〈随逐の義〉padya〈句の義、足の義。また勝初の義〉siddhya〈成就〉cala〈動なり〉ghu〈九義あり。今はこれ地の義か〉pranataḥ〈礼敬なり。慢印即ち礼印なり。○大勤勇を起こして無余の有情を盡し、成佛せしむるは calaghu の義〉。

～さらに『密教大辞典』(689 頁）によれば、意味づけは次のようになる。

欲	大円鏡智	阿頼耶識	阿閦如来	東
触	平等性智	末那識	宝生如来	南
愛	妙観察智	意識	阿弥陀如来	西
慢	成所作智	前五識	不空成就如来	北

（薩　法界体性智　菴摩羅識　大日如来　中央）

おそらくこの讃王は、唯識から四秘密、すなわち五秘密に向かう讃であって、唯識から『理趣経』の五秘密·悲智不二の境地に向かう讃と言えるだろう。

◎最勝真実讃

「また最勝真実讃を誦して曰く」〈即ち慢印に住して誦すべし〉。

784　mahā sukha〈大楽〉mahā rāga〈大愛〉mahā vajra〈大金剛〉mahā dāna〈大

富饒〉mahā jñāna〈大智〉mahā kāma〈大業〉vajra satvā〈金剛薩埵〉padya〈勝初〉sidhya me〈自説声。於声呼。○謂く、大楽大愛。大金剛大富饒。大智大業。金剛勝初薩埵。我に於て成就を得さしめたまへ〉。

～これは No. 1119 と No. 1123 に載る讃であり。No. 1123 の頸次第にも出ていた。慈雲はこの No. 1119 に注記を載せている。

◎眼印（五種視）

～「次に瞻視の印を以て本尊五尊を瞻矚せよ」以下､眼印の相が説かれる。真言は記されていない。

順に、大適悦金剛不空適悦警悟の印（金剛薩埵)、大適悦金剛不空の箭印（金剛欲)、大適悦の視印（金剛触)、大適悦金剛幢旛の印（金剛愛)、眼視請本尊入身の印（金剛慢）である。以上は『佛書解説大辞典』による（小野1964)。

◎尽身心愛染印

～これは愛染明王の印である。

◎金剛熾盛日三昧耶印言

～「難調伏の者を辟除すと想へ」とあり、これは辟除印である。真言は hūṃ である。

f. 供養法

～以下供養法に移行し、「一切有情を利益し安楽し、儀軌の歌詠と讃歎、我今変化しこれを成し、遍く虚空界を覆って以て克(よ)く供養すと」とされる。

◎唵字真言

「唵字の真言 Oṃ を誦せよ」〈初めの如し〉。

118　Oṃ kāro mukhaṃ sarva dharmānām ādyānutpannatā.（「オーム字門に、一切法の本来無性なるものよ」)。

～ここで「初めの如し」とあるのは、先に本節のい）b「普賢行願以降」

において示した「閼伽印言」の中で用いられた「唵字真言」に同じ、との意であろう。

◎一百八名讃

～続いて「後に一百八名讃を誦して曰く」と続く。慈雲による真言への注記の翻刻のみに留める。この「一百八名讃」はNo. 1119のほかに、No. 1120(『略出軌』518a − 520c）に挙がる。『真言事典』では「付9」とナンバリングされている。

parama〈第一〉adya〈一；勝初なり〉mahā satva〈二；大有情。大勤勇。大心なり。けだしこの一句は欲金剛、第一勝初大薩埵なり〉mahā rata〈三〉mahā rati〈四；大適悦。女声呼。けだしこの一句は触金剛。大適悦。定慧相触れて相離れず〉samantabhadra〈五；普賢〉sarv'ātma〈六；一切我。一切已身なり。けだしこの句は愛金剛。普賢一切我、摩竭幢一切を呑摂し、残余なきなり〉vajra garva〈七；金剛慢多言呼〉pate pate〈八；主中の主なり。けだしこの句は慢金剛。三界に自在を得て能く堅固の利をなすなり〉citta〈心なり〉satva〈九；薩埵〉samādhyā〈三摩地。これに等持と云ふ。謂く平等地持なり〉gra〈十;勝上なり。この句は東方発心門。阿閦の義〉vajra vajra〈十一;金剛の義。これは能く摧伏する者なり〉mahā dhāna〈十二；大富饒。この句は南方修行門。福徳荘厳。宝生の義なり〉samantabhadra〈十三；普賢なり〉caryā〈行なり〉gra〈十四；勝上。この句は西方成菩提門。阿弥陀の義なり〉māra māra〈十五；魔なり。これは摧伏の魔なり。また魔を以て直ちに薩埵の徳と為すなり〉pramardaka〈十六；摧伏の義。普賢行願賛に kleśa balam parimarda 煩悩力摧伏なり（※39頌；本書第3章5節参照）。これは謂く、魔々極摧伏者なり。これは北方涅槃門。摧大力魔の義なり。けだし人法二空の智、煩悩所知に対す。降三世明王の足、大自在天及び烏摩妃を踏むの類なり〉sarva bodhi〈十七；一切覚なり〉mahā buddha〈十八；大覚なり。bodhiは法。所覚なり。buddha 人、能覚者なり〉buddha buddhāgra〈十九；佛勝上なり〉janmajaḥ〈二十；鈎召の種子。即ちこれ janma は衆生界なり〉vajra〈金剛。けだしこれ佛家に生まれしを佛子と称するの義なり。故に鈎召金剛と云ふ〉hūṃkara〈二十一〉hūṃkāra〈二十二；即ちこれ降三世の異名。この中 hūṃ は自在能破の義。また能満願の義。大力の義。恐怖の義。等観歓喜の義なり。kara は造作の義。謂く摧破をなす者。能満願をなす者なり〉lokeśvara〈二十三；世間自在の義〉maṇi〈宝なり〉prada〈二十四；施与なり〉mahā rāga〈二十五；大貪の義〉mahā saukhya〈二十六；大楽の義〉kāma〈大欲〉mokṣa〈二十七；解脱なり〉mahā dhāna〈二十八；大富饒なり〉trikāla〈二十九；三時の義〉strī bhava〈三十；三有〉strya〈三なり〉grya〈三十一；勝上なり〉trilokā〈三世なり〉gra〈三十二〉tridhātuka〈三十三；三界の義〉sthā〈三十四；住なり〉vara〈願の義〉pra〈勝なり〉bhāva〈有なり〉vyakta〈二十五；相応なり〉sūkṣma〈妙喜安穏なり〉sthūla〈吉祥〉saṃcaya〈聚〉jaṅ〈本誓〉gama〈行〉pravara〈勝願なり〉pra〈勝なり〉ptye〈得なり〉bhava〈有なり〉sāgara〈海の義〉śodhana〈四十；清浄〉anādi〈勝初持〉nidhāna〈所施豊饒〉tyaṃtikānta〈四十一〉prāka〈随処〉sarva〈一切〉mā〈我〉sthitaḥ〈四十二；住処〉hṛd〈名称。対注の纈哩多。もしくは kṛta は名称。もしくは hṛta は心なり〉mudrā〈四十三；印なり〉yoga samayaḥ〈相応等持なり〉tatva〈如如〉satya〈四十五；諦の義〉mahā mahāḥ〈大中の大なり〉tathāgata〈四十七；如来〉maha siddha〈四十八；大成就者〉dharma karma〈四十九；法業なり〉mahā buddha〈五十；大覚〉saddharma〈妙法〉satkarā〈sata は指示なり〉ma〈kāma は欲なり〉patha〈道なり〉bodhi citta〈五十一；覚心なり〉subo〈月なり〉dharka〈五十三；水の義。この義相応しからず。すべからく端厳聚の義を用ふべし〉vajra〈金剛〉krodha〈五十四；暴悪なり〉mahā krodha〈五十五；大暴悪なり〉jvāla〈光明〉pralayana〈囲繞〉makaḥ〈五十六；帰依者〉mahā vinaya〈大障。または能調伏者〉duṣṭā〈怨なり〉gra〈五十八；勝上の義〉rudra〈暴なり〉raudra〈五十九；大暴なり〉kṣayaṃkaraḥ〈六十；盡断の義〉sarva śuddhi〈六十一；一切清浄なり〉mahā padma〈六十二；大蓮華〉prajno〈般若〉paya〈六十三；方便なり〉mahā naya〈六十四；大乗なり〉rāga śuddhi〈六十五；貪浄なり〉samādhy agra〈六十六；等持勝上なり〉viśva raga〈六十七；種々行〉maheśvara〈六十八；大自在の義〉ākāśāmantya〈六十九；虚空無量なり〉nityave〈七十〉sarvabuddha〈七十一；一切覚〉mahā laya〈七十二；勝蔵なり〉vibhūti〈遍顕現〉śrī〈七十三；吉祥の義〉vibho rāja〈七十四；王なり〉sarv'āśā〈七十五；一切意楽なり〉paripūrakaḥ〈七十六；満足者〉namastu stu〈七十七；帰命称讃〉namastu〈七十八〉namastu stu〈七十九〉namā〈帰命なり〉namaḥ〈八十；極帰命なり〉bhukto〈解脱〉'haṃ〈我なり〉tvaṃ〈八十一；汝なり〉pra〈極なり〉padya〈尊尚。主領なり〉mi〈八十二；我なり〉vajra satv'ādya〈八十三；金剛勝上薩埵なり〉siddha māṃ〈八十四；成就於我なり〉。

～これに続き、以下の五言による詩句が記されている。

「もし此の讃王を持し　金剛法語を誦すれば　所楽まさに成就せんとして速疾にして余倫無かるべし　毎日まさに時に及ぶべし　称し已はれば諸罪を離る　まさに一切の苦を脱し　浄土まさに現前すべし　纔(わずか)に誦すれば衆福円かにして　吉祥の増し明盛ならん」

～さらには閼伽、そして諸尊羯磨印などが続く。

「また前に准じて閼伽を加持し、如法にこれを献ぜよ」

「遂に諸尊羯磨の印相、及び三昧耶契等を結び、皆本明を誦する〈或はこの中単に八供養の印明を陳ぶるもまた得〉。前の如く周くしおはれ」

◎金剛熾盛日三昧耶印

「次に金剛熾盛日三昧耶の印を結へ。左に旋転して界を解くと想へ。幷に本真言を誦する、前に同じ」。

◎奉送(ぶそう)印

～この奉送真言はNo. 1119のほかに、No. 1120（519b － 520c）、No. 1121（523a）、No. 1122（527c）、No. 1123（530c）に挙がる。したがって慈雲によるこの『儀軌私記』では、No. 1119のほかにNo. 1123で言及されて

いる（頸次第のため注記等はなし）。

「次に奉送の印を結へ。印相は金剛縛ぞ。直く二中指を堅めて相合して針の如くし、心に当てて奉送の真言を誦せよ。畢らんと欲するとき印を挙げて頂上に近づけ、中指よりまず開きてこれを散じ、頂上に合掌せよ。諸尊も本宮に還りたまふと想へ。真言に曰く」

155　Oṃ kṛto vaḥ〈已作勝上なり〉sarva satva〈一切衆生なり〉arthaḥ〈利益〉siddhir〈成就なり〉dattā〈授与なり〉yathā〈如是なり〉'nugā〈随順なり〉gaccha〈去なり。撥遣の文〉dhvaṃ〈帰還なり〉buddha viṣayaṃ〈佛国土なり〉punar āgamanāya tu〈また降赴を垂るなり〉Oṃ vajra〈金剛なり〉satva〈有情なり〉muḥ〈解脱なり。○謂く、すでに勝上利益成就をなし、一切衆生を授与し竟んぬ。願くは一切諸佛菩薩本国に帰還し、もし重ねて請召せばただ願くは赴降しまたへと〉。

◎宝印

～その後、撥遣を行じた後に結誦すると言われる宝印（八田 1985：158）が収められている。これは No. 1119 には載らず No. 1123 のみに挙がるものであるため、慈雲はこの No. 1119 に収めたものであろう。

「およそ道場を出んと欲せば、まさに宝印を結ぶべし。二羽金剛縛し、進力宝形の如くせよ。禅智もまた爾り。印相心より起こして、灌頂処に置き、真言を誦して手を分かち、鬘を繋るが如くせよ。また甲冑の印を成せ。真言はこの如く称えよ」

1244　Oṃ vajra ratna〈金剛宝なり〉abhiṣiṃca mām〈我を灌頂せよ、なり〉sarva mudrā me〈一切印我〉dṛḍha kuru〈作堅固なり〉vara〈勝願〉kavacena〈甲なり、能声〉vaṃ〈種子〉。

「此の護身印を用ひて己の身を加持せよ」と締めくくられる。

～以下、32 頁から 34 頁にかけて儀軌法要、34 頁から 36 頁にかけて、高麗版に載る敬愛法が収録されている。真言も含まれてはいるが、本章での考察に直接関わるものではないため、省略する。

5.『金剛頂瑜伽金剛薩埵五秘密修行念誦儀軌』

では次に、『五秘密軌』の本文を慈雲による注記を含めて翻刻してゆきたい。以下では、慈雲の目標が「金剛薩埵との合一」(を通じての大日如来との入我我入)に置かれていたという推測を前提に出発する。以下、慈雲による行間注等は適宜〈 〉で表した。

◎序分

～まずは『五秘密軌』に特徴的な「序分」から読んでゆくことにしよう。

「金剛頂経の如き、百千頌十八会の瑜伽あり、頓証如来内功徳の秘要を演ぶ。それ菩薩道を修行し、無上の菩提を証成するとは、一切有情を利益し安楽するを以て妙道と為す。一切の有情は五趣三界に沈没し流転す。もし五部五密の曼荼羅に入らず、三種秘密の加持を受けず、自らの有漏三業の身を以て、よく無辺の有情を度すといふは、このことはり有るなし。五種の有情は三界の所摂なり。いふ所の欲界色界無色界なり。色無色界に修行の三界の道を出ずるには、別解脱〈戒也〉定慧を以て増上縁と為す。その上二界は、定地の所摂なるに由るが故なり。欲界は禅なければ、是散善地なり。もし修定の軌則有りとも、なほ頭陀苦行を仮借し七方便に依る。根羸劣(るいれつ)なるに由りて、無学縁覚の果もなほ自ら成し難し。何にいはんや十地大普賢地〈等覚〉、および毘盧遮那三身普光地の位を成ずるをや。二乗の人は、道果を証すといへども、無辺の有情に於て利益安楽を成し作るあたはず。顕教に於て修行する者は、久しく三大無数の劫を経て然る後に無上の菩提を証成す。その中間において十進九退す。或は七地を証し、所集の福徳智慧を以て、声聞縁覚の道果に廻向し、なほ無上の菩提を証する能はず。もし毘盧遮那佛自受用身所説の内証自覚聖智の法、及び大普賢金剛薩埵他受用身の智に依らば、則ち現生において曼荼羅阿闍梨に遇ひ、曼荼羅に入るを得て、羯磨を具足すと為す。普賢三摩地を以て金剛薩埵を引入し、その身中に入る、加持威徳の力に由るが故に、須臾（しゅゆ）の頃においてまさに無量の三昧耶、無量の陀羅尼門を証すべし。不思議の法を以て、能く弟子の倶生我執の種子を変易し、時に応じて身中に一大阿僧祇劫所集の福徳智慧を集得しつれば、則ち佛家に生在すと為す。その人一切如来の心より生じ、佛口より生じ、佛法より生じ、法化より生じ、佛の法財を得〈法財とは、謂く、三密の菩提心の教法なり〉。わずかに曼荼羅を見れば、能く須臾の頃に浄信す。歓喜の心を以て瞻視（せんし）するが故に、則ち阿頼耶識の中において金剛界の種子を種う。つぶさに灌頂受職の金剛名号を受け、これより後、広大甚深不思議の法を受得し、二乗の十地を超越す」。

「此の大金剛薩埵五密瑜伽の法門、四時に於て〈謂く、晨朝と日午と黄昏と夜半となり〉、四威儀〈謂く、行住坐臥なり〉の中に、無間に作意し修習すれば、見聞覚知の境界に於て、人法二空の執、悉く皆平等にして、現生に初地を証得し、漸次に昇進す。五密を修するに由りて、涅槃生死に於て染せず著せず、無辺の五趣生死に於て、広く利益をなし、身を百億に分かって諸趣の中に遊んで有情を成就し、金剛薩埵の位を証せしむ」。

「瑜伽者閑静の山林に在り、或は精室に於て、或は所楽の処に随ひて〈或は輪壇を布いて尊位と為す。華を散じ、諸の供具を陳べ、幡蓋を羅列し、以て荘厳す。皆行人の力に随ひてこれを弁まへよ。しかして修する毎に灌沐し衣を更へよ。まさに道場に入らんとし、身を観ずる等、及び一一の供養の儀則は、大楽軌の中に広く説くが如し。今ただ四威儀の中に於て常に修習し、間あらしめざれ。重複を略去し、その要を簡び、此の法最尊にして上有るなく、諸の三昧を摂す。何を以ての故に。一切如来同一にあつまり、密合し此の五瑜伽を成す。此れを除いて更に別の法有るなし。諸佛入住の処随順し、天龍摂伏して帰命す。故に余印の助を待たずして、即ち一切の三昧を成す。

此の理趣最極甚深なり。具に本軌の下文に載る。すべからく尋ね見て、明了にすべし。もし広軌に依りて念誦せば、一切儀式その教えの如くせよ。此の儀を執りて懈怠を生ずるなかれ〉。まさに四方の如来を礼し、身を以て供養し、各々その本真言を誦すべし〈印相及び真言、具に大楽軌に在り。是瑜岐者の常に熟するところなるが故に、重出を須らくせず、已下ただ契の号を標すのみ。皆これに倣へ〉」。

～以上「序分」を示したが、ここには No. 1119「大楽軌」を参照せよとの指示が頻出する。以下、本文の翻刻を続けることにしよう。

◎大印・心真言

「次に右膝を地に着け、二手金剛拳にて腰の側に安んじ、心舌手の中に於て hūṁ 字を想へ〈字義、大楽軌に出るが如し〉。本性清浄なること、満月輪の潔白分明なるが如し。また月輪の上に五智金剛杵を涌成す〈純真金色なり。一切の煩悩を悉く皆摧破す。黄金をとかすが如し〉。浄光明を放ちて法界を照徹すと〈即これ無垢清浄の佛智、不生不滅の金剛なり。また即身五智金剛となるを観ぜよ。体性堅固の故に法界に周徧すと〉」

～ここにも「大楽軌」への参照が指示されている。

◎観佛

「次に khaṁ 字を空中に観ぜよ。一切諸佛菩薩集会すと想ひ、并せて本真言を誦せよ〈khaṁ vajra dhātu〉」。

◎金剛起印

「次に金剛起の印を結びて諸佛菩薩を驚覚し、その真言を誦せよ〈oṁ vajro ttiṣṭha hūṁ〉。

～金剛起に関しては、No. 1119 の注記中の対応箇所、すなわち普賢行願の前に見られた。

◎普賢行願

「次に、まさに衆聖に対し、発露懺悔随喜勧請廻向発願すべし〈拳を以て腰に安んじ、閉目運心し普賢行願を誦し、まさに一々の句義を思惟すべし〉」。

～ここに「普賢行願」すなわち「五悔」への参照指示が見られる。五悔の詳細については、すでに第3章、およびNo. 1119への言及の中で検討した。

◎薩埵跏

「次に薩埵跏を結び、まさに定心に住し、盡無余界の有情を縁し、無上正等菩提の真言を誦すべし」。

◎四無量観

～以下は、慈雲が割注を付しているように「四無量観」に関わる項目である。これは『理趣経』第12段に載る内容であり、『五秘密軌』が『理趣経』を特別に意識して編纂されたであろうことを物語る（福田1987）。

「次に〈四無量観〉是の思惟をなせ。我まさに金剛薩埵大勇猛の心を発すべし。一切有情如来蔵の性を具せり。普賢菩薩一切有情に徧するが故に、我一切衆生をして金剛薩埵の位を証得せしめんと」。

「また是の思惟をなせ。一切有情は金剛蔵の性なり。未来に必ず金剛灌頂を獲るが故に、我一切衆生をして速やかに大菩薩灌頂地を得て、虚空蔵菩薩の位を証得せしめんと」。

「また是の思惟をなせ。一切有情は妙法蔵の性なり。能く一切の語言を転ずるが故に、我一切衆生をして一切の大乗修多羅蔵を聞くことを得て観自在菩薩の位を証得せしめんと」。

「また是の思惟をなせ。一切有情は羯磨蔵の性なり。善能く一切事業を成弁するが故に、我一切衆生をして諸の如来の所に於て広大の供養をなし、毘首羯磨菩薩の位を証得せしめんと」。

◎勝願

～次の真言（「勝願」）はNo. 1124もしくはNo. 1125に出る。したがってNo. 1125で詳注を加えたものと推定される。

「また是の思惟をなせ。一切有情既に四種の蔵性を具し四大菩薩の身を獲得す。わが功徳の力と如来の加持力と、及び法界力とを以て、願はくは一切有情速やかに清浄の毘盧遮那佛身を証せんと。真言に曰く」

1672　Oṁ sarva tathāgata〈一切如来〉śaṁsitāḥ〈共に称賛せらる。第六転に呼ぶ。謂く、下の一切の衆生は此の所讃に属するが故に。此の中 śaṁsitāḥ とは、śasta は字界なり。もし ra 字を加はば śāstra にして論なり教なり。今はこれ称賛の義なり。śa 字の空点、義深重なり。sa 字の女声は所の義の故に、共称讃と云ふところなり。tā の ā 点は所の義なり〉sarva satvānāṁ〈一切衆生なり。謂く、sarva は一切なり。satva は衆生なり。nāṃ はこれ衆多の声。諸なり〉sarva siddhayaḥ〈一切成就。yaḥ を以て助声に呼ぶ〉sampadyantāṁ〈等願。この中 sam は等の義。pa は助声。dyaṃ は与願の義〉tathāgatā〈如来〉ścā〈等なり〉dhitiṣṭhantām〈その加持を為すなり。○謂く、一切如来は共に称賛せられ、一切衆生のために、一切の悉地願は皆成就せよ〉。

～続いて五言の四句が引かれているが、これを読み下すなら「金剛掌を遂に合はせ　堅固にして縛しまた陳べ　開心と遍入の印　三昧拳もまたしかり」となるだろう。なお「金剛掌」については上掲 4 あ）筑波大本「大楽軌」No. 1119 の 6 丁オ、「開心遍入印　三昧拳」については、6 丁ウ～ 7 丁オに対応する。

◎金剛薩埵大智印

「次に金剛薩埵大智印を結へ。真言は是の如く称へよ」。

1353　vajra〈金剛〉satvo〈薩埵なり。此れ有情の義。また勇心の義〉'haṁ〈我なり。上の satvo 左右の点、o S 相通なり。S haṃ を我と云ふなり。○謂く、我金剛薩埵なり〉。

～現在のサンスクリット文法では、satvaḥ aham が連声して satvo 'ham となると解する（辻 1974：22）。この ' で表される記号は S（「アヴァグラハ」）に相当し（辻 1974：2）、慈雲はその存在を知悉していて、固有の悉曇文字を用いている（「5」のような文字）。「o S 相通なり」はこの間の経緯を示したものと思われる。

「誦しおへて、我が身金剛薩埵と為ると想へ。首に五佛の宝冠を戴き、身は水精の月の色の如く内外明徹なり。諸の輪鬘繪綵を具し、種々の厳色あり。赤焔を佩(お)ぶ。右の手に菩提心の五智金剛杵を持し〈此の本来清浄の大金剛、正智を起こしなほ金剛の如くあるを表す。能く我法微細の障を断ずるが故に。擲(なげう)つ勢ひはこれ勇進の義。自他の甚深三摩地をして佛道に順じ、念々昇進し普賢菩薩の地を獲得せしむるなり〉、心の上に按じ〈拳を転じて外に向けるは衆生に示すなり〉、左の手に〈慢印をなすとは、左道左行の有情を降伏させ、順道に帰せしめるをなすなり〉、般若波羅蜜の金剛鈴を持し〈これ適悦の義。鈴の音、振撃し、有情を覚悟す。般若を以て群迷を警(いまし)めるを表す〉、胯に置き〈大我を表す〉、大月輪に処し、大白蓮華に座す〈明鏡を敷くが如くにして座す〉、容貌凞怡(きい)、大悲愍(あはれみ)を生じ、無盡無余の衆生界を抜済し、金剛薩埵の身を得さしむ。三密ひとしく運びて量虚空に等し。此の三摩地の中に於て一切有情を観ずるに自他別なく同体の大悲なり」。

「瑜伽大智印を持し、相応する由が故に、たとひ若し越法にて具に重罪を造り、并びに諸障を作さんに、彼の大智印を持するが故に、一切供養恭敬す。若し人有りて礼拝し供養し尊重し讃嘆せば、則同じく一切如来及び金剛薩埵を見る」。

◎現智身印

「まさに此の智の印に住すべし。則ち身の前に於て金剛薩埵の智の身を想へ〈前の所観は自性法身、今の所観はこれ智身。法智体無二を顕さんが為なり〉。自身観の如く、四印を以て囲繞す〈欲触愛慢〉。薩埵の前に於て欲金剛を想へ。形服色皆赤、金剛弓箭の印に住す。次に薩埵の右に於て計里吉羅尊を想へ。形服色皆白、二の金剛拳を以て臂を交えて抱印に住す。次に薩埵の後に愛金剛を想へ。形服皆青。右の臂を竪めて摩竭幢を執り、左の金剛拳を以てその肘を承け、また共に二手幢を持す。次に薩埵の左辺に於て慢金剛を想へ。形服色皆黄。二の金剛拳を以て各々胯に安んじ、頭を左に向けて少しく低める。已上は四明妃。各々五佛の宝冠を戴き、輪鬘繒綵種々に厳飾す。同一月輪、同一蓮華〈是に深趣有り。具に下の文に載す〉。皆薩埵跏を為し、適悦の目を以て薩埵を瞻仰す」。

「瑜岐者、身前の金剛薩埵に専注し、心散動せず。即ち真言を誦し、曰く」

1320　vajra satva〈金剛薩埵〉āḥ〈種子也。如来寂静智也。○瑜祇に云く、能く諸の金剛を召くと〉。

「此の真言を誦するに由るが故に、金剛薩埵阿尾捨〈自身に遍入す〉顕現す。真言に曰く、

1329　vajra satva〈同前〉dṛśya〈見也。謂ふ所の金剛薩埵を見るなり〉。

「此の真言を誦するに由るが故に、定中に金剛薩埵を見て、了了分明ならしむ」。

◎四摂種子真言

「即ち前の拳を以て四摂智の契を結び、各その本明を誦せよ」。

234　jaḥ〈鈎○如来寂静智を鈎召すと想へ〉hūṃ〈索○尊の身を智体に引入すと想へ〉vaṃ〈鎖○能く本尊をして堅固に住せしむと想へ〉hoḥ〈鈴○能く諸聖をして皆歓喜せしむと想へ〉。

「此の契を結び明を誦するに由るが故に、金剛薩埵の智身、瑜伽者の定身と交合一体なり」。

◎金剛秘密三昧耶印

「次に金剛秘密三昧耶の印を結び、及び四処を加持し、各々真言一遍を誦せよ」。

～この印言については上掲4あ）筑波大本7丁ウに対応する。

◎五佛宝冠印

「次に五佛宝冠の印を結びて五処に安んじ、各々真言一遍を誦せよ。真言

に曰く」

1659　Oṃ sarva tathāgatā〈一切如来〉ratna〈宝なり〉abhiṣeka〈我に灌頂したまふなり。後俗声呼〉āḥ〈種子。○謂く、一切如来宝、我に灌頂したまふ〉。

～「五佛宝冠印」についても筑波大本7丁ウに対応する。

◎金剛鬘印

「次に金剛鬘の印を結び、繫鬘垂帯し、并びに本明を誦せよ」。

～この印言については8丁ウに対応する。以下「歓喜印」まで、真言の提示はない。

◎金剛甲冑印

「次に金剛甲冑の印を結び、遍身に擐甲し、并に本真言を誦せよ」。

～この印言についても8丁ウに対応する。

◎歓喜印

「便ち二手を以て旋舞し参差してまさに拍掌すべし。衆聖皆歓喜したまふ」。

～この印言についても8丁ウの内容に対応する。

◎大楽不空三昧耶真実心密語

「次に大智印に住し、大楽不空三昧耶真実心の密語を誦して曰く」

785　Oṃ mahā sukha〈大楽〉vajra satva〈金剛薩埵〉jaḥ hūṃ vaṃ hoḥ〈鈎索鎖鈴〉surata〈妙適悦なり〉stvam〈生佛一如入我我入の義〉。

～「大楽不空三昧耶真実心密語」は、No. 1125のこの箇所のほか、No. 1124にも出るが、No. 1119からNo. 1123には出ない。慈雲はNo. 1125のこの箇所で、次のような字義解釈を展開する。なおこの密語については、No. 1123に割注のかたちで、採りうる選択肢として挙げられている。それはNo. 1124に出ることを考慮したためでもあっただろう。

〈Oṃは流注なき義なり。流注なしは不生滅の義なり。此の菩薩此に由りて菩提心を発するが故に、maは我の義。謂ふ所の法界の大我なり。此れ即ち大欲の義なり。hāは因業の義。謂く生佛の因縁和合し大歓喜を生ず。これ触対の義なり。su 字の体は sa 字。大悲の義なり。蓮華部の種子なるが故に。kha は大空の義。謂く空もまた空にて盡く余等有るなし。これ大慢の義なり。va は水大なり。謂く大慈悲の水なり。慈に自ら利益衆生の欲有るなり。jra は塵垢を生ず。これ触対の義なり。sa はこれ愛著の義。tva とは。ta は真如にして真諦。va は言説には俗諦。謂く二諦に於て自在を得る、これ傲慢の義なり。jaḥ は生の義。菩提の妙華発生するなり。hūṃ は風大。風雲起こるに由るが故に、またこれ香気風に随ひて薫ずるが故に。vaṃ は無縛の義なり。無縛はまたこれ生死を破除す。謂ふ所の長夜を照破するなり。hoḥ は喜の義なり。身に妙香を塗り清涼の楽を得､以て歓喜する義なり。su は諦の義。真俗二部不二一如なる、これ鈎召の義なり。ra は塵垢の義。縛住し放れざる塵染の義なるが故に。ta は如如の義。能く真如を証して動転せざる義。これ鎖住の義なり。stvam は入我我入。自他平等生佛一如となる。これ歓喜の義なり。已上ここに他の請に応じて記す。更に問へ〉。

◎金剛薩埵讃

「次に拳を転じて、まさに四秘密羯磨の印を結び、金剛歌讃を誦すべし」。

～「讃王」とも呼ばれる「金剛薩埵讃」(ここでの「金剛歌讃」)は、4 あ)筑波大本 15 丁ウに対応する。No. 1119 に詳説があり、慈雲もこちらの No. 1125 では真言等を挙げていない。

◎五秘密三昧耶印

「次に五秘密三昧耶の印を結へ。并びに皆羯磨の真言を誦せよ」。真言は挙がっていない。

～以下「薩・欲・触・愛・慢」は行頭行間注である。

薩:「神通寿命。威力相好、金剛薩埵に等同なり」とある。

欲:「能く微細無明住地の煩悩を断ず」。

触:「能く一切受苦の衆生界を抜済し護持して、皆大安楽三摩地を獲しむ」。

愛:「大悲解脱を獲得し、一切有情を憐愍すること、なほ一子の如く、皆抜済安楽の心を起こす」。

慢：「大精進波羅蜜を獲得して、刹那に能く無辺世界の一切如来の所に於て、広大の供養をなす」。

◎大乗現証百字真言

～「百字の明」については、すでに本章前半（第3節）で言及した。これはNo. 1122およびNo. 1125に出る明である。

「次に金剛薩埵三昧耶の印を結へ。印相二手金剛縛にして忍願を合はせ堅めて心上に安んず。大乗現証百字の真言を誦す。曰く」

1338　Oṃ vajra satva samaya〈経に金剛薩埵三昧耶と曰ふ。○即ち堅固有情平等本誓除障驚覚四義なり〉manupālaya〈教に随願守護我と云ふなり。○manuは随なり。a ma相通。随逐の義。pālaは護なり〉vajra satva tvenopatiṣṭha〈経に云ふ。以て金剛薩埵安住と為すなり。tvaは汝なり。enaは第六転。upaは親近。tiṣṭhaは住なり〉dṛḍho me bhava〈経に為堅牢我と云ふ。dṛḍhoは堅牢なり。u meは我なりと。bhavaは為なり〉sutoṣyo me bhava〈経に、我に於て歓喜せよと云ふなり。sutoṣyoは妙歓喜の義。me bhavaは為我なり〉anurakto me bhava〈anuは随従。raktaは守護なり〉su poṣyo me bhava〈我が為に善く増益せしむ。suは善なり。poṣyoは増益なり〉sarva siddhiṃ ca me prayaccha〈経に、我に一切の悉地を授与すと云ふなり。○ maは我なり。prayacchaは授与なり〉sarva karmasu ca me〈経に、及諸事業と云ふなり。○ sarvaは諸なり。karmaは事業。su caは等。meは我なり。su caは妙善を兼ねる〉citta śreyaḥ〈経に、我をして安穏ならしむと云ふなり。○ cittaは心なり。śreyaḥは吉祥なり。我が心吉祥安穏なり〉kuru〈作なり〉hūṃ〈種子なり。摧破〉ha ha ha ha ho〈咲を告ぐ〉bhagavaṃ〈経に、世尊と云ふ〉sarva tathāgatā〈一切如来〉vajra mā me muñca〈経に、願くは金剛薩埵我を捨離する莫れとなり。meは我なり。muñcaは捨離なり〉vajrī bhava mahā samaya satva〈経に、我今金剛三昧耶の薩埵と為ると云ふ〉āḥ〈種子。金界の種子はvaṃなり。āḥはこれ両部不二の義なり。○謂く、金剛薩埵三昧耶、願はくは随逐守護したまへ。我れ金剛薩埵となり、堅牢の我と為るを以て、我所に於て歓喜し、我所に於て随逐擁護し、善く為に我を増益し、我に一切の悉地、及び諸の事業を授与し、我が心を吉祥安穏にならしめ、我をして歓喜をなさしめよ。世尊一切如来、願はくは金剛、我を捨離することなく、我をして金剛三昧耶の薩埵と為さしめたまへと〉。

～この一節に関しては、初めに近い samaya manupālaya と記した部分について、samayam anupālaya と表記するのが正しいのであるが、縦書きでの悉曇表記でもあり、慈雲は m 字を後続の語彙の語頭に付して理解している。ただ前語の語末 am と後語の語頭 a とが連続するとの意を示すために、慈雲は「a ma 相通」と記したものであろう。「相通」という語彙の用法について推測させる部分である。

以下、次の一節が続くが、これは No. 1122 からの引用である（0527b08-0527b11）。慈雲は、百字真言が No. 1122 にも出ることを知悉したうえでこの一節を付記している。

「此の加持に由りて、無上菩提もなほ得んこと難からず。何況や諸余の成就をや。たとひ五無間罪を犯すとも纔(わずか)に此の真言を誦すればその罪消滅し余有ることなし。何を以ての故に。本尊己が身に堅住するに由るが故に」。

◎大乗現証金剛薩埵真言

～続いて、No. 1125 本来のテキストに戻る。

「即ち金剛薩埵の三摩地に入り、并びに大智印を結びて大乗現証金剛薩埵の真言を誦して曰く」〈或は大楽不空三摩耶真実心の密語を誦せよ〉。

1320　vajra satva〈金剛薩埵〉āḥ〈種子〉。

「或は大智印に住し、数珠を持し、限ることなく念誦せよ〈まさに金剛語を以て念誦すべし。最も相応と為せ〉。疲頓せしむるなかれ。此の三摩地に住するによるが故に、現世に無量の三摩地を証得し、即ち能く金剛薩埵の身を成す」

～以下の部分は、No. 1124（『瑜伽念誦儀軌』）からの補記である。この箇所に関しては、慈雲はNo. 1124をNo. 1125で集約しようとしていたことが判る。

〈もし疲倦せば、印を解き全身に金剛合掌し、四礼をなすべし〈初の儀則の如し〉。此を以て憩息と為し、その心をして疲厭せざらしめよ。或はその満月の夜、此の儀則に住し、一夜念誦すれば、晨朝に至りて普賢菩薩来たり、身光月輪の如くその行者を抱き、身より入り支分に遍し、その行者の身普賢菩薩に等同なり。五佛の冠あり。身に天の妙なる瓔珞華鬘を着し、身口意金剛薩埵の如く、所有の親族、彼の人の是の如く威徳を成ずるを見て皆驚愕を生じ恭敬し礼拝せん。彼の人の常に自家に住し大神通をなし、また佛身となりて大神通を現し〈瑜伽経の説に依るに、是の薩埵に堅固と利用と二義を具すなり。二種輪に依りて身を現ずるに異有り。一には正法輪、真実の身を現す。所修の行願報得の身なるが故に。二には教令輪〉、また三世勝金剛身を現し〈大智を起こし、威猛を現ずるに由るが故に、四面八臂〉、難調者を調伏するに〈摩醯首羅、大自在天の魔衆の正法を侵害し、衆生を損害するを摧伏して調伏せしめるが故に、しか云ふ〉、悉く皆調伏す。意に随ひて空に騰（のぼ）り、自在に無量世界に於て諸佛を供養し、天の妙五欲の楽を受け、寿命盡虚空にて無辺の有情を利益し、大利益を成し、毘盧遮那身を成す〉。

◎五秘密

～以下、再びNo. 1125の本文に戻る。五秘密についての解釈が展開される。

「瑜伽者行住坐臥、常に四眷属を以て自ら囲遶せられ、大蓮華同一月輪に処す。金剛薩埵とは、これ普賢菩薩なり、即ち一切如来の長子なり。これ一切如来の菩提心なり。これ一切如来の祖師なり。是の故に一切如来金剛薩埵を礼敬すること、経の所説の如し。金剛薩埵の三摩地を名づけて一切諸佛の法と為す。此の法能く諸佛の道を成す。もし此れを離れて更に別に佛有るなし」。

〜上の句は『両部曼荼羅随聞記』の中にも『五秘密経』からの引用として見られる。

「欲金剛とは、名づけて般若波羅蜜と為す。能く一切佛法に通達し、滞りなく礙（さまたげ）なし。なほ金剛の能く諸佛を出生するが如し」。

「金剛計里計羅とは、これ虚空蔵の三摩地なり。無辺の衆生に安楽を与へ、無辺の衆生の貧匱（ひんぎ）の泥に溺るる者を拯抜（じょうはつ）し、所求の世出世間の希願皆満足せしむ」。

「愛金剛とは、これ多羅菩薩なり。大悲解脱に住し、無辺の受苦の有情を愍念し、常に抜済を懐き、安楽を施与す」。

「慢金剛とは、これ大精進波羅蜜なり。無礙解脱に住し、無辺の如来に於て広く佛事をなし、及び衆生の利益をなす」。

◎五智

〜以下、五智を釈し、五尊に配する。

「欲金剛、金剛の弓箭を持し、阿頼耶識の中の一切の有漏の種子を射て、大円鏡智を成す」。

「金剛計里計羅、金剛薩埵を抱くは、第七識の妄りに第八識を執り我癡（がち）我見我慢我愛と為るを浄めて平等性智を成すを表す」。

「金剛薩埵大智印に住すとは、金剛界より金剛鈴菩薩に至る、三十七智を以て自受用他受用果徳の身を成す」。

「愛金剛とは、摩羯幢を持す。能く意識の遠慮を浄めて浄染有漏の心に於て妙観察智を成す」。

「金剛慢とは、二の金剛拳を以て胯に置く。五識質疑の身を浄めて大勤勇を起こし、盡無余の有情を皆頓（にはか）に成佛せしめ、能く五識の身を浄めて成所作智を成すを表す」。

◎五眼

〜続いて以下、五眼を釈し、五尊に配する。

「欲金剛とは、これ慧眼。染浄分の依佗性を観察し、一切法非有非無なりと知る」。

「金剛計里計羅とは、無染智〈法眼なり〉を以て、浄分の依佗〈四智〉と、果徳の中の円成と、不即不異を観察し、一切法と菩提涅槃と不即不異を知る」。

「金剛薩埵とは、これ自性身〈佛眼〉。不生不滅にして量虚空に同じなれば、則これ遍法界の身なり」。

〜この句も『両部曼荼羅随聞記』の中に『五秘密経』からの引用として見られる句である。

「愛金剛とは、大悲天眼を以て一切有情身中の普賢の体不増不減を観見す」。

「金剛慢とは、清浄無礙肉眼を以て一切有情、異生の位に処在し塵労覆蔽すといへども、本性清浄なり。もし大精進と相応すれば、即ち離垢清浄を得ると観ず」。

◎五秘密二十五尊

〜以下、五秘密が即ち二十五尊に他ならないことが説かれる。

「金剛薩埵とは、これ毘盧遮那佛身。欲金剛はこれ金剛波羅蜜。計里計羅はこれ宝波羅蜜。金剛愛はこれ法波羅蜜。金剛慢は、これ羯磨波羅蜜なり」。

「金剛薩埵とは、即ち彼の薄伽梵阿閦如来。欲金剛とは、即ちこれ金剛薩埵。計里計羅とは、即ちこれ金剛王。愛金剛とは、即ちこれ金剛愛。金剛慢とは、即ちこれ金剛善なり」。

「金剛薩埵とは、即ち彼の薄伽梵宝生如来。欲金剛とは、即ちこれ金剛宝。計里計羅とは、即ちこれ金剛日。愛金剛とは、即ちこれ金剛幢。金剛慢とは、即ちこれ金剛笑なり」。

「金剛薩埵とは、即ち彼の薄伽梵観自在王如来。欲金剛とは、即ちこれ金剛法。計里計羅とは、即ちこれ金剛利。愛金剛とは、即ちこれ金剛因。金剛慢とは、即ちこれ金剛語なり」。

「金剛薩埵とは、即ち彼の薄伽梵不空成就如来。欲金剛とは、即ちこれ金剛業。計里計羅とは、即ちこれ金剛護。愛金剛とは、即ちこれ金剛薬叉。金剛慢とは、即ちこれ金剛拳なり」。

◎八供四摂

～『五秘密軌』は原則として17尊に言及しないのであるが、以下では内・外の計八供養、および四摂に触れている。

〈八供〉

「内の四供養とは、即ち彼の四眷属、外の四供養とは、また彼の四眷属なり」。

〈四摂〉

～四摂とは、鈎索鎖鈴を指す。四門菩薩とも言う（上掲4い）c. 末尾参照）。

「欲金剛とは、菩提心の箭を以て一切有情を鈎召し、佛道に安置す。計里計羅の抱印を大悲方便の金剛索と為す。不染智を証せしむ。愛金剛の摩竭幢を以て大悲の金剛鎖と為し、無量劫を経て生死に処すれども心移易せず、一切衆生を度するを以てその道と為す。金剛慢とは、大精進を以て般若の金剛鈴と為し、無明の窟宅に在る随眠の有情を警悟す」。

◎四大品

～以下、金剛頂初会四大品を約して釈す。

「普賢曼荼羅は五身を離れず。降三世曼荼羅は即ち金剛界に同じ。蓮華部は遍調伏曼荼羅なり。此れに依りて之に例するに、宝部は一切義成就、また此の説に同じ」。

◎五部

～また、五部を約して釈す。

「金剛薩埵の五密を如来部と為す、即ちこれ金剛部。即ちこれ蓮華部。即ちこれ宝部〈羯磨部を略す〉。五身同一大蓮華とは大悲の義となり、同一月輪円光とは大智の義となる。是の故に菩薩、大智に由るが故に生死に染せず、大悲に由るが故に涅槃に住せず。経の所説の如くには三種の薩埵有り。謂ふ所の具薩埵、智薩埵、金剛薩埵なり」。

「金剛薩埵を以てその二種の薩埵に簡ぶ、修行の此の金剛乗を得たる人を、即ち金剛薩埵と名づく。是の故に、菩薩勝慧の者は、乃至生死を盡すまで、恒に衆生の利をなして涅槃に趣かず。何等の法を以てか能く此の如きことを得る。是の故に般若及び方便、智度悉く諸法及び諸有を加持し、一切皆清浄ならしむ。諸法及び諸有をば、名づけて人法二執と為す。是の故に欲等世間を調して、浄除を得さしむが故に、有頂及び悪趣、調伏し諸有を盡す。虚空蔵の三摩地に住するに由る。人法二執に於て皆平等清浄なる、なほ蓮華の如しと悟る。是の故に蓮性の清浄にして、もと垢の為に染せられざるが如く、諸の欲の性もまた然り。不染にして群生を利する者、安楽利益の事をなし、大自在の位に居す。是の故に、大欲清浄を得、大安楽富饒にして三界に自在を得、能く堅固利益をなす者なり。菩提心を因と為す、因に二種有り。無辺の有情を度すを因と為し、無上菩提を果と為す。また次に大悲を根と為す、兼ねて大悲心に住すれば、二乗の境界の風も動揺能はざる所なり。皆大方便に由る。大方便とは、三密金剛を以て増上縁と為し、能く毘盧遮那清浄の三身の果位を証す」。

金剛頂瑜伽金剛薩埵五秘密修行念誦儀軌　畢

～以上が『金剛頂瑜伽金剛薩埵五秘密修行念誦儀軌』の全文である。末尾の一節では、いわゆる「三句の法門」として知られる『大日経』住心品第一からの一節「菩提心を因とし、大悲を根とし、方便を究竟とす」が意識されている（宮坂 2011：30 − 31）。慈雲は『両部曼荼羅随聞記』の中で、胎蔵曼荼羅に関して「中台の大日尊を菩提心とし、四佛・四菩薩を大悲の表れとし、外三院を方便とする」解釈を展開しているが、これは『大日経疏』住心品第一に見られる解釈に則ったものである（宮坂 201：243 以下；小峰 2016：

67。本書第10章も参照)。

以下に跋文がある。

〈我某甲、一切衆生を救度せんが為の故に、無上菩提心を発す。三十七品助道の法門、乃至六波羅蜜に於て誓願を具足し無間に修行せん。我が積集する所の善根をば、悉く皆一切衆生に廻向す。願はくは我及び一切衆生、皆甚深の法門を証悟することを得ん。心浄く広大なる、なほ虚空の如く、無功用を以て、自在に能く無量の佛事を弁へ、平等大悲種々の方便を以て一切衆生を調伏し利益し、皆無余涅槃に入るを得さしめ、佛の十力無畏不共法等に於て、願はくは我衆生とともに悉く皆同じく得んことを〉〈右発願の文、金剛頂瑜伽中略出念誦法経に出たり〉。

～『略出念誦経』とは大正大蔵経No. 866『金剛頂瑜伽中略出念誦經』を指す。同経には「我某甲」から「悉皆同得」までの願文のすべてが載る。

〈此の中、梵釈いまだ詳悉ならず。別に釈義有り〉。　享和壬戌

こうして、1802年成稿の『金剛頂瑜伽金剛薩埵五秘密修行念誦儀軌』は閉じられる。

6. 考察と結論

以上、本章では儀軌3点の注記を併せた『金剛薩埵修行儀軌私記』の詳細を検討することによって、慈雲が、金剛儀軌7点のうちに盛り込まれる主要心明に関し、極めて無駄を廃したかたちで注解を施している実態を明らかにすることができた。慈雲は、7点全体の基盤として「大楽軌」を捉えてはいるものの、7点相互の相違点にも意を用い、まずNo. 1123の頸次第を編むことで、No. 1119からNo. 1124までに共通する次第を案出した。その一方で、

No. 1122 や No. 1124 に挙がる真言に関しては、No. 1119 もしくは No. 1125 のどちらかを選択しつつ、より相応しい文脈に取り込む形でその注釈を行っている。いずれにしても、重複を避け、無駄を省いた形で主要な金剛薩埵関連の真言をこの『金剛薩埵修行儀軌私記』で解説し終えたと言える。したがってこの作品は、3 点全体で一つの意味ある統一体を形成するのであり、その全体としての名が『金剛薩埵修行儀軌』、すなわち金剛薩埵を通じての大日如来との入我我入のための次第書なのである。

筆者は先に、本書第 3 章において、慈雲による『法華陀羅尼略解』が、『妙法蓮華経』の密教儀軌としての『観智儀軌』からの示唆のもとに記されたのではないかとの仮説を提示し、あわせて「五悔」が法華経法と真言密教の結節点となりうるとの見通しを立てておいた。

『観智儀軌』は、前半が法華経五陀羅尼に基づく胎蔵法、後半が法華経普賢菩薩呪に基づく金剛法として、胎金二部の合揉により構成されている。「法華陀羅尼」を扱うことは、おそらく慈雲が、このような胎金不二の秘儀、大悲と大智の共なる実践を志向していたことを物語るだろう。この志向性は、すでに『金剛薩埵修行儀軌』を手掛けていた 1802 年当時から持続していたのである。慈雲は『金剛薩埵修行儀軌』においても、金剛薩埵との合一に向けての修行の究極目的を、五秘密の合一に見る大智大悲の融合のうちに置いていた。金剛薩埵法の目標は、慈雲にとって、あくまでも大悲と大智の統合という次元に置かれねばならなかったのである。この意味で、三作を併せ含む『金剛薩埵修行儀軌』は、五秘密の秘儀までを収める「金剛薩埵の修行儀軌」なのであり、その総題は、第 1 作の「大楽軌」への注疏の題とは区別して意義づけられねばならないだろう。その意味で、第 1 作の題辞については、筑波大所蔵本のように『大楽金剛薩埵修行成就儀軌』とする方がむしろ望ましいのかもしれない。

もとより慈雲は、そもそもテキストの注記ではなく、金剛薩埵成就という目的をこそ主眼に据えていたのではなかっただろうか。慈雲はおそらく、五秘密における大悲大智の一致のうちに『理趣経』の本意を読み取り、「五秘密軌」においてクライマックスを迎える構造を選択することを意図したのであろう。『金剛薩埵修行儀軌私記』という総題には、このような意味が秘められていると考えてみたい。

『理趣経』には、大智と大悲を併せた大乗比丘の究極の境地を表す本質が秘められている。『理趣経』読誦には、その儀軌実践にまで及ぶパースペクティヴが込められると考えたい。『理趣経』を常用経典として普段より読誦する行為は、大悲大智の一致における菩薩行の実践という次元を絶えず想い起すことに他ならない。慈雲はこのことを、新たな総合的・金剛薩埵理趣儀軌たる『金剛薩埵修行儀軌』を編むことで立証したと言えるだろう。慈雲が1802年に到達したこの地平が、翌年にはさらに、金胎合揉儀軌としての『観智儀軌』を想起させる「法華陀羅尼」の略解を執筆するという行為へとつながるのである。晩年の慈雲は、大智大悲の合一、文献実証的梵学と菩薩行とを見事に合致させた境地にあったと言えるだろう。

第10章　『大日経疏』から一切義成就菩薩へ
――晩年の慈雲による「法華陀羅尼」注疏の経緯

序.『法華陀羅尼略解』の謎

本書でもこれまで随所に言及してきたように、『法華陀羅尼略解』は、真言宗の常用経典である『理趣経』に対する注疏『理趣経講義』（1803年2月24日成稿）の10日ほど後に成立している。『理趣経講義』に至る慈雲の足跡については、これまで主として真言宗系の研究者により、比較的よく跡づけられてきた。しかしながら、慈雲がなぜそこから『妙法蓮華経』の陀羅尼注疏に向かうことになったのか、その謎については未踏とも言える領域であった。本章は、本書における探究のまとめに位置する章である。

まず、1803年当時、慈雲は天台律宗（天台真盛宗）の僧・来迎寺妙有上人（1781 − 1854）と出会っているということを考慮せねばならない。妙有が慈雲門下に入ったのは1803年、妙有23歳、慈雲85歳のときのことであり、同年10月に妙有は慈雲より悉曇の許可灌頂を受けている。『法華陀羅尼略解』の成稿は同年3月のことであるから、妙有が慈雲のもとを訪れて自らの意向を伝えたのは1802年末〜1803年初に遡るのかもしれない。すると慈雲が、知り合ったばかりの若き天台律僧・妙有に対し、天台ゆかりの「法華陀羅尼」に粗注を付して贈呈し、妙有はこれを筆写して生涯肌身離さず持したものと想像できよう。つまりまず第一に、「『法華陀羅尼略解』は妙有との出遭いをきっかけとした、妙有へのプレゼントである」という可能性がありうる（本書4頁・天台真盛宗西来寺の写本を参照)。

もっとも、『法華陀羅尼略解』成稿の際、慈雲の側にも「法華経陀羅尼」への関心の高まりがあったと仮定することは、もちろん不可能ではない。すると、慈雲の密教的関心が熟し、『法華経』のうち「陀羅尼」部分に注疏を施すという行為が自然に生まれたと考えられる。もしそうだとすれば、慈雲の晩年の著作の中で、『妙法蓮華経』と関わりを持ち得るものを挙げ、その中で慈雲が『妙法蓮華経』に向けていかなる見解を抱いているかを検討する、という手順を踏まねばなるまい。

1. 慈雲著『両部曼荼羅随聞記』

まず考えられるプロセスとしては、慈雲1795年の成稿になる『両部曼荼羅随聞記』から何か手がかりが得られないかという問いかけがあろう。この『随聞記』は、1795年5月20日より、慈雲が高貴寺において諦濡(1750－1830)ら13人の弟子のために両部曼荼羅を講説したものを、菩提華祥蘂(ぼだいげしょうずい)(1750－1823)が筆記し、同年6月19日にまずその略本2巻として成ったものである(ちなみに祥蘂が慈雲の講説を筆記した作品は7部12巻に及ぶという)。同著作には現在、広本と略本が伝わっており、本稿では広本全6巻をテキストとして用いる。

両部曼荼羅とは、言うまでもなく金剛界曼荼羅および胎蔵部曼荼羅の2部の曼荼羅を指す。前者は『金剛頂経』を、後者は『大日経』を経典として成立する曼荼羅であるが、特に後者については、東密における注疏『大日経疏』(「大疏」)のうちに、天台的要素が認められることが夙に指摘されている。これは、大疏の筆受者たる一行(683－727)が天台での修行を経ているためだと説明される。なおこの『両部曼荼羅随聞記』の中では、慈雲が徹頭徹尾、注疏ではなく、現図曼荼羅の方を重視する立場を貫いているという点が注目される。

この『随聞記』広本全6巻は、第1巻が金胎両部に通じる「大綱領」(全集122頁参照)、第2・第3巻が金剛界諸会（計9会）の解説、そして第4・第5・第6巻が胎蔵部曼荼羅諸院（計13院；ただし「四大護院」は描かれないため計12大院となる）に関する解説で占められている。各巻の内容を、それぞれの項目立てを通じて示すならば、次のようになる。

1）密蔵体性　理界智界　赤蓮白蓮　都部別尊　両部両界　両部旨要
両部読法　東密台密　曼荼阿字　マンダラ・マントラ　秘蔵声字
両重因果　両部不二　野澤浅深　灌頂印明　三十七尊　相承灌頂
神通妙用　顕密大意　顕密浅深　学密用心　曼荼羅教　普賢行願
事相教相　本地加持　四身説法　九会密記　三輪差別　五色界道
金門蓮門

2）羯磨会　金剛界　金剛頂経　法応不離　中因東因　三昧耶三摩地
南方四尊　西方四尊　北方四尊　転識得智　四波羅蜜　内四供養
外四供養　四摂
五色界道　五解脱輪　六大配属　三鈷界道　空中界畔
賢劫千佛　十六尊位　二十天位　焔中三鈷　四大明王　一百八尊

3）三昧耶会　諸尊三形　陀羅尼形　内四供養　蓮華座処　宝珠浅深
微細会　供養会　四因会　一因会　五佛宝冠　九会相摂　理趣会
二会融摂
降三世羯磨会　降三世三昧耶会

4）胎蔵金剛　三句二種　三部三昧　三重四重　瓶水所標　中台院
十界大日　āḥ 一切色　四智四行　四行浅深　旋転不旋転　霧即月光
遍知院　二伽葉　持明院

5）観音院　三部三点　薩埵院　大力金剛　金剛童子　釈迦院　四無量心

虚空蔵院　十波羅蜜　千手金剛蔵　両部不二

6）文殊院　蘇悉地院　地蔵院　除蓋障院　外金剛部院　十界摂属
結勧宗要

この後「附録十由」が附せられているが、これは本稿の対象外とする。

ちなみに金剛界曼荼羅に関する解説にあっても、慈雲は変わることなく『大日経疏』からの引用を行っている。後に見ることであるが、このあたりには、慈雲が基調とした「金胎両部不二」の立場が貫かれていると言える。

2.『大日経』と『大日経疏』

次に『大日経疏』（「大疏」; 大正大蔵経 No. 1796）について見ておきたい。この「大疏」は、善無畏（637 － 735）の講述、そして前述したように一行の筆受になり、『大日経』すなわち『大毘盧遮那成佛神変加持経』全 7 巻 36 品のうち、前 6 巻 31 品を詳述したもので、全 20 巻より成る。善無畏は 725 年に『大日経』全 7 巻を訳了し、そのうちの前 6 巻 31 品を一行のために講義したが、727 年 10 月 8 日、一行が華厳寺にて入滅したため、この『大日経疏』は閉じられることになった。この 20 巻本は空海（774 － 835）が請来したが、一行の遺言により、同門の智儼と温古がこれに手を加え爛脱を除いたものが 14 巻本であり、これは『大日経義釈』として知られ、わが国には円仁（794 － 864）が請来した。真言宗（東密）では 20 巻を用い（『大疏』）、天台宗（台密）では 14 巻本を用いる（『義釈』）。このほか台密の円珍（814 － 891）が 10 巻本を伝えている。

慈雲は東密の法統に属すため、菩提華とともに、主として『大疏』から頻繁に引用を行う。ただし『義釈』からも複数個所にわたり引用を行っており、これを参照していることが知られる。

以下『大日経』と『大日経疏』の対応関係を、『大日経』の「品」を基準に示すと下記のようになる。

入真言門住心品第一（『大疏』第1巻～第3巻）
入曼荼羅具縁真言品第二（『大疏』第3巻～第9巻）
息障品第三（『大疏』第9巻～第10巻）
普通真言品第四・世間成就品第五（『大疏』第10巻）
悉地出現品第六（『大疏』第11巻～第12巻）
成就悉地品第七（『大疏』第12巻）
転字輪曼荼羅行品第八（『大疏』第12巻～第13巻）
密印品第九（『大疏』第13巻～第14巻）
字輪品第十（『大疏』第14巻）
秘密曼荼羅品第十一（『大疏』第14巻～第16巻）
入秘密曼荼羅法品第十二・入秘密曼荼羅位品第十三（『大疏』第16巻）
秘密八印品第十四・持明禁戒品第十五・阿闍梨真実智品第十六・布字品第十七（『大疏』第17巻）
受方便学処品第十八（『大疏』第17巻～第18巻）
次百字生品第十九・百字果相応品第二十（『大疏』第18巻）
百字位成品第二十一・百字成就持誦品第二十二・百字真言法品第二十三・説菩提生品第二十四・三三昧耶行品第二十五・説如来品第二十六（『大疏』第19巻）
世出世護摩法品第二十七（『大疏』第19巻～第20巻）
説本尊三昧品第二十八・説無相三昧品第二十九・世出世持誦品第三十・嘱累品第三十一（『大疏』第20巻）

一行禅師は、元来、禅・天台・戒律を修めた僧であり、密教に関心を示したのは、善無畏の入唐（716年）以降であった。したがって真言宗の正嫡の系譜からはやや外れるとされる。そして善無畏による『大日経』の翻訳を手助けしつつ、注釈書である『大日経疏』を著したものの、その姿勢は「中国天台の教理を以て大日経を解する」（三崎 1988：162）というものであった。

さて『大日経疏』のうち、入真言門住心品第一に関わるもの（『大疏』第1巻～第3巻）を「口の疏」、入曼荼羅具縁真言品第二（『大疏』第3巻～第9巻）以下に関わるものを「奥の疏」と呼んで区別する習わしとなっている。「口の疏」に対しては、抄出ながらも宮坂宥勝師（2011）による注解が存するほか、吉田宏晳師（1984）も『大日経』住心品を釈しつつ『大疏』への言及を頻繁に行っており、有用である。そのほか『国訳一切経』和漢撰述部（経疏部）第14（上）・第15（下）の二巻には、神林隆浄（上）・那須政隆（下）両師により、口の疏・奥の疏の全体に対する書き下し文と詳細な注解が収められている。

いま吉田宏晳師による解説を参照するなら、『大日経住心品』（ないし「口の疏」）の内容は次のように区分される（吉田 1984）。

1）経題。2）品題。3）五成就の文。4）十九執金剛。5）四大菩薩。6）説法の時。

7）瑞相。8）三句に対する金剛手の発問（1、2）。9）三句に対する如来の答説（1、2）。10）菩提心は無相なり。11）一切智は自心なり。12）心は不可得なり。

13）初地菩提心の相。14）菩提心の出生（1、2）。15）外道の我説を破す。

16）順世の八心。17）六十心（1、2）。18）三妄執（1、2、3）。19）十地。20）六無畏。21）十縁生句。

ちなみに空海は、『秘密曼荼羅十住心論』を著すにあたり、この『大日経疏』

から大きな影響を受けたということが、かねてより指摘されてきた。両者を比較してみると、上掲の「16）順世の八心」以下で、確かに空海の説く「十住心」の諸段階が説き進められて行く。

これに対して慈雲の主唱になる「十善戒」に関しては、上掲「20）六無畏」に含まれる「秘密主よ、彼の愚童凡夫は、諸の善業を修し、不善の業を害するときには、当に善無畏を得べし」とある『大日経』の経文に対し、『大日経疏』が「今この中の意は、十善業道を明かす」（宮坂 2011：306）と釈しており、このあたりに一つの典拠が求められるのではないかと考えられよう。

3.『随聞記』における『大日経疏』からの引用をめぐって

以下慈雲が『大日経疏』から引用している箇所で、『大日経疏』における出典箇所が判明しているくだりを挙げるなら、次のようになり、その数は総計 20 箇所を超える。なお頁数の指示は『慈雲尊者全集』に基づく。

88 頁：579b19；　91 頁：620c8；　109 頁：656a12；　110 頁：646b19；
116 頁：657b06；　225 頁－226 頁；788 上；　236 頁：788b04；　237 頁：789b04；
243 頁：751a；　245 頁：同上；　246 頁：675a；　252 頁：786a09；
258 頁：639 頁；　269 頁：同左；　276 頁：637a03。　279 頁：671；　284 頁：749c14；　310 頁。635c02。686c16；　313 頁：635b13；　317 頁：634b20；　322 頁：639a12；　323 頁：634a29。

これに、菩提華による引用箇所が加わるが、その数だけでも総計 40 箇所以上を数え、上掲した慈雲自身による『大疏』からの引用を併せると、膨大な数に上ることになる。

一方、浅井円道師は「大日経疏の中の法華教学」（正・続；浅井 1986, 1987）において、『大日経疏』に見られる『法華経』および天台章疏の引用例として、95 例を抽出している。しかしながら、筆者が慈雲および菩提華による上掲の『大日経疏』からの引用をこの 95 個の引用と逐一照らし合わせてみたところ、両者が合致するのはわずか 2 カ所に過ぎなかった。それは巻五・四無量心の項（287 － 91 頁;「大疏」から明示して引用するのは菩提華）での引用（587b20；浅井師の引用番号（17）に当たる）、および巻六・十界摂属の項（324 頁；菩提華による）での引用（642c17；浅井師の（42）に相当）の二カ所である。通覧作業を通じて気づいたのは、浅井師が終始一貫して『法華経』の観点から『大日経疏』を通読しているのに対し、慈雲は対照的に、密教の立場で『大日経疏』を読んでいるという点であり、共通性よりもむしろ両者の対照性のほうが印象的であった。

上記の 2 カ所のうち（42）は、「彼の優曇華は即ち遇ひ難しと雖も、然も此の真言法要は倍復之に遇ひ難し。何を以ての故に。此れは是如来の秘蔵にして、長夜に守護して妄りに人に授けず」という箇所であり、「優曇華」の開花が稀であることにちなんだ『法華経』の比喩的表現への注目が慈雲にも共有されているということを示すのみである。ただ上の 2 カ所以外にも、(28)「妙法蓮華曼荼羅」(108〔国訳〕－ 610a〔大蔵経〕)、(39)「多宝如来」(166 － 630b)、それに（52）「円珍による大日法華同味」(241 － 658a；一行が寿量品の釈迦を大日如来と一体としたと釈す）など、浅井師による注記のうちに興味深いものが見出される。しかしながら本稿では、慈雲の視点に立って考察を進めるという原則を守る意味で、(17）に当たる箇所、すなわち「四無量心観」に関わる箇所についてのみ、ここで拡充的な考察を行っておきたい。

(17)「所謂愚童凡夫はもし是の法を聞かば少しく能く信ずることあり。識性の二乗は自ら観察すと雖も、未だ実の如く知らず。もし実の如く自ら知らば即ちこれ初発心の時に便ち正覚を成ず」。この後にすぐ、『法華経』信解品第四より長者窮子の譬喩が引かれている（国訳29頁；慈雲291頁）。

菩提華は『大日経疏』より「初発心の時に便ち正覚を成ず。生死を動ぜずして涅槃に至ると」を引いている（291頁）。それに先立ち慈雲は、『随聞記』の中で、「舎利弗等、諸大声聞、栴檀香等の辟支佛」という「文」に対し、「（和上曰）皆是れ従顕入密の尊にして、均しく金剛名号あり。小野七集に出たり。故に其の徳三世の諸佛に等し。是の故に名づけて受用身とす。十界の中、縁覚声聞界の相を改めずして即是れ受用身なり。是れ密教の規模なり」と語っている（290 − 291頁）。

この箇所は胎蔵部曼荼羅の解説に当たる『随聞記』第5巻中「四無量心」のうちに含まれるが、この項「四無量心」は、同曼荼羅「釈迦院」に続きつつ同院に含まれる部分であり、「四無量心」の次には「虚空蔵院」が続く。慈雲はこの「虚空蔵院」の冒頭で「（和上曰）釈迦院、虚空蔵院一具の法門なり」としており、釈迦院と虚空蔵院を一体のものと解している。この点は、現代における諸々の曼荼羅解説書には見られない特徴であり、ここから慈雲独自の曼荼羅観を読み取ることができるかも知れない。

釈迦院をめぐって、胎蔵部曼荼羅では釈尊に三つの受け止め方が見られるとされる（以下、小峰ほか1993：94）。その第一は、釈尊の悟りそのものを中台八葉院の中央に坐す大日如来（法界体性智）として示し、第二はその悟りの一展開を北方の天鼓雷音如来（成所作智）で示すものである。そして第三に、この釈迦院としての示し方がある。この釈迦院では、釈尊による具体的な衆生教化としての智慧の実際が語られる。釈迦院には、釈尊を中心に計39尊が描かれ、それは4種（①釈尊と4侍尊、②8佛頂尊、③佛徳を示す14尊、④声聞・縁覚12尊）に分類される。このうち③の諸尊の中で、如来慈・如来悲・如来喜・如来捨の諸菩薩は、四無量心（慈・悲・喜・捨）を尊格化したものである。また④には舎利弗など釈尊の直弟子たちや、独覚である栴檀香辟支佛らが描かれるが、これは法が現実に展開したことを指すとされる（小峰 2016：112）。

このような曼荼羅の現図を見ながら、慈雲はまず（③をめぐり）「其の（つまり法の）慈は衆生をして普賢に同じ。其の悲は衆生をして虚空蔵に同じ。其の喜は衆生をして観音に同じ。其の捨は衆生をして虚空庫に同じ。其の心普く法界に遍ず。故に共に無量心と云ふ。是れ此の観の大意なり」（289 － 290 頁）とする。このように「四無量心」を「普賢・虚空蔵・観音・虚空庫（毘首羯磨）」の 4 菩薩に振り分ける理解は、『理趣経』第 12 段（外金剛部会）に対する『理趣釈』の解釈に発する（後述）。一方（④をめぐり）先に引いたように、慈雲は、密教の理解によればこれらの諸尊はいずれも従顕入密の諸佛と理解される、とするのである。

そもそも「四無量心」とは『倶舎論』（巻 29）に由来するもので、いわゆる小乗の教えにも利他行が説かれていることの証左として貴重である（高崎 1983：166）。「四無量心」は大乗たる唯識にも受け継がれつつ（深浦 1954：682）、利他行を旨とする大乗では「六波羅蜜」が基盤に据えられることになる。六波羅蜜の内実は、布施・持戒・忍辱・精進・禅定・般若の 6 種に分かたれるが、その最後の般若波羅蜜の働きは 4 項に開かれ、方便・願・力・智が加えられて、計十波羅蜜として挙げられる（高崎 1983：167）。

この「十波羅蜜」に関する説明は、『随聞記』の記述にあって「虚空蔵院」の次に置かれる。この項「十波羅蜜」において慈雲は、「方願力智の四波羅蜜は第六般若波羅蜜より開くなり。故に三句を以て配せば方願力智は即ち方便為究竟（「方便を究竟とす」）の句なり」（293 頁）とする。「方便を究竟とす」とは、『大日経』住心品にある「三句の法門」（「菩提心を因とし、大悲を根とし、方便を究竟とす」；宮坂 2011：30 － 31）、すなわち「『大日経』のエッセンス」のうち、最後の部分に相当する句である。かくして慈雲は、「四無量心」から「三句の法門」までを一連の曼荼羅観において統一的に理解していると考えられる。

『理趣釈』では、先の「四無量心」に関わる一節が、〈「いわゆる一切の有情は如来蔵なり、普賢菩薩の一切の我を以ての故に」〉に始まり、〈「一切の有情は羯磨蔵なり」の「羯磨蔵」とは、すなはち毘首羯磨菩薩なり。「よく所作を作す性と相応するが故に」とは、「一切の有情は成所作智の性を離れず、よく八相成道の所作の三業の化をなして、諸の有情をして調伏と相応せしむるなり」〉（宮坂 2011：455 － 456）にまで続く一節に含まれている。ここでの「三業」とは「身・語・意」を指すため、これは『大日経』冒頭部（前掲の分類では「6. 説法の時」）の「三平等の法門」（吉田 1984：20 － 21）に典拠を見出す。

「三平等の法門」とは、「いわゆる三時を越えたる如来の日、加持の故に、身語意平等句の法門なり」（『大日経』；宮坂 2011：21）に遡る一節を指し、説法の時が無始無終・常恒であり、如来の身体と言葉とこころの働きが、身体は言葉に、言葉は意にまったく等しく、あたかも大海の塩味が同一のようにまったく平等である、との意味を表す。『大日経疏』には「平等の法門はすなはちこの経の大意なり」（宮坂 2011：218）とある（『両部曼荼羅随聞記』326 頁をも参照）。通常、上掲した「三句の法門」の方が注目されることが多いが、「三句の法門」よりも「三平等句の法門」のほうが先に説かれるわけでもあり、慈雲がこの「三平等句の法門」を強調する点には注目しておきたい。

四無量心に関する記述は、上掲した『理趣釈』のほか、『五秘密軌』（『金剛頂瑜伽金剛薩埵五秘密修行念誦儀軌』）にも見られる（大正 20；536 上）。この『五秘密軌』末尾では「三句の法門」が意識されており、慈雲は『金剛薩埵修行儀軌私記』（1802 年）の終結部をこの『五秘密軌』の注解に当てている。『五秘密軌』本文を含めて慈雲の注記を引こう（本書第 9 章 5 節参照）。

「次に〈四無量観〉是の思惟をなせ。我まさに金剛薩埵大勇猛の心を発すべし。一切有情如来蔵の性を具せり。普賢菩薩一切有情に徧するが故に、我一切衆生をして金剛薩埵の位を証得せしめんと」。「また是の思惟をなせ。一切有情は金剛蔵の性なり。未来に必ず金剛灌頂を獲るが故に、我一切衆生をして速やかに大菩薩灌頂地を得て、虚空蔵菩薩の位を証得せしめんと」。「また是の思惟をなせ。一切有情は妙法蔵の性なり。能く一切の語言を転ずるが故に、我一切衆生をして一切の大乗修多羅蔵を聞くことを得て観自在菩薩の位を証得せしめんと」。「また是の思惟をなせ。一切有情は羯磨蔵の性なり。善能く一切事業を成弁するが故に、我一切衆生をして諸の如来の所に於て広大の供養をなし、毘首羯磨菩薩の位を証得せしめんと」。

松長有慶師によれば「如来蔵を普賢菩薩に配する考えは、玄奘訳『般若理趣分』に現れている。しかし金剛蔵、妙法蔵、羯磨蔵を合わせて四蔵を、金剛薩埵、虚空蔵、観自在、毘首羯磨の四菩薩に配する思想は、不空訳『五秘密儀軌』の四無量心観を説く箇所が初見である。不空は、そのうち金剛薩埵を普賢菩薩の名に戻して、他をそのまま『理趣釈』に採用し、さらに四智に当てはめたものと思われる」（松長 2006：194）とされる。

こうして『両部曼荼羅随聞記』に現れる慈雲の「四無量心」論は、胎蔵部曼荼羅の釈迦院をめぐる注記すなわち史上の釈尊に発しつつ、唯識における四智を取り込み、その利他性をさらに展開させて密教に到達する。その意味でこの「四無量心」論は、釈尊とその密教的帰結の結節点に位置すると言える。『随聞記』の「十波羅蜜」項の直前、「虚空蔵院」項の末尾には、「金薩釈迦一体」に関する記述があり（菩提華による）、「理趣経に云く、一切義成就金剛手菩薩摩訶薩と。是なり。一切義成就は即ち是れ釈迦菩薩たりし時の名なるが故に」と記されている。この「一切義成就菩薩」こそ、顕密の境界に位置する存在だと予想されるが、これについては後述することとし、ここでは「四無量心論」と『理趣釈』、『五秘密軌』の関連性を示唆するにとどめよう。

4.『両部曼荼羅随聞記』読解

いま『五秘密軌』ならびに『理趣釈』に連なる「四無量心」観について、慈雲は『両部曼荼羅随聞記』の中でも特別な注意を払っていることが理解された。これを手がかりに『随聞記』全般にわたる読解を進めてゆくことにしよう。

○第1巻

83頁：「興教大師云、華厳は則ち金剛頂経の浅略、法華は則ち大日経王の浅略と。説き得て妙なり」。ここにはひとまず、慈雲による、『法華経』と『大日経』の通底性への着目があると考えてよいだろう。

102頁：「金智無畏共に龍智に従てともに両部の大法を伝ふ。故に無畏大疏の中、往々金剛頂大本を引て釈し給ふ。此れ其の証なり。唯其の翻訳、無畏は胎蔵部を翻じ金智は金剛頂部を訳す。此を以て異とするのみ」。ここで慈雲は、龍智の弟子に善無畏と金剛智という二人の弟子があり、善無畏は『大日経』を授けられる一方、金剛智は『金剛頂経』を受け、両者が唐において接見した際、善無畏・金剛智ともに自らの持する経典を互いに授け合った、という「金善互授の大事」の説話的伝承を否定している。

○第2巻

124頁：「慈覚の金剛頂経疏に云ふ。金剛と言ふはこれ堅固利用の二義。即ち喩の名なり（以下略）」。（慈雲曰）「此の釈、可なり。なほ未だし」。慈雲は、後にも見るように、慈覚大師円仁（794 − 864）に対して、批判を極めるという態度は採っていない。

126頁：「金剛頂経成身会に当流口伝六十九箇所あり」とあり、以下「文」との指示のもとに、経典から引用が行われる。これは『金剛頂経』（大正865）である。慈雲の口伝解説は69番で終わり、『金剛頂経』で言うならば、金剛索菩薩「設入諸微塵」（遠藤 1985：287）にまで及ぶ。

129 頁：「文に云く、一切義成就菩薩、菩提場に坐し、往詣して受用身を示現す」。和上曰く「此の一切義成就、これを本有薩埵と習ふ。即これ行者なり。此れ相承の義なり。故に慈覚の疏にも、これを金剛薩埵と云ふ。随分その通りなり。顕家にして宿福なることなり。金剛薩埵、直ちに顕機は悉達太子と見る。釈迦如来摩竭陀（まがた）の菩提道場に坐し給ふと見る。悪業障の者は此だも見ること能はず。然るに其の菩提場、応化の在る処を見て即色究竟天と見るなり。此の天に法爾常恒加持を見て、五相成身、初めより本有円成なり」。

一切義成就菩薩は、釈迦牟尼仏出家以前の名であり、アサハナカ三摩地（阿娑頗那伽三摩地）より起ちて五相成身を観じたとされる（遠藤 1985：74 − 75）。この菩薩は『理趣釈』に一度（609b11）、『観智儀軌』に一度（595c08）、『五秘密軌』に一度（538c25）登場する。この菩薩像については後ほど検討を加える。ここで「常恒」に関しては、『理趣経』のうちに「常恒に、三世一切の時に、身語意業の金剛の大毘盧遮那如来」とある（宮坂 2011：323）。一方「法爾」は「本有」とも言い換えられる（横山 1986：398）。この箇所での慈雲の円仁に対する認識に注目したい。慈雲は円仁を、顕家と受け取った上でその理解の密教的深さに思い至っている。

131 頁：菩提華により『五秘密経』より引用が行われる。「金剛薩埵は是自性身。不生不滅にして量虚空に同じなれば、則ち是れ遍法界身なり」。

133 頁：菩提華により同じく『五秘密経』より引用が行われる。「金剛薩埵とは是普賢菩薩一切如来の長子なり。是一切如来の菩提心なり」。『五秘密軌』からの繰り返しての引用に注目したい。

139 頁：菩提華の引用中に「三句義」が引かれる。それに先行する慈雲の文に「中因は則今の薄伽梵釈迦牟尼如来これなり。東因は則阿閦如来これなり」とあり、釈迦如来と大日如来を一体視するその観点が注目されよう。

144 頁：慈雲は、空海が『十住心論』の中で、法華を第八、華厳を第九に置いたことに言及し、それを追認する認識を示している。

147頁：五智への言及が注目される。

170頁：法華と華厳に関する言及、さらにはそれに連関しての神道観を慈雲が披瀝する。上記144頁の論調に等しい。

○第3巻

199頁：慈雲による『理趣釈』からの引用がある（「所謂二根交会して五塵大佛事を成する」が引かれる）。

202頁：五佛灌頂に関連し、一印会の大日が理智不二を顕示することが明かされる。

206頁：「五秘密の儀軌頂受すべし」、「この曼荼と五秘密とを以て深とすべし」との慈雲の注記が注目されよう。

209頁：「五秘密はこれ密教の源底にして、独り薩埵の三昧のみに非ず。故に大日にもまたこの義あるなり」との慈雲の言及が注目される。

214頁：菩提華が『五秘密経』より「金剛薩埵はこれ自性身.... 金剛薩埵はこれ普賢菩薩なり。即一切如来の長子なり。これ一切如来の菩提心なり... 金剛薩埵大智印に住す」と断続的に引用する。これらの諸節は菩提華が頻繁に引用する句である。

○第4巻

227頁：以下「三句二種」のくだりであるが、「この故にまさに知るべし。如来果上にして三句を説かば、中台を因とし八葉を根とし三重壇を合して究竟の句とするなり。行者の因中にして説けば、外院を因として第二第三を根とし中台を究竟の句とするなり」との慈雲の文があり、これは『大日経疏』嘱累品第三十一（大正787c）における解釈と一致している（小峰2016：67）。

228頁：『理趣釈』からの引用がある。「如上に釈するところの八大菩薩は、三種法を摂す。いわゆる菩提心・大悲・方便、これなり。如上に釈するところの諸菩薩は、一切の仏法、真言門及び一切の顕大乗を包括す」。この部分に関して、慈雲（ないし菩提華）は「三種法門」と読む。

230頁：「中院は自性身」「一重二重は受用身」「三重は変化身」「外金剛部は等流身」とする解釈が注目される（小峰2016：72）。

238頁：慈雲は胎蔵部曼荼羅に関し、「無漏大定に住して悲智その中に具せり。その智を開て金剛部とし、その悲を分かちて蓮華部とし、その大定たる固より佛部とす」とする。慈雲による理智不二の原則を読み取ることができよう。

243頁以下：「四行浅深」に関して、爛脱をめぐる慈雲の指摘は、現在の『国訳一切経』にも受け入れられている。

249頁：慈雲は四智および四行を旋らす。ただし「四行の旋転は当流の所伝なり...　普賢は不旋転なり」。金剛界と胎蔵部の交流であり、ここにも「理智不二」の原則が貫かれている。

250頁 - 251頁：「一行阿闍梨の疏、古今独歩なり。その初め、普寂に就きて禅法を受け、達磨宗北漸の趣を究め給へり。此れより密に入りて無畏の親伝を受く。故に疏釈の妙は賢首天台の比する所にあらず。然れども受学に至りては、阿闍梨所伝の図のみにして、現図の深秘を隔つ」とあり、慈雲は一行のユニークな経歴に敬意を払いつつも、現図曼荼羅優位の原則を崩さない。

○第5巻

272頁：慈雲は「大日は不旋転、薩埵は旋転なり」とし、旋転不旋転の原則を明らかにしている。

278頁。慈雲の弁に「真言密教は三世常恒の法門にして、会三帰一の法門も此の七佛の化迹なり。久遠実成も三時の中、一時の無辺際を開示す」と語られ、ここに「三平等句の法門」との関連が問われる。次項を参照。

287頁以下：前節に検討したように、ここに「四無量心」に関する言及がある。『理趣釈』の「外金剛部会」（宮坂 2011：455）をこの四無量心で釈すのは、慈雲の特質の一つと言ってよいかもしれない。『大日経疏』具縁品第2にはこの「四無量心」という語彙が載る（651a；『大疏』の中でこの箇所のみ）。

292頁：「虚空蔵院」に関する説明である。（慈雲曰く）「理趣釈経には、三宝の中、此の虚空蔵を僧宝に配し、観音を法宝に配し、金薩を仏宝に配す（宮坂 2011：464）。何となれば金薩と釈迦と一体の伝あるが故なり」。ここで慈雲は、『理趣釈』のような解釈の理由をさらに推測し、金剛薩埵が三宝のうち仏宝に配される理由に関して、これが金剛薩埵釈迦如来の一体観によるものと判断している。以下、上掲したように菩提華の注記が続く（「金薩釈迦一体とは何ぞ。理趣経に云く、一切義成就金剛手菩薩魔訶薩と。是なり。一切義成就は即ち、これ釈迦の菩薩たりし時の名なるが故に、因果不二の故に以て佛宝に配す」。なお松長 2006：93をも参照）。

293頁：これも既述したが、慈雲は、四波羅蜜すなわち方願力智は、第六般若から開くが故に「三句を以て配せば、方願力智は即ち方便究竟の句なり」とする。

296頁：三聚浄戒（摂律儀戒・摂善法戒・饒益有情戒）を法身佛・報身佛・応身佛に配する解釈が注目される。

301～303頁：慈雲による五部（蓮華部、金剛部、佛部＋宝部、羯磨部）が注目される。これは『五秘密軌』の末尾部において展開される解釈を、慈雲がこの曼荼羅解釈に適用したものである（秋山 2017b：18）。この部分は胎蔵部曼荼羅の釈部であるから、やはり慈雲による理智不二の原則を読み取ることができよう。

304頁：（慈雲曰く）「金剛線を引くに就て、また両部不二の義あり。いはく、東北の隅より始めて南西北と次第して引くなり。故にその始めたる金剛部の右に当たる。即ちこれ東北隅は理智不二の方なるが故に、以て深秘とす。この伝あるが故に釈迦、自受他受の二身を成ずるなり。即是上転門下転門を成ずるなり」。

後に見るように、慈雲は釈迦の成道の方角を東としている。理智不二の方角を東方とする彼の理解との間に関連性を求めることができるかも知れない。

第 6 巻

326 頁：菩提華の釈に「三平等句の法門」(「平等の法門はすなはちこの経の大意なり」; 大正 583a27) があり、これをもって『両部曼荼羅随聞記』は閉じられることになる。

5.『理趣釈』と『五秘密経』

以上、慈雲の『両部曼荼羅随聞記』を通覧してみて気づくのは、『大日経疏』からの引用もさることながら、『理趣釈』そして『五秘密経』からの引用が多いという点である。

三崎良周師による『台密の研究』によれば、不空訳とされる『金剛頂瑜伽金剛薩埵五秘密修行念誦儀軌』の末尾に、〈大方便とは、三密金剛を以て増上縁と為し、能く毘盧遮那清浄の三身の果位を証す〉とあって (三崎師は、これは方便としての三密を示していると解する)、その前に〈菩提心を因と為す、因に二種有り。無辺の有情を度すを因と為し、無上菩提を果と為す。また次に大悲を根と為す、兼ねて大悲心に住すれば、二乗の境界の風も動揺能はざる所なり。皆大方便に由る〉と、大日経巻一にいう三句が用いられていることは、この儀軌『五秘密軌』も金胎合揉を示すものであることから推して、翻訳ではなく撰述であると考えられる、とされる (三崎 1988：39)。一方『理趣釈』の中には『大日経』に見られる「三句の法門」から『理趣経』本文を解釈しようとする箇所が見られ (宮坂 2011：336、358)、これは『理趣釈』の合揉性を証しする箇所と言えるであろう。

いずれにせよ、慈雲は『両部曼荼羅随聞記』のなかで、金胎不二・理智不二の原則を徹底させていたということを強調しておきたい。

そしてさらに、ここに加えて注目したいのは「一切義成就菩薩」（宮坂 2011：353）への慈雲の注目である。

一切義成就菩薩について、『金剛頂経』冒頭部に近い「五相成身観」では「薄伽梵大菩提心普賢大菩薩は、一切如来心に住したもう。時に一切如来、この仏世界に満ちたもうこと猶し胡麻の如し。爾の時、一切如来雲集し、一切義成就菩薩魔訶薩の菩提場に坐せるにおいて、住詣して受用身を示現し、ことごとくこの言を作す。善男子よ、云何が無上正等菩提を証するや、一切如来の真実を知らずして諸の苦行を忍ばんや。時に一切義成就菩薩は、一切如来の驚覚に由りて、即ち阿娑頻那迦三摩地より起ち、一切如来を礼して白して言さく」と語られる。なお慈雲は『教王経釈』などの著作においても、『金剛頂経』に対する釈を、上に引いた部分から始めるのを常としている。この菩薩は『妙法蓮華経』には登場しないため、密教側からの理論建てによる釈尊理解の一端と考えてよいであろう。一切義成就菩薩については、先に言及したように阿娑頗那伽（あさはなか）三摩地行との関連が想起され、さらに慈雲には『数息観』なる短篇もあることから、この行と観法との関連について慈雲がいかに理解していたのかが興味深いところであるが、現在のところ、慈雲にあって両者は無関係のようである。

ところで筆者は、本書第3章において、『法華陀羅尼略解』執筆の背景には、『妙法蓮華経』を密教的立場から、金胎不二の立場で合揉して儀軌化した『観智儀軌』、すなわち『成就妙法蓮華経観智儀軌』があったのではないか、とする見解を示しておいた。この『観智儀軌』のうちに、一切義成就菩薩は 595c08 に登場する。一方この『観智儀軌』には「一切の有情は如來藏の性なり。普賢菩薩の身一切に遍ずるが故に、我れと普賢及び諸の有情と無二無別なり」とあるため（大正 1000：601a7）、『両部曼荼羅随聞記』ほかに見られた、慈雲による「四無量心観」とも通底する考えを探ることができる。

これに対し『大日経疏』には「一切義成就菩薩」は登場しない。ところが慈雲は、上掲したように『両部曼荼羅随聞記』の129頁において「一切義成就菩薩」に言及していた。これは『金剛頂経』の中にはこの「一切義成就菩薩」が登場し、これに円仁が自らの疏（『金剛頂王経疏』）の中で言及しているためである。そして慈雲は上掲の292頁、すなわち胎蔵部に関する釈の中で、おそらくはこの円仁の釈を背景にしながら「金薩釈迦一体観」に触れているのである。

もう一度まとめると、一切義成就菩薩は、『金剛頂王経』のほか、『観智儀軌』『理趣釈』『五秘密経』に見られ、確かに「顕密の境界」に位置する存在だと言える。

6. 短篇法語「両部不二」より

いま、晩年における慈雲の金胎不二・合揉の思想を見極めるために、短篇法語「両部不二」より以下にその全文を引いておくことにしよう。

「見ざれば止みね。もし眼を開て見れば、上に蒼々たるを天と名づく。下に塊然たるを地と名づく。此の天地元来活し来たりて千古たがはず、此の中物あり理あり、互に相応して一縁起となる。年月日時生ず。過去未来現在あらはる。東西南北わかる。上下廣狭そなはる。染汚縁起して衆生界となり、清浄縁起して佛界となる。

一切義成就菩薩三祇行満じ、諸衆生機縁すでに熟して、摩掲提国優留頻羅の管内、菩提樹下金剛宝石座上に東面し坐したまふ。後夜に諸魔を降伏して明星現ずる時、無上正覚を成じたまふ。其の身十方世界に遍じて一智身なり。一智身とは一二三に対する一ならず。恒沙の功徳を満足して起滅辺際不可得なり。無数の数量無限の限際、四智心品四方に位して五智円成す。其の五佛の宝冠竪に涯際を云ふべからず。横に塵沙の差別を見る。五智各五智定慧相加はって三十七智現ず。千佛囲繞して五類天来侍し、かの帝網の如し。是を曼荼羅身と一異を云ふべからず、廣狭を論ずべからず。未来際を盡して金剛界五解脱輪なり。此の智身理に相応して胎蔵十三大院を見る。もとより別処にあらず。相対も対にあらず。本有にして常に縁起す。縁起して常恒不変の本有なり。更に十三大院の趣を尋ぬべし。更に自性会を尋ぬべし」。

これは栃木県小林正盛師所蔵の写本によるとされ、『短篇法語集』に収められるものの一篇である。ここには、歴史的釈尊を映す「一切義成就菩薩」が、密教的行へと移り、金剛薩埵へと変容を遂げてゆく経緯が見事に活写されているだけでなく、晩年の慈雲における神道・仏道・密教の理解が簡潔に集約されていると言えるだろう。

結. 顕密の境界に立つ「一切義成就菩薩」

『大日経』は元来、佛の智慧すなわち一切智智の実相を、衆生の浄菩提心の展開として説くことにその本質を有すると伝統的に理解されてきた(『具縁品』)。『大日経疏』は、真言宗所依の「大疏」として、慈雲もこれに日々親しんできた。おそらく慈雲は「十善戒」を含む彼の戒律思想を、この疏を基に編み出したものと考えられる。その根拠は「入真言門住心品第一」のうち「六無畏」に注を付す『大毘盧遮那成仏経疏』巻第三に「今この中の意は、十善業道を明かす」とあるからである(宮坂2011:306)。

もっとも慈雲は『大日経疏』そのものに接する際に、これを通して円仁や一行の天台学に達しようとする意向を見せることはまったくなかったと言ってよい。慈雲はこの時期、もっぱら密教、それも金胎不二の密教思想を貫くことで、金剛薩埵への合一を目指していたものと考えられよう。

しかしながら『大日経疏』との関わりの中で、文献学者たる慈雲は、円仁の請来になる『大日教義釈』あるいは円仁の手になる『金剛頂大教王経疏』などをも参観することとなり、その際に円仁らに代表される形で主唱された「金薩釈迦一体観」を育むことになった。その過程で立ち現れたのが「一切義成就菩薩」だったのである。

この「一切義成就菩薩」は、『金剛頂王経』『観智儀軌』『理趣釈』『五秘密経』に登場し、顕密の境界部に立つ菩薩である。『観智儀軌』『理趣釈』『五秘密経』といった経疏には合揉の要素が色濃く、慈雲は理智不二の境地を極める中で、『妙法蓮華経』に関しては、その陀羅尼部に限定するかたちで、示寂の1年前（1803年）の春、ちょうど天台律宗僧妙有との交わりが育まれる折に、注疏を試みた。これが筑波大学附属図書館に、慈雲による直筆本の形で所蔵される『法華陀羅尼略解』であると推測したい。

結章　『法華陀羅尼略解』の特質と意義

以上、本書では計10章にわたって、筑波大学附属図書館に、慈雲最晩年の直筆本として所蔵される『法華陀羅尼略解』をめぐり、この作品の発見が慈雲理解にどのような変化・影響を及ぼしうるかという問題意識を中心に論を展開してきた。すなわちこの『略解』では、第1陀羅尼（薬王菩薩陀羅尼）への注解においては「八正道と持戒」が説かれる一方、第6陀羅尼（普賢菩薩陀羅尼）への注解にあっては「唯識学と普賢菩薩」へと収斂する慈雲の思想が読み取れると判断し、天台宗諸僧との交流をも視野に入れつつ、「律」と「密」をキーワードに、慈雲晩年の著作の読解を織り交ぜながら論じることになった。

最後の第10章冒頭にも述べたように、まず「『略解』は慈雲門下に弟子入りした妙有のためのプレゼントである」という可能性を捨てることはできない。これを前提として、慈雲には、50歳代後半の作『十善法語』（1775年完成）ほかに見られた「十善戒」を主唱する傾向に関しても、実はその根幹に『大日経疏』への傾注があったように思われる。おそらく慈雲にあっては、40歳代初期に始まる雙龍庵時代に、『普賢行願讃』の梵本を高野山の眞源から贈られた体験を一つのきっかけとして、密教を基点としての梵学・儀軌理解が急速に進展・成熟するようになったのではないか、という理解が成り立つであろう。この場合、密教とは「法界体性智」を中心とした唯識四智の止揚であるから、『倶舎論』と有部律そして顕教全般が、慈雲自身の正法律主唱の経緯と併せ、十全に意義づけられ得る。これがまずは『法華陀羅尼略解』の「八正道」主唱となって表れたものと理解できるだろう。

一方「普賢陀羅尼」部は、台密東密の結節点として機能しうる「五悔」すなわち普賢行願と出自を同じくする。普賢菩薩は、その密教的展開としては金剛薩埵でもある。この金剛薩埵は、何よりもまず毘盧遮那如来・大日如来への入我我入のための基点として、智と理、智と悲を不二のかたちで担う不可欠な存在である。この意味で、最晩年の慈雲はすでに金剛薩埵との一体化を実現させ、「虚空」にあって、智と悲を併せ担う境位にあったと言えるだろう。

その境位から菩薩行へと展開する際に、『金剛頂王経』『理趣釈』『五秘密軌』に登場する「一切義成就菩薩」像は格好の存在となる。この菩薩は釈尊在世時の成道段階をかたどった像であるとされ、従顕入密の菩薩像とされるものの、逆に密から顕へと転じる際にも有効に機能する。『観智儀軌』にも登場するこの一切義成就菩薩は、天台僧たちとの交わりを持つことになった最晩年の慈雲にあって、その行動を支えるひとつの基点となったことであろう。

このような最晩年の慈雲には、その受容性を最大限に示しているという意味で、まさしく「虚空」という形容が当てはまると言える。『法華陀羅尼略解』には「虚空」という語彙そのものが現われることはないが、顕教たる『妙法蓮華経』、そして天台僧たちに対し、自らの世界を開いて見せたという姿勢そのものが、「虚空」にあった最晩年の慈雲の境地をよく表していよう。

おそらく40歳前後の段階を契機に、慈雲には「律から密へ」という精神的変革が訪れたのではないかと考えられる。それ以降の慈雲は、密教的視座を醸成することになった。こうして「虚空」に坐すことになった最晩年において再び、慈雲は一切義成就菩薩像を基に、密から顕を、密から律を受容する姿勢を示したと解することができよう。天台律僧たちとの接点を画した『法華陀羅尼略解』は、「密」の立場から再度律を、そして顕教を再統合しうるに至った最晩年の慈雲を、この上なくよく実証する著作であると言えるだろう。

おわりに

筑波大学附属図書館で2010年に発見された慈雲の直筆本『法華陀羅尼略解』については、朝日新聞2010年9月28日朝刊29面（茨城版）に「慈雲の直筆　筑波大に」として、また茨城新聞2010年10月18日朝刊18面に「慈雲の新資料発見」として、いずれも筆者へのインタヴューのかたちで記事が掲載された。もしかするとこの記事をご覧になった方の中には、この筑波大学所蔵『法華陀羅尼略解』をめぐって、まとまったかたちで論考集が出版されることを心待ちにして下さっていた方があるかもしれない。また筆者は、2012年度から2014年度にかけて、日本学術振興会から科学研究費（挑戦的萌芽研究）を受け、「慈雲著『法華陀羅尼略解』をめぐる文献学的ならびに密教史学的研究」という題目で研究を遂行できた。もっともこの期間内には思うような研究成果を出すことができず、筆者はこれを歯がゆく思っていた。本書は、それらの「宿題」に対して現在筆者が出し得る限りでの「解答」である。なおこの研究費を受けた後、2014年度から2017年度にかけて、守屋正彦教授（2018年春まで筑波大学日本美術史研究室）による科学研究費グループ「東アジア文化の基層としての儒教イメージに関する研究」（基盤研究〔A〕）の一員に加えていただき、集中的に和漢文献の読解に時間を割くことができた。ここに記して謝意を表したい。

また本書のまとめに入る直前、2017年10月には、新たに組織された「慈雲尊者生誕300年奉賛会」（野田浩男会長、事務局：大阪法樂寺）より、仏教専門雑誌『大法輪』に拙文をしたためるよう依頼をいただいた（秋山2017c）。これは、元来佛教学を専攻してきたわけではない筆者にとっては、大変な僥倖であった。そして本書が上梓される2018年、すなわち慈雲生誕300年祭が挙行される年には、東京神田の学士会館において、「晩年の慈雲尊者――律から密へ――」と題し、筆者が講演を行う予定になっている。

本書は、筑波大学附属図書館の司書の方々をはじめ、関西地方だけでなく関東各地にも点在する慈雲ゆかりの寺院に住持される和上たち、そのほか筆者の慈雲研究に関わって下さった方々すべてに対し、筆者から感謝を込めて捧げるささやかな贈り物のつもりである。そもそも門外漢のことゆえ、筆者の勉強不足による間違いが多々散見されることであろう。時に失礼にも相当しかねないこれらの誤謬については、なにとぞご寛恕を戴きたいと願う。しかしながら本書の執筆にまで筆者を導いてくれたのは、『法華陀羅尼略解』を発見できた際と同じく、慈雲その人が語りかける息吹であったと信じたい。

最後になったが、本書出版に際してさまざまなかたちでお世話になった、春風社の三浦衛社長と石橋幸子営業部長、そして岡田幸一編集長をはじめとする方々に、深甚の謝意を表したい。

2018年4月8日

筑波大学　古典古代学研究室にて　　秋山　学

参考文献

青木龍孝 1973「妙有上人」『雙龍』6、88 – 108、慈雲尊者の会。

青原令知 2005「初期有部論書における無表と律儀」『印度學佛教學研究』53 (2)、876 – 872。

秋山　学 2018b「両部典礼論」『古典古代学』10、35 – 79〔一部を本書第 3 章に収録〕。

秋山　学 2018a「『大日経疏』から一切義成就菩薩へ——晩年の慈雲による「法華陀羅尼」注疏の経緯」『文藝言語研究　文藝篇』73、1 – 18〔本書第 10 章に改稿〕。

秋山　学 2017c「慈雲尊者の正法律とは」『大法輪』84 (12)、144 – 148。

秋山　学 2017b「「五悔」から「五秘密」へ——慈雲著『金剛薩埵修行儀軌私記』(1802 年)の位置づけをめぐって」『文藝言語研究　文藝篇』72、1 – 45〔本書第 9 章に改稿〕。

秋山　学 2017a「慈雲尊者の無表論——『表無表章随文釈』を中心に——」筑波大学『地域研究』38、1 – 18〔本書第 7 章に改稿〕。

秋山　学 2016b「慈雲尊者最晩年期の密教思想——『理趣経講義』から『法華陀羅尼略解』へ」『異文化理解とパフォーマンス』春風社、282-300〔本書第 8 章に改稿〕。

秋山　学 2016a「義浄と慈雲尊者——有部律から四分律へ、そして正法律へ——」「東アジア文化の基層としての儒教イメージに関する研究」論文集、19 – 32、筑波大学日本美術史研究室〔本書第 6 章に改稿〕。

秋山　学 2015「慈雲尊者による儒教理解——『神儒偶談』『法華陀羅尼略解』

『雙龍大和上垂示』を手がかりに――」『古典古代学』7、39 - 66〔本書第5章に改稿〕。
秋山　学 2013「菩薩戒と『摩訶止観』――慈雲と天台思想の関係をめぐって」『文藝言語研究　文藝篇』64、1 － 26〔本書第4章に改稿〕。
秋山　学 2012c「慈雲と天台僧たち――『法華陀羅尼略解』の位置づけをめぐって」『文藝言語研究　文藝篇』62、1 － 41〔本書第3章に改稿〕。
秋山　学 2012b「呉音から西洋古典語へ――第2部　梵語語基表と呉音読み漢字索引――」『文藝言語研究　文藝篇』61、67 － 120。
秋山　学 2012a「呉音から西洋古典語へ――第1部　印欧語文献としての弘法大師請来密教経典――」『文藝言語研究　言語篇』61、1 － 81。
秋山　学 2011b「慈雲尊者と戒律の系譜――筑波大学所蔵・慈雲自筆本『法華陀羅尼略解』を基に――」『文藝言語研究　文藝篇』60、1 － 26〔本書第2章に改稿〕。
秋山　学 2011a「つくば·筑西の古刹を訪ねて　――千光寺と千妙寺――」『つくばスチューデンツ』、平成23年度第4号、通巻629号 p.20。
秋山　学 2010d『慈雲尊者と悉曇学――自筆本『法華陀羅尼略解』と「梵学津梁」の世界――』1 － 36、筑波大学（2010.10.04 ～ 10.29 筑波大学附属図書館中央図書館貴重書展示室にて開催）。
秋山　学 2010c『ハンガリーのギリシア·カトリック教会　――伝承と展望――』創文社。
秋山　学 2010b「慈雲さんのこと」『創文』534、15 － 18。
秋山　学 2010a「慈雲の法統――「正法律」の位置づけをめぐって――」『古典古代学』2、79 － 105〔本書第1章に改稿〕。
秋山　学 2009「慈雲と華厳思想――「古典古代学基礎論」のために――」『古典古代学』創刊号、1 － 27〔改稿して秋山 2010c に再録〕。
秋山　学 2008「慈雲『南海寄帰内法伝解纜鈔』の現代的意義――「動詞語

根からの古典古代学」に向けて――」、筑波大学文化批評研究会編『テクストたちの旅程』146 － 166、花書院〔改稿して秋山 2010c に再録〕。
秋山　学 2006「「三密」と「三位一体」――密教とビザンツ神学における「言葉」の位置と意義」、『比較文化研究』第 2 号、13 － 20〔改稿して秋山 2010c に再録〕。
秋山　学 2003「ギリシア教父と般若思想――東方典礼とアレクサンドリアのクレメンスを手がかりに――」『文藝言語研究　文藝篇』44、1 － 19〔改稿して秋山 2010c に再録〕。
秋山　学 2002「「神化」と「即身成仏」――東方キリスト教神学から見た密教思想――」『エイコーン――東方キリスト教研究――』25、67 － 83〔改稿して秋山 2010c に再録〕。
浅井圓道 1987「大日経疏の中の法華教学（続）」立正大学大学院紀要 3、1 － 13。
浅井圓道 1986「大日経疏の中の法華教学」立正大学大学院紀要 2、1 － 22。
浅井圓道 1975『上古日本天台本門思想史』平楽寺書店。
浅井證善 2003『真言宗の清規』高野山出版社。
足利惇氏 1956「普賢菩薩行願讃の梵本」京都大學文學部研究紀要 4、1 － 16。
石田瑞麿 1971『梵網経』大蔵出版社（佛典講座 14）。
泉芳璟 1929「梵文普賢行願讃」大谷学報 10 ／ 2、152 － 208。
板倉幸雄 1974「敬光の学風――その求学的態度――」『天台学報』16、107 － 110。
伊藤堯貫 2004「慈雲尊者と密教――『両部曼荼羅随聞記』を中心として」現代密教 17、177 － 201。
上田霊城 1993「鎌倉仏教における戒律の宗派化」（森章司編『戒律の世界』703 － 734、渓水社）。
上田霊城 1990『真言密教事相概説――諸尊法・灌頂部（下）――』同朋舎メディアプラン、40 － 52。
上田霊城 1976「江戸仏教の戒律思想（一）」『密教文化』116、24 － 40。

宇野哲人（訳注）1983b『中庸』講談社学術文庫。
宇野哲人（訳注）1983a『大学』講談社学術文庫。
遠藤証圓 1980「律宗・唐招提寺」（平岡定海編『奈良仏教』〈雄山閣、日本仏教基礎講座　第1巻〉288 － 316）。
遠藤祐純 1985『智山教化資料第13集　金剛頂経入門』真言宗智山派宗務庁。
延暦寺学問所 1988（編）『台宗課誦』芝金声堂。
大久保良峻 2001『新・八宗綱要』法蔵館。
太田久紀 1977『選註　成唯識論』、佛教書林中山書房。
大谷由香 2015「義浄による有部律典の翻訳とその影響について」『佛教学研究』71, 147 － 163。
大谷由香 2004「慈恩大師基の無表色解釈」『龍谷大学大学院文学研究科紀要』26、56 － 68。
岡村圭真 2004「慈雲尊者の生涯」（慈雲尊者二百回遠忌の会編『真実の人　慈雲尊者』10 － 83、大法輪閣）。
岡村圭真 1958「慈雲尊者研究序説」『高野山大学論叢』1、35 － 79。
小倉芳彦（訳）1988 － 1989『春秋左氏伝』（上・中・下）岩波文庫。
小野玄妙（編纂）1964『佛書解説大辞典』（改訂）大東出版社。
貝塚茂樹 1951『孔子』岩波新書。
梶山雄一 2002『般若経』中公文庫。
春日井眞也 1953「金剛般若経に於ける塔崇拝の問題」『印度學佛教學研究』2(1), 326 － 330。
加地伸行（訳注）2009『論語』講談社学術文庫。
加地伸行（訳注）2007『孝経』講談社学術文庫。
学研編集部（編）1998『天台密教の本』学習研究社。
学研編集部（編）1997『真言密教の本』学習研究社。
勝又俊教（編修）1992（修訂第9版）『弘法大師著作全集』（第2巻）山喜

房佛書林。
加藤精神 1933「表無表章隨文釋に就て」『慈雲尊者鑽仰會報』3、95 － 111。
金岡秀友 1989『密教の哲学』講談社学術文庫。
金谷治 1990『孔子』講談社学術文庫。
鎌田茂雄、河村孝照ほか（編）1998『大蔵経全解説大事典』雄山閣。
鎌田茂雄 1984『天台思想入門』講談社学術文庫。
鎌田茂雄（訳注）1981『凝然大徳　八宗綱要』講談社学術文庫。
上村勝彦 2007『バガヴァッド・ギーターの世界』ちくま学芸文庫。
川崎一洋 2007「『理趣経』十七尊曼荼羅の成立に関する一試論」『智山学報』第 56 輯 457 － 473。
菅野博史 2001『法華経入門』岩波新書。
神林隆浄・那須政隆訳 1939 － 1965『大日経疏』大東出版社（『国訳一切経』和漢撰述部【経疏部】第 14・第 15）。
木南卓一 2010『元政上人讃岐鑽仰』。
木南卓一（編）2003『十善法語』三密堂書店。
木南卓一 1980『慈雲尊者』綜芸舎。
木南卓一（編）1961『慈雲尊者法語集』三密堂書店。
清田寂雲 1978「大日經悉地出現品の三世無量門決定智圓滿法句について」『天台学報』21、28 － 33。
高貴寺 2003『慈雲尊者二百回遠忌大法会「報恩院流　土砂加持法則」』。
高野山専修学院監修・編輯 1992『真言宗　常用経典』珠数屋四郎兵衛。
小金丸泰仙 2009『慈雲尊者に学ぶ『正法眼蔵』』大法輪閣。
国訳秘密儀軌編纂局編 1973（復刻版）『國譯秘密儀軌』第 21 巻。
小寺文頴 1977「安楽律における戒体論争」『天台学報』19、101 － 106。
小林勝人（訳注）1968 － 1972『孟子』（上・下）岩波文庫。
小峰彌彦 2016『曼荼羅入門』角川ソフィア文庫。

小峰彌彦ほか解説 1993『曼荼羅図典』大法輪閣。
三枝充悳 2004『世親』講談社学術文庫。
三枝充悳 1973『大智度論の物語』（一）第三文明社。
西大寺編 2006『金田元成和尚著作集』東方出版。
坂内龍雄 1981『真言陀羅尼』平河出版社。
坂本幸男・岩本裕（訳註）1962 – 1967『法華経』（上・中・下）岩波文庫。
佐々木教悟 1985『インド・東南アジア佛教研究Ⅰ　戒律と僧伽』平楽寺書店。
佐藤密雄 1972『律蔵』大蔵出版社（佛典講座 4）。
佐和隆研（編）1990（増補）『佛像図典』吉川弘文館。
慈海宋順［17 世紀］『法華懺法・例時作法』芝金声堂
色井秀讓 1989『戒灌頂の入門的研究』東方出版。
色井秀讓 1981『悉曇覚書』天台真盛宗宗学寮。
色井秀讓 1961（編）『天台真盛宗　宗学汎論』百華苑。
色井秀讓 1958「眞阿上人」（眞阿宗淵上人鑽仰会 1958：205 – 228）。
静　慈圓 1997『梵字悉曇』朱鷺書房。
釈啓峰 1940「有部律摂概説」『密教研究』72、48 – 69。
眞阿宗淵上人鑽仰会編 1958『天台学僧宗淵の研究』百華苑。
砂田円（編）2017『慈雲尊者年譜』法樂寺リーヴスギャラリー小坂奇石記念館。
関口真大（訳註）1974『天台小止観』岩波文庫。
関口真大（校注）1966『魔訶止観』（上・下）岩波文庫。
高崎直道 1983『佛教入門』東京大学出版会。
高田真治・後藤基巳（訳）1969『易経』（上・下）岩波文庫。
高田眞治 1966 – 68『詩経』（「漢詩大系」第 1、2 巻）集英社。
多川俊映 2001『初めての唯識』、春秋社。
瀧川郁久 2001「法相宗」（大久保良峻編著『新・八宗綱要』26 – 52）。
田久保周誉（著）・金山正好（補筆）1981『梵字・悉曇』平河出版社。

竹内照夫 2000『四書五経入門』平凡社ライブラリー。
竹内照夫（釈）1971 － 1979『礼記』(「新釈漢文大系」上中下）明治書院。
武内義雄 1936『中国思想史』岩波全書。
竹村牧男 2015『日本仏教　思想のあゆみ』講談社学術文庫。
竹村牧男 2004『インド佛教の歴史』、講談社学術文庫。
多田孝正 1991「五台山佛教と「例時作法」」（塩入良道先生追悼論文集刊行会編『塩入良道先生追悼論文集：天台思想と東アジア文化の研究』573 － 586)、山喜房佛書林。
田村芳朗 1969『法華経』中公新書。
沈仁慈 2003『慈雲の正法思想』山喜房佛書林。
沈仁慈 1998「鎌倉時代における戒律復興運動の二形態」『韓国佛教学SEMINAR』7、182 － 197。
塚本啓祥 1976『佛教史入門』第三文明社。
塚本善隆 1983「中国仏教史における鑑真和上」平岡定海・中井真孝編『日本名僧論集第一巻　行基・鑑真』吉川弘文館、244 － 257。
辻直四郎 1974『サンスクリット文法』岩波全書。
土橋秀高 1980『戒律の研究』永田文昌堂。
寺井良宣 2016『天台円頓戒思想の成立と展開』法蔵館。
寺井良宣・寺崎礼充（翻刻）2012「法龍撰『法道和尚行状記』巻上・中・下」『天台真盛宗学研究紀要』7、137 － 287。
寺井良宣 2010『天台真盛法勝寺流　円頓戒講述』西教寺宗学寮。
東大寺（編）2009「東大寺戒壇院」。
東大寺（編）1999『東大寺』学生社。
東野治之 2009『鑑真』岩波新書。
栂尾祥雲 1943『秘密事相の研究』高野山大学密教文化研究所。
徳田明本・唐招提寺編 1998『唐招提寺』学生社。

徳田明本 1961「唐招提寺戒壇考」『南都佛教』(10)、30 － 45。
富田円肇 1961「天台真盛宗　宗史概説」『天台真盛宗　宗学汎論』百華苑。
中村元ほか（編）2002『岩波佛教辞典（第2版）』岩波書店。
中村元・紀野一義訳注 2001（改版）『般若心経・金剛般若経』岩波文庫。
中村元 1975『佛教語大辞典』東京書籍。
中村元 1968（第2版）『インド思想史』岩波全書。
那須政隆（訳）1932「国訳成就妙法蓮華経王瑜伽観智儀軌」（『定本国訳秘密儀軌』第21巻　諸経法部所収；1973年復刻版）国書刊行会
野口恒樹 1963「慈雲尊者著「神儒偶談」の著作年代について――晩年作と推定――」『神道史研究』11／1、22 － 29。
硲慈弘（編）1927『天台宗聖典』明治書院。
長谷宝秀（編）1926『慈雲尊者全集』（全19巻）思文閣出版。
長谷川誠（編著）1990『興正菩薩御教誡聴聞集・金剛仏子叡尊感身学正記』西大寺。
長谷川誠 1965『西大寺』中央公論美術出版。
八田幸雄 1985『真言事典』平河出版社。
比叡山延暦寺 1987『天台宗日常勤行式』。
深浦正文 1954『唯識学研究』（上・下）永田文昌堂。
深浦正文 1951『倶舎学概論』百華苑。
福田亮成（校訂・訳）2013『空海コレクション4 秘密曼荼羅十住心論〈下〉』ちくま学芸文庫。
福田亮成（校註）1998『大日経』（新国訳大蔵経⑫密教部1）大蔵出版。
福田亮成 1987『理趣経の研究　その成立と展開』国書刊行会。
藤谷厚生 2008b「敬光律師の梵網律観について」『印度学仏教学研究』57 － 1、227 － 234。
藤谷厚生 2008a「敬光顕道著『梵網律宗僧戒説』の基礎的研究」『四天王寺

大学紀要』46、49 － 74。
藤原正（校訳）1933『孔子家語』岩波文庫。
船田淳一 2009「中世叡山の戒律復興：律僧恵尋の思想と国家観をめぐって」『佛教大学総合研究所紀要』16、359 － 380。
北條賢三・高橋尚夫・木村秀明・大塚伸夫（校註）1996『真実摂大乗現証大教王経』（新国訳大蔵経⑫密教部 7）大蔵出版。
梵字貴重資料刊行会（編著）1980『梵字貴重資料集成　解説篇』東京美術。
本田二郎（釈）1979『周礼通釈』（下）汲古書院。
本田二郎（釈）1977『周礼通釈』（上）秀英出版。
前田弘隆（監修）2010（増補）「高貴寺蔵書リスト　梵学津梁」高貴寺。
前田弘隆（監修）2008 － 2010『梵学津梁：高貴寺蔵書リスト』高貴寺。
前田専學 1996『ブッダを語る』日本放送出版協会。
松尾剛次 1996「西大寺叡尊像に納入された「授菩薩戒弟子交名」と「近住男女交名」『南都仏教』73、87 － 107。
松長有慶 2006『理趣経講讃』大法輪閣。
松長有慶 1992『理趣経』中公文庫。
松長有慶 1991『密教』岩波新書。
松長有慶 1989『密教』中公文庫。
松本俊彰 2009『慈雲流　悉曇梵字入門（応用篇）』高野山出版社。
眞鍋俊照 1967「平安後期の普賢行願讃と喩伽観智儀軌について――「顕耀本」の周辺――」『印度學仏教学研究』16 ／ 2、682-686。
三浦康廣 1980『慈雲尊者　人と芸術』二玄社。
三崎良周 1988『台密の研究』創文社。
三崎良周 1975「成就妙法蓮華経王瑜伽観智儀軌について」『東洋学術研究』14 － 6、17 － 47。
道端良秀 1983「大乗菩薩戒と社会福祉」平岡定海・中井真孝編『日本名僧

論集第一巻　行基・鑑真』吉川弘文館、324 － 343。
密教学会（編）1970（増訂）『密教大辞典』法藏館。
蓑輪顕量 2004「戒律復興運動」（松尾剛次編『持戒の聖者　叡尊・忍性』〈日本の名僧⑩〉第 3 章 45 － 73、吉川弘文館）。
蓑輪顕量 1993「「通受」考——覚盛における転義の意味するもの——」『南都仏教』68、1 － 26。
宮坂宥勝（訳注）2011『密教経典　大日経・理趣経・大日経疏・理趣釈』講談社学術文庫。
宮坂宥勝 1979「成就妙法蓮華経王瑜伽観智儀軌にみえる梵文について」『仏教学論文集：伊藤真城・田中順照両教授頌徳記念』（高野山大学仏教学研究室編、3 － 23）、東方出版。
宮林昭彦・加藤栄司（訳）2004『義浄撰　南海寄帰内法伝』法藏館。
村上了海 1981「五悔と九方便　——それらの類型との比較——」『密教文化』133、16 － 34。
村田治郎 1962「戒壇小考」『佛教芸術』50、1 － 16。
諸橋轍次 1979『中国古典名言事典』講談社学術文庫。
結城令聞 1931「相宗無表色史論」（『華厳思想』春秋社、343 － 415）。
横超慧日 1941「戒壇について」『支那佛教史学』51、15 － 41.
横山紘一 1986『唯識とは何か——「法相二巻抄」を読む——』、春秋社。
吉川幸次郎（訳注）1970『尚書正義』（「吉川幸次郎全集」第 8、9、10 巻）筑摩書房。
吉田宏晳 2001「瑜伽行唯識から密教へ　——四智から五智へ」（高崎直道編『唯識思想』春秋社、236 － 261 所収）。
吉田宏晳 1984『智山教化資料第 12 集　大日経住心品解説』真言宗智山派宗務庁。
米田弘仁 2001「東密における『大日経疏』研究概観——弘法大師の『大日経』

解釈をめぐって」『密教文化』206、1 － 20。
頼富本宏 2005『『金剛頂経』入門　即身成佛への道』大法輪閣。
頼富本宏 2000『『大日経』入門　慈悲のマンダラ世界』大法輪閣。
渡辺照宏 1974『仏教』岩波新書。
渡辺照宏 1967『お経の話』岩波新書。
Devi, Sushama（ed.）1958 Samantabhadracaryā-praṇidhānarāja New Delhi.

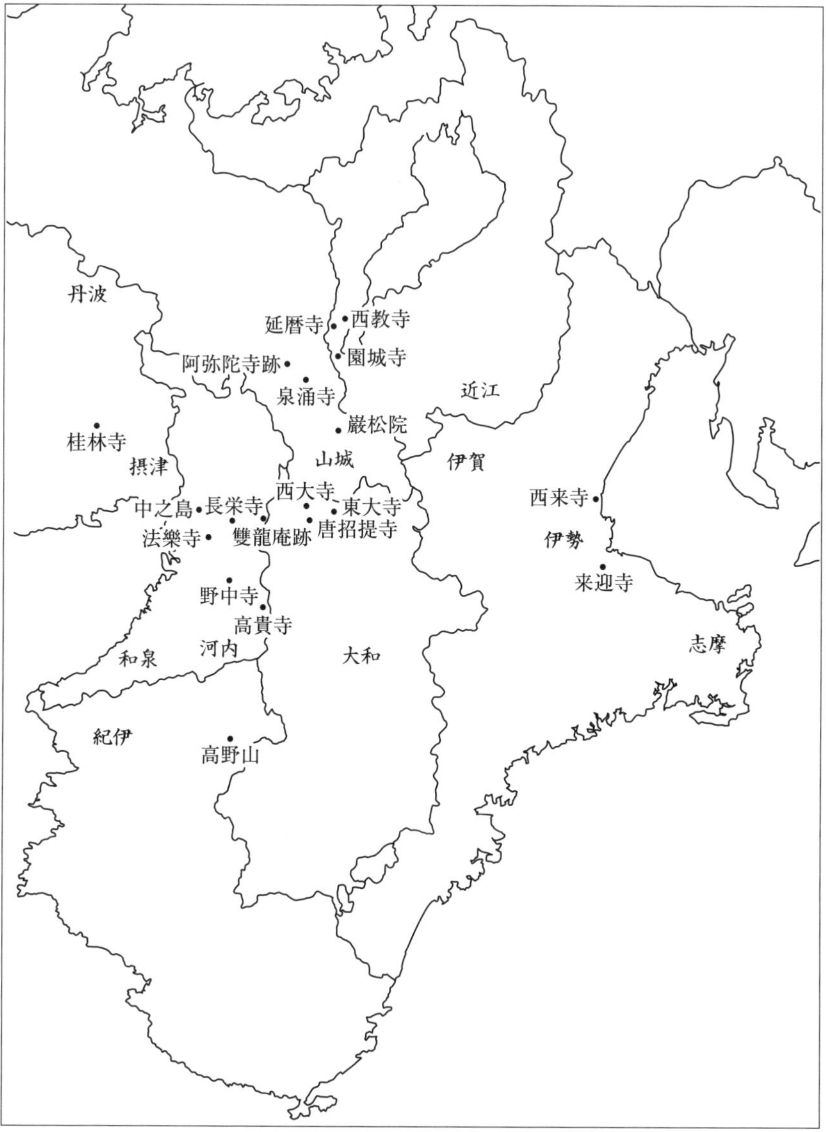

慈雲と『法華陀羅尼略解』関係地図

内容詳細目次

『法華陀羅尼略解』『法花陀羅尼句解』写真版　3-4
目次　5

はじめに　9

序章　『法華陀羅尼略解』——解題と翻刻　15
1. 筑波大学附属中央図書館所蔵『法華陀羅尼略解』（ハ 320 － 59）　15
2. 三重県津市・天台真盛宗西来寺竹円房蔵『法花陀羅尼句解』発見の経緯　17
3. 『法華陀羅尼略解』翻刻　21
4. 慈雲による注疏の特徴（概要）　31
5. 本書の構成について　35

第 1 部　正法律と天台　39

第 1 章　慈雲の法統——「正法律」の位置づけをめぐって　41
序.　41
1. 慈雲の活動　略年表　42
2. 具黙への授具をめぐって　47
3. 具足戒と菩薩戒　49
4. 授具足戒の儀　52
5. 通受と別受　54
6. 授菩薩戒の儀　57
7. 自誓戒・受大尼戒の次第　60

8. 慈雲によるその他の著述 63
9. 菩薩行としての十善戒 66
結. 69

第2章 慈雲尊者と戒律の系譜
——筑波大学所蔵・慈雲自筆本『法華陀羅尼略解』を基に 71
1.『法華陀羅尼略解』における慈雲による句釈の特質 71
2. 慈雲の「戒」と正法律 72
3. 慈雲の生涯と戒律復興の実際 75
4. 戒律復興史（その1：前史） 76
5. 戒律復興史（その2：中世・近世） 79
6. 慈雲と天台諸師との関係 83
7. 重受戒灌頂 85
8. 法華円戒論 87
9. 密教系法華経諸法との関係 89
10. 三昧耶戒との関係 92
結. 慈雲著『法華陀羅尼略解』の意義 94

第3章 慈雲と天台僧たち
——『法華陀羅尼略解』の位置づけをめぐって 99
1.『法華陀羅尼略解』と天台僧たち 99
2. 四人の天台僧 100
3.『成就妙法蓮華経王瑜伽観智儀軌』 104
4.「法華三昧」と「法華懺法」 129
5.『普賢行願讃』 139
6. 慈雲尊者・高貴寺開山忌法要と「普賢行願」（五悔） 156

7.『金剛薩埵修行儀軌』と五悔　162
結. 基盤としての「五悔」　163

第2部　禅・儒教と神道・有部律・唯識学　165

第4章　菩薩戒と『摩訶止観』——慈雲と天台思想の関係をめぐって　167
1. 天台をめぐる慈雲の評価　167
2.『妙法蓮華経』をめぐる天台思想　170
3.『摩訶止観』の円頓止観思想　175
4.『摩訶止観』における五略十広の組織　176
5.『摩訶止観』と「十二門戒儀」　183
6. 慈雲の法統と「授菩薩戒正儀」　186
7.「重授戒灌頂」における宝塔の意義　190
8.『摩訶止観』と「法華三昧」　192
9.「虚空会」における受戒の意義　194
結.『法華陀羅尼略解』の照射する地平　197

第5章　慈雲尊者による儒教理解
——『神儒偶談』『法華陀羅尼略解』『雙龍大和上垂示』
を手がかりに　199
序.　199
1.『神儒偶談』について　200
2.『神儒偶談』読解　204
3.『雙龍大和上垂示』より　218
4. 慈雲による儒教理解　223
結.　224

第６章　義浄と慈雲尊者――有部律から四分律へ、そして正法律へ　225
1.『金剛般若波羅蜜多経』について　225
2. 有部律について　227
3. 有部律をめぐる慈雲の評価　230
4. 慈雲の戒体論　233
5.「塔」をめぐる慈雲の理解　234
6. 戒場の実際　237
7. 戒場論（小結）　240
8. 慈雲による戒場の密教的理解　243
9. ふたたび『金剛般若波羅蜜経講解』へ　246
10. 結.　248

第７章　慈雲尊者の無表論――『表無表章随文釈』を中心に　251
1.『法華陀羅尼略解』と唯識　251
2.『表無表章随文釈』の跋文　252
3.『大乗法苑義林章』と『表無表章随文釈』の構造　255
4.「意の無表」をめぐる議論　257
5.『随文釈』読解　259
6. 結. 唯識と虚空　274

第３部　密教思想　277

第８章　慈雲尊者最晩年期の密教思想
――『理趣経講義』から『法華陀羅尼略解』へ　279
1.『理趣経講義』について　279
2.『理趣経講義』と唯識思想　281

3.「虚空」の思想 —『雙龍大和上垂示』より— 284
4.『理趣経講義』における「妙適」 286
5.『教王経初品』および『大日経悉地出現品』について 290
6.『法華陀羅尼略解』から『妙法蓮華経』へ 292
結. 294

第9章 「五悔」から「五秘密」へ
——慈雲著『金剛薩埵修行儀軌私記』(1802年)の位置づけをめぐって 295
序. 295
1. 問題の所在 296
2.『金剛頂経勝初瑜伽普賢金剛薩埵瑜伽念誦法』 300
3. 結節点としての「百字の明」 301
4.『金剛薩埵修行儀軌私記』 302
5.『金剛頂瑜伽金剛薩埵五秘密修行念誦儀軌』 333
6. 考察と結論 349

第10章 『大日経疏』から一切義成就菩薩へ
——晩年の慈雲による「法華陀羅尼」注疏の経緯 353
序.『法華陀羅尼略解』の謎 353
1. 慈雲著『両部曼荼羅随聞記』 354
2.『大日経』と『大日経疏』 356
3.『随聞記』における『大日経疏』からの引用をめぐって 359
4.『両部曼荼羅随聞記』読解 365
5.『理趣釈』と『五秘密経』 370
6. 短篇法語「両部不二」より 372

【著者】 **秋山学**（あきやま・まなぶ）
一九六三年生まれ。筑波大学人文社会系教授。古典古代学専攻。
主要著訳書：
『アレクサンドリアのクレメンス』教文館、二〇一八年
『慈雲尊者と悉曇学――自筆本『法華陀羅尼略解』と「梵学津梁」の世界』筑波大学、二〇一〇年
『ハンガリーのギリシア・カトリック教会――伝承と展望』創文社、二〇一〇年
『教父と古典解釈――予型論の射程』創文社、二〇〇一年

律(りつ)から密(みつ)へ
――晩年(ばんねん)の慈雲尊者(じうんそんじゃ)

2018年5月13日　**初版発行**

著者　秋山学　あきやま まなぶ

発行者　三浦衛
発行所　春風社　*Shumpusha Publishing Co.,Ltd.*
横浜市西区紅葉ヶ丘53　横浜市教育会館3階
〈電話〉045-261-3168　〈FAX〉045-261-3169
〈振替〉00200-1-37524
http://www.shumpu.com　✉ **info@shumpu.com**

装丁　毛利一枝
印刷・製本　シナノ書籍印刷 株式会社

乱丁・落丁本は送料小社負担でお取り替えいたします。
©Manabu Akiyama. All Rights Reserved.Printed in Japan.
ISBN 978-4-86110-600-2 C0015 ¥5500E